U0933903

厦门大学人文社会科学
提升计划资助出版

妇女/性别研究

2022年卷（总第九卷）

Women/Gender Studies

主　　编◎邓朝晖
执行主编◎彭　莉
　　　　　李晓红

厦门大学出版社
XIAMEN UNIVERSITY PRESS
国家一级出版社
全国百佳图书出版单位

图书在版编目（CIP）数据

妇女/性别研究. 2022年卷 ：总第九卷 / 邓朝晖，彭莉，李晓红主编. -- 厦门 ：厦门大学出版社，2022.12

ISBN 978-7-5615-8852-9

Ⅰ. ①妇… Ⅱ. ①邓… ②彭… ③李… Ⅲ. ①妇女问题－研究－中国②性别差异－研究－中国 Ⅳ. ①D669.68②D669.1

中国版本图书馆CIP数据核字(2022)第214498号

出 版 人 郑文礻
责任编辑 廖婉瑜
封面设计 李夏凌
技术编辑 朱 楷

出版发行 厦门大学出版社
社 址 厦门市软件园二期望海路39号
邮政编码 361008
总 编 办 0592-2182177 0592-2181253(传真)
营销中心 0592-2184458 0592-2181365
网 址 http://www.xmupress.com
邮 箱 xmupress@126.com
印 刷 厦门金凯龙包装科技有限公司

开本 787 mm×1 092 mm 1/16
印张 15.25
插页 1
字数 360千字
版次 2022年12月第1版
印次 2022年12月第1次印刷
定价 76.00元

本书如有印装质量问题请直接寄承印厂调换

厦门大学出版社
微信二维码

厦门大学出版社
微博二维码

编 委 会

主　　编　邓朝晖

执行主编　彭　莉　李晓红

编辑委员会　邓朝晖　高和荣　蒋　月　彭丽芳
王　宇　叶鹏飞　刘艳杰　徐延辉
彭　莉　石红梅　潘　越

本期学术编辑　彭　莉　李晓红　蒋　月　石红梅
徐延辉　王　宇　彭丽芳　覃红霞
周　琛　李明欢　林丹娅　姜韬林

刊首寄语

党的二十大报告对“中国式现代化”进行了创新性论述，并就坚持男女平等基本国策、保障妇女儿童合法权益等方面提出了新要求，为实现妇女平等享有、依法行使民主权利，平等参与经济社会发展，平等享有改革发展成果提供了更加坚实的政治保证，充分体现了党中央在全面建设社会主义现代化国家新征程中同步推进妇女儿童事业发展，坚定不移走中国特色社会主义妇女发展道路，必将为我国妇女全面进步与发展提供坚强的制度保障。

中国式现代化为妇女发展提供了新的广阔舞台，为促进性别平等和妇女全面发展注入新的动能，更为性别与发展研究提出了重大课题。如何促进广大妇女广泛有效平等参与，充分发挥半边天作用，为中国式现代化作出重要贡献？如何进一步提高妇女社会地位、缩小性别差距，使中国式现代化真正惠及亿万妇女和家庭？这些重大问题需要我们将性别平等议题纳入中国式现代化的理论和实践探索中，在中国式现代化视域下不断深化有关妇女/性别与发展的理论研究，既要回顾历史总结经验和成就，又要分析机遇和挑战，并提出战略和对策，以促进男女平等和妇女全面发展。

厦门大学学术集刊《妇女/性别研究》一向致力于从多学科、跨学科、学科交叉等角度关注妇女/性别研究的理论成果和实践交流。从马克思主义理论、哲学、政治学、教育学、经济学、社会学、法学、文学文化、管理学、历史学等多学科角度，深入探讨女性的主体地位、使命任务、作用担当，以及发展面临的挑战、问题和解决方案等。

2022年卷（总第九卷）设立“性别与就业”“性别与政治”“性别与社会”“性别与文史”“性别与影视”五个栏目，刊发16篇文章，讨论了数字经济与“她”创业就业、性别视角下的“生产劳动”概念、性别暴力事件舆论中的婚姻风险、“双碳”目标实施中的女性视角等论题，内容丰富，值得一读再读。

欢迎向本刊投稿。我们携手努力，推出更多更优的妇女/性别研究成果。

厦门大学副校长、《妇女/性别研究》主编　邓朝晖

2022年11月2日

目　录

Contents

性别与就业

Gender and Employment

Women/Gender Studies

社会性别视角下的女性工作权威研究*

徐延辉　杨　林**

内容摘要：工作权威具有显著的性别差别，是否拥有工作权威对个人的职业发展具有重要影响。本文基于CGSS2012数据，从社会性别视角出发，将工作权威分解为监管权威和奖惩权威两个维度，探究性别意识、人力资本和社会网络对女性工作权威的影响。研究发现，我国女性拥有工作权威的比例普遍较低；女性人力资本积累越多，越容易获取工作权威；先进的性别意识有利于促进女性监管权威获取，而网络差异则会增加女性奖惩权威获取的可能性。因此，促进女性树立正确的性别意识并加强其人力资本和社会网络的积累，对于提升女性工作权威、推动劳动力市场性别平等具有重要意义。

关键词：女性；工作权威；社会性别；监管权威；奖惩权威

一、引言

权威包含很多层面。以研究对象划分，目前学者多将权威研究应用于国家、警察、教师、领导等；以研究领域划分，学界对权威的研究包含政治、法律、教育及就业等。工作权威是权威研究的一个重要方面。工作权威在单位内部具有重要作用，不论是来自上级任命的正式权威还是基于同事信任和友情而产生的非正式权威，工作权威都有助于一项决策得以制定和执行。同时，工作权威还会直接影响就业者的收入和晋升，对就业者意义重大。

工作权威与劳动力市场上的不平等关系密切，种族与性别不平等始终是经济学和社会学研究的热点。按照劳动经济学的分类，这种不平等主要体现在工资收入和就业机会两方面。① 在我国，就业中的性别不平等得到的关注更多。改革开放之前，我国女性的劳动参与率和两性收入比率都保持在较高水平，就业领域内的性别不平等化程度较低。② 随着计划

---

* 基金项目：国家社会科学基金重大项目“新中国70年社会发展与社会变迁研究”（19ZDA141）。

** 徐延辉，女，厦门大学社会与人类学院副院长、社会学系教授、博士生导师，主要研究方向为社会政策、经济社会学；杨林，女，厦门大学社会学系研究生，主要研究方向为经济社会学。

① ALTONJI J G, BLANK R M. Race and gender in the labour market[J]. Handbook of labour economics, 1999, 3(99): 3143-3259. LANG K, LEHMANN J Y K. Racial discrimination in the labour market: theory and empirics[J]. Journal of economic literature, 2012, 50(4): 959-1006.

② 李春玲，李实.市场竞争还是性别歧视：收入性别差异扩大趋势及其原因解释[J].社会学研究，2008(2):94-117.

经济向市场经济转变，在劳动力市场中的收入、就业率、就业身份、职业层级和职业稳定性等方面，女性与男性的差距开始扩大。① 同时，由于男性权力结构和性别文化的作用，女性的晋升之路具有明显的“玻璃天花板效应”。② 研究发现，在劳动力市场中，女性具有工作权威的比例普遍低于男性。③ 无论在科学研究还是社会管理领域，女性的参与度都与男性存在较大差异，女性的职业集中于操作简单、技术含量低、不需要拥有广泛人际关系的工作。④工作权威作为阶级地位的重要组成部分，不仅直接影响个人收入，⑤而且会作用于个人的心理功能。⑥ 更重要的是，工作权威的性别差距不仅是衡量性别不平等的重要指标，更可能是性别不平等的原因。⑦ 鉴于此，本文从社会性别视角出发，对女性就业人员的工作权威进行分析，探讨工作权威产生的社会文化基础。

二、文献回顾与研究假设

(一)工作权威及相关研究

1. 权威与工作权威

作为人类社会的一种客观现象和特殊社会关系，“权威”一般是指合法化了的权力，“合法性”是其核心特征。马克斯·韦伯最早从“合法性”角度对权威进行了解读。韦伯认为，权威是指“在特定群体中具体命令被遵守的概率”，⑧包括合法型权威、传统型权威及魅力型权威三种类型。与“权威”概念相近的是“权力”。“权力”和“权威”的重要区别在于，前者主要与个人人格以及社会地位或角色联系在一起，后者则是统治与服从的合法关系。⑨

马克思主义的权威观认为，权威关系是客观存在的，它在不同社会不同时期具有不同的表现形式。权威一方面是指把别人的意志强加于我们；另一方面，权威又是以服从为前提的。⑩ 一方面是一定的权威，不管它是怎样形成的，另一方面是一定的服从，这两者都是我们所必需的，而不管社会组织以及生产和产品流通赖以进行的物质条件是怎样的。马克思

① 宋月萍.职业流动中的性别差异：审视中国城市劳动力市场[J].经济学(季刊)，2007(2)：629-654.

② KANTER R M. Men and women of the corporation[M]. New York: Basic Books Press, 1977.

③ 唐有财.中国城市职场的性别不平等：基于权力的视角[J].妇女研究论丛，2011(4)：20-26.

④ 徐延辉.社会保障与女性成才[J].经济社会体制比较，2005(6)：110-116.

⑤ WRIGHT E O, BAXTER J, BIRKELUND G E. The gender gap in workplace authority: a cross-national study[J]. American sociological review, 1995, 60(3): 407-435.

⑥ HUGHES M, DEMO D H. Self-perceptions of black americans: self-esteem and personal efficacy[J]. American journal of sociology, 1989, 95(1):132-159.

⑦ 李忠路.工作权威层的性别差距及影响因素：监管权威的视角[J].社会，2011(2)：114-124.

⑧ 马克斯·韦伯.经济与社会[M].林荣远，译.北京：商务印书馆，1997：238.

⑨ DAHRENDORF R. Class and class conflict in industrial society[M]. Stanford: Stanford University Press, 1959.

⑩ 恩格斯.论权威[M].北京：人民出版社，1973：1.

主义的权威观主要指政治权威，包括国家、政党、军队、法律、制度及领袖的权威六个方面。[①] 权威也可以应用于具体生活领域，比如教育及工作等领域。

工作权威可以追溯到韦伯和马克思的早期理论论述，而将工作权威概念引入就业领域，则是达伦多夫对马克思阶级关系和阶级冲突理论的批判和发展。工作权威研究可以分为三个阶段。第一阶段，在马克思和韦伯的研究基础上，学者们开始使用定量方法从阶级分析及地位获得角度对工作权威的理论发展、测量和操作化进行研究。第二阶段，根据马克思和韦伯系谱将工作权威概念化和操作化，分成两个研究路径：一个新马克思主义路径，即认为工作权威是一种类别变量，适合纳入阶级研究；[②]另一个是依据韦伯传统，认为工作权威是一种等级变量，适合纳入地位分析。[③] 还有学者挑战了达伦多夫的二分法，认为工作权威可以是多元变量即有三个或更多层级的变量。[④] 第三阶段，人们开始关注种族、性别和收入等具体因素对工作权威的影响并开展了大量的实证研究。[⑤]

工作权威是一种等级权威，通常是指个人在组织中的正式位置。工作权威一般是指个体对组织资源和人力资源进行合法控制的权力。[⑥] 工作权威主要分为两种：一是指个体控制组织资源，二是指个体控制人力资源；工作权威体现为对这两类资源的控制权、制裁权和决策权等。具体来看，控制权包括控制他人劳动的所有权，同时控制权还包括控制范围，即直接控制和监督的人数；制裁权包括影响他人薪酬或晋升的能力；决策权，即有权对组织运行进行决策，包括对组织预算、组织的产品和服务进行决策和规划的权力。[⑦] 研究表明在劳动力市场中，如果管理者具备一定的权威，那么其指示与命令更容易被下属执行，在一定程度上更能提高管理工作效率。[⑧]

对于工作权威的测量，目前学界也缺乏统一标准，一般使用管理职位作为测量手段。工作权威的测量可以划分为三个维度：第一，监管权威（supervise authority），即个体在工作单位是否拥有直接管理的下属以及直接管理下属的数量；第二，决策权威（decision-making authority），即个体能否控制工作单位中的产品、财产及服务，能否对工作单位的各项决策进

① 刘朝霞.马克思主义权威观研究[J].中共福建省委党校学报，2017(7)：47-53。

② WRIGHT E O, BAXTER J, BIRKELUND G E. The gender gap in workplace authority: a cross-national study[J]. American sociological review, 1995, 60(3): 407-435.

③ HALABY C. Reply to wright[J]. American sociological review, 1993, 58(1): 35-36; HALABY C, WEAKLIEM D. Ownership and authority in the earnings function: nonnested tests of alternative specifications[J]. American sociological review, 1993, 59(5): 16-30.

④ ROBINSON R V. Ownership, authority, and occupational prestige: a synthesis and cross national study[D]. PhD thesis. Yale University Press, 1979.

⑤ SMITH R A. Race, income, and authority at work: a cross-temporal analysis of black and white men (1972—1994) [J]. Social problems, 1997, 44(1): 19-37; SMITH R A. Race, gender, and authority in the workplace: theory and research[J]. Annual review of sociology, 2002, 28: 509-542.

⑥ SMITH R A. Race, gender, and authority in the workplace: theory and research[J]. Annual review of sociology, 2002, 28: 509-542.

⑦ KLUEGEL J R. The causes and cost of racial exclusion from job authority[J]. American sociological review, 1978, 43(3): 285-301.

⑧ 蔡禾.企业职工的权威意识及其对管理行为的影响：不同所有制之间的比较[J].中国社会科学，2001(1)：119-129.

行制定和参与；第三，奖惩权威（sanctioning managerial authority），即在工作单位中，个体能否影响他人的薪资收入及职业流动。① 在三种不同的工作权威类型中，监管权威的等级最低，最易获得；其次为决策权威，最高为奖惩权威。

2. 工作权威的影响因素

西方学者认为工作权威具有显著的性别和种族差异，一般而言，白人比黑人、男性比女性更容易获取工作权威。② 对工作权威影响因素分析主要集中于人力资本、就业歧视和工作环境等方面。首先，从微观层面看，人力资本对工作权威具有重要影响。女性和黑人的工作权威之所以比白人男性低，是因为他们在教育、职业培训和工作经验积累等人力资本的投入比较低，而对人力资本的投资会显著增加其获得工作权威的可能性；③此外，个人的战略决策或成就动机也会影响个人的职业选择。一般而言，女性由于家庭责任等因素，对工作权威的重视度较低，④相比男性选择权威职位的可能性更小，竞争力也更弱。其次，从中观层面来看，职业隔离和性别隔离促使拥有工作权威者对女性和黑人产生排斥行为，女性和黑人更可能被分配到那些没有权威的工作和工作环境中去；在制定招聘和晋升原则时，管理人员会把性别和种族作为重要的参考标准，特别是在缺乏候选人具体信息时。⑤ 最后，从宏观层面来看，工作区域和就业部门等工作环境会对个体的工作权威产生影响，一般而言，大型组织、公共部门以及具有正式人事关系的组织中，性别和种族平等更为明显。⑥ 此外，政府政策在一定程度上能够促进女性和少数族群进入管理和权力层级。

目前国内对工作权威的直接研究相对较少，现有研究主要体现在性别不平等方面。研究发现男性比女性获得工作权威的机会更大，更容易实现职位的向上流动；⑦受教育程度越高、参加培训和社会组织越多的女性获取工作权威的可能性更大。⑧ 关于性别意识、人力资本、社会资本对女性工作权威的获得具有何种影响，研究者较少。

---

① ROSENFELD R A, BUREN M, KALLEBERG A L. Gender differences in supervisory authority: variation among advanced industrialized democracies[J]. Social science research, 1998, 27(1): 23-49.

② GAIL M M, RESKIN B F. Authority hierarchies at work: the impacts of race and sex[J]. Gender & society, 1993, 7(4): 487-506.

③ JACOBS J A. Women's entry into management: trends in earnings, authority, and values among salaried managers[J]. Administrative science quarterly, 1992, 37(2): 282-301. ROSS C E, RESKIN B F. Education, control at work, and job satisfaction[J]. Social science research, 1992, 21(2): 134-148.

④ ENGLAND P. Comparable worth: theories and evidence[M]. New York: Aldine de Gruyter Press, 1992.

⑤ ELLIOTT J R, SMITH R A. Ethnic matching of supervisors to subordinate work groups: findings on bottom-up ascription and social closure[J]. Social problem, 2001, 48(2): 258-276.

⑥ BARON J N, NEWMAN M. Targets of opportunity: organizational and environmental determinants of gender integration within the California civil service, 1979—1985[J]. American journal of sociology, 1991, 96(6): 1362-1401.

⑦ 唐有财.中国城市职场的性别不平等：基于权力的视角[J].妇女研究论丛，2011(4)：20-26.

⑧ 李忠路.工作权威层的性别差距及影响因素：监管权威的视角[J].社会，2011(2)：114-124；孙琼如.女性获得工作权威影响因素研究[J].山东社会科学，2016(5)：98-102.

(二)社会性别与工作权威

社会性别(social gender)是一个相对生物性别(sex)的概念,强调性别的社会构成和文化规定。最早把"社会性别"作为学术概念提出的是美国学者盖尔·卢宾,其在1975年发表的《女人交易:性的"政治经济学"初探》中提出了"性与社会性别制度"这一概念。在她看来,性与社会性别制度在每个社会都会出现,作为一种社会关系产物,社会性别是指由社会规定的男女两性区分。① 琼·斯科特在《社会性别:历史分析的一个有效范畴》一文中进一步强调,社会性别是"基于可见的性别差异之上的社会关系的构成要素,是表示权力关系的一种基本方式"。② 社会性别是一种社会地位,这种地位是由心理、文化和社会手段构建的,③社会性别反映了男女两性之间的权力关系,即男性占据统治地位,女性则占据被统治地位。社会性别不仅代表着人的生理性别,在它背后还折射出了社会和文化规范。④ 20世纪90年代,中华海外妇女研究学会将社会性别概念引入中国。1995年,在联合国第四次世界妇女大会上,社会性别平等意识被纳入社会发展的主流,⑤自此这一概念开始被政界和学界广泛接纳。

性别意识是人们对男女两性的位置、价值及两性所承担的权利和责任的一种认识。⑥关于性别意识研究,我们可以将其概括为宏观和微观两个层面。宏观视角的性别研究,强调从社会性别角度分析女性问题,即对社会的经济、政治、文化和环境等方面进行性别分析,目标在于促进男女两性的平等化;⑦而微观视角则关注男女两性关系和角色定位变化,探讨人们对男女两性在社会中的地位、价值、使命等方面的认知与观念。⑧ 性别意识有传统与现代之分。传统的性别意识强调"男主外女主内"的观念,而现代的性别意识是指在尊重生理性别差别的基础上,真正实现男女两性在社会层面上的平等。⑨

既有对性别意识的实证研究多以性别意识为因变量对其影响因素进行分析,只有少数学者以性别意识为自变量,探讨它与其他变量的关系。如王慧和叶文振从社会性别视角出发,将性别意识划分为个人性别意识和社会性别意识,考察其对女大学生就业质量的影响,研究发现性别意识越趋向于现代化,女大学生的就业质量就越高。⑩

那么性别意识与女性工作权威有何关系?根据社会性别理论,男女两性在劳动力市场

---

① 盖尔·卢宾.女人交易:性的"政治经济学"初探[M]//王政,杜芳琴.社会性别研究选译.北京:生活·读书·新知三联书店,1998:21-71.

② 琼·斯科特.社会性别:历史分析中的一个有效范畴[M]//李银河.妇女:最漫长的革命,北京:生活·读书·新知三联书店,1997:168.

③ WEST C, DON H Z. Doing gender[J]. Gender & society, 1987, 1(2): 125-151.

④ 吴小英."他者"的经验和价值:西方女性主义社会学的尝试[J].中国社会科学,2002(6):119-127.

⑤ 周美珍.如何将社会性别意识纳入社会发展和决策主流[J].社会,2004(7):46-48.

⑥ 孟祥斐,徐延辉.高层次女性人才的性别意识及其影响因素研究:基于福建省的调查[J].妇女研究论丛,2012(1):12-21.

⑦ 李慧英.将性别意识纳入决策主流的讨论[J].妇女研究论丛,1996(3):5-7.

⑧ 李国华.人类性别意识的演变及趋势[J].中华女子学院学报,1999(3):37-39.

⑨ 石红梅,叶文振,刘建华.女性性别意识及其影响因素:以福建省为例[J].人口学刊,2003(2):15-21.

⑩ 王慧,叶文振.性别意识与女大学生就业质量:基于福建省五所高校的调查[J].人口与发展,2016(2):39-47.

中的差异除了来源于不同的生理结构外，还有很大一部分是由性别背后的社会性别意识所导致的。在女性的社会化过程中，家庭和学校是两个重要场所。受传统文化的影响，很多家庭会将“学习好”“文静优雅”作为女生品行榜样；学校组织活动一般也会实行男女有别，使女生养成被动交往的习惯。① 经过家庭和学校的社会化教育，很多女性内化了传统的性别意识，对于工作权威和事业进步缺乏强烈渴望，那么成年后，这些女性的工作权威可能就会比较低。相反，如果女性在社会化过程中接受的是现代性别意识教育，那么就会具有较强的成就动机。据此我们提出本文的第一个研究假设：

假设 1：女性的性别意识越偏向于现代，越容易获取工作权威。

这种性别意识除了直接影响工作态度和行为外，也会对个人的人力资本和社会资本产生一定影响。

人力资本积累可以划分为两个阶段：一是就业前以受教育为主的人力资本投资，二是就业后的“干中学”。随着教育普及，男女两性在教育投资方面已无明显差异，②但就业后两性的差异越来越明显。由于女性入职后很快面临生育问题，在生育及哺育期间，女性的工作岗位需要有人顶替；同时相对于男性，女性要承担更多家庭照顾责任，外出学习和参加培训的概率明显少于男性，③这使女性的人力资本积累难以为继。据此我们提出本文的第二个研究假设：

假设 2：女性的人力资本积累越多，越容易获取工作权威。

从社会资本角度看，目前对职业地位获得与社会流动研究多采用社会网络概念。④ 社会网络有助于个体获取社会资源，从而对个体的职业获得和向上流动起到促进作用。⑤ 而女性社会网络常常局限于亲戚及女性朋友，⑥这种网络构成不利于获取社会资源，对获取工作权威的帮助也较小。据此我们提出本文的第三个研究假设：

假设 3：女性的社会网络越丰富，越容易获得工作权威。

三、数据来源与变量测量

（一）数据来源

本研究使用中国综合社会调查（Chinese General Social Survey，CGSS）2012 年的数据，

---

① 程诚，王奕轩，边燕杰.中国劳动力市场中的性别收入差异：一个社会资本的解释[J].人口研究，2015(2)：3-16.

② 张兆曙，陈奇.“高校扩招与高等教育机会的性别平等化：基于中国综合社会调查（CGSS2008）数据的实证分析[J].社会学研究，2013(2)：173-196.

③ 张李玺，张丽琍.中国女性人才资源开发与利用的现状与对策[J].中华女子学院学报，2005(3)：46-52.

④ 赵延东.“再就业中的社会资本：效用与局限[J].社会学研究，2002(4)：43-54；徐延辉.社会资本、人力资本与职业获得：以运动员职业获得为例[J].学习与探索，2006(2)：51-53.

⑤ 佟新，刘爱玉.我国政治精英晋升的性别比较研究[J].江苏社会科学，2014(1)：105-113.

⑥ 程诚，王奕轩，边燕杰.中国劳动力市场中的性别收入差异：一个社会资本的解释[J].人口研究，2015(2)：3-16.

该调查具有全国代表性，覆盖了除港澳台之外的31个省区市，并采用多阶分层抽样方法，确保了样本的科学性和有效性。CGSS2012总样本量为11765，本文研究对象为女性就业人员，因此选择工作性质为非农业的女性样本，有效样本量为1820个。

（二）变量操作化

1. 因变量

本研究的因变量为工作权威，包括监管权威、奖惩权威和决策权威三个维度。基于数据可及性，本研究采用监管权威和奖惩权威来测量女性的工作权威。具体来说，本研究以“在您目前的工作中，您的管理活动情况如何”来测量个体的监管权威，将结果操作化为“1＝有管理活动；0＝无管理活动”；以“在您目前的工作岗位上，是否经常有人希望通过您的工作便利帮他/她办事”来测量个体的奖惩权威，将回答的五个选项“从没有”、“很少”、“有时”、“经常”和“总是”依次赋值为1—5，分值越高，个体的奖惩权威越高。

2. 自变量

（1）性别意识

本研究的个体性别意识通过以下五个题目测量：“男人以事业为重，女人以家庭为重”“男性能力天生比女性强”“干得好不如嫁得好”“在经济不景气时，应该先解雇女性员工”“夫妻应该均等分摊家务”，分别代表性别意识中的家庭性别分工、竞争力和自主性含义。[①] 答案包括“完全同意”“比较同意”“无所谓同意不同意”“比较不同意”“完全不同意”五类，依次赋值为1—5，其中，“夫妻应均等分摊家务”反向赋分。将各选项分值相加作为“性别意识”变量的得分，数值越高，代表个体的性别意识越先进。

（2）人力资本

在本研究中，人力资本通过女性的受教育年限、学习充电和工作经验三个维度测量。其中，受教育年限通过“您目前的最高教育程度”来测量，将其结果操作化为连续变量，其中“0＝从未受过教育；6＝私塾、小学；9＝初中；12＝职业高中、普通高中、中专、技校；16＝大学专科、大学本科；19＝研究生及以上”；学习充电通过“在过去一年中，您是否经常在您的空闲时间学习充电”来测量，将其答案“从不”“很少”“有时”“经常”“非常频繁”依次赋值为1—5，分值越高，个体学习充电行为越多；工作经验为连续变量，通过“从您第一份非农工作到您目前的工作，您一共工作了多少年”来测量。

（3）社会网络

社会网络一般通过网络规模、网络差异和网络顶端测量。基于实际数据，本研究选取网络规模和网络差异来测量。其中，“网络规模”通过两道题测量：“通常情况下，您一天里与多少个不住在一起的家人或亲戚有联系”和“除了家人或亲戚以外，您一天里与多少个人有联系”，得分从0—16不等，分值越高，个体的网络规模越大。“网络差异”通过询问受访者“您的亲戚、朋友以及打过交道的人中，有没有从事下面这些职业”测量，将各项结果（“0＝没有；1＝有”）相加，取值范围为0—10，分值越高，个体的网络差异越大。

---

① 孙晓冬，赖凯声.有儿子的母亲更传统吗：儿子和女儿对父母性别意识形态的影响[J].社会学研究，2016(2):194-216.

3. 控制变量

为了研究的准确性，本研究还纳入了一些个体特征变量进入模型，包括户籍、政治面貌和婚姻状况三个变量。其中户籍操作化为“1＝农村户籍；0＝非农村户籍”；政治面貌操作化为“1＝党员；0＝非党员”；婚姻状况操作化为“未婚＝1；已婚＝2；离异及丧偶＝3”，以未婚作为参考变量。

四、研究发现

本研究基于社会性别视角，以性别意识、人力资本、社会资本为预测变量，研究这些社会因素对女性工作权威的影响。利用 SPSS17.0 统计软件对 CGSS2012 数据进行统计分析，其中，对监管权威的研究采用二元 logistics 回归分析方法，对奖惩权威的研究采用多元线性回归分析方法。

(一)女性工作权威现状

通过表 1 可以发现，在监管权威层面，接近八成的女性没有监管权威，而在奖惩权威方面，近五成女性没有，选择“很少”和“有时”的占四成多，选择“经常”和“总是”的女性则不到一成。由此可见，目前我国女性拥有工作权威的比例很低，大部分女性不具有工作权威。

表 1　女性工作权威基本情况

<table>
<tr><th>监管权威</th><th>样本量</th><th>百分比/%</th><th>奖惩权威</th><th>样本量</th><th>百分比/%</th></tr>
<tr><td rowspan="3">无</td><td rowspan="3">1442</td><td rowspan="3">79.41</td><td>从没有</td><td>865</td><td>47.95</td></tr>
<tr><td>很少</td><td>431</td><td>23.89</td></tr>
<tr><td>有时</td><td>372</td><td>20.62</td></tr>
<tr><td rowspan="2">有</td><td rowspan="2">374</td><td rowspan="2">20.59</td><td>经常</td><td>111</td><td>6.15</td></tr>
<tr><td>总是</td><td>25</td><td>1.39</td></tr>
<tr><td>总计</td><td>1816</td><td>100</td><td>总计</td><td>1804</td><td>100</td></tr>
</table>

(二)女性监管权威回归分析

工作监管权威的回归分析结果如表 2 所示。模型一是仅加入控制变量的模型，模型二在模型一的基础上加入预测变量，回归结果—2LL 由 853.311 降为 780.806，说明三个预测变量对女性的监管权威具有较好的解释力。

从控制变量看，户籍、政治面貌和婚姻对女性监管权威具有显著影响，农村、具有党员身份和已婚的女性更容易获取监管权威。

从预测变量看，第一，性别意识对监管权威具有显著影响，性别意识每减少一个单位，女性获取监管权威的概率增加 25.3%，说明性别意识越倾向于现代化，女性获取监管权威的可能性更高。这一结果支持了假设 1。性别意识越先进的女性，对工作成就有着更大的渴望，这种先进的性别意识和自驱力会使其为获取职业成就而努力，从而也更容易获取监管权威。第二，在人力资本中，受教育年限和学习充电行为对女性的监管权威具有显著影响，受教育年限越长，学习充电行为越多，女性越容易获取监管权威，这一点与已有研究结论相同。① 而工作经验对于女性监管权威的影响不具有显著影响，这可能是由女性特有的工作性质造成的。② 假设 2 得到部分支持。第三，在社会网络中，网络规模和网络差异对女性的监管权威均不具有显著影响，这可能与女性较高的网络同质性有关。假设 3 未得到支持。

(三)女性奖惩权威回归分析

女性工作监管权威的回归分析结果如表 2 所示。模型三是仅加入控制变量的模型，模型四在模型三的基础上纳入预测变量，模型的 R^2 由 0.019 上升为 0.096，说明三个预测变量对女性的奖惩权威具有较好的解释力。

从控制变量来看，政治面貌和婚姻状况对女性的奖惩权威具有一定影响，党员和已婚女性更容易获取奖惩权威。

从预测变量来看，第一，模型四显示，性别意识对女性奖惩权威不具有统计显著，假设 1 未得到支持。而模型二发现，性别意识显著影响女性监管权威，这或许是“玻璃天花板效应”造成的。由于监管权威比奖惩权威更易获得，女性可以通过自身努力争取管理下属的权力，却很难获得影响他人薪资和晋升的权力。第二，在人力资本方面，受教育年限和学习充电行为对女性的奖惩权威具有显著影响，受教育年限越长，学习充电行为越多，女性越容易获取奖惩权威，而工作经验对女性奖惩权威也不具有统计显著性。第三，在社会网络方面，网络差异对女性的奖惩权威具有显著影响，女性的网络异质性越大，越容易获取奖惩权威；但网络规模对女性的奖惩权威不具有统计显著性，假设 3 得到部分支持。

表 2　女性工作权威回归结果

变量	监管权威		奖惩权威	
	模型一	模型二	模型三	模型四
控制变量				
户籍[a]	0.785(0.191)	1.617(0.231)*	−0.053(0.073)	0.042(0.082)
政治面貌[b]	4.157(0.248)***	2.105(0.268)**	0.133(0.119)***	0.065(0.122)
已婚[c]	1.797(0.291)*	3.747(0.311)***	−0.016(0.101)	0.087(0.108)*
离异或丧偶[c]	1.036(0.480)	2.165(0.510)	−0.04(0.165)	0.041(0.17)
自变量				
性别意识		0.747(0.141)*		0.061(0.051)
人力资本				
受教育年限		1.138(0.033)***		0.176(0.011)***
学习充电		1.541(0.092)***		0.118(0.036)**

① 周玉.社会网络资本与干部职业地位获得[J].社会，2006(1)：83-97.

② 李忠路.工作权威层的性别差距及影响因素：监管权威的视角[J].社会，2011(2)：114-124.

续表

变量	监管权威		奖惩权威	
	模型一	模型二	模型三	模型四
工作经验		1.008(0.011)		−0.053(0.004)
社会网络				
网络规模		1.064(0.049)		0.052(0.018)
网络差异		1.036(0.036)		0.112(0.014)**
常量	0.142***	0.009***	1.896***	0.395
N	887	887	879	879
卡方	43.231***	119.664***	—	—
−2LL	853.311	780.806	—	—
F	—	—	5.340***	10.296***
调整 R^2	—	—	0.019	0.096

注：* $p<0.05$；** $p<0.01$；*** $p<0.001$；参照组：a“非农”；b“非党员”；c“未婚”。

五、研究结论与政策建议

本文基于CGSS2012年的数据，以社会性别理论为研究视角，对我国女性工作权威的现状及影响因素进行分析，具体研究发现如下：

第一，我国女性拥有工作权威的比例整体偏低。这在很大程度上是由于“玻璃天花板效应”的阻碍造成的。既有研究发现，相对于高层职位，女性更容易进入中间管理层，即使她们具有良好的绩效和管理能力，仍然很容易被排除在高级职位之外，这种障碍无法被看见，却像一层玻璃一样真实存在。① 究其原因，可能是男性权力结构和性别文化造成的。②

第二，人口学特征对女性工作权威具有重要影响。从户籍来看，相对于城镇女性，农村女性更容易获取监管权威。原因可能是，女性农民工在城市劳动力市场中多集中于服务业和制造业，她们多从事体力劳动，竞争压力较小，更容易获取工作权威，当然具有工作权威的女性农民工管理和控制的下属可能也是农民工。这一回归结果也可能是遮掩效应的体现。从政治面貌看，党员身份能在一定程度上衡量个体的地位获得和职业流动。党员身份可以作为一种资格证书，其背后所体现的个人特征和品质有助于增强其在劳动力市场中的竞争力。③ 最后，从婚姻来看，已婚女性更易获取工作权威。一般而言，未婚女性的人力资本积

① 徐延辉，熊欢.女性高层次人才的社会排斥及其影响因素分析：基于福建省的调查[J].妇女研究论丛，2011(3)：39-47.

② KANTER R M. Men and women of the corporation[M]. New York: Basic Books Press, 1977.

③ 宋时歌.权力转换的延迟效应：对社会主义国家向市场转变过程中的精英再生与循环的一种解释[J].社会学研究，1998(3)：26-36.

累只能通过受教育年限体现，她们大多刚踏入职场，很少开始“干中学”，因此人力资本积累量相对已婚女性较少，在技术掌握和绩效考评中并不占优势，获取工作权威也更难。

第三，性别意识对女性监管权威具有显著影响，但对女性奖惩权威不具有统计显著性。性别意识越倾向于现代化，女性越不容易认同“男主外、女主内”“干得好不如嫁得好”“男性天生比女性强”等观念，她们对工作成就有着更大的渴望，从而也更容易获取监管权威。但由于“玻璃天花板效应”的阻隔，女性很难通过性别意识驱动下的自身行为获取更高层次的奖惩权威。

第四，人力资本对女性工作权威存在一定影响，其中，受教育年限和学习充电能显著提升女性的工作权威。女性在空闲时间进行学习充电，有助于其人力资本的积累，提升在劳动力市场中的竞争力。参加培训的女性比未参加培训的女性更容易进入管理层。① 工作经验则不具有统计显著性，这一点与部分学者的研究结论不同。② 可能的解释是，大部分女性的工作内容比较固定，工作年限增长带来的多为同质性的经验增长，对其绩效考核没有多大帮助，也就不会对其工作权威产生显著影响。

第五，网络差异能显著提升女性获取奖惩权威的机会，而网络规模对女性工作权威的影响不具有统计显著性。有的研究表明，社会网络对个人的求职及职业地位获取具有重要作用，能够促进个体的职业向上流动；③但是也有学者发现，社会网络并不能促使个体晋升。④可能的原因是，女性的社会网络同质性较高，她们的社会网络多为女性、亲戚。同时，女性的朋友也多集中在女性职业，她们的人情机制难以发挥作用，因此网络规模对其工作权威获取并没有多大作用。

基于以上研究发现，我们提出以下政策建议：

第一，要帮助女性获取更高的工作权威，必须弘扬正确的性别观念，大力推进性别平等化进程，为女性创造有利的工作环境，致力于改变女性的传统性别文化观念，促使其建立适度的事业心和进取心，勇敢地追求事业成功，实现自身的更高价值。女性的配偶及其他家人要理解、尊重女性追求事业成功的心态与行为，夫妻双方共同承担家务，共同照顾老人、照料孩子，共同打拼事业；夫妻双方共同进步、共同发展。

第二，女性要积极参加社团活动，拓展自身社会网络。目前女性的社交网络基本限定在亲戚以及女性朋友内，要想扩大交友范围，增强网络异质性，就必须走出家门，广交朋友。网络异质性的增加可能会给工作带来更多益处，也就更有可能促使女性获取更高的工作权威，对女性自身的身心健康、价值实现都有正向促进作用。

第三，政府应加强对女性就业人员的教育、培训。获取更多的教育培训，一方面能增强女性的工作技能，另一方面也能提高女性的自尊心和自信心，改变其落后的思想观念，促使其建立良好的事业心和进取心。此外，政府也可进一步推进收入的性别平等，更高的收入能减轻女性的生活负担，能在一定程度促使女性自主参加培训学习，追求自身兴趣爱好，提高工作技能，有助于其职业的良性发展。

---

① 孙琼如.女性获得工作权威影响因素研究[J].山东社会科学，2016(5)：98-102.

② 李忠路.工作权威层的性别差距及影响因素：监管权威的视角[J].社会，2011(2)：114-124.

③ 赵延东.再就业中的社会资本：效用与局限[J].社会学研究，2002(4)：43-54.

④ 周玉.社会网络资本与干部职业地位获得[J].社会，2006(1)：83-97.

Research on Female Job Authority From the Perspective of Gender

Xu Yanhui　Yang Lin

(Xiamen University, Xiamen, 361005)

Abstract: Job authority is important for studying the status and development of women as well as gender inequality in the labour market. Based on the gender perspective, this paper uses CGSS2012 data to explore the impact of gender awareness, human capital and social networks on women's job authority. Job authority is divided into two aspects: supervision authority and reward & punishment authority. It is found that the authoritative status of women in China is not optimistic; gender awareness has a significant impact on women's regulatory authority; human capital has positive for women's work authority; the network differences will promote women's access to reward and punishment authority. This study show that gender can be used as a perspective to consider women's job authority, and it is referenced from the perspective of gender.

Keywords: women; job authority; social gender; supervision authority; reward and punishment authority

数字经济与“她”创业就业

赖小琼　陈美香　林雪儿*

内容摘要:数字经济的快速发展为女性创造了更加公平、均等的创业就业环境,加速着数字经济“她时代”的到来。本文探讨数字经济对女性创业就业提供的新机遇以及面临的挑战,并提出促进数字经济领域“她”创业就业的政策建议和措施。

关键词:数字经济;女性创业;女性就业

一、引言

党的十八大以来,以习近平同志为核心的党中央高度重视发展数字经济,实施网络强国战略和国家大数据战略,建设“数字中国”。近年来,以大数据、物联网、移动互联网和云计算等为代表的数字技术的突破和融合推动着数字经济快速发展,数字经济产业规模持续快速增长,数年稳居世界第二。工业和信息化部统计测算数据显示,从2012年至2021年,我国数字经济规模从11万亿元增长到超45万亿元,数字经济占国内生产总值比重由21.6%提升至39.8%[①]。以数字技术为基础的创新在多个领域并发进行,大量新经济、新业态、新模式快速涌现,流量经济、网红经济、共享经济等经济模式层出不穷。数字经济的快速发展也给女性创造了更加公平、均等的创业就业环境,带来了创业就业的新机会和更多的路径,女性创业就业呈现蓬勃的生命力,加速着数字经济“她时代”的到来。

目前,数字经济对女性就业的研究尚处于起步阶段,研究成果较少。现有的研究显示,数字经济发展为女性就业创造了机遇,缩小了性别工资差异,推动释放数字性别红利。管健[②]认为数字经济拓宽了女性的工作生活场景,驱动女性多元发展。宋月萍[③]认为数字经济下女性就业的利好方面包括增加就业机会,优化就业结构;提升劳动收入,支持女性经济独立;促进灵活就业,推动性别平等;促进家务劳动社会化,减轻女性家庭负担。高秀娟[④]认为

* 赖小琼,哈尔滨工业大学(深圳)马克思主义学院、厦门大学经济学院,博士、教授、博士生导师;陈美香,福州理工学院讲师;林雪儿,福州理工学院助教。

① 十年间,规模从11万亿元增长到超45万亿元:数字经济发展跃上新台阶[EB/OL].(2022-10-02)[2022-10-22].http://www.gov.cn/xinwen/2022—10/02/content_5715622.htm.

② 管健.数字经济按下女性独立加速键[J].人民论坛,2019(31):68-69.

③ 宋月萍.数字经济赋予女性就业的机遇与挑战[J].人民论坛,2021(30):82-85.

④ 高秀娟.数字平台赋能女性创业就业[J].中国人力资源社会保障,2022(3):27-28.

数字技术推动更加灵活多样的新型就业模式，为女性提供更多职业发展新路径；数字技术激发了创业市场潜能，为女性提供更多创业机会。戚聿东和刘翠花①认为互联网使用显著缩小了性别工资差异。随分位点数提升，性别工资总差异呈先下降后上升的U型变化趋势；随年份推进，在相同分位点上性别工资总差异呈逐年缩小趋势，且禀赋特征差异逐渐缩小了中等收入者性别工资总差异。戚聿东等②认为互联网使用对青年、女性和低收入群体的工资收入提升作用更大。阿里研究院与中国就业形态研究中心课题组联合发布的《数字经济与中国妇女就业创业研究报告》③指出，数字经济创造数字性别红利，扩大了女性在劳动力市场的价值，减少了女性在劳动力市场的弱势，为女性开创了新的就业空间和领域。同时，数字经济带动了农村女性就业创业，叶婷和陈丽琴④认为数字经济时代为农村女性创业营造了良好的创业环境，解开了农村女性的精神枷锁，政策支持、融资环境以及科技发展等利好条件正呼唤着农村女性进行创业，而农村女性积极主动的创业行为也将进一步完善和优化现有的创业环境。但时，数字经济下女性就业仍然面临挑战，王安平和刘亭⑤认为女性在享受数字经济时代优越的经济政策、完善的基础设施和强大的网民红利的同时，仍面临着性别文化偏见、社会融资困难及工作与家庭矛盾等一系列困境。

面对数字经济带给女性创业就业的新机遇，如何有效地促进女性在数字经济领域创业就业的发展，是值得深入研究的重要课题。为此本文探讨了数字经济对女性创业就业提供的新机遇，以及女性在数字经济领域创业就业面临的困难，提出促进数字经济领域女性创业就业的政策建议和措施。

二、数字经济为“她”创业就业提供了新机遇

1. 数字技术激发了创业市场潜能，为女性提供更多创业就业机会

数字经济的发展，很大程度上缓解了社会资源的结构性不平等，帮助女性充分发挥自身潜能，为女性的发展提供了机遇。随着互联网、大数据、云计算等网络信息技术的迅猛发展，出现了大量以“互联网＋”为特征的新经济、新模式、新业态，因此产生了许多新的就业形态，加速了数字经济领域就业增长。数字经济带来的新业态和新的多样化的营商模式，也正在逐渐成为女性创业和灵活就业的重要载体和依托，拓展了女性参与经济活动、创造经济价值的渠道。

第一，数字经济提高了女性劳动参与率。数字经济中的各类新职业为女性就业者提供

---

① 戚聿东，刘翠花.数字经济背景下互联网使用是否缩小了性别工资差异：基于中国综合社会调查的经验分析[J].经济理论与经济管理，2020(9)：70-87.

② 戚聿东，丁述磊，刘翠花.数字经济时代互联网使用对灵活就业者工资收入的影响研究[J].社会科学辑刊，2022(1)：125-138，2.

③ 阿里研究院，中国就业形态研究中心课题组.数字经济与中国妇女就业创业研究报告[R/OL].(2022-03-01)[2022-03-22].https://www.sohu.com/a/531712052_121189020.

④ 叶婷，陈丽琴.数字经济与农村女性创业：基于NVivo质性分析[J].山东女子学院学报，2021(6)：65-73.

⑤ 王安平，刘亭.数字经济时代女性创业研究[J].安徽工业大学学报(社会科学版)，2020，37(3)：18-20.

了更多职业选择，为女性劳动者提供了大量就业机会，给女性从业者带来较好的薪酬待遇与较大的职业发展空间，提升了女性在劳动力市场的价值。据阿里研究院和中国就业形态研究中心课题组2022年3月发布的《数字经济与中国妇女就业创业研究报告》统计，在数字贸易、电商、直播等领域，数字经济已创造5700万女性就业机会；电商平台上，约有2358万女性淘宝店主，其中农村淘宝女店主有392万人，淘宝直播和抖音上约有1244万女性主播，饿了么与美团平台上约有18万女骑手，出行平台上约有136万女司机，微信生态上约有1749万女性社群经济参与者。

第二，数字经济的发展减少了女性在劳动力市场的弱势。特别是数字经济带动的就业岗位覆盖面广，涉及各种类型的群体，进一步凸显了就业的便利性、公平性和普惠性，扩大了低学历妇女、困难女性的就业规模，为女性开拓了新的就业空间和领域。2019年8月28日，阿里研究院发布的《2019年全球女性创业就业研究报告》指出，在淘宝活跃网店中，女性店主占50.1%，2018年有超6万残疾女性在淘宝开网店，此前三年中每年有超过10万55岁以上的女性加入淘宝开店。

第三，数字经济的发展拓宽了女性创业的选择面，促进女性创业比重的提升。越来越多的女性加入数字经济的创业浪潮中，互联网女性创业迅速崛起，女性线上个体经济和自雇就业迅猛发展。女性通过平台教学、线上旅游、网上买菜、直播带货、情感电台主播等形式，实现二次创业。阿里研究院发布的《2019年全球女性创业就业研究报告》显示，在阿里平台上女性创业者占比高达49.25%，年均交易额超20万元。

2. 数字平台不断增长的用户数量，为女性在数字经济领域创业培育了庞大的用户群

近年来，我国与数字经济相关的新型基础设施建设发展迅速，数字产业化深入推进，截至2022年5月底，已建成全球规模最大、技术领先的网络基础设施，所有地级市全面建成光网城市，千兆用户数突破5000万，5G移动电话用户数超过4.2亿户①。互联网、物联网、大数据等信息技术构建起来的一体化、网络化、智能化等平台，具有生态、高效、灵活的特征。数字世界正在逐渐进入每个人、每个家庭、每个企业、每个单位组织，由此构建出万物互联的智能世界。依托数字平台，实现了数据的共享与融合，带来了网络消费市场快速的发展，使得网络购物用户数量不断增长，为网络购物市提供了新的增长动力。iiMedia Research（艾媒咨询）数据显示，自2018年来，中国移动电商用户规模不断扩大，2020年中国移动电商用户规模达到7.88亿人，其中24岁以下用户占比33.5%。预计2022年中国移动电商用户规模将达8.69亿人。与数字经济相关的基础设施的日益完善以及平台用户的不断增加，女性创业者可以借助已有的数字平台的用户基础，实现数字经济领域创业的成功。

3. 数字经济的赋能技术，助力低专业技术能力女性创业就业

数字技术具有能够把市场信号更快、更好地传递给创业者，加快创业者和市场之间的信息交换，通过线上的方式实现供需精准匹配的特点。女性可以利用数字平台现有的技术，而不必自己自行研发，这就降低了创业的技术门槛。而且，数字平台上所具有的丰富的数字技

① 工信部.我国建成全球规模最大、技术领先的网络基础设施[EB/OL].(2022-07-15)[2022-10-22].https://www.shobserver.com/news/detail? id=508126.

术“工具箱”，形成了各类技术性解决方案与服务，弥补了女性创业就业时的技术短板。尤其是很多农村留守女性缺乏数字技术专业知识，但通过已有的数字经济平台、运用平台的数字技术“工具箱”，可以帮助她们找到适合的创业就业的途径，帮助越来越多的农村女性走上了电商创业之路，通过互联网把产品销往全国乃至全世界。农村女性参与电子商务不仅增加了个人的劳动收入，也改变了传统父权家庭中女性的经济从属地位，有利于进一步实现女性经济独立。2022 年 3 月《中国妇女报》发表的最新文章《数字时代女性发展“三部曲”：展示积极风貌、提升经济参与、实现多维发展》①显示，2021 年抖音万粉女性乡村内容创作者数量增长超 71%，乡村女性创作者通过其淳朴善良、富有亲和力的表达，成为乡村风貌的宣传者，成为地方特色农产品的销售者，成为乡村振兴中不可或缺的“她”力量。

4. 数字经济的新业态有利于平衡工作与家庭的矛盾，提高女性创业的积极性

随着数字经济以及所催生的新业态快速发展，使得线下业务加速向线上平台转移，如网上开店、直播带货、在线教育、线上问诊、远程办公、生鲜电商等，由此也催生了不少在线岗位，如在线医生、线上舞蹈健身教练、私人旅行线路定制师、网络媒体写作者、网络营销专员、美食博主、网购客服等。数字经济通过数字链接打破了时空界限，通过劳动方式的碎片化和多元化，跨平台、多雇主间灵活就业等重构就业模式，使女性能够运用零散的时间和精力，实现生产、生活在时间和空间上的融合，帮助女性根据自己的身体条件、家庭情况等选择工作岗位、工作内容、工作时间和工作地点等，使弹性工作时间和弹性工作空间成为可能。灵活性的新就业形态使得女性在工作的同时可以兼顾家庭，在一定程度上缓解了女性工作与家庭的矛盾，避免了女性因职业发展无法照料家庭，或因家庭而不得不退出劳动力市场的情况出现，极大地促进了女性创业的便利性和可及性，释放了女性创业意愿，助力女性灵活就业，拓宽了女性就业的渠道，提高了女性经济参与程度，分享数字经济的红利。

5. 数字经济的新商业模式有利于显现女性的性别优势，促进女性创业就业

数字经济的发展正在重塑人们的消费行为和消费模式，网络购物、在线接受各种社会服务等逐渐成为人们主要的消费方式。根据《中国电子商务报告(2020)》②数据，2020 年全国电子商务交易额达 37.21 万亿元人民币，同比增长 4.5%。其中，商品类电商交易额 27.95 万亿元，服务业电商交易额 8.08 万亿元，合约类电商交易额 1.18 万亿元。在数字平台商务领域，女性有着一定的性别优势。女性具有情感性和亲和力，因而，如直播带货、线上教育、线上问诊等以表情、语言、生活化场景为主要创作要素的新的商业模式，非常契合女性的表达方式，女性富有情感力的表达较容易引起消费者的反响、共情和共鸣。与此同时，社交网络成为互联网中最大的流量中心，商业、传媒、娱乐成功实现了社交化，女性作为社交网络的主体，拥有广泛的网络社交朋友圈，网络朋友圈能够支持包括文字、图片、视频等多种形态的媒介展示，搭建了多元化的消费场景和消费平台，由此，女性成为社交网络商业、传媒、娱乐

① 陈蓦然.数字时代女性发展“三部曲”：展示积极风貌、提升经济参与、实现多维发展[N/OL].中国妇女报，2022-03-30[2022-04-01].https://news.ruc.edu.cn/archives/373633.

② 中华人民共和国商务部电子商务和信息化司.中国电子商务报告(2020)[R/OL].(2021-09-28)[2022-07-28].http://www.100ec.cn/index.php/detail--6601387.html.

的主要创业就业群体。2017 年发布的《中国女性创业者影响力榜单与女创现状及趋势报告》①指出，电商、文娱、医疗健康、媒体门户等行业的女性创业比例较男性高。华中师范大学农村研究院农村妇女研究中心联合蚂蚁集团研究院、《中国妇女报》和中国妇女网、北京益创乡村女性公益事业发展中心发布的《2021 中国农村女性就业调研报告》②显示，支付宝的人工智能训练师中，62.3%为女性；云客服中，72%为女性；村淘电商主播中，53%为女性。2022 年 3 月《中国妇女报》发表的最新文章《数字时代女性发展“三部曲”：展示积极风貌、提升经济参与、实现多维发展》显示，2021 年女性创作者较 2020 年增加了 18%。其中，中青年女性(50 岁以下)占据绝大比重，是抖音女性创作者的主力；51 岁以上的女性群体创作热情同样较高，虽然她们的人数占比仅为 7.71%，却创作了 13.22%的视频数。

三、数字经济领域“她”创业就业面临的困难与挑战

1. 创业启动资金匮乏、融资渠道狭窄

在创业的起步阶段，充足的资金来源是创业成功的主要保证。由于历史形成的性别刻板印象和性别歧视，以及受传统习俗的影响，人们对具有相同能力的女性和男性区别对待，习惯性地认为女性创业能力弱于男性，女性创业者受到不公正待遇，尤其是限制了女性参与那些可以直接或间接获得创业融资的圈子。女性在银行贷款、股权融资等方面与男性创业者相比处于劣势，在创业过程中缺乏社会支持系统。融资渠道狭隘造成女性创业的融资困境，使女性面临比男性创业者更大的创业资金困难。创业所需第一道资金门槛较难跨越，缺少初创资本成为女性创业面临的最大难题。尤其是农村女性，在电商等互联网经济领域创业的初创资金往往来自个人积累，或家人、朋友的支持，较少利用贷款和政府补贴。虽然政府对于女性创业的贷款有出台妇女小额担保贷款财政贴息政策，重点帮助有需求并符合条件的贫困妇女获得贷款支持，但是这些政策没有被农村女性创业者广泛了解，在一定程度上削弱了政府政策实施的力度和效果，不利于女性创业的进行。

2. 数字性别鸿沟给女性创业就业带来系统性影响

在数字经济背景下，数字性别鸿沟表现在数字设备的使用、数字技能水平、数字技术的社会支持等多个方面。首先，在数字设备的使用上，女性互联网使用率明显低于男性。其次，女性的数字技能水平普遍低于男性，在数字经济领域不具备专业优势，在数学、计算机科学与技术、信息与通信技术等科学技术的可及性上，女性明显低于男性。数字性别鸿沟导致了在人工智能、大数据、区块链、物联网等新兴技术领域女性人才奇缺，使得女性在以数字信息技术为核心的数字经济领域仍处于边缘地位，更多的是从事数字经济领域中低技术含量的创业就业。最后，相对于男性，女性对数字工具和技术的使用更多的是用于社会交往和联

① GirlUp 美女创业工场，36 氪经.“她经济”：中国女性创业者现状以及趋势报告[R/OL](2017-03-08)[2017-03-08].https://www.36kr.com/p/1721402834945.

② 华中师范大学农村研究院农村妇女研究中心，蚂蚁集团研究院，中国妇女报，中国妇女网，北京益创乡村女性公益事业发展中心.2021 中国农村女性就业调研报告[R/OL].(2021-05-01)[2021-05-08].https://www.chinaz.com/2021/0508/1247598.shtml.

络，较少地用于商业目的经济活动，加大了数字经济中的性别差距，阻碍了女性在数字经济领域的发展，抑制了女性创业就业渠道的拓展。

3. 权益保障不够完善

数字经济时代基于各类平台发展的新业态打破了传统产业较为稳定的就业形式，数字经济领域的工作方式、工作地点、工作时间的自由度更高，就业人员与用人单位之间的劳动关系形式更具多样性，如何保障新业态就业群体权益显得更具挑战性。数字经济领域灵活就业的妇女与正规就业妇女相比，在产假、哺乳假、社会保险接续、生育保险参保等方面还缺乏必要的制度保障和政策支持，合法权益得不到有效的保障，维护权益的途径也有待完善。另外，由于互联网平台企业与劳务提供者之间，虽然有些有签订劳动合同，或通过外包、劳务派遣等方式形成非标准劳动关系，但更多的是签订合作、承揽等协议建立民事合作关系，这带来了司法裁判和认定的困难，一旦发生意外事故，劳动者的合法权益难以得到保障。劳动保护制度不健全不完善，劳动保护和社会保障制度方面立法滞后、执法不力和监管不严，在一定程度上加大了数字经济领域女性创业就业的难度。

四、促进数字经济领域"她"创业就业的政策建议和措施

1. 精准制定和完善女性数字经济领域创业的金融帮扶政策，有效缓解女性创业融资难问题

金融机构可以根据女性数字经济创业的特点，设计与女性创业相匹配的金融产品，在信贷规模、利率定价、贷款期限、业务创新等方面给予创业女性倾斜和优惠，在此基础上，明确贷款对象、范围、金额、期限利率优惠幅度等服务流程，精准支持鼓励女性数字经济创业。建立专门针对农村女性互联网创业的小额信贷，落实好小微企业税收优惠、普惠金融等支持政策，对于农村女性创业人员贷款的审批发放予以适当宽松，拓宽创新创业融资渠道。

2. 全面提升女性的数字技能，引导女性充分利用移动互联网的技术和信息资源实现创业就业

女性在数字经济专业领域不具备专业优势的关键原因之一是女性在接受正规教育的过程中与数字经济相关的专业教育存在一定程度的缺失，使得女性缺乏培养数字信息技术兴趣的良好氛围，缺乏对数字信息技术的认同感，缺乏系统、高端的专业教育，最终导致女性缺乏进入数字经济相关行业的专业能力。因此，要改变女性不适合参加与数字经济相关的专业教育的传统理念，鼓励更多的女性学习掌握数字信息技术，培养更多的人工智能、大数据、区块链、物联网等新兴技术领域女性人才，逐渐缩小数字性别鸿沟，提高女性在数字经济领域的创业就业能力，提升女性数字经济领域的参与程度，更好地利用新技术和新平台帮助女性实现发展和分享数字经济带来的发展红利。

政府相关部门要注重加强对女性数字经济创业就业主体的技能培训，强化数字人才教育和数字技能培训，努力开发适合女性创业就业的数字技能培训指导服务，为时间"碎片化"的女性、农村女性、流动女性、困境女性设置有针对性的培训课程，提供精准的培训服务，提

高女性数字技术能力和水平。

数字平台作为数字经济的重要载体，要发挥平台优势，多方面支持女性在数字经济创业就业领域的早期介绍与引导，利用丰富的“技术＋资源”为女性就业创业提供多维赋能，帮助广大女性，尤其是边远地区、贫困、流动女性获得信息和服务，降低女性在数字经济领域就业、创业的成本，助力实现女性群体的高质量发展。

3. 进一步健全数字经济从业妇女劳动权益保障制度

对于新业态劳动者就业形式灵活、劳动就业保障难以全面覆盖等问题，可以在充分考虑数字经济时代下就业形式多元化的基础上，进一步建立健全数字经济从业妇女劳动权益保障制度，修订现行劳动保障法案并完善社会保障制度，在相关法律政策制定中引入性别视角，推动数字经济女性从业人员参加社会保险，更好地发挥社会保障的作用。

针对数字经济带来的新的就业形态和就业方式使得就业劳动从属关系难界定、劳动关系确立不统一等问题，需要出台新的法律法规，通过建立新业态下的劳动关系确立程序来进行规范，对新型劳动关系做出更加清晰的界定，更好地保护劳动者的权益。还要强化监管责任，推进劳动保障监察覆盖数字经济领域从业妇女，督促平台落实企业责任，建立投诉处理机制，及时纠正损害妇女就业权益的行为。

Digital Economy and Female Entrepreneurship and Female Employment

Lai Xiaoqiong　Chen Meixiang　Lin Xue'er

(1. Harbin Institute of Technology, Shenzhen, 518055 & Xiamen University, Xiamen, 361005; 2.3. Fujian Institute of Technology, Fuzhou, 350506)

Abstract: The rapid development of the digital economy has created a more equitable and equal environment for women to start businesses and obtain employment, accelerating the arrival of the "her economy" of the digital economy. This paper studies the new opportunities and challenges that the digital economy provides for female entrepreneurship and female employment and puts forward policy suggestions and measures to promote female entrepreneurship and female employment in the field of digital economy.

Keywords: digital economy; female entrepreneurship; female employment

如何提升女性竞争意愿：研究综述与未来展望*

彭丽芳　包郑扬　张　娜**

内容摘要：如今大多数国家的女性在受教育程度方面与男性相当，然而女性在就业的可能性和受雇后的收入方面都比男性要低。这种劳动力市场结果的性别差异和很多因素有关，其中一个重要因素就是不同性别劳动者的竞争意愿。大量研究表明，女性比男性更不喜欢竞争。本文从四个方面梳理总结了关于竞争意愿的性别差异研究，并从不同角度剖析了其产生动因和影响因素。在此基础上归纳提炼出了四个关于如何提升女性竞争意愿的干预措施。最后，基于现有研究的局限性提出未来可能的研究方向，以期弥补该领域文献梳理的研究缺口，并为各政府和组织制定或实施促进男女平等与妇女全面发展的政策提供参考与借鉴。

关键词：竞争意愿；性别差异；女性；竞争力；男女平等

一、引言

随着我国促进男女平等与妇女全面发展的社会环境进一步优化，女性在经济社会发展中发挥重要作用，"半边天"力量进一步彰显。据第四期中国妇女社会地位调查数据显示，教育是近十年来女性发展进步最为明显的领域之一，女性受教育水平的地区差距明显缩小，女性接受高等教育的比例也超过男性。有文献对13万多的简历数据进行分析，结果显示女性平均比男性要多读一个学位，但女性受雇后的收入却比较低，需要多工作5年才能和男性收入持平，且女性在收入增长和职位晋升等方面也相对男性更落后①②；另外，女性获得高端职

* 基金项目：教育部人文社会科学研究青年基金项目（22YJC790002）；中央高校基本科研基金（2072021066）；厦门大学妇女/性别研究与培训基地（2020FNJD07）；福建省高校人文社科研究基地互联网创新研究中心（闽江学院）（IIRC20200101；IIRC20200104）。

** 彭丽芳，女，厦门大学管理学院教授、博士生导师，主要研究方向为电子商务、信息系统、现代服务；包郑扬，男，厦门大学经济学院助理教授、讲师，主要研究方向为行为与实验经济学；张娜，女，厦门大学管理学院博士研究生，主要研究方向为电子商务。

① YANG X，GAO J，LIU J H，et al. Height conditions salary expectations：Evidence from large-scale data in China[J]，Physica A：statistical mechanics and its applications，2018，501：86-97.

② 卿石松，郑加梅."同酬"还需"同工"：职位隔离对性别收入差距的作用[J].经济学（季刊）.2013，12(2)：735-751.

业的机会也比较少,例如女性任职于财富 500 强企业的比例不到 5%①,担任高级科学职位的女性比例不足 6%②,在 VC 投资公司的女性合伙人比例也只有 6%③。所以,即使面对女性教育的进步和政府对性别歧视的更大保障,劳动力市场的性别差距仍然存在④。

为什么男性和女性的劳动力市场结果不同?除能力差异、性别歧视、退休年龄差异、分娩、产假以及由此产生对劳动力依恋的信念等原因外,不同性别劳动者竞争意愿的差异也是一个比较重要的影响因素⑤⑥。有一系列实证研究表明,女性比男性更不喜欢竞争⑦⑧⑨⑩。这种竞争意愿的差异对劳动力市场,尤其对在女性代表性不足且具有竞争力的市场中有着深远的影响,也似乎解释了女性在商业、科学或政治领域担任高层职位的比例很低的原因⑪⑫⑬⑭。

接下来的问题是,是什么决定了男性和女性在竞争意愿上的差异?这种差异是先天的还是后天培养的?在 Niederle 和 Vesterlund 于 2007 年发表的开创性论文中有提到,女性之所以避免竞争,可能是因为其相比男性更厌恶风险或反馈;也有一些研究表明,女性可能受制于自信程度、家庭条件、社会偏好、文化背景等因素,不如男性那样愿意去竞争。这将导

---

① BAO Z, HUANG D. Reform scientific elections to improve gender equality[J]. Nature human behaviour, 2022, 6 (4): 478-479.

② BURKE R J, MAJOR D A. Gender in Organizations: are men allies or adversaries to women s career advancement? [J]. Leadership & organization development journal, 2015, 36 (1): 99-100.

③ BRUSH C G, GREENE P G, BALACHANDRA L, et al. Women entrepreneurs 2014: bridging the gender gap in venture capital [M]. The Diana Report, Babson College, 2014.

④ GOLDIN C, KATZ L F, KUZIEMKO I. The homecoming of American college women: the reversal of the college gender gap[J]. Journal of economic perspectives, 2006, 20(4): 133-156.

⑤ GNEEZY U, NIEDERLE M, RUSTICHINI A. Performance in competitive environments: gender differences[J]. Quarterly journal of economics, 2003,118(3): 1049-1074.

⑥ 周业安,左聪颖,袁晓燕. 偏好的性别差异研究:基于实验经济学的视角[J]. 世界经济,2013(7): 3-27.

⑦ NIEDERLE M, VESTERLUND L. Do women shy away from competition? do men compete too much? [J]. The quarterly journal of economics, 2007, 122 (3): 1067-1101.

⑧ GUPTA N D, POULSEN A, VILLEVAL M C. Gender matching and competitiveness: experimental evidence[J]. Economic. inquiry, 2013,51 (1): 816-835.

⑨ CROSON R, GNEEZY U. Gender differences in preferences[J]. Journal of economic literature, 2009, 47 (2): 448-474.

⑩ NIEDERLE M, VESTERLUND L. Gender and competition[J]. The annual review of economics, 2011,3 (1): 601-630.

⑪ BLAU F D, CURRIE J M, CROSON R T A, et al. Can mentoring help female assistant professors? interim results from a randomized trial[J]. American economic review, 2010, 100(2): 348-352.

⑫ CASON T N, MASTER W A, SHEREMETA R M. Entry into winner-take-all and propor-tional-prize contests: an experimental study[J]. Journal of public economics, 2010, 94(9/10): 604-611.

⑬ GUPTA N D, POULSEN A, VILLEVAL M C. Gender matching and competitiveness: experimental evidence[J]. Economic inquiry, 2013, 51(1): 816-835.

⑭ DOHMEN T, FALK A. Performance pay and multidimensional sorting: productivity, preferences, and gender[J]. The american economic review, 2011, 101(2): 556-590.

致女性在职业选择、竞争性工作场所的表现、工资谈判和职位晋升等方面都处于一个相对被动的地位。高能力女性可能因此而埋没，这既违背了社会福利最大化原则，对女性来说也是一种隐形的不公平。

那么，什么样的干预政策或措施会提升女性的竞争意愿，以助于进一步缩小劳动力结果中的性别差距？目前的文献有关于平权行动（affirmative action）政策的提出、激发法（priming）、“退出选择”框架、简单信息干预等，这些研究和政策干预探索了提高女性竞争行为的途径①②③④⑤。

基于以上，本文对已有研究进行了系统梳理，分析竞争意愿的性别差异的动因及影响因素，确定是什么导致了能力相同的女性和男性进入竞争环境的意愿不同；同时，深入探讨什么样的干预政策或措施会提升女性的竞争意愿；最后在文献梳理的基础上分析既有研究的局限性并提出未来潜在的研究方向。

本文的理论意义主要包括以下几个方面：第一，详细地回顾了国内外相关文献，分类界定了不同环境下竞争意愿的性别差距；第二，从不同维度解构了竞争意愿的性别差距产生的动因，提炼了其影响因素；第三，对已有研究中提出的干预政策或措施进行了系统性的概括与梳理，即明确了现有研究体系的主线，也弥补了对该领域文献梳理的研究缺口。

从实际的角度来看，本文的梳理能够为进一步缩小性别差距及增加女性社会及经济福祉的相关政策制定提供些许的参考。

二、竞争意愿的性别差异研究

有关竞争意愿性别差异的研究最早是 Gneezy 等人从比较不同性别的劳动者在竞争环境下的劳动效率开始的，他们通过实验室实验观察到在非竞争激励的环境下男女劳动效率并不存在差异，但随着环境竞争力的提高，男性的表现显著提高，而女性则没有⑥。后续的研究以此为基础从四个角度进行了探索：竞争环境下的性别行为差异、竞争意愿性别差异的测度方法、竞争意愿性别差异的影响因素及竞争意愿性别差异的干预措施。本文对不同角度的代表性学者的研究进行了回顾列举，具体内容详见表 1。

---

① BALAFOUTAS L, SUTTER M. Affirmative action policies promote women and do not harm efficiency in the laboratory[J]. Science, 2012, 335(6068): 579-582.

② CALSAMIGLIA C, FRANKE J, RET-BIEL P. The incentive effects of affirmative action in a real-effort tournament[J]. Journal of public economics, 2013, 98: 15-31.

③ MILLER A R, SEGAL C. Does temporary affirmative action produce persistent effects? A study of black and female employment in law enforcement[J]. The review of economics and statistics, 2012, 94(4): 1107-1125.

④ NIEDERLE M, SEGAL C, VESTERLUND L. How costly is diversity? Affirmative action in light of gender differences in competitiveness[J]. Management science, 2013,59(1): 1-16.

⑤ VILLEVAL M C. Ready, steady, compete[J]. Science, 2012, 335(3): 544-545.

⑥ GNEEZY U, RUSTICHINI A. Gender and competition at a young age[J]. American economic review, 2004, 94(2): 377-381.

在不同性别的行为差异研究层面上，Gneezy 等人先于 2003 年得出女性在竞争环境下效率低于男性，后 Gneezy 和 Rustichini 通过跑步场地实验同样得出类似的结论①，实验发现当两个人竞争跑步时，男生成绩明显提升，但女生成绩却反而下降。类似地，Jurajda 和 Munich 分析了从中学毕业接着申请大学的整个捷克学生群体的数据②。他们发现，与一般技能和学习偏好相似的男性相比，女性只有在申请非常挑剔的大学时才会表现较差。Ors 等人在法国商学院硕士入学考试中检查了女性和男性的表现，发现高强度的竞争对女性的不利影响高于男性③。Bao 和 Leibbrandt 考察在工作竞争环境中如果有“最低保障”的选择来缓和绩效比较靠后的压力，女性会比男性更有可能选择这种补充的保障机制④。近几年的研究开始利用现场数据来探索男女在两阶段或多阶段比赛中的表现，比如 Cai 等人使用来自中国高考的数据（高考的第一阶段是模拟考试）⑤、Iriberri 和 Rey Biel 使用来自西班牙马德里两阶段数学竞赛的数据⑥，以及 Booth 和 Lee 使用来自参加韩国电视智力竞赛节目的一组高能力青少年女孩和男孩的数据⑦，实验都表明，当竞争压力较高时，女性的表现在第二阶段下降。

表 1　竞争意愿的性别差异研究

研究视角	代表性学者	研究过程	研究结论
性别行为差异研究	Gneezy，et al.（2003）⑧	解决电脑迷宫，分别有计件工资和锦标赛工资两种方案	在竞争环境中女性的表现或效率低于男性，但非竞争环境下不存在差异。
竞争意愿的测度	Niederle & Vesterlund（2007）⑨	设计了一个数字求和运算任务，分别有固定工资方案（计件工资）和变动工资方案（锦标赛工资）	这些研究通常发现，以表现为条件，男性更倾向于选择竞争激励，尤其是在解决数学问题等男性刻板任务中

① GNEEZY U，RUSTICHINI A. Gender and competition at a young age[J]. American economic review，2004，94(2)：377-381.

② JURAJDA S，MUNICH D. Gender gap in performance under competitive pressure：admissions to Czech universities[J]. American economic review，2011，101：514-18.

③ ORS E，PALOMINO F，PEYRACHE E. Performance gender-gap：does competition matter? [J]. Journal of labour economics，2013，31(3)：443-499.

④ BAO Z Y，LEIBBRANDT A. Tournaments with safeguards：a blessing or a curse for women[EB/OL]. CESifo Working Paper No. 8147，2020，https://ssrn.com/abstract=3552387.

⑤ CAI X，LU Y，PAN J，et al. Gender gap under pressure：evidence from China's national college entrance examination[J]. Review of economics and statistics，2019，101：249-63.

⑥ IRIBERRI N，REY-BIEL P. Competitive pressure widens the gender gap in performance：evidence from a two-stage competition in mathematics[J]. Economic journal，2019，129：1863-1893.

⑦ BOOTH A L，LEE J. Girls' and boys' performance in competitions：what we can learn from a Korean quiz show[J]. Journal of economic behavior and organization，2021，187：431-47.

⑧ GNEEZY U，NIEDELE M，RUSTICHINI A. Performance in competitive environments：Gender differences[J]. Quarterly journal of economics，2003，118(3)：1049-1074.

⑨ NIEDERLE M，VESTERLUND L. Do women shy away from competition? do men compete too much? [J]. The quarterly journal of economics，2007，122 (3)：1067-1101.

续表

研究视角	代表性学者	研究过程	研究结论
竞争意愿的影响因素	Buser, et al. (2014)①	除了实验室实验,开始加入实地实验进行验证。邀请阿姆斯特丹及其周边地区的中学参与研究项目	教育选择中的很大一部分性别差异可以归因于竞争力中的性别差异
	Croson & Gneezy(2009)②	文献综述	社会偏好如利他主义、不平等厌恶等,会影响不同性别参与者的竞争意愿
	Niederle & Vesterlund (2007)	在实验最后增加了一个任务以确定是否由于过度自信导致竞争意愿的性别差异	过度自信导致男性的竞争意愿高于女性
	Sutter & Rutzler (2010)③; Niederle & Vesterlund (2007)	Sutter 和 Rutzler 的研究发现风险厌恶和竞争意愿性别差异有显著关系,但 Niedrele 和 Vesterlund 的经典研究没有证实这一点	风险厌恶程度对竞争意愿性别差异的影响目前没有定论
	Booth, et al. (2018)④	通过在北京和台北两地实施的实验室实验,考察了文化和制度的变革对不同出生组及不同性别个体竞争意愿的影响	文化和制度的变革能深刻影响竞争意愿的性别差异
竞争意愿的干预措施	Balafoutas & Sutter(2012)⑤	实验室实验对象是来自不同学术背景的 360 名本科生,考察 3 种不同的干预政策:性别配额、优先待遇和重复竞争	优先待遇和性别配额:都能提升女性参与竞争的意愿且所有的干预都不会导致任何效率的损失
	Balafoutas, et al. (2018)⑥	主要研究的是对权力的激发(power priming):在进行竞争实验之前,参与者被要求填写一份情绪激发问卷,比如回忆自己以前掌控他人的情形	激发法:可以提升女性参与竞争的意愿,并可以减少男性的参与意愿

① BUSER T, NIEDERLE M, OOSTERBEEK H. Gender, competitiveness, and career choices[J]. The quarterly journal of economics, 2014, 129(3): 1409-1447.

② CROSON R, GNEEZY U. Gender differences in preferences[J]. Journal of economic literature, 2009,47(2): 448-474.

③ SUTTER M, RUTZLER D. Gender differences in competition emerge early in life[EB/OL]. [2022-09-12].https://papers.ssrn.com/sol3/papers.cfm? abstract_id=1631480.

④ BOOTH A, FAN E, XIN M, et al. Gender differences in willingness to compete: the role of culture and institutions[J]. The economic journal, 2019,129(618): 734-764.

⑤ BALAFOUTAS L, SUTTER M. Affirmative action policies promote women and do not harm efficiency in the laboratory[J]. Science. 2012, 335(6068):579-582.

⑥ BALAFOUTAS L, FORNWAGNER H, SUTTER M. Closing the gender gap in competitiveness through priming[J]. Nature communications, 2018, 9:4359 .

续表

研究视角	代表性学者	研究过程	研究结论
	He, et al. (2021)[①]	在在线劳动力市场上进行了三个实验:实验室实验、预注册复制和预注册现场实验	选择退出机制:研究发现如果进入竞争任务的选择从"申请人必须积极选择竞争"的默认更改为"申请人自动报名参加竞争但可以选择退出"的默认会提升女性参与竞争的意愿
	Kessel, et al.(2021)[②]	基于 Niederle 和 Vesterlund 2007 年的实验范例,加入"信息干预"环节,即在参与者做出最终决定之前,告知他们在竞争意愿存在性别差距的证据,以测试信息是否能缩小竞争意愿的性别差距	简单信息干预(建议):简单建议(简单信息干预)减少了竞争意愿的性别差距,但复杂的建议并没有什么用处

在竞争意愿性别差异的测度研究层面,最具代表性的文献莫过于 Niederle 和 Vesterlund 的研究[③]。为了观察竞争的影响(或模拟竞争环境),该研究设计了一个数字求和运算任务,以及两种工资方案:固定支付方案(如计件工资)和可变支付方案(如锦标赛,且可变支付方案下的产出通常高于固定支付方案下的产出),通过观察不同性别的参与者如何选择并判断其竞争意愿。研究发现当受试者可以选择是否参加竞赛,而不是按件计酬时,女性更愿意避免此类竞争,但男性可能会选择竞争,并且在具有同等能力的情况下,选择竞争形式的女性数量也明显低于男性的。此后 Cason 等人[④]、Healy 和 Pate[⑤]、Shurchkov[⑥] 及 Gneezy 和 Pietrasz[⑦] 的研究基本都是遵循这个实验思想。近几年,竞争意愿的实验测量开

① HE J C, KANG S K, LACETERA N. Opt-out choice framing attenuates gender differences in the decision to compete in the laboratory and in the field[J]. Proceedings of the national academy of sciences of the united states of America. 2021, 118(42): e2108337118.

② KESSEL D, MOLLERSTROM J, VELDHUIZEN R. Can simple advice eliminate the gender gap in willingness to compete? [J]. European economic review. 2021: 138.

③ NIEDERLE M, VESTERLUND L. Do women shy away from competition? do men compete too much? [J]. The quarterly journal of economics, 2007, 122 (3): 1067-1101.

④ CASON T N, MASTER W A, SHEREMETA R M. Entry into winner-take-all and proportional-prize contests: An experimental study[J]. Journal of public economics, 2010, 94(9-10): 604-611.

⑤ HEALY A, PATE J. Can teams help to close the gender competition gap[J]. The economic journal, 2011, 121 (555):1192-1204.

⑥ SHURCHKOV O. Under pressure: gender differences in output quality and quantity under competition and time constraints[J]. Journal of the european economic association, 2012, 10(5): 1189-1213.

⑦ SACCARD S, PIETRASZ A, GNEEZY U. On the size of the gender difference in competitiveness [J]. Management science,2018, 64 (4), pp.1541-1554.

始选择更具挑战性的教育轨道[①②③④]，并与劳动力市场结果相对应起来[⑤⑥⑦⑧]。实验室结果也在使用真实劳动力市场选择的现场实验中得到了验证[⑨⑩]。

竞争意愿影响因素的研究主要分别从以下几个角度展开：社会偏好、过度自信、风险厌恶程度及社会文化差异等。Croson 和 Gneezy 发现一些社会偏好如利他主义、不平等厌恶等，会影响不同性别参与者的竞争意愿[⑪]；Bartling 等人[⑫]、李朝阳[⑬]、Balafoutas 等人[⑭]也得出类似的结论。过度自信导致男性比女性更愿意竞争，较多文献都支持了这一观点[⑮⑯]。但风险厌恶程度对竞争意愿性别差异的影响目前还没有统一的结论，Sutter 和 Rutzler 的研究

---

① BUSER T, NIEDERLE M, OOSTERBEEK H. Gender, competitiveness, and career choices[J]. The quarterly journal of economics, 2014, 129(3): 1409-1447.

② ZHANG Y J. Can Experimental Economics Explain Competitive Behavior Outside the Lab? [EB/OL].CESifo Working paper,2013. https://ssrn.com/abstract=2292929.

③ BUSER T, PETER N, WOLTER S. Gender, competitiveness and study choices in high school evidence from Switzerland[J]. American economic review, 2017a, 107(5): 125-130.

④ BUSER T, PETER N, WOLTER S. Gender, willingness to compete and career choices along the whole ability distribution[EB/OL]. Working paper, 2017b, IZA Discussion Paper No. 10976. Available at SSRN. https://ssrn.com/abstract=3029848.

⑤ BUSER T, GEIJENBEEK L, PLUG E. Sexual orientation, competitiveness and income [J]. Journal of economic behavior & organization, 2018, 151(7): 191-198.

⑥ REUBEN E, SAPIENZA P, ZINGALES L. Taste for competition and the gender gap among young business professionals[EB/OL]. Columbia Business School Research Paper No. 15-92, Available at SSRN. https://ssrn.com/abstract=2677298.

⑦ REUBEN E, WISWALL M, ZAFAR B. Preferences and biases in educational choices and labour market expectations: shrinking the black box of gender [J]. Economic journal, 2017, 127 (604):2153-2186.

⑧ BUSER T, NIEDERLE M, OOSTERBEEK H. Can competitiveness predict education and labour market outcomes? evidence from incentivized choice and survey measures [EB/OL]. Working paper, 2020, Available at SSRN. https://ssrn.com/abstract=3549354.

⑨ FLORY J A, LEIBBRANDT A, LIST J A. Do Competitive workplaces deter female workers? a large-scale natural field experiment on job entry decisions[J]. The review of economic studies, 2015,82(1): 122-155.

⑩ SAMEK A. Gender differences in job entry decisions: a university-wide field experiment[J]. Management science,2019, 65(7): 3272-3281.

⑪ CROSON R, GNEEZY U. Gender differences in preferences[J]. Journal of economic literature, 2009,47(2):448-474.

⑫ BARTLING B, FEHR E, MARECHAL M, et al. Egalitarianism and competitiveness [J]. American economic review, 2009,99(2):93-98.

⑬ 李朝阳.不平等厌恶与竞争意愿匹配效应的实验研究[J].中央财经大学学报,2015,(9):97-105.

⑭ BALAFOUTAS L, KERSCHARMER R, SUTTER M. Distributional preferences and competitive behavior[J]. Journal of economic behavior & organization,2012,83(1):125-135.

⑮ NIEDERLE M, VESTERLUND L. Do women shy away from competition? do men compete too much? [J]. The quarterly journal of economics, 2007, 122(3): 1067-1101.

⑯ BALAFOUTAS L, KERSCHARMER R, SUTTER M. Distributional preferences and competitive behavior[J]. Journal of economic behavior & organization,2012,83(1):125-135.

发现其有显著关系[①],但 Niederle 和 Vesterlund 的经典研究没有证实这一点[②]。社会文化对竞争意愿性别差异也有影响,在一些社会中,竞争意愿的性别差距早在三岁时就存在,并持续多年[③]。Gneezy 等人研究了竞争力中的性别差距是由天性还是后天培养引起的问题。他们发现,虽然父权社会中的女性没有男性那么有竞争倾向,但母系社会中的女性比男性更有竞争倾向[④]。Booth 等人的研究发现,文化和制度的变革能深刻影响竞争意愿的性别差异[⑤]。

最后针对竞争意愿性别差异的干预措施研究,主要分为以下几个类别:平权政策[⑥⑦⑧⑨]、"激发法"(比如权力的激发)[⑩]、"选择退出"框架[⑪⑫]、赞助计划[⑬]及简单信息干预措施[⑭⑮]等。以平权行动方案为形式的政策干预在学术领域和公众中都得到了很大的支持,人们发现很多

---

① SUTTER M, RUTZLER D. Gender differences in competition emerge early in life[R]. European Economics: labour & social conditions ejournal, 2010.

② NIEDERLE M, VESTERLUND L. Do women shy away from competition? do men compete too much? [J]. The quarterly journal of economics, 2007, 122 (3): 1067-1101.

③ SUTTER M, Gltzle-Rutzler D. Gender differences in the willingness to compete emerge early in life and persist[J]. Management science, 2015, 61(10), 2339-2354.

④ GNEEZY U, LEONARD K L, LIST J A. Gender differences in competition: evidence from a matrilineal and a patriarchal society[J]. Econometrica, 2009, 77(5), 1637-1664.

⑤ BOOTH A, FAN E, XIN MENG, et al. Gender differences in willingness to compete: the role of culture and institutions[J]. The economic journal, 2018, 129(618): 734-764.

⑥ BALAFOUTAS L, SUTTER M. Affirmative action policies promote women and do not harm efficiency in the laboratory[J]. Science. 2012, 335(6068):579-582.

⑦ NIEDERLE M, SEGAL C, VESTERLUND L. How costly is diversity? Affirmative action in light of gender differences in competitiveness. Management science, 2013, 59: 1- 16.

⑧ LEIBBRANDT A, WANG L C, FOO C. Gender quotas, competitions, and peer review: experimental evidence on the backlash against women[J]. Management science. 2017, 64(8):3501-3516.

⑨ CASSAR A, WORDOFA F, ZHANG Y J. Competing for the benefit of offspring eliminates the gender gap in competitiveness[J]. Proceedings of the national academy of sciences, 2016, 113A: 5201-5205.

⑩ BALAFOUTAS L, FORNWAGNER H, SUTTER M. Closing the gender gap in competitiveness through priming[J]. Nature Communications, 2018,(9): 4359.

⑪ HE J C, KANG S K, LACETERA N. Opt-out choice framing attenuates gender differences in the decision to compete in the laboratory and in the field[J]. Proceedings of the national academy of sciences of the United States of America, 2021, 118(42): e2108337118.

⑫ ERKAL N, GANGADHARAN L, XIAO E. Leadership selection: can changing the default break the glass ceiling? [J]. The leadership quarterly, 2022, 33(2):1048-9843.

⑬ NANCY R, BALDIGA, KATHERINE B. Laboratory evidence on the effects of sponsorship on the competitive preferences of men and women [J]. Management science, 2016, 64(2): 888-901.

⑭ KESSEL D, MOLLERSTROM J, VELDHUIZEN R. Can simple advice eliminate the gender gap in willingness to compete? [J]. European economic review. 2021:103777.

⑮ BRANDTS J, GROENERT V, ROTT C. The impact of advice on women's and men's selection into competition[J]. Management science, 2014, 61(5):1018-1035.

干预措施都可以促进劳动力市场中的性别平衡结果，包括配额[①][②][③]、对女性的优先待遇，有利于后代的奖励[④]或基于合作的激励[⑤]等。但此类政策通常需要制度变革，在实施上会有一些阻碍，于是比较互补的、侵入性较小且价格成本较低的方法被提出，比如激发法，退出机制框架、信息干预等。

三、竞争意愿性别差异的动因及影响因素研究

（一）竞争意愿性别差异的动因

为什么女性相比男性更不愿意竞争？一种观点认为，"自然"或者"基因"也可能导致性别在竞争偏好上的差异。以达尔文为首，许多进化生物学家和心理学家都表明大脑的基本结构是由基因决定的，人类行为的规律性以及男女心理差异可能是遗传特征影响的。在自然环境中，男性和女性可能在某个时刻进化出不同的策略以最大限度地提高其基因的适应性。例如，Colarelli 等人研究发现基因或激素差异可能导致女性的竞争力低于男性[⑥]。这一结论也在生物测量对行为影响的研究中得到了支持。例如，睾丸激素（和其他激素，如皮质醇）已知与攻击性相关，且存在性别差异。另有大量文献记录了睾丸激素在竞争意愿中的作用，Bateup 等人还就此做了综述[⑦]。产前激素暴露也被认为与性别差异行为有关[⑧]。Chen 等人发现女性的竞争力取决于月经和避孕药的使用[⑨]。进化心理学从两性生殖繁衍的角度提出了两种理论，表明男性进化为享受竞争。第一种理论认为男性可以比女性生育更多的孩子，因此男性从赢得竞

① BALAFOUTAS L，SUTTER M. Affirmative action policies promote women and do not harm efficiency in the laboratory[J]. Science. 2012，335(6068)：579-582.

② NIEDERLE M，SEGAL C，VESTERLUND L. How costly is diversity? affirmative action in light of gender differences in competitiveness[J]. Management Science. 2013，59：1- 16.

③ VILLEVAL M C. Ready，steady，compete[J]. Science，2012，335：544-545.

④ CASSAR A，WORDOFA F，ZHANG Y J. Competing for the benefit of offspring eliminates the gender gap in competitiveness[J]. Proceedings of the National Academy of Sciences，2016，113(19)：5201-5205.

⑤ KUHN P，VILLEVAL M C. Are women more attracted to co-operation than men? [J]. Economic Journal，2015，125：115-140.

⑥ COLARELLI S，JENNIFER L S，Hechanova M R. "Women，Power，and Sex Composition in Small Groups：An Evolutionary Perspective." [J]. Journal of Organizational Behavior，2006，27(2)：163-84.

⑦ BATEUP H，BOOTH A，Shirtcliff EA，et al. Testosterone，Cortisol，and Women's Competition [J]. Evolution and Human Behavior，2002，23(3)：181-92.

⑧ MANNING J T，ROGAN P T. "Second to Fourth Digit Ratio and Male Ability in Sport：Implications for Sexual Selection in Humans." [J]. Evolution and Human Behavior，2001，22(1)：61-69.

⑨ CHEN Y，KATUSCAK P，OZDENOREN E. Why can't a woman bid more like a man? [J]. Games and Economic Behavior，2013，77(1)：181-213.

争中获得的生殖成功的潜在收益要大得多，因此男性比女性更具竞争力。[①] 第二种理论侧重于损失。男性的死亡不会影响其当前的生殖成功，但女性的死亡可能会导致其当前后代的损失。[②] 因此，竞争中潜在损失和潜在收益的差异可能会使男性更渴望竞争。

另一种观点显然是认为竞争意愿的差异是后天培养的。首先，我们倾向于以不同的方式抚养女孩和男孩。在日常生活和学习中，一些家长、教师和同龄人鼓励儿童进行性别类型的活动，而不鼓励跨性别活动。男孩一般被鼓励表现出自信，女孩则是同情心和平等[③]，即教养影响个人的竞争倾向。Gneezy 等人通过比较父权社会和母系社会之间竞争力的性别差距，研究了竞争力中的性别差距是由天性还是后天培养引起的问题。他们发现，虽然父权社会中的女性没有男性那么有竞争倾向，但母系社会中的女性比男性更有竞争倾向[④]。其次，文化很重要。Booth 和 Nolen(2012)比较了来自单性和男女同校环境的 14 岁和 15 岁女孩和男孩在竞争行为方面的性别差异，并发现单性和男女同校学校女孩的竞争选择之间存在显著差异。此外，当来自单性学校的女孩被随机分配到混合性别实验组时，会表现得更像男孩[⑤]。研究结果表明，这种观察到的性别差异可能是社会学习带来的，而不是固有的性别特征。最后，高度的性别不平等可能导致男性和女性以不同的方式内化社会规范和期望[⑥]。这可能导致女性认为竞争力是一种不受欢迎的特征，或者她们的竞争决定不会得到社会的积极奖励[⑦⑧]。

以上除了表明男性对竞争有更强烈的偏好外，也被用来解释为什么男性通常对自己的相对表现更有信心，对风险的厌恶程度较低等问题。这种性别差异也可能影响竞争或者比赛的决定。

(二)竞争意愿性别差异的影响因素研究

1. 社会偏好对竞争意愿性别差异的影响

社会偏好是指人与生俱来的社会性在偏好层面的体现，包括利他、互惠、不平等厌恶以

① MARTIN D, WILSON M. Sex, evolution, and behavior[M]. 2nd ed.Belmont, CA: Wadsworth Publishing Company, 1983.

② CAMPBELL A. A mind of her own: the evolutionary psychology of women[M]. Oxford, UK: Oxford University Press, 2002.

③ RUBE D N, MARTIN C L, BERENBAUM S A. Gender development[M]. //DAMON W, LERNERR M. Handbook of Child Psychology: Vol 6. 2006, 3(14): 858-932.

④ GNEEZY U, LEONARD K L, LIST J A. Gender differences in competition: evidence from a matrilineal and a patriarchal society[J]. Econometrica, 2009, 77(5): 1637-1664.

⑤ BOOTH A L, NOLEN P J. Choosing to compete: how different are girls and boys? [J].Journal of Economic Behavior and Organization, 2012, 81(2): 542-555.

⑥ ECKEL C C, GROSSMAN P J. Men, women and risk aversion: experimental evidence [J]. Handbook of Experimental Economics Results. 2008, (1):1061-1073.

⑦ ANDERSEN S, ERTAC S, GNEEZY U, et al. Gender, competitiveness, and socialization at a young age: evidence from a matrilineal and a patriarchal society[J]. Review of Economics and Statistics, 2003, 95(4): 1438-1443.

⑧ BARRY E. In India, a small band of women risk it all for a chance to work [EB/OL]. New York Times. https://www.nytimes.com/2016/01/31/world/asia/indian-women-labor-work-force.html.

及嫉妒四大类别。关于偏好中的性别差异，有大量经济学文献，Croson 和 Gneezy、Eckel 和 Grossman 都对此做过全面综述[①⑥]。研究发现，女性的利他偏好要高于男性[②③]，但在针对青少年的研究中，这一点并没有定论，Dreber 等人发现女孩的利他偏好高于男孩[④]，但 Almas 等人的研究并没有发现性别差异。[⑤] Eckl 和 Grossman 发现女性对不平等厌恶的容忍程度更高[⑥]。国内学者李朝阳把不平等厌恶分为落后厌恶和领先厌恶，从这两个维度考察了不平等厌恶与竞争意愿的匹配关系，研究发现落后厌恶抑制了参与者竞争意愿[⑦]。有趣的是，Dasgupta 等人的研究进一步发现与厌恶落后的男性相比，厌恶落后的女性更容易参与竞争[⑧]。

2. 过度自信对竞争意愿性别差异的影响

过度自信指个体过高估计了自身的能力和所能取得的成绩。心理学家研究发现，尽管个体一般都对自己的相对表现过度自信，但男性往往比女性表现更甚[⑨⑩⑪]。Barber 和 Odean 研究表明，在金融市场上，男性交易比女性过度，这与男性过度自信的现象相一致[⑫]。有研究通过观察学生在考试中的行为也发现男生的过度自信程度更高[⑬]，在不确定的情况

① CROSON R, GNEEZY U. Gender differences in preferences[J]. Journal of Economic Literature, 2009, 47 (2): 448-474.

② DUFWENBERG M, MUREN A. Gender composition in teams[J]. Journal of Economic Behavior and Organization, 2006,61(1):50-54.

③ RIGDON M, LSHII K, WATABE M, et al. Minimal social cues in the dictator game[J]. Journal of Economic Psychology, 2009,30(3):358-367.

④ DREBER A, ESSEN E, RANEHILL E. Gender and competition in adolescence: task matters[J]. Experimental Economic, 2014, 17:154-172.

⑤ ALMAS I A, CAPPELEN K G, SALVANES E O, et al. Willingness to compete: family matters. [J]. Management science, 2016, 62(8):2149-2162.

⑥ ECKEL C, GROSSMAN P. Chivalry and solidarity in ultimatum games[J]. Economic Inquiry, 2001,39(2): 171-188.

⑦ 李朝阳.不平等厌恶与竞争意愿匹配效应的实验研究[J].中央财经大学学报,2015,(9):97-105.

⑧ DASGUPTA U, MANI S, SHARMA S, et al. “Can gender differences in distributional preferences explain gender gaps in competition?” [J]. Journal of Economic Psychology, 2019, 70: 1-11.

⑨ LICHTENSTEIN S, BARUCH F, PHIPPLIPS L. Calibration and probabilities: the state of the art to 1980 [M]. New York: Cambridge University Press, 1982.

⑩ BEYER S, Gender differences in the accuracy of self-evaluations of performance[J]. Journal of Personality and Social Psychology, 1990, 47 (9/10): 960-970.

⑪ BEYER S, EDWARD M B. Gender differences in self-perceptions: convergent evidence from three measures of accuracy and bias[J]. Personality and Social Psychology Bulletin, 1997, 23(2): 157-172.

⑫ BARBER B M, ODEAN T. Boys will be boys: gender, overconfidence, and common stock investment[J]. Quarterly Journal of Economics, 2001, 116 (1): 261-292.

⑬ BENGTSSONA C, PERSSONB M, WILLENHAGA P. Gender and overconfidence [J]. Economics Letters, 2005,86: 199-203.

下，男性比女性更自信[①②]。

然而，过度自信中的性别差异可能取决于任务。研究发现，过度自信对任务的简单程度很敏感[③]，过度自信的性别差异主要存在于偏男性的任务中。比如，Lundeberg 等人就发现在一些常识领域并没有关于"信心"的性别差异[④]。而过度自信的性别差异也在一定程度上解释了竞争意愿的性别差异。Niederle 和 Vesterlund 通过设计的数字运算任务实验发现，与女性相比，男性对自己的相对表现会更自信，这有助于他们更愿意选择参与竞争[⑤]。

3. 风险厌恶程度对竞争意愿性别差异的影响

人们做出的许多决定都涉及风险，对于风险厌恶偏好的性别差异研究目前没有统一的结论。Eckel 和 Grossman 总结了经济学中的实验文献，并得出结论，女性比男性更厌恶风险[⑥]。Croson 和 Gneezy 做了更多的梳理并支持了这一结论[⑦]。然而，Byrnes 等人对心理学文献进行了总结，他们对 150 个风险实验进行了分析，结果表明，虽然女性在某些情景下更厌恶风险，但也有很多研究并没有发现性别差异[⑧]。Finucane 等也发现尽管在美国白人群体中存在显著的厌恶风险性别差异，但其他种族中并不显著。尽管风险厌恶偏好的性别差异没有定论，但个体对风险的态度会影响竞争的决定[⑨]。Niederle 和 Vesterlund 研究发现，与男性相比，女性因为更厌恶风险而选择比较低风险的工资方案（计件工资），风险偏好的性别差异会影响其竞争意愿[⑩]；而李朝阳利用行为和实验的研究范式发现风险厌恶偏好对竞争意愿有着显著的影响，且不同性别的厌恶风险偏好会影响其竞争意愿[⑪]。Veldhuizen 的研究结果也说明了风险态度对竞争意愿性别差异的影响，同时也表明风险态度和过度自信

① HEALY A, PATE J. Can teams help to close the gender competition gap[J]. The Economic Journal, 2011,121(555):1192-1204.

② SUTTER M, RUTZLER D. Gender differences in competition emerge early in life[R]. European Economics: Labour & Social Conditions eJournal, 2010: n. pag.

③ MOORE D A, SMALL D A. Error and bias in comparative social judgment: on being both better and worse than we think we are[J]. Journal of Personality and Social Psychology, 2007, 92 (6) : 972-989

④ LUNDEBERG M A, FOX P A, PUNCOCHAR J. Highly Confident but wrong: gender differences and similarities in confidence judgments [J]. Journal of Educational Psychology, 1994, 86 (1) : 114-121.

⑤ NIEDERLE M, VESTERLUND L. Do women shy away from competition? Do men compete too much? [J]. The quarterly journal of economics, 2007, 122 (3): 1067-1101.

⑥ ECKEL C, GROSSMAN P. Chivalry and solidarity in ultimatum games[J]. Economic Inquiry, 2001,39(2):171-188.

⑦ CROSON R, GNEEZY U. Gender differences in preferences[J]. Journal of Economic Literature, 2009, 47 (2), 448-474.

⑧ BYRNES J P, MILLER D C, SCHAFER W D. Gender Differences in Risk Taking: A Meta-Analysis [J]. Psychological Bulletin, 1999, 125 (3) :367-383.

⑨ FINUCANE M L, SLOVIC P, SATTERFIELD T A. Gender, race, and perceived risk: the "white male" effect[J]. Health, Risk and Society, 2000, 2(2):159-172.

⑩ NIEDERLE M, VESTERLUND L. Do women shy away from competition? Do men compete too much? [J]. The quarterly journal of economics, 2007, 122 (3): 1067-1101.

⑪ 李朝阳.不平等厌恶与竞争意愿匹配效应的实验研究[J].中央财经大学学报,2015,(9): 97-105.

相互作用的重要性[①]。

4. 社会文化差异对竞争意愿性别差异的影响

社会文化是一个集体术语，不同社会文化会塑造出人们不同的偏好。思想、价值观、家庭、身份、社会习俗、社会政策、社会规范和社会行为等都是社会文化的表现载体[②③④⑤]。

已有较多的研究表明社会文化会影响竞争意愿的性别差异。如 Booth 等人通过在北京和台北两地实施的实验室实验，考察了文化和制度的变革对不同出生组及不同性别个体竞争意愿的影响。结果表明在新中国成立后性别平等运动高峰期背景成长起来的女性比男性有更强的竞争意愿，而与台北女性相比，在每一个出生队列中大陆女性的竞争意愿都比台湾女性要强[⑥]。还有家庭背景可能也会影响竞争意愿的性别差异。社会最基本的单元是家庭，家庭可以通过角色榜样和社会规范形成竞争偏好，其中文化的传输则可能取决于家庭的社会经济状况。Almas 等考察了 14～15 岁挪威青少年的家庭背景对其竞争意愿的影响，发现父母收入和教育程度较低的孩子竞争意愿比较强烈，家庭富裕条件下女孩的竞争意愿明显低于男孩[⑦]。另外，作为社会中的个体，我们可能还会受制于法律、政治体制、社会习俗、社会结构和社会规范等。比如 Cameron 等研究了计划生育政策对竞争意愿的影响，发现计划生育政策之后的被试者有较低的竞争意愿[⑧]。Gneezy 等人的研究发现印度 Khasi 族（母系社会）中女性的竞争意愿高于男性，而坦桑尼亚 Maasai 族（父系社会）中男性多于女性[⑨]。Bjorvatn 等人分析了乌干达城市和农村中学生的竞争意愿，发现在城市中，竞争意愿没有显著的性别差异，但农村环境下，女生的竞争意愿明显低于男生，即环境是竞争意愿的重要决定因素[⑩]。

---

① VELDHUIZEN V R. Gender differences in tournament choices: risk preferences, overconfidence, or competitiveness? [J]. Journal of the European Economic Association, 2022, 20(4): 1595-161.

② AKERLOF G, KRANTON R. Economics and identity[J]. Quarterly Journal of Economics, 2000, 115(3): 715-53.

③ HOFSTEDE G, HOFSTEDE G J. Cultures and Organizations: Software of the Mind[M]. 2nd edn . NewYork: McGraw-Hill, 2015.

④ GUISO L, SAPIENZA P, ZINGALES L. Does culture affect economic outcomes? [J]. Journal of Economic Perspectives, 2006, 20(2): 23-48.

⑤ ALESINA A, GIULIANO P, NUNN N. On the origins of gender roles: women and the plough [J]. Quarterly Journal of Economics, 2013, 128(2): 469-530.

⑥ BOOTH A, FAN E, XIN M, et al. Gender differences in willingness to compete: the tole of culture and institutions[J]. The Economic Journal, 2019,129(618): 734-764.

⑦ ALMAS I A, CAPPELEN K G, SALVANES E O, et al. Willingness to compete: family matters [J]. Management Science. 2016, 62:2149-62.

⑧ CAMERON L, ERKAL N, GANGADHARAN L, et al. Little emperors behavioral impacts of China's one-child policy[J]. Science,2013,339 (6122): 953 - 957.

⑨ GNEEZY U, LEONARD K L, LIST J A. Gender differences in competition: evidence from a matrilineal and a patriarchal society[J]. Econometrica, 2009, 77(5): 1637-1664.

⑩ BJORVATN K, FALCH R, HERNAES U. Gender, context and competition: experimental evidence from rural and urban Uganda [J]. Journal of Behavioral and Experimental Economics, 2016,66: 31-37.

四、如何提升女性竞争意愿?

(一)平权行动政策

平权行动计划最初是随着美国黑人运动、妇女运动兴起的一项政策,主张在大学录取、企业招聘或雇员晋升时能照顾特定少数族裔和女性,其目的是减少对女性和少数族裔的歧视。该政策已存续半个世纪之久,一直试图促进妇女在商业、政治、学术以及科学界成员中的平等代表性[①]。如前文所述,已有的平权政策主要有:性别配额(即保证一定的女性比例)[②③]、对女性的优先待遇,有利于后代的奖励[④]或基于合作的激励[⑤]等。

Balafoutas 和 Sutter 研究发现,优先待遇和性别配额都能提升女性参与竞争的意愿且所有的干预都不会导致任何效率的损失[②]。Niederle 等人的研究也证实了这一结论。Cassar 等人也提出了"利于后代的奖励",研究发现与父亲相比,当奖金是给孩子的现金券时,母亲参与竞争的可能性提高了 10 个百分点[④]。Kuhn 和 Villeval 提出在高薪工作中,以团队激励取代竞争可能会增加女性在这些工作中的代表性[⑤],这些政策都能吸引女性参与竞争并提高效率。

然而,平权行动政策一直备受争议,真正实施起来具有一定的挑战性[⑥⑦],因为人们往往对这些政策持消极态度。在实施平权行动的时候应谨慎行事,否则可能让人们认为成功的

---

① NIEDERLE M C, SEGAL L V. How costly is diversity? affirmative action in light of gender differences in competitiveness[J]. Management Science , 2012, 59(1):1-16.

② BALAFOUTAS L, SUTTER M. Affirmative action policies promote women and do not harm efficiency in the laboratory[J]. Science, 2012, 335(6068): 579-582.

③ VILLEVAL M C. Ready, steady, compete[J]. Science, 2012, 335(3): 544-545.

④ CASSAR A, WORDOFA F, ZHANG Y J. Competing for the benefit of offspring eliminates the gender gap in competitiveness[J]. Proceedings of the National Academy of Sciences, 2016, 113(19): 5201-5205.

⑤ KUHN P, VILLEVAL M C. Are women more attracted to co-operation than men? [J]. Economic Journal, 2015, 125:115-140.

⑥ CROSBY F J, IYER A, CLAYTON S, et al. Affirmative action, psychological data and the policy debates[J]. American Psychologist,2003, 58:93-115.

⑦ SUTTON R M, CICHOCKA A, TOORN V J. The corrupting power of social inequality: Social-psychological consequences, causes and solutions[M]// DE ZAVALA A G, CICHOCKA A. Social psychology of social problems: The intergroup context. Palgrave Macmillan/Springer Nature. 2012: 115-140.

女性没有相应的价值[①②]。平权行动经常被视为违反程序正义[③④]。当女性受到优先待遇时，往往会引起人们的不满和怨恨[⑤]。性别配额也会引起“反弹”，例如 Ambrose 等人及 Neuman 和 Baron 认为，性别配额可能导致人们感知不公正，从而导致工作场所的破坏和侵略[⑥⑦]。Duffy 等人发现，当同事之间的社会认同感比较低时，区别对待可能会导致同辈之间的打压[⑧]。此外，性别配额可能会通过创造不正当的动机来与其他女性进行不公平竞争，从而加剧女性之间的冲突[⑨]。还有类似的文献也表明平权行动可能会引入更针对性别的竞争，甚至更多是女性针对女性的打压，从而更加阻碍女性竞争的意愿[⑩]。

那如何才能有效实施平权政策以提升女性竞争意愿呢？

（1）有研究发现，如果没有同行评议，性别配额在鼓励女性参与竞争方面非常有效。管理者和决策者可以避免在同行评议决定薪酬的环境中实施平权行动政策。同时，政策制定者和管理者应仔细评估平权政策在其特定环境中可能会带来破坏的程度，比如可以利用“多源反馈”去了解可能受到的影响。

（2）当平权政策的受益人是女性而不是男性时，人们对平权政策的看法更为乐观[⑪]。即当平权政策也让男性受益时，可能遇到的“反弹”会更大，所以管理者和政策制定者在计划时需要考虑政策受益的对象。

（3）制定一些儿童福利奖励，比如高质量的现场日托、教育代金券、课后强化计划、较灵活地减少女性工作时间、延长母亲的年龄限制[⑫]等，可以促使高能力女性进入更多的劳动力市场

① BAO Z，HUANG D. Reform scientific elections to improve gender equality[J]. Nature Human Behaviour，2022，6(4) ：478-479.

② LEIBBRANDT A，WANG L C，FOO C. Gender quotas，competitions，and peer review：cxperimental evidence on the backlash against women[J]. Management science. 2017，64(8)：3501-3516.

③ ABERSON C L，HAAG S C. Beliefs about affirmative action and diversity and their relationship to support for hiring policies[J]. Analyses of social issues and public policy，2003，3：121-138.

④ CROPANZANO R，SLAUGHTER J，BACHIOCHI P. Organizational justice and black applicants' reactions to affirmative action[J]. Journal of Applied Psychology，2005，90：1168-1184.

⑤ SINCLAIR S，CARLSSON R. Reactions to affirmative action policies in hiring：effects of framing and beneficiary gender[J]. Analysis of social issues and public policy，2021，21(1)：660-678.

⑥ AMBROSE M L，SEABRIGHT M A，SCHMINKE M. Sabotage in the workplace：the role of organizational injustice[J]. Organization. Behavior and Human Decision Processes，2002，89(1)：947-965.

⑦ NEUMAN J H，BARON R A. Aggression in the workplace[M]// GIACALONE R A，GREENBERG J. Antisocial Behavior in Organizations：Thousand Oaks，CA：SAGE，1997：37-67.

⑧ DUFFY M K，SCOTT K L，SHAW J D，et al. A social context model of envy and social undermining [J]. Academy of management journal. 2012，55(3)：643-666.

⑨ WILLIAMS J C. Hacking tech's diversity problem[J]. Harvard business review，2014，92(10)：94-100.

⑩ FALK A，FEHR E. Why labour market experiments? [J].Labour economics. 2003，10(4)：399-406.

⑪ SINCLAIR S，CARLSSON R. Reactions to affirmative action policies in hiring：effects of framing and beneficiary gender[J]. Analysis of social issues and public policy，2021，21(1)：660-678.

⑫ BAO Z，HUANG D. Reform scientific elections to improve gender equality [J]. Nature human behaviour，2022，6 (4) ：478-479.

竞争并获得更多收入。此类政策也不会对男性和低能力女性产生负面影响①。

(4)制定以团队为基础的奖励环境。女性相比男性而言,更有可能也更愿意进入团队环境②。

(二) 激发法

Balafoutas 等人最近提出一种比较简单的"激发法(priming)",此方法的提出是基于心理学里的启动效应(priming effect),即我们受到一种刺激(知觉模式)时,就会影响我们对另一个刺激的反应。Balafoutas 等人主要研究的是对权力的激发(power priming):在进行竞争实验之前,参与者被要求填写一份情绪激发问卷,比如回忆自己以前掌控他人的情形。当一种权力感被激活时,这可能会在女性身上产生一种控制感,以实现自己的目标,实验证明此方法可以提升女性参与竞争的意愿,并可以减少男性的参与意愿③。

此类激发法一般适用于教育系统或职业培训计划体系中,且已经被证明可以提高工作或大学入学面试参与者的表现④。

(三)"选择退出"框架

目前,一些研究摒弃了试图改变人们想法或"固定女性"的传统干预措施,转而关注竞争决策本身架构的变化⑤⑥。

对于现在的许多选拔过程(例如晋升、奖励和录取),很多默认的框架是申请人必须"自我提名"。He 等人通过实验室和现场实验证据,研究发现如果进入竞争任务的选择从"申请人必须积极选择竞争"的默认更改为"申请人自动报名参加竞争但可以选择退出"的默认会提升女性参与竞争的意愿⑦。Erkal 等人以竞争领导职位为背景,证明选择性退出机制可以鼓励更多合格者参与竞选领导岗位,更重要的是,可以缓解领导中的性别差距⑧。Bao 和 Huang 聚焦于顶尖科学职位的选举过程,提倡可以通过选择退出(而不是选择加入)机制以提高女性的参与程度,建议"与其让女性站起来表示她们对被提名的兴趣,所有机构都应该自动考虑女性是否

---

① CASSAR F, WORDOFA F, ZHANG Y J. Competing for the benefit of offspring eliminated the gender gap in competitiveness[J]. Proceedings of the national academy of sciences, 2016, 113:5201-5205.

② VILLEVAL M C. Ready, steady, compete[J]. Science, 2012, 335: 544-545.

③ BALAFOUTAS L, FORNWAGNER H, SUTTER M. Closing the gender gap in competitiveness through priming[J]. Nature communications, 2018, (9):4359.

④ LAMMERS J, DUBOIS D, RUCKER D D, et al. Power gets the job: priming power improves interview outcomes [J]. Journal of Experimental Social Psychology. 2013, 49(4): 776-779.

⑤ THALER R H, SUNSTEIN C R. Nudge: improving decisions about health, wealth, and happiness [M]. Yale: Yale University Press, 2008.

⑥ BOHNET I. What works: gender equality by design[M]. Cambridge, Massachusetts: Belknap Press of Harvard University Press, 2016.

⑦ HE J C, KANG S K, LACETERA N. Opt-out choice framing attenuates gender differences in the decision to compete in the laboratory and in the field[J]. Proceedings of the national academy of sciences of the United States of America, 2021, 118(42): e2108337118.

⑧ ERKAL N, GANGADHARAN L, XIAO E. Leadership selection: can changing the default break the glass ceiling? [J]. The leadership quarterly, 2022, 33(2):1048-9843.

愿意加入"[①]。改变提名机制会影响对性别和竞争的主流社会规范的看法,以及对表现和能力高低的看法,并改变了决策的框架。"选择退出"框架(即竞争成为默认)可以带来更多人的参与和性别差异的缩小[②③]。

(四)简单信息干预(建议)

已有一些研究证明给参与者提供一些反馈或者参与竞争的建议会减少或消除竞争意愿中的性别差距[④⑤⑥]。信息干预(建议)相比其他类型的干预措施,更为简单,成本也更低,也相对容易在各种环境下实施。Kessel 等人基于 Niederle 和 Vesterlund 2007 年的实验范例,加入"信息干预"环节,即在参与者做出最终决定之前,告知他们在竞争意愿存在性别差距的证据,以及在之前实验中男性和女性分别通过参赛选择获得多少收入等,还通过加入一些复杂的信息内容,比如强调竞争力、风险偏好和过度自信的作用等主要驱动因素,去测试复杂信息内容是否会有什么不同。研究发现,简单建议(简单信息干预)减少了竞争意愿的性别差距,但复杂的建议并没有什么用处[⑦]。

综上,这些干预措施都已被证明在一定程度上有效地缩小了竞争意愿方面的性别差距,有一些可能成本较高,有些更为简单,成本也更低。

五、结论与展望

大量文献表明,女性更不喜欢竞争。这种竞争意愿的性别差异可能会导致女性在工作表现、职业规划等方面都比较被动。高能力的女性因为不愿意竞争而没有得到展现才能的机会或不能得到相应的回报与奖励,这是一种损失。竞争意愿的性别差异还受到社会偏好、过度自信、风险厌恶程度及社会文化差异等因素的影响,政府制度的变革、社会环境的变化、文化的传播及企业的管理等都可能会缩小竞争意愿的性别差异。本文基于此背景,对竞争意愿性别差异的相关文献进行了回顾,系统梳理了竞争意愿性别差异相关研究、动因及影响因素,总结了提升女性竞争意愿的若干干预措施,以期能弥补该领域文献梳理的研究缺口。

---

① BAO Z, HUANG D. Reform scientific elections to improve gender equality [J]. Nature human behaviour, 2022, 6 (4) : 478-479.

② JOHNSON E J, BELLMAN S, LOHSE G L. Defaults, framing and privacy: why opting in -opting out [J]. Marketing letters, 2002, 13:5-15.

③ JOHNSON E J, GOLDSTEIN D. Do defaults save lives? [J]. Science. 2003, 302:1338-1339.

④ WOZNIAK D, HARBAUGH W T, MAYR U. The menstrual cycle and performance feedback alter gender differences in competitive choices[J]. Journal of labor economics. 2014, 32 (1): 161-198.

⑤ SEDA E, BALAZS S. The Effect of Information on Gender Differences in Competitiveness: Experimental Evidence. [EB/OL].[2022-08-22].https://eaf.ku.edu.tr/sites/eaf.ku.edu.tr/files/erf_wp_1104.pdf.

⑥ BERLIN N, DARGNIES M P. Gender differences in reactions to feedback and willingness to compete [J]. Journal of economic behavior & organization. 2016, 130:320-336.

⑦ KESSEL D, MOLLERSTROM J, VELDHUIZEN R. Can simple advice eliminate the gender gap in willingness to compete? [J]. European economic review. 2021: 103777.

本文认为未来研究可以从以下几个方面展开：

第一，现有的关于干预措施的研究大部分都基于实验情景下，但确切的实施可能取决于组织特定的环境。考虑组织内外部问题的多样性，未来工作的重要问题是测试这些干预机制是否在面对不同组织问题时依然有效，探讨其外部有效性。

第二，受限于现有研究的研究方法，现有大部分研究问题可能没办法全面考虑背景因素，比如不同的人群特征、个体特征，干预决策实施的时间及程度等，未来的工作中，可以考虑更多的背景因素，从而更接近现实。

第三，竞争意愿性别差异受到社会文化的影响，未来的研究可以用更具文化多样性的样本，比如不同的国家、不同的行业、不同的受众、不同的情境来检验或对比相关的研究问题。

How to Improve Women's Willingness to Compete: A Research Review and Future Prospects

Peng Lifang　Bao Zhengyang　Zhang Na

(Xiamen University, Xiamen, 361005)

Abstract: Women in most countries today are as educated as men, yet women are less likely than men to be employed and earn less if they are hired. This gender difference in labour market outcomes is related to many factors, one of which is the willingness of workers of different genders to compete. Numerous studies have shown that women are less competitive than men. This paper summarizes the research on gender differences in willingness to compete from four aspects, and analyzes the motivations and influencing factors from different perspectives. Based on this, four interventions on how to improve women's willingness to compete were summarized and distilled. Finally, on the basis of the limitations of the existing studies, possible future research directions are proposed in order to fill the research gaps in the literature of this field and to provide reference and reference for governments and organizations to formulate or implement policies to promote gender equality and women's comprehensive development.

Keywords: willingness to compete; gender differences; women; competitiveness; gender equality

性别与政治

Gender and Politics

Women/Gender Studies

后性别资本主义时代的社会性别政治[*]

柏　棣[**]

内容摘要：从 20 世纪 90 年代至今，全球新自由主义资本主义的主流社会文化价值观逐渐变化，呈现出一种新状态，反映出了一种新的道德伦理观，就是“后性别”。本文旨在从历史唯物主义的角度批判地思考后性别现象，提出：后性别并非无序的偶然发生的社会状态。后性别拥有扎实的理论基础和认识体系，这就是女性主义的社会性别理论。通过重新审视社会性别的发展过程，来说明社会性别的出现与资本主义从国家福利转向更保守更反动的新自由主义同步；社会性别发展以及全球话语霸权是全球化理论工业，是知识的生产和知识的全球化分配的结果。社会性别不仅导致了学术上批评范式的改变，更是引领了社会伦理的转型。后性别是新自由主义资本主义的伦理道德理想和文化逻辑的重要组成；社会性别是后性别的理论依托，是新自由主义资本主义的有机意识形态。

关键词：新自由主义资本主义；社会性别政治；有机意识形态

从 20 世纪 90 年代至今，全球新自由主义资本主义的主流社会文化价值观逐渐变化，呈现出一种新状态，反映出了一种新的道德伦理观，就是“后性别”。在这篇文章里，“后性别”区别于跟“后人类主义”有关联的“后性别主义”。后性别主义指的是科技物质主义对未来的一个假设：在由先进的生物基因技术、人工智能技术和机器人操控的元宇宙里，人类的生理性别差异和社会性别差异会自然地消除。我在这里用后性别描述一个现存的社会状况，具有三个相互联系又相互矛盾的特征：一，人的社会定位超性化（uber-sexualization），强调人的“性”属性和性身份，从而取代了之前的阶级从属和阶级身份；二，强调个人的社会性别认同自由，强调性取向的多元性、性别民主；三，否认自然/生理性别的物质存在，一个人既不是男人也不是女人，也不是任何其他假定的性别角色，人的自然/生理性别是一种压抑机制。“后性别”正在稳步地、强制地渗透新自由主义资本主义时代的家庭生活、媒体教育、公司政策和政府法律以及社会审美伦理道德等方面。

本文旨在从历史唯物主义的角度批判地思考后性别现象，提出后性别并非无序的偶然发生的社会状态。后性别拥有扎实的理论基础和认识体系，这就是女性主义的社会性别理论。通过重新审视社会性别的发展过程，来说明社会性别的出现与资本主义从国家福利转向更保守更反动的新自由主义同步；社会性别发展以及全球话语霸权是全球化理论工业，是

* 后性别是从英文 Post-Sex 翻译而来，表述“去生理性别”或“否认生理性别”的状态。

** 柏棣，美国俄亥俄州立大学比较学博士。现任美国德鲁大学亚洲学中心主任，德/俄/汉/阿语言文学系教授，主要从事西方女性主义理论、当代西方马克思主义理论和中国现当代文学与文化的研究教学。

知识的生产和知识的全球化分配的结果。社会性别不仅导致了学术上批评范式的改变，更是引领了社会伦理的转型。后性别是新自由主义资本主义的伦理道德理想和文化逻辑的重要组成；社会性别是后性别的理论依托，是新自由主义资本主义的有机意识形态。

一、后性别的社会表象

2019 年初，美国很有影响的流行文化时尚和时事月刊《名利场》(*Vanity Fair*) 报道，正在纽约市访问的英国哈里王子和怀孕的妻子梅根·马克尔跟朋友们表示，他们已经决定要用“性别中立”“流动灵活”的原则来养育孩子。这在当时是比较轰动的新闻。什么是中立和流动呢？根据美国的《育儿杂志》(*Parenting*)的定义，中立和流动是一种革命性的并且具有时代精神的培育孩子的方式，可以根据激进程度不同分成各种级别。比较普通的方式是父母不会强加给孩子任何性别刻板印象以防止孩子对传统的性别认同。他们会鼓励孩子性别角色互换，保持卧室装饰中性，会给男孩子买传统意义上的女孩子的玩具和女孩子的衣服；也会阻止女儿看迪士尼电影，公主和王子的故事都属于性别刻板印象。[①]比较激进的方式是父母在孩子出生的时候不会指定其生理性别。父母也不会在孩子成长过程中跟孩子讨论男或女等性别问题，而且会营造出一种环境使亲朋好友甚至孩子就学的学校都不要谈及孩子的性别。父母的目的是想让孩子自己探索、自己发现、自己决定性别认同。当然，性别认同不是固定的，一个人可以在不同的时期根据不同情况认同各种性别。这就是“性别民主”。而更激进更极端的也是争议最大的，是父母为迎合孩子的性别选择为其安排荷尔蒙治疗和变性手术。[②]

梅根·马克尔这位好莱坞演员出身的苏塞克斯公爵夫人，并不是一时头脑发热而离经叛道地来性别解构英国皇室未来的王子和公主。“性别流动”式育儿在北美在欧洲不仅是文化时尚更是政治正确，而且是精英女性主义者们所推崇的 21 世纪思想革命的一部分。众多社会名流，比如好莱坞著名演员凯特·哈德森、安吉丽娜·朱莉和加拿大歌手席琳·迪翁等都接受了并且践行这种育儿方式。性别流动是标志社会上层和精英地位的“奢侈思想”，几乎是欧美富人、成功人士的标志。奢侈品极有可能被下层平民模仿抄袭，而奢侈思想却更能反映出精英们的先锋地位。[③]这些奢侈思想正通过追星文化、“粉丝文化”获得文化激进的千

① ROSS M. Meghan Markle and prince harry to raise baby in gender-neutral style, friends say [EB/OL]. (2019-03-01) [2022-05-15]. https://www.mercurynews.com/2019/03/01/meghan-markle-and-prince-harry-to-raise-baby-in-gender-neutral-style-friends-say/.

② 父母有无权力给未成年子女做变性手术、变性医疗现在同堕胎权一样是撕裂美国社会的、区分自由派和保守派的重要问题。截至 2022 年 4 月，阿肯色州已经立法禁止，有 15 个州正在讨论。COX C. As Arkansas bans treatments for transgender youth, 15 other states consider similar bills [EB/OL]. (2021-04-08) [2022-06-06]. https://www.usatoday.com/story/news/politics/2021/04/08/states-consider-bills-medical-treatments-transgender-youth/7129101002/.

③ HENDERSON R. Luxury beliefs' are the latest status symbol for rich Americans [EB/OL]. (2019-08-17) [2022-05-16]. https://nypost.com/2019/08/17/luxury-beliefs-are-the-latest-status-symbol-for-rich-americans/.

禧一代父母认可效仿。

当然,性别流动不止存在于家庭这样的私人空间,北美和欧洲的幼儿园、托儿所也开始了这种尝试。在瑞典的性别中立幼儿园里孩子没有性别标记,在这里工作的教师需要接受特殊的语言培训,和孩子们的互动只能使用中性代词。据说没有性别定位会激励孩子们尝试各种创新的勇气并且有利于发展孩子们全方位的情绪和情感。[①]

在世界范围内对儿童性别认同影响最大的媒体莫过于迪士尼公司了。最近几年来,迪士尼正在积极地迎合这种时代潮流,极力表现出这种政治正确。迪士尼负责产品内容的总裁凯雷·波克(Karey Burke)在 2022 年 3 月的一次会议上说,她有两个孩子,一个是跨性别,一个是泛性恋。她承诺在迪士尼的故事中将会有"很多很多的 LGBTQIA+角色",具体的计划是,到 2022 年年底,迪士尼的新作品中至少有一半的角色将是 LGBTQIA 或少数族裔。[②] 迪士尼的另一个执行制片人拉托亚·拉维诺(Latoya Raveneau)也表示,自己就是一个"双重浪漫的无性恋"者,她希望利用她的影响让儿童全方位了解"LGBTQIA+"。迪士尼公司发起的"重新想象明天"活动的重要组成就是要颠覆男女二元的概念,通过迪士尼的全球影响力,塑造新一代的儿童。[③]

2022 年 3 月 17 日,美国宾夕法尼亚大学游泳运动员利亚·托马斯(Lia Thomas)在全美大学生体育协会锦标赛 500 码自由泳比赛中获得冠军。值得注意的是,媒体在新闻的标题中都没有注明是这场比赛是男子比赛还是女子比赛。2019 年托马斯根据"性别民主"原则宣布自己感觉是女人而成为跨性别女性,从"他"成了"她"。学校游泳队允许她参加女子比赛。之前在男子比赛中成绩平平的托马斯在 2021—2022 年大学游泳赛季一举创下多项女子锦标赛记录。事后在《体育画报》(*Sports Illustrated*)的采访中,托马斯讲述了自己性别转变的心路历程。她质疑自己的男性性别认同是在得克萨斯州奥斯汀上高中的时候开始的。"我感觉不舒服,好像跟自己身体脱节了。因此我经常逃课。我的睡眠时间表非常混乱。有些日子我无法下床,类似于精神崩溃的状态。在那时候我就知道我需要做点什么来解决这个问题。非常简单的答案是我不是男人。"通过跨性别认同女性身份并参加女子运动竞争,托马斯似乎解决了这个危机。她一再强调:"我是女性,所以我属于女队。跨性别者应该得到其他运动员同样的尊重。"[④]

托马斯作为跨性别女性参加女子比赛在欧美不是一个特例。西欧和美国中学生的各种体育比赛特别强调要保证运动员的性别选择权。美国的权威人权监管组织美国公民自由联盟(ACLU)认为,跨性别是人权的一部分。这里需要说明的是"变性"和"跨性别"是两个完

---

① MACLELLAN L. Sweden's gender-neutral preschools produce kids who are more likely to succeed [EB/OL]. Quartz, [2022-05-14]. https://qz.com/1006928/swedens-gender-neutral-preschools-produce-kids-who-are-more-likely-to-succeed/.

② FISHER J. Disney executive who is the mother of a transgender and a pansexual child says she wants at least half of ALL future characters to be LGBTQIA or racial minorities: theme parks are now banned from saying 'hello boys and girls' [EB/OL], (2022-03-29) [2022-05-16]. https://www.dailymail.co.uk/news/article-10666065/Disney-prez-says-mom-transgender-pansexual-children-wants-diverse-characters.html.

③ Reimagine tomorrow: where we all belong [EB/OL]. [2022-05-20]. https://reimaginetomorrow.disney.com/.

④ 看到国内对此事的报道,错误地称托马斯为"变性人"。

全不同的情况。变性指通过药物或手术改变生理性别，而跨性别是指心理上的性别认同。西方主流媒体在报道此事时，特别赞赏托马斯跨性别的主体性，巧妙地绕过了托马斯个人功利的动机和主体性。而且任何质疑参赛的公正性和托马斯功利动机的都被说成是对社会被压迫者的“仇恨”。主流媒体认为，社会不公正的重要原因和社会压迫的机制就是限定了男女。男女应该是无法界定的、流动灵活的概念。①托马斯，这位常春藤大学的佼佼者就这样被包装成被压迫者、被剥夺了人权的弱者。

如果说孩子抚育教育中的性别民主还局限在所谓的私人领域里，还只是家庭的选择，旁观者可以持事不关己、随它去了的态度的话，那么跨性别参加体育竞赛以及奥巴马著名的跨性别厕所/浴室的公共政策则具有强制性。“性别民主“必须获得全社会认同。

纽约市政府 2015 年在法律上规定“性别民主”是人权的一个重要组成部分。性别民主的范围具体表现在纽约市法律承认的 31 种性别状态。② 而且根据纽约市人权委员会关于基于性别认同或表达的歧视的执法指南，“未能使用个人的首选名称或人称代词”就是违反纽约市人权法关于性别歧视的禁令，属于侵犯人权，可能面临行政处罚以及民事诉讼和刑事诉讼。纽约市人权法（NYCHRL)的第五条详细地阐述了什么是“基于性别的歧视”。性别(gender)一词包含实际或感知的性别、性别认同和性别表达，包含一个人实际或感知的与性别相关的自我形象、外表、行为、表达或其他与性别相关的特征，无论该人在出生时的生理性别是什么。人权法要求在纽约市内使用一个人自我认同的姓名、代词和头衔。比如，安娜是生理意义的女人，但是安娜要求别人在称呼自己的时候必须用男性人称代词，或者复数的代词，这是安娜的性别民主，是安娜的人权。别人在谈及安娜的时候必须说：安娜要去书店，“他”正在准备出门。③

纽约市的这条人权法的实施范围绝不局限于纽约市。事实上，近十年来，美国的各行各业，包括联邦政府、地方政府、企业公司、文化教育、新闻媒体等，都把包括自选人称代词的性别民主列为强制的 DEI 业务培训和考核的核心部分。④ 在我任教的大学，学校要求新学期的第一堂课要解决的学生的自选人称代词问题。2020 年 3 月开始因为抗疫改上网课。教授们会在 zoom 的自己名字后面列上自选人称代词。围绕着 DEI 建立了庞大的官僚管理机构。密歇根大学 2021 年就有 163 个监督执行 DEI 的官员。

人们会认为，性别民主运动后性别状态只不过是欧美的精英们上演的一出荒诞戏剧，是“白左”们搞乱美国欧洲的社会，因此 严重地低估了忽略其政治作用。2021 年 4 月拜登集团的国务卿安东尼・J.布林肯已授权美国在世界各地的外交使团在大使馆和领事馆的美国国

---

① LAVIETES M. Trans swimmer Lia Thomas speaks out on scrutiny, controversy [EB/OL]. (2022-03-03) [2022-05-18]. https://www. nbcnews. com/nbc-out/out-news/trans-swimmer-lia-thomas-speaks-scrutiny-controversy-rcna18503.

② 参见美国纽约市政府的官方网站。这里详细地列出 31 种性别。Gender identities and expressions [EB/OL]. NYC Commission on Human Rights. [2022-05-19]. https://www1. nyc.gov/assets/cchr/downloads/pdf/publications/GenderID_Card2015. pdf.

③ Gender Identity/Gender Expression: Legal Enforcement Guidance [EB/OL]. [2022-05-19]. https://www1. nyc.gov/site/cchr/law/legal-guidances-gender-identity-expression.page.

④ DEI 是 多元(diversity)、公平(equity)、包容(inclusion) 的缩写。

旗的同一根柱子上悬挂代表后性别的彩虹骄傲旗。[①] 可见,这不仅仅是欧美国内政治、阶级政治,更重要的是,以美国为核心的跨国资本所新近定义的人权的一部分,正在占领道德高地,推动美国资本全球化的意识形态策略。

二、后性别的产生背景

早在20世纪60年代中期,后性别的理论准备就已经开始了。

人们普遍认为1960年代末1970年初是一个社会运动风起云涌的时代。在法国有著名的1968五月街头革命;在意大利左翼学潮和工人运动此起彼伏。美国更是成为欧美社会运动的中心。这里同时发生了黑人争取民权的运动、新左派学生反对越南战争运动,拉丁裔美国人的激进主义运动,争取同性恋社会权力的运动,环境保护运动以及自封为“第二波”的女权/女性主义运动。然而,一种倾向掩盖着另一种倾向。隐藏在这些激进变革运动下面的却是这样的事实:以无产阶级政党领导的社会民主运动、工人运动的衰退,对资本主义的政治经济意义上斗争的退潮。正如马克思主义理论家洛伦·戈德纳(Loren Goldner)所说:“1971年到1973年被一种怪异的气氛笼罩着。似乎这以前30多年的所有反抗都以惊人的速度消失了,只剩下了女性、黑人、拉丁裔、同性恋和生态学家的‘新社会运动’。这些运动的主要目的是争取进入主流社会。”在资本主义秩序中寻找自己的位置尽量争取占主导地位。[②]戈德纳指出,1960—1970年代的民权、女权、同性恋权以及反战这些社会运动在阶级本质上区别于以往的工人阶级运动,它们的阶级主体是中产阶级,它们的行动纲领是社会激进改良。[③]“中产阶级激进主义”的核心诉求不再是反对资本主义争取社会主义,而是寻求个人的提升、更大的言论自由和个人选择自由。他们渴望的不是改变资本主义制度,而是迎合资本主义的消费,在资本主义制度体系里寻求个人幸福、健康和精神安全的感觉。美国历史学家克里斯托弗·拉施(Christopher Lasch)认为,1960—1970年代,很多人参加到中产阶级激进主义运动中来并不是因为政治觉悟,也不是因为追求信仰,而大多是出于个人原因,把参加运动“作为一种治疗心理创伤的形式”。[④]

第二波女性主义是中产阶级激进主义的最突出的代表也是集大成者。第二波女性主义从出现的那一刻起就确定了自己的阶级立场。创始人之一的海蒂·哈特曼(Heidi Hartmann)很直白地表述,马克思主义和女性主义是不幸福的婚姻关系,因此女性主义必须脱离跟马克思主义的瓜葛;马克思主义代表父权,跟女人的关系从来都是不平等的;女人要从阶级概念中脱离出来,因为工人阶级家庭有性别压迫,男人和女人本身就是两个阶级。哈特曼

---

① VERMA P. State Department authorizes U.S. embassies to fly the Pride Flag [EB/OL].(2021-06-21)[2022-05-19]. https://www.nytimes.com/2021/04/23/us/us-embassy-pride-flag.html.

② GOLDNER L.Vanguard of retrogression:“postmodern” fictions as ideology in the era of fictitious capital[M].New York: Queequeg Publications, 2001:12-13.

③ GOLDNER L.Vanguard of retrogression:“postmodern” fictions as ideology in the era of fictitious capital[M].New York: Queequeg Publications, 2000:6.

④ LASCH C.The culture of narcissism,american life in an age of diminishing expectations[M].New York: W.W.Norton,1991:15-16.

认为，反对父权制跟反对资本主义一样重要。[①]

盖尔·鲁宾（Gayle Rubin）跟哈特曼有同样的理论思路，就是从马克思主义的阶级观中解脱出来。她认为一个比私有制更重要的社会制度一直存在着，她称其为“性别/社会性别系统”。性别/社会性别系统的定义是“社会将生物的性行为转化为人类活动的产品的一系列安排”。这句话的意思是，生理性别、社会性别和性吸引力之间的联系是文化的产物。在这种情况下，社会性别是附加在生理性别概念上的“社会产品”。鲁宾认为女人受压迫的根源不能解释为仅仅是资本榨取女性劳动的剩余价值。资本主义不是妇女受压迫的根源；私有制也不是根源。根源就是独立于经济关系以外的“性别/社会性别制度”。[②]

但是，人们很快发现无论是哈特曼的父权制还是鲁宾的性别/社会性别制度，都有非历史主义的嫌疑，都在延续“生理决定命运”的思路。这样的讨论很容易落进“本质主义”的理论陷阱，而且一旦陷入本质主义就没有出路。就是说，男女的剥削压迫关系是建立在自然的性别之上，那么，只要有自然的性别的物质存在不变，剥削压迫就自然地持续。因此本质主义是所有的社会批判理论都要避开的。面对“整个概念领域一团糟”的局面，如何突破“男女之间的生理/自然差异导致两性之间的社会关系等级关系剥削压迫关系”这一本质主义的束缚，是1970年代女性主义理论的中心任务。[③]

三、社会性别的理论发展轨迹

其实法国存在主义者西蒙娜·德·波伏娃早在1949年就给出了答案，只是那时候人们没有认识到她的前瞻性。波伏娃说：女人不是天生的，而是社会造成的。[④]意思是说，女人这个概念跟生物生理没有关系，是社会的概念。这一表述将女人（也包括男人）的自然属性与社会属性严格地区分开来。这种区分后来被命名为社会性别。

最早对社会性别概念进行系统阐述的是英国学者安妮·奥克利（Ann Oakley），她的《性别，社会性别和社会》一书1972年出版。当时奥克利28岁是伦敦大学的研究生，正在写博士论文。在书中，奥克利的社会性别借用了罗伯特·斯多勒（Robert Stoller）的两个重要的概念：社会性别（gender）和社会性别身份认同（gender identity）。斯多勒是美国加州大学洛杉矶分校的一位专门研究性别认同问题的精神分析学家，在他1968年出版的《性别和社会性别》一书中，他指出性别是生理的，社会性别是心理的。对于绝大多数人，生理和心理相吻合，所以他们的性别认同是正常的。而对于少数人来说，生理和心理出现偏差因而导致性别身份认同异常。斯多勒的社会性别认同也被称作“心理的性别取向”（psychosexual orien-

---

① HARTMANN H.The unhappy marriage of marxism and feminism：towards a more progressive union[C]//Sargent L. The unhappy marriage of marxism and feminism：a debate on class and patriarchy. London：Pluto Press，1986.

② RUBIN G.The traffic in women：notes on the “political economy” of sex[C]//reiter R. Toward an anthropology of women.New York：Monthly Review Press，1975：28.

③ OAKLEY A. Sex，gender and society [M]. New York：Routledge，2016：3.

④ One is not born，but rather，becomes a woman.

tation)。[①]

奥克利选择性地接受了生理性别和心理认同分离的概念，而且她更强调异常的心理性别角色认同："关于人们如何获得性别认同的研究证据表明，社会性别完全可以没有生理起源，性别和社会性别之间的联系根本不是真正，更不是自然的。"[②]奥克利强调，性别是物质的、自然的，而社会性别是"去自然"的。自然性别的劳动分工是普遍的，是"社会性别"分工的基础，但是文化条件的作用更重要；不同文化在不同的历史时期因为生产力的发展和科学技术的进步肯定会颠覆男女的社会分工。虽然自然的性是固定的，但是社会性别角色是变化的。

社会性别认同就是选择，选择过程主要是社会化的过程，先天的生理状态并不起决定作用。选择了是男人或者是女人，就是选择了做男人或者做女人，就是选择了不同的社会性别角色。而社会性别角色的差异引出了一系列价值关系。总的来说，男性所承担的社会分工被认为是重要的，在文化上、道德上、经济上得到回报。相反，女性所承担的社会分工被认为是次要的、附属的。显而易见，社会性别的价值差异导致了不平等的社会现象。因此，社会性别选择异常本身就具有革命性和正义性，因为它是对社会常规的反叛，是对社会压迫反抗。

既然社会性别认同是选择，那么就必须谈到选择的主体——人。社会性别包含着一个重要的概念即"个人的就是政治的"。这个口号最早是由美国女性主义者卡罗尔·哈尼施(Carol Hanisch)在1969年提出的。哈尼施是一位激进女性主义者，也曾是社会主义者。在她发表的《个人的就是政治的》文章中，她强调女人/女性的个人的受压迫经历来源于她们在社会上的政治经济不平等。如果某个女性受到男性伴侣的虐待，这不是个人的行为问题，而是社会问题，政治问题。社会对女性的系统性压迫是这种虐待的重要原因。然而哈尼斯没有预料到的是，"个人的就是政治的"一经传出，马上流行起来，而且被正反颠倒地理解成：女人/女性的个人行为具有政治意义。尽管哈尼斯多次强调口号的本义，但是并没有改变这种误读。"个人的就是政治的"在社会性别理论中的意思就是：个人的行为都具有政治和社会意义；个人和社会是对立的，这种对立是整体论意义上的。个人的反社会行为一般具有进步性、革命性和正义性。同时要指出的是，社会性别中的"个人"不是一个作为物体存在的自然、生物意义上的人，而是人的感觉、感情、感悟，是自我意志的表现和表达。在这里，我们已经看到了后性别的基本轮廓。

奥克利的书出版时并没有引起很大的关注。她的社会性别的概念是逐渐被认识、被重视的。由社会性别延伸出的社会建构论是1970年代到1990年代欧美女性主义的中心议题。当然，社会性别的影响不仅如此，它已经开始成为西方社会科学和人文学科的理论范式。

在英国牛津大学学者奥克利关于社会性别的书发表的十几年以后的1985年，在大洋彼岸的美国，布朗大学资深教授琼·斯科特(Joan Scott)在美国历史学年会上发表了一篇标题为《社会性别，一个实用的历史分析范畴》的文章。论文发表后立刻引起轰动，听众的反应两

① STOLLER, R.Sex and gender: the development of masculinity and femininity[M]. New York: Routledge, 1968:116.

② OAKLEY A.Sex, gender and society [M].New York: Routledge, 2016:135.

极分化。大多数认为斯科特的观点荒谬，是“虚无主义、现在主义、非历史主义、精英主义、种族中心主义”等反动观点的大杂烩。而另一端则认为斯科特代表了时代的精神，她对社会性别的重新定位是划时代的，她的文章是“即时经典”。斯科特文章的结构本身就带有明显的“经典”特征，似乎在模仿马克思、恩格斯的《共产党宣言》。

斯科特首先系统地总结了这十几年来社会性别对欧美学术界影响的三个方面。第一，社会性别拒绝自然/生理决定论；而性别(sex)和性别差异(sexual differences)这样的表述都属于自然/生理决定论。在讨论中，社会性别有效地取代了性别。第二，社会性别强调社会关系，而社会关系是权力关系。女性气质/男性气质等是社会关系的一种常态表述，因此是权力关系，是压迫被压迫的关系。第三，也是最普通的，社会性别已经成为一个术语，指把女人写进历史写进文化。一般把社会性别作为女人的同义词用。用社会性别来谈男女两性和两性之间的关系。[①]

斯科特认为，社会性别虽然取得了以上的成就，但是并没有从本质上改变学术界的思维习惯，在方法论上没有进步，社会性别沿袭了传统的学术惯性。社会性别知识为学术界增加了一个新课题，而且还是一个边缘的课题。社会性别只能用来讨论女人、儿童、家庭和性别意识。虽然社会性别强调社会性，但是这是一个非常有限的社会性，只与两性关系接触，并没有涉及真正的主流的社会性：政治、权力、民族国家等。因为“在大多数情况下，历史学家对性别进行理论化的尝试仍然停留在传统的社会科学框架内，所以，斯科特说，社会性别没有足够的分析能力来应对和改变现有的历史学科的范式。”[②]

然后斯科特的批判矛头指向了跟社会性别并存的另外三种女性主义理论：父权制理论、马克思主义女性主义理论和心理分析女性主义理论。父权制是激进女性主义的理论基础。斯科特认为父权制是历史虚无，是非历史的，是本质主义的，因此无益于改变男女不平等状态。斯科特认为马克思主义女性主义是女性主义跟马克思主义折中的产物。马克思主义女性主义崇尚物质主义，而且太过集中于批判资本主义时期的两性不平等，很少谈其他历史时期的不平等。同时“在马克思主义体系中，男女不平等长期以来一直被视为变化中的社会经济体系的副产品；社会性别因此没有自己作为独立议题的地位”。[③]最后，斯科特批评了以法国后结构主义和弗洛伊德精神分析学为基石的心理分析女性主义。心理分析目光浅显，主要关心解释主体性别身份的产生和再生产，强调女人/女性主体的完美，致力于建立“女性文化”“女性文学”“女性历史”等。斯科特批评这种局限性，因为它偏离了女性主义的历史使命。女性主义不是因为自己是女人而沾沾自喜，而是要从根本上转变权力关系。“女性主义思想史是一部拒绝在特定历史语境下在男女关系之间建立等级制度的历史，是一部试图扭转或取代这个等级制度运作的历史。”[④]

---

① SCOTT J W. Gender: a useful category of historical analysis[J]. The American historical review, 1986, 91 (5):1057.

② SCOTT J W. Gender: a useful category of historical analysis[J]. The American historical review, 1986, 91 (5):1060.

③ SCOTT J W. Gender: a useful category of historical analysis[J]. The american historical review, 1986, 91 (5):1061.

④ SCOTT J W. Gender: a useful category of historical analysis[J]. The American historical review, 1986, 91 (5):1066.

斯科特随后提出了她对社会性别的定义。第一,社会性别是社会关系构成的重要因素,而社会关系是建立在人们认知/感知中的两性差异基础之上的。第二,社会性别是象征/表现权力关系的主要方式;权力表征的变化会带来社会关系的变化。在这个定义的基础上,社会性别包含着以下四个具体内容。首先,斯科特否定了社会性别的物质基础—生理性别,"我们需要对性别差异这类(本质主义)的词语进行名副其实的历史化和解构"。[①] 社会性别是建立在人们对社会的感知上,是文化表现,通过文化符号表达,因此社会性别可以是多种多样的、多元的。其次,她批评了男女对立这种二元论的思维形式和认识论。她认为,二元论是一种规范性思维统治着社会宗教、教育、科学、法律和政治的表达。二元论对任何事务都给予定义定性,是一种专制。而社会性别就是要挑战这种二元对立的专制,"扭转或取代产生这种二元对立的等级建构"。[②]再次,斯科特接着指出:社会所有的关系都是权力关系。社会性别概念的独创性和革命性在于坚持社会性别不仅是讨论男女关系、性别关系、家族关系,而且是讨论通过这些关系隐喻由此而延伸出来的普遍意义上的权力关系。这使得社会性别成为一个新的概念:涵盖几乎所有制度领域中的权力关系——阶级、战争、信仰、外交、种族或政治经济。社会性别的这种新的理论范式可以用来讨论阶级、种族、民族或社会和历史进程。最后是社会性别的方法论:社会性别是主观身份认同。真实生活中的人并不总是能完全满足社会的性别规范要求,每个人独特的经历和经验导致他/她/它的身份认同千差万别。个人的主体性是抗争的重要武器。她强调说,社会权力不是统一的、连贯的、集中的。比如福柯认为权力是各种不平等关系散乱的合成,是在社会"权力场域"中由话语建构起来的。一个人同另一个人对权力的感受是不同的,表达感受,申明个人诉求就是建立主体身份。[③]

女性主义理论之所以被看成20世纪后半期最重要的理论,主要就是因为斯科特社会性别的认识论和方法论,其影响重大长远。它改变了西方社会科学和人文学的领域里甚至自然科学领域里的理论研究范式,"社会性别、种族、阶层"的三位一体成为理论新教义。[④]社会性别通过知识资本的全球化对全球的政治、经济的影响人人皆知、显而易见。从联合国的世纪发展纲要到世界银行和国际货币基金组织的贷款原则,从世界各个民族国家的经济发展政策到所谓非政府组织的人权法律创新,[⑤]社会性别的表述无处不在。

美国西北大学教授蒂安·艾略特(Dyan Elliott)是这样描述斯科特社会性别概念在女性主义理论发展中的历史意义的。她把第二波女性主义理论发展成熟分为三个阶段。1960年代末到1970年代初是"母亲的时代"。这一时期女人成了历史叙述的主体。开了先例。

---

① SCOTT J W. Gender: a useful category of historical analysis[J]. The American historical review, 1986, 91 (5):1065.

② SCOTT J W. Gender: a useful category of historical analysis[J]. The American historical review, 1986, 91 (5):1066.

③ SCOTT J W. Gender: a useful category of historical analysis[J]. The American historical review, 1986, 91 (5):1067.

④ 圣父、圣子、圣灵是基督教的三位一体。

⑤ 社会性别概念通过1995年在北京召开的世界妇女大会前后引进到中国。从那时到今天,社会性别在中国的普及和传播收到以非政府组织(NGOs)名义的国际资本的资助。其中以美国的福特基金会(Ford Foundation)和亨利·卢斯基金会(The Henry Luce Foundation)最为慷慨。

但是女人还是女人，社会性别尚未与生理性别区分开来。1970 年代中期到 1980 年代中期是第二个阶段，她称其为“女儿的时代”，特点是达到了一个共识：一个人的生理性别与他或她所承担的社会性别角色不相符。女儿们正在摆脱生理性别的枷锁。第三个时代就是斯科特“社会性别时代”。“斯科特将性别指定为权力的能指，完全摆脱了肉体的束缚，同时提供了一种敏锐的分析工具，可以用来对付制度、意识形态和高级政治事务。斯科特的文章可以同时被视为具有远见的文本、宣言和改革工具——为第三个时代的到来做好准备。”[①]

四、资本的支持和社会性别的话语霸权

第三个时代毋庸置疑就是后性别时代。

这篇被誉为经典的文章的出现不是一个学术偶然。如果说奥克利 1970 年代的社会性别是中产阶级知识女性基于自身生活经验的激进主义的表述，那么 1980 年代斯科特的社会性别就不仅仅是学术行为，更是一种有机知识分子社会行为，直接或间接地得到新自由主义资本的推波助澜。

1970 年代，欧美资本主义出现了一个历史性的转型，新自由主义资本主义替代了国家福利资本主义。新自由主义的主要特征是全球化、私有化和自由市场自由贸易。其本质就是保证资本在全球流动的决定自由。新自由主义资本的全球化是整体性的，不仅仅在政治经济领域里发生，它更影响了社会文化上层建筑。资本在高等教育学术研究机构中推动的新自由主义化从 1970 年代开始，在 1980 年代已经基本形成，持续到今天一直在巩固强化。大学的官僚管理层逐步扩大，开始接管大学的方方面面，包括学术研究。在这以前，欧美的大学一直自我标榜为是由教师/教授进行民主管理的机构，是客观地探讨真善美的象牙塔。而新自由主义资本化了的大学实质上变成了公司，教学和研究逐渐被纳入了“知识生产”、“知识营销”和“知识消费”的轨道。[②]

在这样的时代背景下，“前沿的”“跨学科的”新兴项目出现了，各种各样的比较性研究如文化研究、地域研究等成为资金充足的时髦新领域，比如比较研究（Comparative Studies）、亚洲研究（Asian Studies）、非裔美国研究（African American Studies）、女性学（Women' s Studies）等等。这些新兴学科批判锋芒外露，自封为批判理论（Critical Theories），致力于文化批判，指向几乎所有可以想象出的权力关系，很成功地绕开了对新自由主义资本的政治经济批判。这些新兴学科以及学科里的研究课题显而易见跟市场营销关

---

① ELLIOTT D. The three ages of joan scott [J].The American historical review，2008，113（5）：1391-1392.

② 欧美学院大学高等教育的公司化新自由主义化一直在进行。美国迈阿密大学建立了首席执行官（CEO）制度同校长制并存，以加强对学校的管理。DIEP F. Does a University Need a CEO? [J/OL]. Chronicle of Higher Education，2022-04-28 [2022-06-18]. https://www.chronicle.com/article/does-a-university-need-a-ceo.

联，更重要的是为新自由主义的全球化做学术理论准备。[①]

常青藤联校之一的布朗大学1981年成立了“彭布罗克女性教学和研究中心”。斯科特当时在布朗大学任资深教授，也是彭布罗克中心的创建人和首任主任。1982—1985年间，在斯科特的组织下，中心连续举办了“社会性别的文化建构”专题研讨会，召集当时欧美的知名女性主义学者参加。斯科特的社会性别理论就诞生、发展和定型在这个研讨会上。1985年，主要因为社会性别理论的成就，她被聘为普林斯顿大学的高等研究院研究员。高等研究院为斯科特的社会性别的发展提供了一个强大的平台。

普林斯顿大学的高等研究院(Institute for Advanced Study)是当时美国乃至世界层次最高声誉最高的学术研究机构。爱因斯坦、杨振宁都曾在这里工作。研究院1930年成立，宗旨是为自然科学的研究者们提供一个纯学术的避风港。学术研究“不应受到来自任何方面的压力”，研究院为研究者“提供对未知事物进行基本探究所需的设施、宁静和时间”。“学者应享有完全的知识自由，完全不受行政责任或生活顾虑的干扰。”[②] 1973年，高等研究院似乎明显地偏离了最初的非政治纯学术的理念跟社会发展合拍，宣布成立社会科学学院。社会科学学院的使命是“分析当代社会和社会变迁……致力于从多学科和国际的角度对社会研究采取多元化和批判性的方法……特别是政治理论、经济学、法律、心理学、社会学、人类学、历史、哲学和文学领域”。[③]学院采取很独特的研究方式：每年由学院决定一个研究主题，每周都召开围绕主题的研讨班，邀请并资助(世界上)有成就或者由潜力的10多位学者参与。

斯科特任职的第二年1987年社会科学学院的研究主题就是由斯科特组织的“社会性别”。这就是著名的“1987社会性别研讨班”。研讨班利用高等研究院优越的财力物力，资助培养了当时已经崭露头角的社会性别年轻学者，这里面包括“社会性别是表演”理论的朱迪思·巴特勒(Judith Butler)和“赛博格宣言”的唐娜·哈拉威(Donna Haraway)。研讨班产生了一个理论系统和理论宗派，为斯科特的社会性别理论在欧美学术界的垄断话语霸权做了组织的准备。反对“二元论”，强调多元的流动性不稳定性；反对任何定义和边界，包括阶级的定义，强调主观的身份认同；反对历史唯物主义，强调主观唯心主义，强调个人情感等成为女性主义研究的主要议题和思维形态。斯科特的社会性别萌生、引发当今女性主义理论的一些核心概念。

唐娜·哈拉威的《赛博格宣言》(A Cyborg Manifesto)是对未来的乌托邦想象。她认为，在未来的美好世界里，“不固定性”是时代的特征。赛博格就是人和机器的结合，既打破了人的生理的概念，又打破了机器的物理的概念，因此证明事物没有严格的界限。当然，人

---

① 关于新学科出现的历史意义和这些学科跟全球资本主义的关系，欧美有很多研究和批评。本文主要借鉴了以下三本书的观点：尼尔森和瓦特合著的《学术关键词：高等教育恶魔词典》(*Academic Keywords, a Devil's Dictionary for Higher Education* by Cary Nelson and Stephen Watt)；阿伦诺维奇的《知识工厂：砸烂公司化的大学，创造真正的高等教育》(*The Knowledge Factory: Dismantling the Corporate University and Creating True Higher Education* by Stanley Aronowitz) 和雷丁斯的《废墟中的大学》(*The University in Ruins* by Bill Readings)。

② Mission and history [EB/OL]. [2022-6-23]. https://www.ias.edu/about/mission-history.

③ 高等研究院社会科学学院.School of social science [EB/OL]. [2022-06-23]. https://www.ias.edu/sss。

本身同样也不应该有界限。传统思维中的性别界限、种族界限、能力界限等待都要被消灭。[①] 赛博格是导致现在时髦的“元宇宙”出现的因素之一。

英国诗人、哲学家丹妮斯·赖利(Denise Riley)是斯科特的朋友和战友。她对社会性别的贡献就是对“女人”这个认识范畴的解构。她认为,“女性主义”一词用“女”本身就有问题。对“女”的承认应该是暂时的,属于战略和战术性的利用。女人/女性作为一种身份是一个相对的概念,它是社会的理想形象——男人/男性的反衬。因为男人/男性的标准不稳定,在不同的历史时期里和不同的社会经济条件下会有不同的标准,女人/女性的标准因此也不稳定的、暂时的。另外,每一个具体的女人都有跟其他女人不同的经历,因此广义的“女人/女性”经验就不成立;因此女人/女性不是一个有用的理论概念。赖利的这种对性别身份名称的解构,这种“名不符其实”理论是建构欧美今天的“话语政治正确的”的基础之一。2022年3月22日,美国最高法院大法官提名人克坦吉·布朗·杰克逊(Ketanji Brown Jackson)在参议院司法委员会确认听证会上拒绝定义什么是女人:“我不能定义什么是女人,不是在这种情况下。我不是生物学家。”[②]

社会性别的一个重要理论分支是交叉性(intersectionality)。交叉性从社会性别身份流动的概念出发,加入了种族的概念,然后又延伸到决定一个人的社会身份的各个方面:性别、种姓、性别、种族、民族、阶级、性取向、宗教、残疾、体重、外貌、和身高等等。这个分析框架由现在任教于美国哥伦比亚大学法学院的金伯勒·克伦肖(Kimberlé Crenshaw)于1989年提出,主要阐述一个人的社会和政治身份的各个方面如何结合起来创造不同的歧视和特权模式,是对“个人的就是政治的”最具体的解释。交叉论强调人的主体性和话语权。一个人越是强调自己的边缘性、非主流性,就说明他/她所受的社会压迫越深,就越有话语权。这是“身份政治”和“赋权理论”的最初表达。

朱迪思·巴特勒在1990年的《性别麻烦;女性主义与身份颠覆》是对斯科特社会性别的创造性继承和发展。她质疑所有定义的规范性,否定社会性别角色发生的物质性,首次提出“表演”这个概念。社会性别是表演性的,表演构成了它所声称的身份。因此社会性别没有真正的物质本质。人们根据社会规范做表演的各种行为比如走路、说话、穿着等使社会性别概念固定。将不同的行为标记为男性/女性,使社会性别的表现得以实现和延续。“男性”“女性”的范畴是虚幻的结构。表演理论是当前LGBT(性少数群体)运动特别是跨性别运动的理论支柱。

“酷儿理论”是交叉性理论的延伸,主要成就是把社会性别的认识方法运用到对性行为和性关系的阐释上。特蕾莎·德·劳雷蒂斯(Gloria Evangelina Anzaldúa)在1991年用“奇异”(queer)这个概念表述一种立场:拒绝把男女之间的性行为性关系——她称之为“异性恋”——作为性行为性关系的标准形式。“异性恋”是酷儿理论的重要概念,也是一个具有颠覆性的命名,使“同性恋”有了平等的话语地位。“酷儿”认为:异性恋并非所谓自然形式,它是一种世界观,是一种具有压制性的意识形态。这种命名形式也反映在当前社会热点的

---

① 见哈拉威《赛博格宣言:二十世纪后期的科学,技术以及社会主义女性主义》。

② WARD M. Blackburn to Jackson: can you define “the word woman”? [EB/OL]. (2022-03-22) [2022-06-12]. https://www.politico.com/news/2022/03/22/blackburn-jackson-define-the-word-woman-00019543.

跨性(Transgender)运动中。不跨性的人被名为"同性别"(cis-gender),因此在话语上处于跟跨性有平等的地位。跨性别的前缀"跨"(tran-)不仅有横向"跨越"的意思,更有上下意义上的"超越"。的确,在当前的主流社会话语中,跨性别占据着道德高地。

性别流动、性别表演、身份交叉性,酷儿审美、跨性别、自认性别身份这些社会性别理论的中心概念在21世纪的欧美,不仅是学术出版界寻找的关键词,更受到资本控制的主流媒体的青睐。比如《纽约时报》在2015年推出一个题为"今日跨性别"(Transgender Today)社论系列,致力于倡导跨性别平等和跨性别正常化。[①]亚马逊影视创作的电视连续剧《透明》(*Transparent*)从2014年到2017年连播四季,讲的是一个跨性别母亲和其一家人的纠葛矛盾故事。[②]通过好莱坞、亚马逊、奈飞(Netflix)、迪士尼、报纸期刊电视广播等节目制作包装和推广传播,这些社会性别的中心概念不仅进入大众的语言体系和日常生活,而且更是营造出一种后性别的文化氛围和文化时尚,被表现为社会上层的生活美学。

2021年纽约大学人文学中心举办了题为"思想范式的转变者"(The Paradigm Shifters)的访谈项目。不出所料,中心邀请的半个世纪以来对欧美学术界以及文化界的思维走向产生巨大影响的三位嘉宾都是女性主义理论家。她们是女性主义理论学刊《标志》(*The Signs*)的创始人和首任主编凯瑟琳·斯汀普森(Catherine Stimpson),著名的心理学女性主义理论家卡罗尔·吉利根(Carol Gilligan)。吉利根在1982年出版的论述女人主体性的专著《用不同的声音》(*In a Different Voice*)"引发了一场革命"。[③] 还有一位就是斯科特。斯科特在这100分钟的访谈中回顾了社会性别理论产生和发展的过程,并强调,社会性别的理论核心是通过对女人这个生理范畴的颠覆确定了社会建构的流动性和不可定义性以及个人选择的政治。

实际上,鼓励个人在政治经济生活中的利己原则,吹捧主观感觉感性的唯心主义认识论,正是50年来新自由主义资本主义的统治逻辑。社会性别理论所引起的思想范式的转变和改变反映的是经济基础发生激烈变化以后,上层建筑相应的必要的变化。欧美国家1970年代初开始从国家福利资本主义向新自由主义资本主义转变。新自由主义在政治治理上强调"小政府大社会",减少政府对人民的福利开支,减少对资本的税收,使资本的利益最大化。新自由主义在经济领域提倡个人创业(entrepreneurship),鼓励流动(precarious)的工作状态和生活状态。[④]

而新自由主义资本主义最成功的就是颠覆了历史唯物论意义上的"阶级"这个社会建构概念。在这个有史以来贫富差距最大的社会里,没有阶级斗争,只有文化先进和保守,没有定义的工人阶级和资产阶级、剥削阶级和被剥削阶级,只有社会阶层:上层贵族,中产精英和底层草根,关系就是上层的生活状态是底层的消费理想。人权不再强调人的生存权和工作

---

① LEHMAN S. Transgender Today: Inside The Times's Editorial Series [N/OL]. New York Times, 2015-05-12 [2022-06-20]. https://www.nytimes.com/2015/05/12/insider/transgender-today-inside-the-timess-editorial-series.html.

② 透明(Transparent)一词用得很巧妙。把这个词分开,trans-是跨性,parent是父母。所以也可以翻译成《跨性别的母亲》。

③ "一本小书引发了一场革命"是本书的出版社哈佛大学出版社的评语。The Paradigm Shifters series [EB/OL]. [2022-06-15]. https://nyuskirball.org/paradigm-shifters/paradigm-shifter-carol-gilligan/.

④ 关于新自由主义资本主义的劳动力的流动问题,请参考《不稳定阶级:一个新的危险的阶级》一书。

权，而是要求人称代词的选择权；没有定义的抗争，不再要求8小时工作日，而是选择使用跨性别厕所和浴室。

从这个意义上说，新自由主义资本主义最本质的特征就是这是一种没有工人阶级的反抗的资本主义，没有来自有组织的无产阶级的阶级反抗。在这里，中产阶级激进主义成了社会运动的主流，但是在这一系列的转变中，起始于中产阶级激进主义的（虚假的激进）西方女性主义社会性别是时代的产物，是资本主义的有机意识形态。[①]

The Gender Politics in the Era of Post-Gender Neo-Liberal Capitalism

Bai Di

(Drew University, Medison, NJ 07940)

Anstract: The mainstream socio/cultural values in the neoliberal capitalist societies in the world have undergone a great transformation since the 1990s. The "post-gender" phenomenon which obliterates the biological bases for gender formation, is the core issue for this transformation. This paper is to critique post-gender from a historical materialist view and holds that post-gender has grown out of the western feminist theory of gender. The re-examining the development of the concept of gender shows that the feminist theory of gender has been one of the most salient components of the ethical ideals and cultural logic of the neoliberal capitalism.

Keywords: neoliberal capitalism; gender politics; organic ideology

---

① 我在这里借用的是意大利马克思主义理论家安东尼奥·葛兰西的"有机意识形态"概念。葛兰西认为，资本主义是一个整体（totality），它所生产出来的意识形态是一个整体性的阶级统治系统。意识形态包括很多意识形态要素，代表了资本主义社会中不同集团的利益，表达了统治集团的生活准则和文化理想，这些意识形态要素就是"有机意识形态"。葛兰西特别强调，有机意识形态的重要功能不是反映社会现实，而是通过文化表现和文化机构资本主义所谓公民社会的各个意识形态部门塑造社会现实和现状。参考 Cammett 的 Antonio Gramsci and the Origins of Italian Communism.

论家务劳动是不是生产劳动*

——一个基于马克思文本的考察

常佩瑶　周家彬**

内容摘要:20 世纪 60 年代末,西方女性主义者开始尝试将马克思的政治经济学理论运用于分析女性家务劳动问题。最初讨论的焦点是家务劳动是不是马克思所说的"生产劳动"。这些女性主义者以《资本论》及其手稿中关于"生产劳动"和"非生产劳动"的论述为依据,对家务劳动的性质进行深入分析,但却得出了一些相互矛盾的结论。引起争论的主要原因是他们对马克思相关理论的教条式理解甚至误读。马克思在《资本论》及其手稿中建立了系统科学的生产劳动和非生产劳动学说,其中涵盖了对妇女劳动以及家务劳动问题的讨论。通过深度的文本研究,对马克思生产劳动学说的建构进行历史性分析,可以避免我们走入西方女性主义的理论误区,并有助于建构中国化的马克思主义妇女理论。

关键词:女性主义;马克思;《资本论》;生产劳动

20 世纪 60 年代末,西方女性主义者开始尝试将马克思的政治经济学理论运用于分析女性家务劳动问题。最初讨论的焦点是家务劳动是不是马克思所说的"生产劳动"①。这些女性主义者以《资本论》及其手稿中关于生产劳动和非生产劳动的论述为依据,对家务劳动的性质进行深入分析,但却得出了一些相互矛盾的结论。而这些争论产生的主要原因是她们对马克思的生产劳动学说的教条式理解甚至是误读。

马克思在《资本论》及其手稿中建立了系统科学的生产劳动和非生产劳动学说,其中包含大量对妇女劳动以及家务劳动的讨论。下面就以《资本论》及其手稿为依据,通过对马克思关于生产劳动和再生产劳动学说的建构的历史性分析,揭示女性主义对马克思的学说的误读所导致的理论和实践的局限性。同时,通过对马克思生产劳动学说的重新解读和运用,阐述性别视角下的马克思主义经典文本研究对于我们批判性的对待西方理论、重新审视劳动与妇女压迫的关系等方面有着哪些重要的启示意义。

* 本文系贵州省 2019 年度哲学社会科学规划一般课题《西方性别视角下马克思文本研究》(课题编号:19GYB43)的阶段性成果。

** 常佩瑶,贵州财经大学马克思主义学院讲师,主要研究方向为国外马克思主义、马克思主义妇女解放理论与实践、西方马克思主义女性主义理论;周家彬,中国人民大学马克思主义学院副教授,主要研究方向为中共党史党建学。

① 我国中央编译局出版的马恩文献中将此范畴翻译为"生产劳动"和相对应的"非生产劳动",但有些学者将之翻译为"生产性劳动"和"非生产性劳动"。本文统一采用中央编译局的翻译方法。

一、西方女性主义者关于家务劳动是不是“生产劳动”的争论

开启女性主义家务劳动争论序幕的是1969年加拿大女性主义学者玛格丽特·本斯顿(Margaret Benston)的《女性解放的政治经济学》。本斯顿首次尝试运用马克思主义政治经济学理论论证女性的家务劳动在资本主义生产中的特殊的地位和作用,从而将这种所谓的“女性劳动”与女性在资本主义社会中的屈从地位联系在一起。本斯顿根据马克思主义经济学家曼德尔(Mandel)的分析,将家务劳动定义为仅生产使用价值而不生产价值的劳动。①

1972年达拉·科斯塔(Dalla Costa)和塞尔玛·詹姆斯(Selma James)在《妇女与共同体的颠覆》这篇文章中提出了一个挑战“正统马克思主义”的观点:家务劳动是生产劳动,因此它不仅构成对女性的压迫,而且构成对女性的剥削。② 她们提出这一观点的主要目的是为70年代西方一度兴起的声势浩大的具有跨国性质的女性主义运动——“家务劳动工资(wages for housework)”运动③——提供理论基础。

科斯塔和詹姆斯认为,家务劳动事实上是资本的一种特殊的剥削形式,而这种剥削的关键就在于工资。正因为家务劳动没有工资,使得它成为一种仅仅生产使用价值的非生产劳动,从而被排除在社会生产之外。如果家务劳动有工资,它就能够进入生产领域并成为参与剩余价值生产的生产劳动,从而为女性摆脱家务劳动及参与社会革命创造条件。然而,科斯塔和詹姆斯将家务劳动定位为资本主义的一种特殊剥削形式的观点一经提出,立刻引发了当时女性主义理论界围绕家务劳动是不是“生产劳动”的激烈争论。同时,这场争论也促进了女性主义者对马克思的《资本论》及其手稿的价值的关注和深入研究。

当时,很多学者参与了这场争论,他们大致提出了四种观点。第一种就是科斯塔和詹姆斯的观点,即认为家务劳动是一种“潜在的”生产劳动,由于没有支付工资而丧失生产性,因此如果为家务劳动支付工资,就能使之转化为直接参与剩余价值生产的生产劳动。除此之外还有如下三种不同的观点:

第一,家务劳动本身就是生产劳动。

持这个观点的是法国著名女性主义理论家克里斯蒂娜·德尔菲(Christine Delphy),她主张批判地对待马克思主义理论并设法将其加以改造,使之符合女性主义的目的。德尔菲认为,家务劳动同工厂劳动一样具有生产性,不论是否支付工资。她以1968年法国小型农场为例,一个农夫的妻子平均每天投入4小时到农业劳动中;当一个农夫雇佣不起家庭工人时,他就娶个妻子。这些女性不仅为家庭内部消耗的产品和服务提供劳动,而且还生产可以出售的产品,如家禽、蛋和牛奶等。但是制度性的原因导致了这些劳动都被他的丈夫占有,

① BESTON M. The political economy of women's liberation: a reprint[J]. Monthly review, 1989, 41(7).

② COSTA M D, JAMES S. Women and the subversion of the community[G]. //Ingraham C, Hennessy R. Materialist feminism: a reader in class, difference, and women's lives . New York: Routledge, 1997: 40-53.

③ 也有的译者将其翻译为“家务劳动有偿化运动”或“家务劳动薪酬运动”,但是由于这一运动主要强调的是为家务劳动争取同工人阶级的工资劳动同样的地位,因此翻译为“家务劳动工资运动”较为明确。

因此这些女性的劳动对生产的重要贡献被忽略了，同时掩盖了她们遭受剥削的现实。这些女性的家务劳动与工厂劳动同样是生产劳动的理由有三个：第一，女性的家务劳动具有潜在的交换价值；第二，她们这些劳动所生产的产品通常都计入正式的经济核算指标中；第三，所谓的“生产劳动”的使用价值与纯粹家务劳动和家庭主妇的“非生产劳动”创造的使用价值之间没有差别。虽然家务劳动同工人的商品生产劳动都属于生产劳动，但采取的是不同的生产方式：商品生产是马克思所说的资本主义生产方式，在这种生产方式下工人受到资本家的剥削；另一种她称之为“家内生产方式（domestic mode of production）”，即家庭领域中的一种特殊生产方式，在这种生产方式下女性受到男性的剥削。①

第二，家务劳动是非生产劳动。

家务劳动的剥削理论提出后不久，沃利·塞科姆（Wally Seccombe）在《资本主义下的家庭主妇与她的劳动》中对这一观点进行批判。这篇文章首次通过对马克思的《资本论》及其手稿中的相关理论和范畴的运用，探讨并分析了家务劳动的性质以及它与资本之间的关系。塞科姆将资本主义社会中的家务劳动视为一种必要的非生产劳动，并指出家务劳动不仅仅是一种生活必需品，还负责资本主义的新一代劳动力再生产，这是资本主义生产的前提。②

塞科姆以马克思的文本为依据，指出生产劳动具有两个特征：第一，生产劳动与资本有直接联系；第二，它生产剩余价值。家务劳动显然不符合这两个特征，而更符合马克思对非生产劳动的定义：“不同资本交换，而直接同收入即工资或利润交换的劳动”③。他认为，虽然家务劳动没有工资，但资本主义社会中的工资的形式掩盖了家务劳动的本质。根据马克思对工资的分析：“包含在劳动力中的过去劳动和劳动力所能提供的活劳动，劳动力一天的维持费和劳动力一天的耗费，是两个完全不同的量。前者决定它的交换价值，后者构成它的使用价值……劳动力的卖者，和任何别的商品的卖者一样，实现劳动力的交换价值而让渡劳动力的使用价值。它不交出后者，就不能取得前者”④。工资实际上购买的是维持工人劳动力的耗费，其中包含了劳动力过去的劳动。因此，塞科姆认为工资实质上除了支付工人购买维持生活的商品以外，还包含了家庭主妇所做的家务劳动。家务劳动表面上没有与工资进行直接交换，但实质上是与工资或利润相交换的非生产劳动。

第三，家务劳动既不是生产劳动，也不是非生产劳动。

这一观点莉丝·沃格尔（Lise Vogel）在1973年发表的《世俗家庭》一文中提出的。沃格尔认为，将家庭中妇女与丈夫的关系称为一种农奴与主人的关系，充其量只能算是一种暗喻。从严格的阶级角度来看，它没有构成一种真正的农奴与贵族的封建生产关系，就像将妇女与黑人进行类比一样。因此，封建的生产关系没有在发达的资本主义社会存活。这就意味着，马克思对资本主义社会的政治经济学分析和相关的范畴可以用来分析家务劳动。首先，她认为家务劳动不可能是生产劳动，其理由和塞科姆是一致的。但沃格尔认为，家务劳动也不可能是非生产劳动，因为它不符合马克思的这一定义：“（非生产劳动是）不同资本交

① DELPHY C. The main Enemy [J]. Gender issues, 1980, 1(1): 23-40.

② SECCOMBE W. The housewife and her labour under capitalism[J]. New left review, 1973, 83 (January-February): 3-24.

③ 马克思恩格斯文集：第8卷[M].北京：人民出版社，2009：218.

④ 马克思恩格斯文集：第5卷[M].北京：人民出版社，2009：225-226.

换，而直接同收入即工资或利润交换的劳动”[①]。因此，资本主义社会中女性的家务劳动既不是生产劳动，也不是非生产劳动；这不涉及道德判断，而是纯粹将其作为经济学范畴来分析。[②]

从上述关于家务劳动性质讨论的四个不同的观点的阐述中可以看到，女性主义者对家务劳动是不是“生产劳动”的判断看似是在马克思主义政治经济学话语体系中的讨论，但很少直接来自马克思的《资本论》及其手稿的系统解读。并且，当前学术界对于生产劳动这个概念的定义以及家务劳动是不是生产劳动远未达成共识。例如，日本学者上野千鹤子将“生产劳动”和“非生产劳动”视作是特定历史时期的某些特定劳动的性质的分析，将家务劳动视为“特定的未被市场化的劳动”，并认为“马克思所说的‘生产劳动’和‘非生产劳动’的区别就在于是否接受并承认市场强制性”。[③] 伊曼努尔·华勒斯坦(Immanuel Wallerstein)就将生产劳动与非生产劳动视为有酬劳劳动和无酬劳动，并认为作为非生产劳动的家务劳动由于处于资本主义生产之外而受到贬低。[④] 南茜·弗雷泽(Nancy Fraser)受其观点的影响，将家务劳动建构成“再生产劳动”，认为它是属于未被马克思看到的资本主义社会中的生产的“隐藏领域(hidden abode)”，这个领域内的劳动的性质不是像工人阶级的被剥削的劳动，而是更加严重的类似于原始积累的被直接偷窃的劳动，类似于资本的原始积累。[⑤] 我国也有学者受到西方女性主义思想的影响，将马克思对“生产劳动”和“非生产劳动”的区分理解为一种僵化的二元框架，认为马克思的理论忽略了家务劳动的价值，并提出应该“超越”这个二元框架进行家务劳动的政治经济学分析。[⑥] 那么，究竟如何看待家务劳动的性质问题？马克思为何要对生产劳动和非生产劳动进行区分？马克思的政治经济学是否忽视了女性的家务劳动的价值而需要进行批判和超越？我们首先需要对马克思在《资本论》及其手稿中的相关论述进行深入考察。

二、被女性主义误读的马克思的生产劳动学说

从西方女性主义者关于家务劳动争论中可以发现，第一，这些学者没有真正弄清楚马克思为什么要区分生产劳动和非生产劳动。第二，这些学者没有对《资本论》及其手稿中马克思关于生产劳动和非生产劳动学说进行过系统的研究。“生产劳动”概念最早是一些资产阶级古典政治经济学家提出来的，目的是区分出那些生产财富的劳动，并将这些劳动定义为生产劳动与其他的劳动相区分。在马克思之前，重农学派、重商学派以及李嘉图和亚当·斯密

---

① 马克思恩格斯文集：第 8 卷[M]. 北京：人民出版社，2009：218.

② VOGEL L. The earthly family[J]. Radical America，1973，7(4/5)：28.

③ 上野千鹤子. 父权制与资本主义[M]. 邹韵，薛梅，译. 杭州：浙江大学出版社，2020：30.

④ 伊曼努尔·华勒斯坦. 历史资本主义[M]. 路爱国，丁浩金，译. 北京：社会科学文献出版社，1999：9.

⑤ FRASER N. Behind Marx's hidden abode：for an expanded conception of capitalism[J]. New left review，2014(86)：55-72.

⑥ 苏熠慧. 重构家务劳动分析的可能路径：对 20 世纪 70 年代社会主义女性主义有关家务劳动讨论的反思[J]. 妇女研究论丛，2019(6)：68-74.

(A. Smith)等经济学家都对此提出了不同的观点。马克思从撰写《1857—1858 年经济学手稿》时就开始关注古典政治经济学中关于生产劳动的理论。对于这个问题的研究一直持续到《资本论》第一卷的出版。在这段时间里,马克思认真考察了这些经济学家的理论,并在肃清这些理论错误的基础上,逐步发展出系统科学的生产劳动和非生产劳动学说。基于对马克思的《资本论》及其手稿的考察,我们可以发现,马克思生产劳动学说的产生和发展大致经历五个阶段。

(一)第一阶段:《1857—1858 年经济学手稿》

在《1857—1858 年经济学手稿》中,马克思还停留在对古典政治经济学的研究中,没有明确阐述自己的关于生产劳动的观点。他写道:"亚·斯密关于生产劳动和非生产劳动的见解在本质上是正确的,从资产阶级经济学的观点来看是正确的。"①这时的马克思已经明显察觉到资本主义社会中与资本进行交换产生剩余价值的劳动的特殊性,他将之称为"严格的经济学意义上的雇佣劳动"②,与其他雇佣劳动进行区分。马克思同时也意识到了与这种劳动相区别的其他劳动形式的存在,他将这些劳动统称为"服务",并指出这些劳动也是活劳动的形式,也是对象化的劳动。但是不论这些劳动是无酬的还是有酬的,它们与资本无关,也不产生价值,而只生产使用价值,生产效用。③ 在这个阶段,马克思仅仅是"从理论上概述了生产劳动的资本主义观点"④。

(二)第二阶段:《1861—1863 年经济学手稿》的《剩余价值理论》部分

这部分手稿写于 1862 年春到 12 月,马克思以"关于生产劳动与非生产劳动的论述"为标题,在系统研究和批判古典政治经济学家的基础上确立了新的观点。马克思原本想把这部分放在《资本论》第一册的最后,但是后来又计划将这部分纳入资本论第四册的"理论史"的分册中。最终,考茨基将其收录到作为资本论的第四卷《剩余价值理论》中。

这时,马克思开始批判亚当·斯密关于生产劳动的"二重观点"。他同意亚当·斯密的第一个观点,即"生产劳动是直接同资本交换的劳动"这个观点,并将非生产劳动确定为生产劳动以外的所有劳动,"那就是不同资本交换,而直接同收入即工资或利润相交换的劳动"。⑤ 并且,这些非生产劳动也包括徭役农民的农业劳动以及不存在资产阶级经济学意义上的资本和雇佣劳动。马克思还强调,这个定义"不是从劳动的物质规定性(不是从劳动产品的性质,不是从劳动作为具体劳动的规定性)得出来的,而是从一定的社会形式,从这个劳动借以实现的社会生产关系得出来的"⑥。这时,马克思确立了两种劳动的本质区别的确定标准,即以劳动与资本的关系,并将生产劳动以外的所有劳动都称为非生产劳动。马克思在这里还明确指出,资本家雇佣家仆和工人阶级为自己进行的家务劳动都属于非生产劳动,因

---

① 马克思恩格斯全集:第 30 卷[M]. 北京:人民出版社,1995:231.

② 马克思恩格斯文集:第 8 卷[M]. 北京:人民出版社,2009:112.

③ 马克思恩格斯文集:第 8 卷[M]. 北京:人民出版社,2009:114-120.

④ 巴尔巴拉·利茨. 1857—1863 年间马克思关于生产劳动和非生产劳动学说的发展[M]//刘英. 马克思主义研究资料:第 6 卷《1861—1863 年经济学手稿》研究. 北京:中央编译出版社,2014:375.

⑤ 马克思恩格斯文集:第 8 卷[M]. 北京:人民出版社,2009:218.

⑥ 马克思恩格斯文集:第 8 卷[M]. 北京:人民出版社,2009:218-219.

为这些劳动不能为资本创造剩余价值。[①]

马克思批判亚当·斯密的第二重观点，即从劳动的物质规定性出发的，即劳动产品是否具有"耐久性"也是一个重要标准。亚当·斯密将那些不生产实物产品的"一经提供随即消失"的服务性劳动不纳入生产劳动的范畴，例如家仆的劳动。马克思认为亚当·斯密这里又回到了重农学派的"纯产品"的观点上去了。[②] 亚当·斯密将物质生产以外的"服务"都排除在生产劳动以外，主要因为当时生产劳动主要还是物质生产领域，而当时从事非物质生产的所谓的"高级"劳动者，如"国家官吏、军人、艺术家、医生、牧师、法官、律师"等，在资本家的眼里，同家仆一样是"非生产者"，是食客和寄生者。马克思把亚当·斯密的这种观点和立场称为资产阶级没有掌权之前的"革命性"。资产阶级一旦掌权，他们就发现这些所谓非生产劳动的重要性了。[③] 这里，也可以发现马克思关于生产劳动和非生产劳动关系方面的一个重要观点：尽管很多非生产劳动与家务劳动相比，似乎更有价值也更重要，例如艺术家、医生、教师、律师、官吏、士兵和意识形态工作者等的劳动；但是从资本的角度出发，这些非生产劳动对于生产劳动有着实质上的依附性。

（三）第三阶段：《1861—1863 年经济学手稿》的"生产劳动和非生产劳动的理论"部分

1862 年底，马克思萌生了将"资本的一般"写成《资本论》的想法。1863 年 1 月，在《资本论（第一册）》的计划中写下了"(9)生产劳动和非生产劳动的理论"。在这个计划的基础上，马克思 1863 年的一月到七月，在第 XXXI 笔记本第 1316 页写下了《资本的生产性。生产劳动和非生产劳动》一节。这个阶段，马克思有意识的脱离了对亚当·斯密理论的借用，而是用剩余价值理论的话语体系重新进行分析，这标志着马克思的生产劳动和非生产劳动学说的形成。这一阶段，马克思在如下四个方面有重要理论飞跃：

第一，在对生产劳动的表述上，马克思将其直接表述为剩余价值的生产，而非亚当·斯密的"资本的生产"。并且，马克思强调，这种"生产性"指的是对资本的特殊使用价值，即为资本增殖。[④]

第二，对生产劳动与资本的关系，马克思脱离了对生产关系纯粹的抽象的考察，走向了具体的和历史的考察。马克思发现，资本对生产劳动的剥削方式不是一种单纯的隶属关系，它经历了从简单分工到协作到机器大工业的发展，这个过程中，生产劳动对于资本从形式上的从属发展到实际上的从属。对于工人来说，不只是劳动方式的改变，而且使工人从工具的使用者最终沦为机器的附属品。劳动与资本的关系，与生产资料的关系，与商品的关系，都逐步产生了质变，表现为具有对抗性的异化的形式。[⑤]

第三，形成了关于"非生产劳动"的更加明确和科学表述。与之前将非生产劳动定义为生产劳动以外的其他劳动不同，马克思进一步明确了劳动与资本的关系的"经济规定性"，并

---

① 马克思恩格斯文集：第 8 卷[M]. 北京：人民出版社，2009：226-227.

② 马克思恩格斯文集：第 8 卷[M]. 北京：人民出版社，2009：223-225.

③ 马克思恩格斯文集：第 8 卷[M]. 北京：人民出版社，2009：237-238.

④ 马克思恩格斯文集：第 8 卷[M]. 北京：人民出版社，2009：404-406.

⑤ 马克思恩格斯文集：第 8 卷[M]. 北京：人民出版社，2009：393-394.

将前资本主义社会遗留的与资本无关的劳动排除在非生产劳动之外。马克思指出，资本主义社会中残存的非资本主义生产方式下的那些劳动（独立手工业者和农民的劳动）既不是生产劳动，也不是非生产劳动，这些劳动具有过渡性质并最终会消失。并且，马克思对非生产劳动的内容也进行了详细考察并分类，指出一部分非生产劳动的产生和购买目的是获取使用价值（例如家庭佣人的劳动或家庭教师的服务），而另一部分属于强加于人的服务（例如通过税收购买的官吏的服务）。[①]

第四，强调从物质生产总过程的角度看待生产劳动问题，也就是从参与生产劳动的不同分工的总体的工人角度而非单个工人的角度，这是由资本主义生产方式的特点决定的。[②]

（四）第四阶段：《1863—1865 年经济学手稿》的“第六章 直接生产过程的结果”部分

1863 年 8 月到 1864 年夏天，马克思在为《资本论》的出版准备的《1863—1865 年经济学手稿》中，“第六章 直接生产过程的结果”的“（2）资本主义生产是剩余价值生产”的第六个部分中，以“生产劳动和非生产劳动”为标题，又重新系统阐述了他的生产劳动和非生产劳动学说。但是这部分内容最终没有收录到资本论第一卷中。这部分文本直接吸收了上一部分手稿中的观点，但是在篇幅和内容上进行了精简，语言表述更加准确和凝练，论证更有逻辑严谨性。因此，这部分内容可以视为马克思的生产劳动和非生产劳动学说的最终表述。

这里，马克思首先强调一般意义上的生产劳动与资本主义社会中生产劳动是不同的：“从单纯的一般劳动过程的观点出发，实现在产品中的劳动，更确切些说，实现在商品中的劳动，对我们表现为生产劳动。”[③]但是，现在讨论的不是这种一般的劳动过程，而是资本主义的生产过程，那么生产劳动的生产性则是针对资本。对生产劳动的更严谨的定义中，马克思强调了这种劳动与资本增殖的直接的关系，将这个过程视为资本消费工人劳动能力的过程：“只有工人的劳动过程等于资本或资本家消费劳动能力——即这种劳动的承担者——的生产消费过程，这样的工人才是生产的。”[④]非生产劳动就是与此相反的，对于资本没有生产性，也不直接用于资本增殖的劳动，即对于资本来说是非生产的消费的劳动就是非生产劳动。生产劳动和非生产劳动也许都采取了雇佣劳动的形式，但是生产劳动是与作为资本的可变部分的货币相交换，目的是获得它生产的具有价值的“商品”；而非生产劳动是与作为收入的货币相交换，目的是获得它生产的具有使用价值的“服务”。尽管生产劳动与非生产劳动在“劳动的一定内容、劳动的特殊有用性或劳动所借以表现的特有的使用价值”[⑤]方面可能没有差别，但是两种劳动所包含的经济关系和社会规定性却是截然不同的。

（五）第五阶段：《资本论》第一卷

《资本论》第一卷，从“第三篇绝对剩余价值的生产”一直到“第五篇绝对剩余价值和相对

① 马克思恩格斯文集：第 8 卷[M]. 北京：人民出版社，2009：406-415.

② 马克思恩格斯文集：第 8 卷[M]. 北京：人民出版社，2009：417-418.

③ 马克思恩格斯文集：第 8 卷[M]. 北京：人民出版社，2009：520.

④ 马克思恩格斯文集：第 8 卷[M]. 北京：人民出版社，2009：521.

⑤ 马克思恩格斯文集：第 8 卷[M]. 北京：人民出版社，2009：526.

剩余价值的生产”,可以视作是生产劳动学说的成熟表达。这里,马克思没有独立地讨论什么是生产劳动和非生产劳动,而是在详细分析了人类劳动的一般过程的基础上,用了大量笔墨分析资本主义生产方式的产生和发展过程,也就是生产劳动的历史发展过程,即资本怎样通过延长工作日的方式进行绝对剩余价值的剥削,一直发展到通过机器大工业达到对工人的相对剩余价值的剥削的资本主义生产方式的历史变化。在这个过程中,马克思是围绕着《资本论》第一卷的主题——“资本的生产过程”——展开的,因此只是零星提及非生产劳动问题,而没有专门进行系统论述。

上述文本分析展现了马克思生产劳动学说的发展和最终形态。对比女性主义的家务劳动理论可以发现,西方女性主义者在以下两个主要方面对马克思的生产劳动学说存在误解。

第一,在界定资本主义社会中不同劳动的方法上,马克思从资本的视角对不同劳动进行客观分析,而女性主义则将其误解为经验视角的区分。

马克思从资本的视角出发,也就是从不同劳动与剩余价值生产的关系出发,将资本主义社会中的劳动分为三种:第一种,生产劳动;第二种,非生产劳动;第三种,既不是生产劳动也不是非生产劳动的劳动。前两种属于资本主义性质的劳动,第三种属于非资本主义性质的劳动。区分这三种劳动的标准既不是根据生产的方式、地点和最终产品的形态,也不是根据是否能取得报酬或是否受到剥削。而是资本的视角下,仅有生产劳动直接用于资本剩余价值剥削和资本增殖。非生产劳动虽然不直接参与资本剩余价值的剥削,但是对生产劳动的顺利进行有着重要作用。非生产劳动领域有很多,其中包括政府工作人员的劳动、军队的劳动,还有当时的一些服务性的劳动如医生、教师、演员等、家政服务人员,当然也包括无酬家务劳动。这些劳动不直接生产剩余价值,也可以是雇佣劳动,但是薪酬不是由生产基金或资本支付,而是由资本的收入或工人阶级的收入支付。第三种类型的劳动则指的是资本主义社会中残余的前资本主义生产方式下的劳动,也就是一些小型家庭农场和小手工作坊的劳动。这些劳动一般是家庭领域中进行的自给自足的劳动,也生产产品并且也可以拿到市场售卖这些产品。但是这些劳动者不受资本控制,其收入和剩余也属于家庭,同时也不依靠剥削家庭以外的成员取得收入。马克思认为,这些非资本主义形式的劳动属于过渡性,并且会逐渐消失。

很显然,马克思分析劳动的视角是资本的视角而非经验性的视角。例如,如果一个裁缝受到资本家雇佣,他在资本家开办的服装厂里的劳动就是生产劳动,他属于生产工人。如果这个资本家出于私人要求,让裁缝用工作以外的时间为他量身定制一件衣服,那么裁缝即使做的衣服跟他在工厂里做的没有区别,但是劳动的性质改变了。这时他的劳动就是非生产劳动,因为这部分劳动不能为资本提供剩余价值。这种劳动的非生产性与劳动成果的形态无关,与裁缝在哪里劳动无关(可能是在工厂里,也可能在资本家家里或在裁缝自己家),与薪酬多少和是否支付薪酬无关(裁缝也可能是出于私人交往的免费服务或有偿服务)。同时,也意味着与劳动者否被剥削无关,因为即使资本家不给裁缝钱,裁缝确实被剥削,但是资本家仅仅是少支付了他的个人收入,而不是资本少支付了工资。非生产劳动的购买,有的是出于自愿,有的则是被迫和强制的。前者例如资本家雇了一个家仆,或者去诊所看病;后者例如政府和军队的劳动,通过将部分收入转化为税收。

而女性主义者往往将生产劳动和非生产劳动的区别从不同的经验视角进行分析。例如,从经验视角或女性视角出发,认为生产劳动/非生产劳动是有酬/无酬、社会/家庭、公共/

私人的区分，使得他们对家务劳动的分析很容易陷入理论上的混乱。例如，为家务劳动支付薪酬，就能改变家务劳动的性质和女性地位吗？雇佣家政服务人员做的家务劳动属于生产劳动还是非生产劳动？如果一个家庭主妇把家里做的面包有偿卖给了邻居，那这部分劳动的性质是否变成了生产劳动？这种经验视角容易将家务劳动与公共领域劳动看作是二元对立的。而根据马克思的生产劳动学说，我们所说的很多公共领域的劳动都是非生产劳动。同样，从有无薪酬规定劳动的性质，也将雇佣劳动和家务劳动作为对立的关系，从而形成了"家务劳动社会化"的模糊概念。这种根据发生的地点、劳动者是不是家庭成员和是否有薪酬的经验性分析不但是混乱的，更关键的是没能触及家务劳动与资本关系的实质。女性经验视角的分析也容易造成一种价值或道德的判断，将家务劳动对资本剥削的重要性问题的讨论转化为女性对资本剥削的重要性的讨论，并将女性从事家务劳动看成是一种自然的、永恒的和必然的。

第二，女性主义者往往认为，马克思忽视了关于非生产劳动或家务劳动对资本剥削剩余价值的重要性。事实并非如此，马克思详细论证了生产劳动对剩余价值剥削的决定性地位，同时也论述了非生产劳动的重要性以及生产劳动与非生产劳动的关系。

生产劳动的决定性首先表现在它在生产方式和生活方式方面引发社会变革。从马克思关于生产劳动和非生产劳动的文本分析中可以看到，马克思并未忽视资本主义社会中大量的非生产劳动和其他劳动，并且不断细化他的关于不同劳动的分析，只不过马克思在《资本论》第一卷定稿时将这些重要分析删除了。也就是说，马克思向我们呈现的关于资本主义的分析主要是生产劳动的发展过程，即他的最终结论，而省略了理论产生的复杂过程。从第一卷中我们可以看到，生产劳动在资本主义发展过程经历了从早期的工场手工业和家庭劳动，之后进入机器大生产的过程。从当前资本主义发展过程中也可以看到，生产劳动是推动科技发展和生产方式变革的主要力量。

生产劳动决定性的第二个方面表现在它对非生产劳动的影响上。生产劳动作为一种雇佣劳动，也影响了其他非生产劳动向雇佣劳动的转换以及其他雇佣劳动交换价值和薪酬。非生产劳动虽然不能为资本生产剩余价值，但是不代表其本身没有使用价值和交换价值。马克思明确指出："这些服务本身有使用价值，由于它们的生产费用，也有交换价值。"①马克思还认为随着资本主义社会中生产劳动领域的扩张，非生产劳动也会逐步发展成为雇佣劳动："生产一般越是发展为商品生产，每一个人也就越是必须成为和愿意成为商品交易者……现在在资本主义生产中，一方面，作为商品的产品的生产成为绝对的，另一方面，作为雇佣劳动的劳动形式也成为绝对的"②。非生产劳动的薪酬往往也是由生产劳动决定的："正如亚·斯密所指出的，这不妨碍这些非生产劳动者的服务的价值通过并且可以通过决定生产劳动者的价值的同样方法(或类似方法)来决定。这就是说，由维持他们生活或者说把他们生产出来所需的生产费用来决定。"③

马克思还特别批判了当时一些看法认为非生产劳动是生产劳动前提的观点：

"罪犯生产罪行。如果我们仔细考察一下最后这个生产部门同整个社会的联系，那就可

① 马克思恩格斯文集：第8卷[M]. 北京：人民出版社，2009：230.

② 马克思恩格斯文集：第8卷[M]. 北京：人民出版社，2009：523.

③ 马克思恩格斯文集：第8卷[M]. 北京：人民出版社，2009：221.

以摆脱许多偏见。罪犯不仅生产罪行，而且还生产刑法，因而还生产讲授刑法的教授，以及这个教授用来把自己的讲课作为‘商品’投到一般商品市场上去的必不可少的讲授提纲……他不仅生产刑法讲授提纲，不仅生产刑法典，因而不仅生产这方面的立法者，而且还生产艺术、文学——小说，甚至悲剧……可以详细地证明罪犯对生产力的发展的影响。如果没有小偷，锁是否能达到今天的完善程度……离开私人犯罪的领域来说，如果没有国家的犯罪，能不能产生世界市场？”①

从马克思这种带有诙谐和讽刺色彩的批判中我们可以看到，这种批判同样适用于女性视角对家务劳动重要性的分析。很多家务劳动理论认为，如果没有女性的家务劳动照顾男性生产工人，如果没有女性生孩子和照顾孩子，那么任何生产劳动就不可能进行。这种分析显然陷入了一种主观的女性视角。

三、重思家务劳动与妇女压迫的关系

基于对马克思的生产劳动学说的形成过程的文本分析以及女性主义对马克思的误解的分析，揭示出西方左翼女性主义在利用马克思主义建构理论时的一些问题：

第一，女性主义对待马克思思想的态度是傲慢的和充满偏见的，也带有明确的“六经注我”目的性。西方女性主义看似强调家务劳动和妇女压迫的唯物主义立场的分析，但是并没有认真对待马克思的生产劳动学说以及马克思对资本主义社会中劳动的分析，而是从偏见出发认为马克思忽视了家务劳动分析，从而抛弃了马克思的框架，认为可以修正和超越马克思的理论。她们对待马克思主义的理论态度并非在理解马克思的基础上建构理论，而是断章取义的拿来符合女性主义的目的的部分加以改造和运用。利用这种方式显然有利于论证一些政治主张和实践策略，例如家务劳动薪酬化和家务劳动社会化，但是不意味着在理论上是科学的和严谨的。

第二，女性主义分析家务劳动的经验性的视角与马克思从资本的视角分析不同劳动的方式相比显然不够“科学”。马克思显然是从揭示资本主义发展规律的角度去研究资本主义，虽然在论述中夹杂了批判和谴责，但在其政治经济学建构体系时并非从经验、情感和道德的角度出发。相比之下，女性主义的家务劳动分析则陷入过分强调家务劳动对资本主义重要性的功能主义的分析中，将家务劳动视为资本对女性劳动的剥削形式或“必要劳动”。经验性视角的优点是比较容易让处于相同地位的女性产生共情和认同感，使得理论更容易被理解和接受，也更容易形成身份认同和政治同盟，但是其价值还主要是实践的和策略的，并非理论的。

第三，通过对文本的分析可以看到，西方女性主义理论作为当前世界妇女解放理论发展的重要推动力量，并不意味着她们的分析真正建立在马克思主义理论正确认识的基础上，而是对马克思理论研究存在很多“盲区”，大量马克思主义理论资源没有受到重视。因此，进一步推进对马克思文本进行发掘和利用，对于我们批判性地看待西方马克思主义女性主义的理论成果，对于展开针对我国妇女问题的更科学严谨的分析，以及建构符合中国特色和时代

① 马克思恩格斯全集：第32卷[M]. 北京：人民出版社，1998：349-353.

发展的新的理论话语，都是非常重要的。

为了进一步论证上述观点，下面将尝试运用马克思生产劳动学说，重新审视家务劳动与妇女压迫关系问题，探讨运用马克思相关理论的运用可能在理论和实践方面给我们带来哪些重要帮助和启示。

第一，有助于我们突破二元论分析框架，认识家务劳动与妇女压迫关系的复杂性。对于劳动是有酬/无酬、公共/私人、生产/非生产、生产/再生产的二元框架的分析模式，容易让我们陷入一种理论幻觉，认为资本主义社会是由两个领域构成，其中一个领域的劳动和另一个领域的劳动之间有着所谓“对立统一”的辩证关系。然而，从资本的角度来看则并非如此，生产劳动分布于各个不同的生产部门，它与家务劳动的区别也并非空间的和绝对的，两者关系是不断变化和历史发展的。而非生产劳动不等于家务劳动，很多女性主义认为的公共劳动，都属于非生产劳动，例如政府公务员、公立学校的教师、慈善机构的工作人员、公立医院的医生等等。

这些二元论的框架，对“家务劳动”的定义是模糊的，从而导致对家务劳动的理论分析变得混乱。相比之下，马克思在分析不同的跟家庭有关的劳动时，显得更为科学和明晰。首先，马克思没有忽视家务劳动问题的阶级分析。马克思在《1861—1863 年经济学手稿》中明确地将工人阶级家庭中的家务劳动规定为一种非生产劳动：“其实，社会上人数最多的一部分人——工人阶级——都必须为自己进行这种非生产劳动；但是，工人阶级只有先进行了‘生产的’劳动，才能从事这种非生产劳动。工人阶级只有生产了可以支付肉价的工资，才能给自己煮肉；工人阶级只有生产了家具、房租、靴子的价值，才能把自己的家具和住房收拾干净，把自己的靴子擦干净。因此，从这个生产工人阶级本身来说，他们为自己进行的劳动就是‘非生产劳动’。如果他们不先进行生产劳动，这种非生产劳动是决不会使他们有能力重新进行同样的非生产劳动的。”①而谈到资本家的家庭时，马克思认为资产阶级不需要自己进行家务劳动，因此马克思讲“家仆的劳动”，并认为这些劳动是非生产劳动，因为这些劳动是有酬的，并且由资本家的收入支付，不参与剩余价值生产。

并且，马克思没有忽视不同生产方式下的家庭中的劳动。家务劳动也可能是非资本主义生产方式下的，也就是之前提到的第三种劳动。在小型农场中的前资本主义生产方式中的家庭中也会发生家务劳动，但是这些家务劳动与工人阶级和资产阶级家庭中的非生产劳动的本质区别就是这些劳动是非资本主义性质的。上一部分提到的，德尔菲规定的“家内生产方式”其实针对的是 20 世纪 50—60 年代的家庭农场劳动的分析，事实上这些劳动就属于马克思定义的第三种类型的劳动，这些劳动既不是生产劳动也不是非生产劳动。

另外，马克思还区分了“家务劳动”与“家庭劳动”。马克思在《资本论》第一卷中分析的“家庭劳动”指的是资本主义早期资本掠夺农村中妇女和儿童劳动的一种形式，这些劳动通常在农村家庭中进行，从事简单生产（如花边整理），但是劳动量很大薪酬很低。这些劳动与我们通常意义上的家务劳动不同，它是一种雇佣劳动，在家庭中发生，但是是为资本家生产，也属于生产劳动，同工厂劳动看似不同但是实质都是用于剩余价值剥削的劳动。

非生产劳动与生产劳动领域之间的关系也非二元对立的。之前马克思时代的非生产劳动领域随着时代的发展，可能不断受到资本的控制，转变成生产劳动领域。例如教师、医生

① 马克思恩格斯文集：第 8 卷[M]. 北京：人民出版社，2009：227-228.

和律师，甚至也蔓延到家务劳动。例如，当前有些教育机构就是由资本控制的，这些教师的劳动是生产劳动，成为资本赚取剩余价值的工具。那些由政府支出支持的公立的非营利性的公立教育机构的教师则依然是非生产劳动。当前，虽然大部分家务劳动都是非生产劳动，有酬的或无酬的，但是也不排除部分是生产劳动。例如，当一个家庭通过熟人介绍雇了一个保姆或小时工来减轻家庭主妇的负担，这些家务劳动依然是非生产性的。但是如果资本开办了一个家政服务公司，吸收了大量的劳动力并进行培训并为这些人支付工资，我们通过家政服务公司雇佣到的保姆或小时工来处理家务劳动，那么这些劳动实质上是生产劳动，资本在这个过程中剥削了这些劳动者的剩余价值。这些劳动者的工资也许比熟人介绍的保姆高，但他们依然是受剥削的生产劳动。

但是情况并非总是如此。资本很可能依靠开辟新的领域或迎合新的社会需求进行扩张。例如，在教育行业，一些课外辅导机构的产生并不是通过挤压公立办学，而是通过激发新的消费需要和开辟新的领域完成的。这种新的需要的产生并非减少了妇女的家务劳动，反而引发了新的家务劳动。当前我们看到很多女性因为孩子兴趣班的需要，增加了很多之前不必负担的家务劳动。生产劳动和非生产劳动与资本的关系虽然不同，但是没有哪个是否必要或更重要，可以说都是必需的或重要的。例如，类似课外班的教辅机构，如果没有家务劳动的参与，这种劳动作为商品也无法售卖，也就很难为资本带来利润。但是由于生产劳动直接参与剩余价值的生产，直接用于财富积累，其价值更多的受资本的认同，也就是说生产劳动更有社会价值作为一种资本主义意识形态是必然趋势。

从二元的经验视角出发，反抗家务劳动和家庭领域内的斗争的重要性被夸大。事实上，当我们考虑妇女压迫时，所有劳动领域中都可能存在性别歧视和针对妇女的更多剥削，妇女反抗父权制意识形态和性别压迫的战争应该是全面的，而非仅仅依靠家庭领域的反抗和反抗家务劳动。从策略角度看，妇女争取在生产领域劳动的地位对于提升妇女社会地位和改善性别歧视显然更具有决定意义。从不同的劳动领域来看，性别歧视最严重的领域不是生产劳动领域和家庭，而是像政府、警察和军队这种“上层建筑”领域，因为这些领域的劳动在前资本主义基本上对妇女史禁止的。

第二，资本视角的分析可以避免我们陷入目的论和还原论的理论陷阱。目的论和还原论的分析总是强调家务劳动对资本积累的意义或者对男性统治的意义，或者将家务劳动对妇女压迫的问题归结为资本主义剥削的目的或男性对女性劳动的剥削。这种分析同时会陷入这样的理论困境，那就是家务劳动对资本如此重要，女性是应该摆脱家务劳动反抗资本，还是应该继续做家务劳动但是要求薪酬以提升自己对于资本剥削的重要性呢？但是如果我们从资本的视角来看，则是完全不同的景象。对于资本来看，女性从事家务劳动还是男性从事家务劳动对资本剥削剩余价值没有直接影响。生产领域同样如此，机器大工业也并不排斥女性进入。在马克思所处的时代，也就是资本主义发展早期，女性和儿童的劳动排挤了男性劳动，因为女性和儿童更“廉价”。这并非因为资本本身性别歧视，而是资本利用妇女儿童的弱势地位提高剩余价值剥削率。马克思认为，资本甚至有助于打破父权制：“不论旧家庭制度在资本主义内部的解体表现得多么可怕和可厌，但是由于大工业使妇女、男女少年和儿童在家庭范围以外，在社会地组织起来的生产过程中起着决定性的作用，它也就为家庭和两性关系的更高级形式创造了新的经济基础。”[①]因此，从资本的视角进行分析，强调资本的决定性和经济的决定性，不是要将一切压迫还原为经济压迫，反而可以为我们打开妇女反抗压迫的空间和界限。这样，妇女摆脱家务劳动走向生产领域以及要求为家务劳动支付薪酬，当然主观上是妇女觉悟提升和努力反抗的成果，但客观上来看也是资本主义发展的趋势，或者这种生产方式的变革带来的可能性。如果在封建的家庭作为生产单位的模式上，没有生产领域和非生产领域之分，雇佣劳动没有成为普遍性的存在，妇女也不会产生这些觉悟，也谈不上争取性别平等。

第三，有助于我们将从资本的视角的客观性分析与从人的视角的主观性分析区分开。基于生产劳动对资本增殖的重要性，资本主义意识形态也必然强调生产劳动的社会重要性，生产劳动工人社会价值认同度也就更高。从这个角度来看，女性争取生产劳动领域的平等地位，减少家务劳动负担或倡导更平等的家务劳动分工，有助于提升女性社会地位和社会的价值认同。但从人的视角和人的解放来看，这种策略并不能使女性能摆脱压迫或生活更幸福。也就是说，在资本的限度内可以争取性别平等但不能带来妇女解放。将女性禁锢于家务劳动和母职是一种压迫，但是为了争取资本主义意识形态下的社会认同而放弃家庭生活和生育，又何尝不是一种压迫？与马克思讨论的生产劳动领域对工人阶级压榨和异化相比，有闲暇时间做家务甚至成为奢侈和自由。当前，我们在家里做一桌丰盛的饭菜招待朋友相对于选择去饭店招待朋友，前者显然意味着更高的待遇。在资本的裹挟下和生产劳动时间的挤压下，家务劳动反而变成了一种奢侈和自由。因此，两种不同视角的区分有助于我们更好地思考性别平等与妇女解放的关系，思考什么是真正的性别正义。同时也避免走入一些理论和实践的极端，要么鼓吹独立女性和不婚不育，贬低家务劳动和家庭主妇；要么限制女性从事职业劳动和强迫女性生育。这些极端的思路对于女性的自由、平等和解放的诉求都是有悖的，也更不利于社会发展。两种视角的区分和兼顾，才能帮助我们更好地探索有利于女性真正自由和解放的革命策略。

上述分析同时表明，不仅是在西方资本主义社会中家务劳动与妇女压迫的关系比女性主义分析所展现的复杂得多，当我们考虑在我国特定政治体制、经济结构、经济发展阶段和历史文化传统下的妇女与家务劳动关系时，家务劳动与妇女解放的关系显得更为复杂。这就意味着我们既要从社会发展的角度考虑资本对社会发展的重要性，同时坚持妇女解放和人的解放的最终目标。还要考虑我国发展的不平衡性和城乡劳动的差异性，针对不同的妇女群体的压迫采取不同的策略。同时需要根据我国特殊的文化传统和特殊国情，防范西方女性主义的极端个人主义和过于激进的政治话语的渗透，反对性别歧视但同时也反对性别对立，建构和推行符合中国特色的和谐家庭的话语体系。这样，我们才能在推进妇女解放的同时，更好地发挥妇女在社会主义建设中的积极作用。

① 马克思恩格斯文集：第 5 卷[M]. 北京：人民出版社，2009：563.

Is Housework Productive Labour or Not

—A Research Based on Marx's Texts

ChangPeiyao Zhou Jiabin

(1. Guizhou University of Finance and Economics, Guiyang, 550025;

2. Renmin University of China, Beijing, 100872)

Abstract: From 1960's, western feminists attempted to apply Marx's theory of political economy to analyze problems about women's housework. The initial focus was whether housework is Marxian 'productive labour'. Some feminists made in-depth analyses on the property of housework based on *Das Kapital* and its manuscripts but reached conflicting conclusions. The main cause of the debate was that they understood Marx's theory dogmatically or even misunderstood it. Though text study in-depth and analyzing Marx's theory of productive labour historically, we can avoid mistakes made by western feminists and help us build Marxist women theory with Chinese characteristics.

Keywords: feminism; Marx; *Das Kapital*; productive labour

性别与社会

Gender and Sociology

Women/Gender Studies

性别暴力事件中婚姻风险议题的舆论呈现：以“7·5杭州杀妻碎尸案”为例[*]

纪　莉　刘嘉颖[**]

内容摘要：家暴、杀妻等性别暴力事件的高度曝光，极易引发“恐婚”“恐育”的舆论浪潮。尤其是进入社交媒体时代，理解“恐婚”情绪在公众间的传播极为重要。本文以“7·5杭州杀妻碎尸案”引发的社交媒体讨论为研究对象，通过数据采集与内容分析，探讨性别暴力事件中的舆论呈现，及其伴随事件报道的过程体现的变化模式。研究发现，公众在对性别暴力事件的社交媒体讨论时，表达了婚姻在社会行为、文化、经济、制度等层面存在风险的普遍看法。它们构成了想象与现实交互、理性与非理性并存的婚姻风险舆情图景。本文还分析发现，公众对婚姻风险的社交媒介表达与媒体信息的报道变化具有“共振”的态势。而且在暴力事件报道高峰期过后，事件还会作为“记忆”持续影响婚姻风险相关的舆论建构与呈现。最后，通过对这一变化模式的分析，本文也针对“恐婚”等社会心理舆情的改善问题提出了相应的建议。

关键词：婚姻风险；社交媒体；舆论；恐婚

一、引言

2020年，震惊全国的“7·5杭州杀妻碎尸案”（下称“杭州杀妻案”）被媒体定性为“性别暴力”的代表事件①，受到全国公众的持续关注。在网络上，该事件由犯罪事实扩大到对婚姻本身的恐惧情绪蔓延，甚至出现了“恐婚”“恐育”的舆论浪潮。

“恐婚（Gamophobia）”，指“对结婚或进入稳定关系的恐惧”，也指“未婚人士对婚姻的不真实的恐惧”②。第七次人口普查数据显示，中国总和生育率已低至1.3左右③。与此相对

---

* 基金项目：教育部人文社会科学重点研究基地重大项目“数字沟通时代中华民族共同体跨文化情感传播研究”（22JJD860006）。

** 纪莉，武汉大学新闻与传播学院教授，博士生导师；刘嘉颖，武汉大学新闻与传播学院硕士研究生。

① 林子人.不再沉默的女性｜2020年性别新闻盘点［EB/OL］.（2020-12-27）［2022-08-27］. https://www.jiemian.com/article/5429109.html .

② CURTIS J M, SUSMAN V M. Factors related to fear of marriage［J］. Psychological reports, 1994, 74(3): 859-863.

③ 陈洁.21深度|中国人口悬念：2020年总和生育率1.3，生育水平下行趋势恐难逆转［EB/OL］.（2021-05-11）［2022-08-27］. https://www.21jingji.com/article/20210511/herald/723c04884d81f5934eaa54075ac37255.html。

应的是“恐婚族”的增加。社会调查报告表示，“恐婚”心理在年轻人中广泛存在。[①] 在倡导适龄婚育的政策背景下，“恐婚”或将成为影响国本的严重社会心理问题。

社会学家对“恐婚”的研究表明，婚姻风险的增加是“恐婚”的深层动因[②]。性别暴力事件的网络舆论是否体现了社交媒体上公众的“恐婚”意识？它是否会进一步催化公众基于性别意识之上的婚姻风险意识？在“少子化”问题对社会规模与经济发展产生严重危害的当下，拨开“恐婚”社会情绪的面纱，将目光聚焦于网络舆论中公众对“婚姻风险”的表达，有着相应的意义。由此，本文将基于杭州杀妻案的网络舆论分析，探究网民对婚姻风险的讨论和舆论变化的模式，通过具体案例分析中国性别暴力事件的网络舆情图景，以期对舆情中“恐婚”等社会心理的改善提出有益的建议。

二、文献回顾

（一）风险与婚姻风险

风险（risk）在社会科学中可被定义为“与人类重视的事物相关活动的后果（或结果）的不确定性与严重性”[③]。风险的概念起初只用于形容自然和科技发展带来的灾难性后果，随着现代性进程的纵深发展，这种危机四伏的风险状态显然已经蔓延到经济、政治、文化等多个领域，并日益演变为一种普遍的社会风险。

婚姻生活中的风险就是上述普遍的社会风险之一。据统计，全球范围内，超过 38%的女性谋杀案由其男性亲密伴侣犯下。[④] 贝克关于现代性和个体化的论述亦为婚姻风险提供了理论基础。个体化既为女性带来全新的领域，也让她们暴露于“双重风险”之中：被关闭的劳动市场大门、家务劳动的主要负担、浪漫爱情与长久亲密关系的悖论、离婚法的现实等都让女性陷入精神世界的破碎和经济风险[⑤]。尽管他并未采用“婚姻风险”的概念，但是指出了女性在现代社会中的婚姻系统内是具有风险形式的。

目前学界从不同视角对婚姻风险的研究中，较多关注的是特定群体的婚姻风险，如童婚、跨国婚姻、农村大龄男青年婚姻等，只有小部分研究从普遍性风险视角看待婚姻风险。如朱海忠沿用风险的定义，将婚姻风险界定为“个人作出婚姻决策时所要面临的各种不确定性的总称”[⑥]。他提出婚姻风险分为经济、社会，以及婚姻三个层面，分别代表婚姻成本、家

---

① 胡洁人，秦一铭.精神分析理论视角下当代青年恐婚问题研究：基于“知乎”恐婚者的内心独白分析[J].华东理工大学学报（社会科学版），2021，36（4）：91-102.

② 朱海忠.城市青年恐婚现象的社会学思考[J].南通大学学报（社会科学版），2008（2）：107-111.

③ AVEN T，RENN O. On risk defined as an event where the outcome is uncertain[J]. Journal of risk research，2009，12(1)：1-11.

④ WHO. Violence against women[EB/OL] (2021-03-09)[2022-08-27]. https://www.who.int/news-room/fact-sheets/detail/violence-against-women.

⑤ 乌尔里希·贝克，伊丽莎白·贝克-格恩斯海姆.个体化[M].李荣山，范譞，张惠强，译.北京大学出版社，2011.

⑥ 朱海忠.城市青年恐婚现象的社会学思考[J].南通大学学报（社会科学版），2008（2）：107-111.

庭责任和家庭关系的不确定性，以及离婚风险；也有研究中通过对社会调查的数据进行回归分析后发现，婚姻中主观或者客观的不平等与婚姻破裂有关。女性觉得自己受益不足越严重，离婚风险就越大，主要表现在亲属抚养、家务劳动等领域[①]。而女性在群体婚姻中的风险更体现在社会保障方面，包括就业和职业风险、养老风险、离婚丧偶致贫风险[②]。由于社会福利的不足，女性往往更容易陷于育儿与就业的两难境地，因而需要承受就业歧视、被迫失业等新的风险形态。

尽管上述研究已将婚姻风险作为一个具体的研究对象，但却缺乏统一的讨论语境，同时也对女性面临的隐性婚姻风险缺乏深入探讨。本文将从恶性事件的舆论出发，探究公众生活中更为普遍性、深层次的婚姻风险。

（二）风险在突发事件中的舆论表达与呈现

随着风险研究的深入，对风险的认知出现两种取向[③]：其一为实在论，认为风险是客观存在的社会事实，处理风险可以通过精确的数字计算和严密的逻辑推理来进行。在技术学的视角下，风险被定义为“事件的发生概率与特定后果的规模大小的乘积”[④]。其二为建构论，认为风险本质是主观建构的结果，如道格拉斯所言，当代社会风险并没有增多，而仅仅是被察觉和意识到的风险增多了。[⑤] 建构论将关注对象从客观的风险事实转为认知层面，代表“人们的信念、态度、判断和感觉，以及他们对危险及其好处所采取的更广泛的文化和社会倾向”[⑥]。本文关注建构论视角下的风险，以公众对风险的表达和呈现为研究对象。

如上文所述，现有研究对婚姻风险的界定多聚焦客观风险的范畴，较少关注公众尤其是女性对婚姻风险的表达与呈现。然而，现代风险并非纯粹“客观性”的存在，客观风险事件与社会文化和个人心理的互动过程都会形塑公众对风险的认识[⑦]。因此，从公众尤其是女性对风险的讨论来理解婚姻风险的范畴具有必要性。

基于社会学习理论，来自媒介的经验会塑造我们对于世界的认识，通过影响我们对事件的主观概率的判断，媒介会对风险的认知造成影响[⑧]。突发事件往往把被忽视的社会风险带到人们眼前，让距离遥远的人们对其产生恐惧和担忧等共情[⑨]，事件的网络舆情中包含的态度、意见和情绪往往反映着公众对风险的识别和感受。

---

① DEMARIS A. The role of relationship inequity in marital disruption[J]. Journal of social and personal relationships, 2007, 24(2): 177-195.

② 刘翔英，陆明涛.劳动收入差异、婚姻风险与基于家庭的社会保障[J].学海，2020，82(2)：46-52.

③ 潘斌，袁媛.实在论还是建构论：对风险范畴的认识论批判[J].贵州师范大学学报(社会科学版)，2009(3)：19-23.

④ 刘岩.风险的社会建构：过程机制与放大效应[J].天津社会科学，2010(5)：74-76.

⑤ DOUGLAS M，WILDAVSKY A，Risk and culture: an essay on the selection of technical and environmental dangers[M]. Oakland: University of California Press，1982.

⑥ BICKERSTAFF K. Risk perception research: socio-cultural perspectives on the public experience of air pollution[J]. Environment international, 2004, 30(6): 827-840.

⑦ 肖瑛.风险社会与中国[J].探索与争鸣，2012(4)：46-51.

⑧ WAHLBERG A A F, SJOBERG L. Risk perception and the media[J]. Journal of risk research, 2000, 3(1): 31-50.

⑨ 孙江，李婷.风险建构视域下突发事件网络舆情治理研究[J].中国行政管理，2019(9)：118-122.

在核泄漏[①]、旅游[②]、疫情[③]和飓风[④]等多种风险议题上，已有多项研究关注到推特等平台的网络讨论所反映的公众风险表达，通过收集相关话题下用户发布的帖子，利用内容分析、文本分析、网络志等方法，对风险类型、公众情感反应、信息功能以及不同变量间的相关性等进行了探索与分析。不同研究对于风险内容的识别方式各异。如在对核风险议题的研究中，研究者将提示“危险”、表示“暴露”或明确包含“风险”一词的信息识别为风险[⑤]。而在对飓风风险议题的研究中，研究者将风险视为一系列情感反应，如恐惧、愤怒、对损失的关注等等[⑥]。因此，可以从突发事件的网络舆论中识别风险议题。

基于以上对概念的定义和对文献的回顾，本文旨在从性别暴力事件的网络舆论中识别公众对婚姻风险的表达与呈现，具体的研究问题包括：①由性别暴力事件引发的网络讨论呈现出舆情中出现了哪些类型的婚姻风险表达？②随着事件的舆情发酵，婚姻风险的舆情呈现有怎样的变化特点？

三、研究方法

本文选取“7·5 杭州杀妻碎尸案”作为案例。该事件始于 2020 年 7 月 5 日，杭州某小区发生一起女子失踪事件，引发“全民破案”热议；同月 23 日，经杭州公安侦查，其丈夫许某交代因家庭矛盾对妻子来某产生不满，趁其熟睡之际将其杀害并分尸扔进化粪池内，一时舆论哗然；随后几日，媒体曝光两人多年前相识且为重组家庭等诸多细节，持续引发舆论关注；2021 年 5 月 14 日，杭州市法院公开审理“许国利故意杀人案”，许某后被判处死刑。许某后进行上诉，2022 年 4 月 8 日，法院驳回上诉，维持原判对许某的死刑判决。

本文采用豆瓣网某大型小组对该事件的讨论作为数据来源。该小组目前成员已超 68

① BINDER A R. Figuring out Fukushima: an initial look at functions and content of US Twitter commentary about nuclear risk[J]. Environmental communication: a Journal of nature and culture, 2012, 6(2): 268-277.

② BJÖRK P, KAUPPINEN-RÄISÄNEN H. A netnographic examination of travelers' online discussions of risks[J]. Tourism management perspectives, 2012, 2: 65-71.

③ DYER J, KOLIC B. Public risk perception and emotion on Twitter during the Covid-19 pandemic[J]. Applied network science, 2020, 5(1): 1-32.

④ LACHLAN K A, SPENCE P R, LIN X. Expressions of risk awareness and concern through Twitter: on the utility of using the medium as an indication of audience needs[J]. Computers in human behavior, 2014, 35: 554-559.

⑤ BINDER A R. Figuring out Fukushima: an initial look at functions and content of US Twitter commentary about nuclear risk[J]. Environmental communication: a journal of nature and culture, 2012, 6(2): 268-277.

⑥ LACHLAN K A, SPENCE P R, LIN X. Expressions of risk awareness and concern through Twitter: On the utility of using the medium as an indication of audience needs[J]. Computers in human behavior, 2014, 35: 554-559.

万，且用户大部分为女性①。使用基于Python环境的爬虫对小组讨论中包含“杭州杀妻”“来女士”“许国利”等关键词的内容进行全量采集。根据该案件的发生时间，由于第一条讨论帖出现在2020年7月16日，许某被判决时间为2021年5月14日，因此将信息搜集时间范围确定为2020年7月16日—2021年7月16日。论坛由主帖和回帖组成。主帖数量较少，具有导向性；回帖数量较多，其大部分内容与主帖相关，但具有延伸性，因此对主帖和回帖进行全量采集，共同构成研究样本。采集完毕对数据进行清洗后得到主帖249条，回帖19401条。

本文主要采用质性内容分析法展开研究。首先，通过文本分析和主题归类，确定舆情中对婚姻风险的表达范畴，以形成婚姻风险的类型建构。由于样本量较大，为使样本更准确地反映总体情况，我们对主帖和回帖采取不同的抽样方式。一方面，对主帖进行全样本分析，另一方面，从回帖中抽取10%进行分析。为保证样本分布的均匀性，对帖子按照日期进行排序并进行系统抽样，再对回帖样本进行分析。其次，为反映样本内容的总体情况，辅以使用在Python环境上运行的jieba中文分词器对总样本进行分词和统计。最后，再通过对事件的时间阶段进行划分，分析不同风险议题在时间维度上的数量变化，以探究舆论变化过程中呈现的婚姻风险图景。

四、研究发现

（一）舆情呈现的婚姻风险类型及其分布

1. 婚姻风险表达的分类与统计

性别暴力事件引发的网络讨论引发了大量关于婚姻中风险的表达，在对帖子样本提取婚姻风险类型时，研究发现可以从风险来源的维度将婚姻风险呈现分为：表达经济损失的“经济风险”、表达他人社会行为造成危害的“社会行为风险”、表达婚姻文化危害的“文化风险”、表达婚姻制度危害的“制度风险”。除此之外，也有明确表达了婚姻中的风险但未阐明风险来源维度的风险，命名为“混合风险”，共计五大类风险。

对帖子文本中这五类风险表达的出现频次进行统计，发现每类表达在主帖和回帖中的数量分布如表1所示。帖子样本中发现网络舆论中对社会行为风险（主帖62.6%，回帖62.2%）的讨论最为强烈；其次是文化风险（主帖17.3%，回帖13.1%），再次是混合风险、经济风险、制度风险。

① 戈多.从“村口八婆”到“姐妹互助”，豆瓣鹅组的AB面[EB/OL].(2021-09-09)[2022-08-27].https://www.neweekly.com.cn/article/shp1037134938.

表 1　婚姻风险舆情表达的类型分布

类型	主帖		回帖	
	数量	比例 /%	数量	比例 /%
社会行为	87	62.6	436	62.2
文化	24	17.3	92	13.1
混合	13	9.3	67	9.6
经济	10	7.2	56	8.0
制度	5	3.6	50	7.1

为更好地研究婚姻风险在舆情中的呈现，本文对每一类风险表达的文本进行量化的内容分析和文本分析，以进一步发现网络舆情中对婚姻的风险认知。

2. 社会行为风险：充斥对婚姻暴力的想象与恐惧

研究发现，暴力事件引发公众在社交媒体上对社会行为风险的表达占比最高，远超其他类型的风险。在对此类风险表达的文本进行高频词统计（见图 1），并以此为基础对文本进行进一步的主题归类发现，公众对社会行为风险的表达主要分为对“人身侵害”“情感伤害”“人际关系风险”三个方面的关注。

图 1　社会行为风险议题文本高频词汇（前 100）

由图 1 可知，“男性”“女性”这一对性别对立词汇构成了对社会行为讨论的高频词汇，说明公众对这一类行为的讨论中有明显的性别对立感。

对社会行为的讨论首先体现在对人身侵害的关注，如：“我想问下身体组织，是说明已经都像肉馅一样了吗？没有大块的部分？太可怕了吧。”（2020/7/25）从文本分析中我们发现，网络舆情表达的发酵从以下几个方面展开。一是从新闻报道中的真实细节发展对“现实的暴力”的讨论。在杭州杀妻案中，警方筛查小区化粪池发现时来某的人体组织，证实许某对来某心生不满后使用绞肉机杀妻分尸，犯罪手段极其残忍，使“绞肉机”“化粪池”等暴力加害细节成为大众讨论的焦点。二是对未证实的细节进一步地追问和猜想，构成“想象的暴力”。网络讨论中由“凶手部分抛尸垃圾桶”“当晚用了两吨水”等激发人惧怕与好奇的信息为基础不断续写“恐怖故事”，使暴力在想象和阐发中得到进一步强化。“听说男的买了绞肉机，一年前就买好了，把部分尸块绞碎了冲马桶的。”（2020/7/24）三是网络表达中对暴力的想象并非仅由偶然性的突发事件支撑，还会通过数据、报道、经历共鸣等各种方式延伸到了普遍现实，如：“联合国数据称超半数女性被杀是在亲密关系中。”(2020/7/24)“杭州、安岳、海口、淄博，几天内连续四起杀妻案了。”(2020/7/27)在短时间内，“杀妻”信息大量涌入网络讨论组中，使人感到暴力“无处不在”，每个女性都可能成为婚姻暴力的“牺牲品”。更有帖子进一步提出：“我们生存的土壤，培育的就是男性使用暴力更合理的环境。”(2020/10/10)对暴力的恐惧，在引发风险讨论的同时又不断得到强化，形成恐惧的“回音”。

此外，社会行为风险表达还包括“情感伤害”和“人际关系风险想象”。男女当事人互为初恋的信息引发对“不存在真爱”“出轨”等情感风险的讨论，如：“某些男人找老婆，找的是实用。别傻乎乎地自己以为嫁给爱情了。”(2020/7/23)而男女双方家庭的表现引发对婚姻中的亲戚人际关系的讨论。如：“出了事只有娘家人会真心为你奔走，夫家只会要钱要命，软饭硬吃。”(2020/7/24)这些讨论既是基于特定信息的阐发，也是“恐惧”情绪所激发的非理性表达。

3. 文化风险：对社会性别压迫的敏感与抵抗

网络舆情表达中，对文化风险的表达仅次于对社会行为风险的表达，体现出“恐婚”已经具有社会心理的流行特征。文化风险的“异军突起”指向小组讨论对性别议题的敏感和关怀。对文本进行分析后我们发现，文化风险可以进一步细化为对“社会评价苛刻”“人格矮化”“生育观念”“性别分工不平等”这四个方面的表达。相关高频词汇见图2。

图2 文化风险议题文本高频词汇(前100)

由图2可知，对于社会文化风险，网络舆情不仅依然制造了“男性”“女性”的性别对立感，而且在“出轨”“孩子”等婚姻家庭关系的讨论中体现出了对性别议题的文化认知。

自2018年一场反性骚扰运动Metoo运动借助社交平台席卷全球开始，女性主义逐渐通过微博、豆瓣等新媒体平台进入大众视野。性别新闻频发的2020年也被称为“女性主义元年”。文化风险的表达可以被看做是女性主义意识的具体表达和传播。这首先体现在对隐形性别压迫的识别，如“男性希望把这场案件美化成一个背叛丈夫的女人得到的应有惩罚，而我绝对不能同意这样的观点。”(2020/7/25)随着事件的发展和舆论的发酵，网络中出现了“来女士出轨被杀活该”“化粪池警告”等种种论调，对文化风险的讨论呈现和批判了这些乱象，如：“抖音(评论区的化粪池警告)真是迫害女性先锋队。”(2020/7/26)“如果是她老公被杀，会有人说他不该离婚吗……受害者有罪论总是在女性身上更明显。”(2020/7/26)父权制的表现之一是性的双重标准对女性的分离支配[①]。它分配给男性的是一个核心角色，把纯洁的女性同婚姻相联系，并把她们与妓女、淫妇等分离开来。这种泾渭分明的观点在两

① 上野千鹤子.厌女：日本的女性嫌恶[M]王兰，译.上海：上海三联书店.2015.

性中依然存在[①]，如在重大的性别暴力事件中，仍有不少"女性受害者有罪"和"玩梗化粪池"的论调。在这些论调中，来某作为出轨的女性，背离了父权制的性标准，所以得到了应有的惩罚；而许某作为同样出轨的男性，不仅逃脱了指责，甚至能因此减免"杀妻分尸"的罪责。由此看来，社会评价的苛刻和对男女的双重标准为女性戴上沉重的道德枷锁，成为婚姻中不易觉察的风险。对"社会评价苛刻"的表达形成了对父权制观念的识别与批评。

其他类型的文化风险则是从案件的少量事实出发，引申到对女性现实困境的观察和反思。如对于"许某接受采访时提到'我的生活怎么办'"这一细节，有帖子提出，"他就直接表示，老婆是照顾他生活用的，就好像家里佣人跑了以后说的话……关键是现实中这么想的人太多了，虽然没有人人都杀妻，但已经很恐怖了。"(2020/7/23)对于"来女士为许某高龄产子"这一细节，有帖子提出，"只有女人才会感同身受觉得这是付出，男的觉得这是你分内事。"(2020/7/24)此外也涉及对婚姻中普遍的性别分工不平等现象的讨论，如"结婚叫的"新娘"一词，到底是'新的娘'还是'保姆'？'为母则刚你要多为孩子想……'，去看看丧偶式育儿的百分比吧……"(2020/7/24)讨论由婚姻暴力事件延伸至社会文化对女性的潜在的压迫，并引起广泛的共鸣，实现了对于社会性别压迫的微观抵抗。

4. 经济风险：女性经济困境的一体两面

"为财杀妻"是该案件的核心特征。网络讨论小组成员针对婚姻带来的"经济风险"进行了讨论，其关注点主要集中于"财产风险""高生活成本""职业歧视"几个方面。该类表达涉及的高频词汇详见图3。

图3　经济风险议题文本高频词汇

随着城市化的发展和女性就业率的提升，女性拥有财产成了普遍现象。案件中拥有几套房产的来女士，却被许某残忍为财杀妻，引发了对于"女性如何保护自身财产"的广泛讨论。小组成员罗列了大量女性财产损失的案例："多年模范丈夫嫖娼出轨算计老丈人财产吃绝户"(2021/5/14)"男人比女人更会算计更精明"(2021/5/14)，同时将女性为婚姻负担房产等行为称为"倒贴"。性别二元对立的视角切入使得财产风险引发广泛的共鸣，以纯粹的"理性经济人"视角看待婚姻引发强烈的不平情绪，放大了经济中的财产风险。

此外，案件细节还引发了少量对于婚姻经济成本和职业歧视的讨论，对经济成本的讨论将杀妻案的原因归结于日益高涨的房价，如"房价再涨吧，吃女人还不够，要直接杀女人了是吧？"(2020/7/24)对财产的讨论也延伸至女性普遍的职业歧视，如"曾经女性的招聘歧视不

① 安东尼·吉登斯，克里斯多弗·皮尔森. 现代性：吉登斯访谈录[M]. 尹宏毅，译. 北京：新华出版社，2001.

如现下这般赤裸直白…要男的，女的不要，是我们女性不够优秀不够吃苦耐劳吗？”(2020/12/14)对经济风险的讨论呈现出女性经济困境的双重景象：一面是职业女性逐渐上涨的财富，一面是性别劣势带来的经济损失。经济为民生之本，女性切实的经济困境，为个体的财产观念和制度都提供了完善空间。

5. 制度风险：理性反思和与文化风险的勾连

网络讨论中也有少量涉及制度风险的表达，该类讨论文本涉及的高频词汇详见图 4。制度风险议题主要由对婚姻法律的讨论构成，关注婚姻暴力量刑的不公和女性保护机制的缺乏，如：“他(许国利)如果不是碎尸，夫妻打架打死了，坐不了几年牢。”(2020/7/26)此外，还包含少量对于“离婚冷静期”等政策风险的讨论，如：“冷静期就是要女人知道离婚难再忍忍就算了，离不成男人不闹事就社会稳定啊。”(2020/7/26)

图 4　制度风险议题文本高频词汇(前 100)

制度层面的反思不乏倡导理性的声音：“你喊的十句‘恐男’可能不如一句‘强烈呼吁严判严惩伤害女性的男性’来的有用。”(2020/8/5)但制度风险占比非常少(3%主帖；7%回帖)，其中理性的言论较为稀缺。

通过引入性别二元视角，制度风险与文化风险产生勾连，风险从制度层面的“法律风险”转化到文化层面的“人格矮化”，将关注点从法律漏洞偏移到父权制度。如“亲密关系只是男人的减刑卡，女人杀夫一般死缓起步。”“什么叫家庭内部犯罪？嫁了人的女人就不是一个人了吗？男权社会真是令人作呕。”在研究越轨行为时，女性主义者认为，父权制的表现之一，是家庭属于私领域，把一个陌生人打成重伤要算作重罪，但伤害自己的妻女却可以从轻发落①。将制度风险与文化风险相勾连有其合理性，但可能会导致讨论止步于非理性情绪的宣泄，缺乏进一步的归因和呼吁推动法律完善等行动的产生。

(二)风险议题随时间进程的变化模式

1. 总体概况

通过数据整理发现，随着事态的发酵和案件细节的侦破，网络讨论婚姻风险的类型与表达频次随事件发展进程而发生变化。根据全年发帖量时间趋势(见图 5)和杭州杀妻案舆情演化进程，我们将事件讨论时间划分为六个阶段(见表 2)，并按照时间阶段对风险类型的变化进行统计。可以看出，在 2020 年 7 月和 2021 年 5 月，网络舆情讨论的强烈程度达到峰值。

---

① 梯尔.越轨社会学[M].王海霞等，译.北京：中国人民大学出版社，2011.

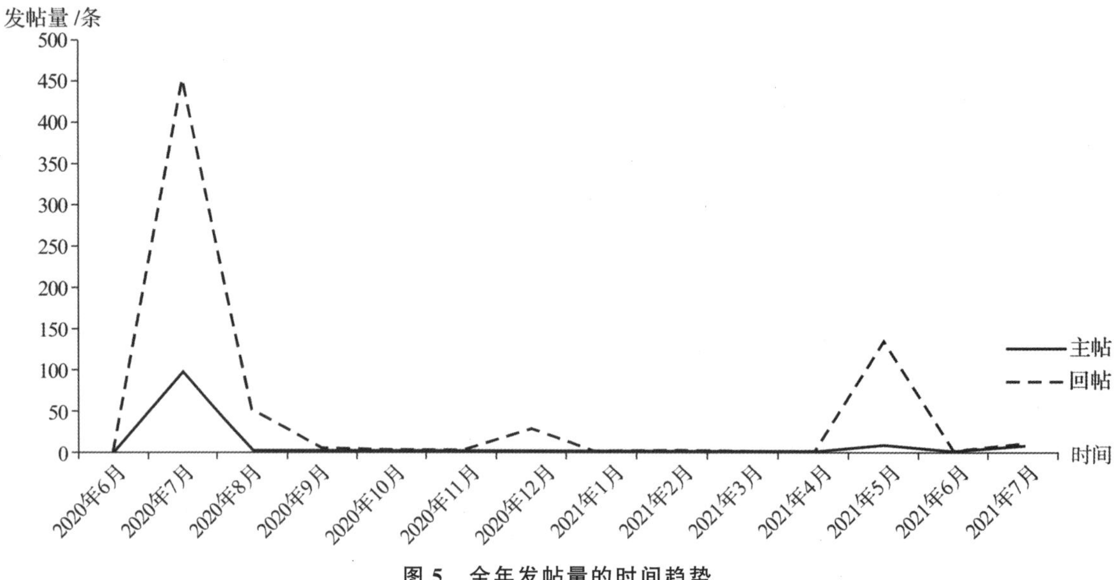

图 5　全年发帖量的时间趋势

表 2　舆情发展时间阶段划分

具体时间	时间阶段	舆情演化特征
2020 年 7 月 16 日—2020 年 7 月 22 日	起始期	悬疑离奇下的全民断案
2020 年 7 月 23 日—2020 年 7 月 25 日	爆发期	真相浮出的曲折与唏嘘
2020 年 7 月 26 日—2020 年 7 月 31 日	回落期	后续问题及衍生话题的争论
2020 年 8 月 1 日—2021 年 5 月 11 日	过渡期	无明显舆情变动的过渡期
2021 年 5 月 12 日—2021 年 5 月 31 日	二次爆发期	许某被判处死刑再次引发公众记忆与讨论
2021 年 6 月 1 日—2021 年 7 月 16 日	二次回落期	其他衍生话题的讨论

对每个阶段的讨论主题占比进行统计，并形成堆积柱状图（如图 6 所示）。可知在不同的时间阶段对婚姻风险讨论的关注分布并不相同。社会行为风险在所有时间阶段均为主导性的议题，除此之外，文化风险议题在爆发期的数量分布最多，制度风险议题在回落期的数量分布最多。不同的舆情时间阶段有不同的风险议题呈现，这与外部媒体信息的变动存在一定的关联。

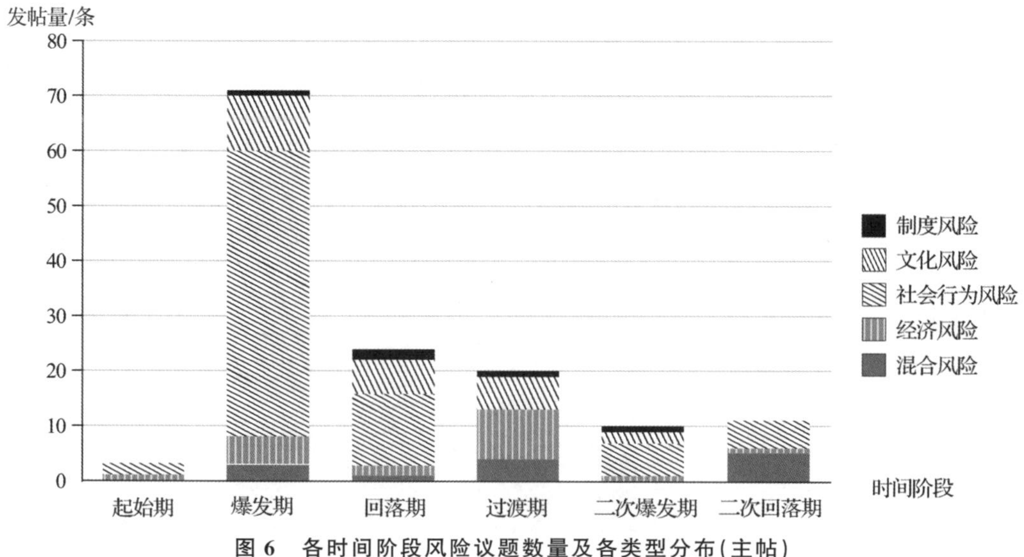

图 6　各时间阶段风险议题数量及各类型分布(主帖)

结合对外部信息变动的分析,发现有两种变化模式较为显著,其一为风险呈现与外部信息的“共振”,其二为没有外部信息引入时,风险事件对风险议题造成的持续影响。以下将结合具体文本对这两种变化模式进行分析。

2. 风险议题与媒体信息的“共振”

风险天然与媒介伴生伴随,所谓的风险呈现与应对大多依赖于媒介所呈现的符号化景象[①]。在小组讨论中,婚姻风险议题与媒体信息的变化呈现“共振”的态势,表现为标志性事件和风险议题讨论峰值的出现具有同步性。尤其是在舆论爆发月(2020 年 7 月)的小组讨论中(见图 7),引入了大量新闻媒体、自媒体的图文和超链接。因此,在考察风险议题的数量变化特征时,我们需要结合媒体信息的变化加以分析。

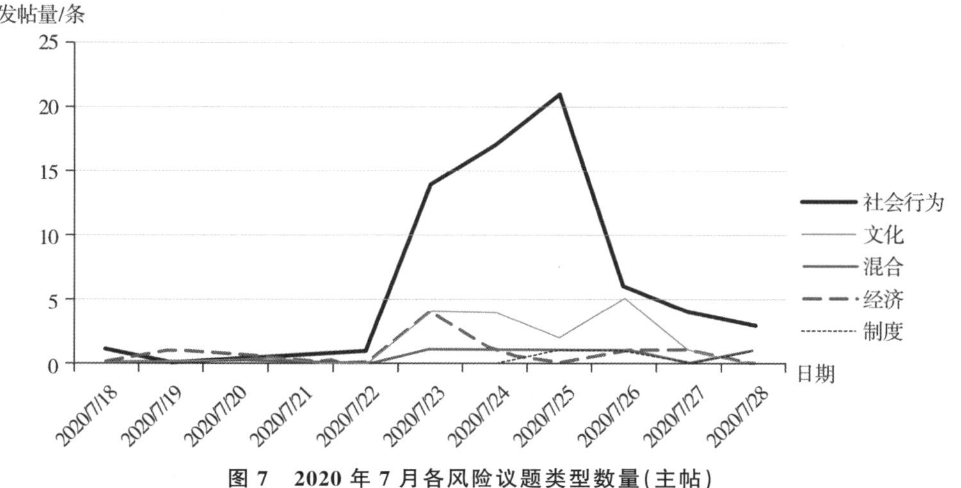

图 7　2020 年 7 月各风险议题类型数量(主帖)

① 乌尔里希·贝克.风险社会[M].何博闻,译.南京:译林出版社,2004.

研究发现，婚姻风险与媒体信息的变化呈现“共振”的态势，表现为标志性事件和风险议题讨论峰值的出现具有同步性。以舆论爆发期2020年7月为例，7月25日，多方信源证实来女士与许某某为重组家庭，两人曾有几十年感情。同日，“情感伤害”风险大幅度增长并达到峰值（如图8所示）。此类外部信息的涌入被迅速以婚姻风险的角度解读，如：“来女士前夫接受采访了，她和许国利，真的有几十年的感情……女孩子，千万不要恋爱脑。”（2020/7/25）从而引发强烈的“情感伤害”风险呈现：“大多时候女人以为是爱情，然而真爱这东西太稀缺了。”（2020/7/25）且主帖与回帖的变化趋势基本一致，相关观点发表后，能够迅速引发大量共鸣表达。

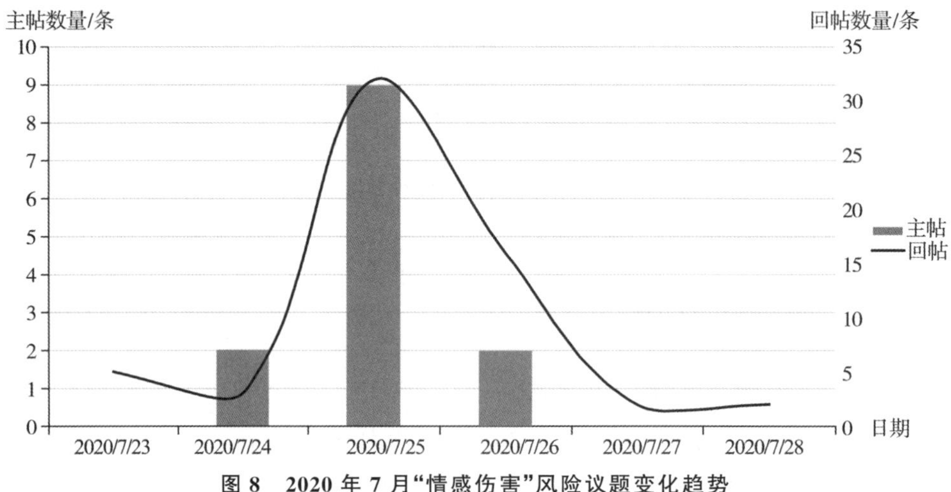

图8　2020年7月“情感伤害”风险议题变化趋势

与此类似，在2021年5月14日，杭州杀妻案庭审当日，“许国利不赔偿亲女儿”“儿子希望继承遗产”等多条新闻发布，同期回帖的“生育观念”“人际关系风险”等大幅度增长（如图9所示）。此类外部信息同样以婚姻风险的角度被解读，如：“……他对来女士的厌恶已经转嫁到活着的小女儿身上了，有重男轻女想法又去实行的蛹人（男人）真的没人性可言。”（2021/5/14）“如果这个杀人犯的儿子真的图谋遗产，那这个儿子也是潜在的杀人犯。”（2021/5/14）

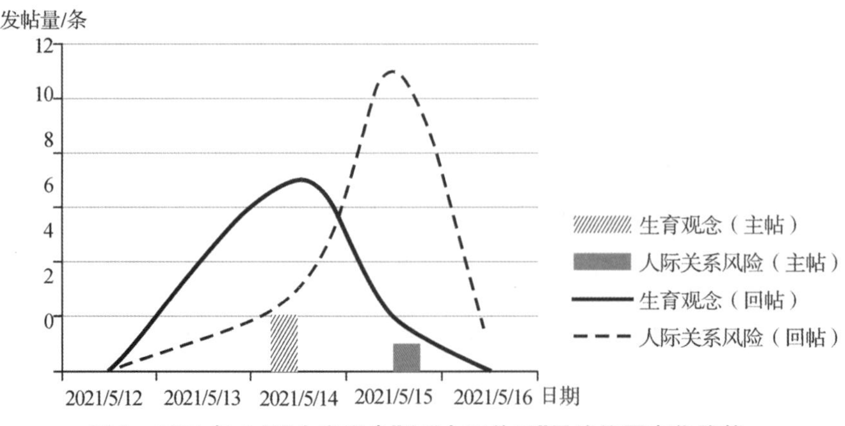

图9　2021年5月“生育观念”和“人际关系”风险议题变化趋势

除此之外，“人身侵害”“财产风险”“社会评价苛刻”等风险议题表达频次的变化，均与相应媒体信息紧密关联。当“化粪池”等案件细节侦破时，“人身侵害”达到峰值；当“给儿子买婚房”等媒体信息传播时，“财产风险”达到峰值；当短视频平台对来女士的评价言论引发热议时，“社会评价苛刻”达到峰值。

在婚姻风险与媒体信息的共振之间，存在基于现实素材的想象与发散。通过拼凑未经求证的故事细节，再基于一个“想象的故事”来呈现婚姻风险。在叙事学的视角下，风险是一个被选择和评估的过程，通过对风险的叙述有选择性地构建意识，即现实是如何与人们珍视的价值观、威胁价值观的力量以及人们在这个世界上的生活方式相联系的，从而设定了期望、欲望和行动的边界[①]。因此，风险在集体的“故事加工”中得以建构。然而，这种基于片面素材的选择性叙述与建构，可能会导致谣言、刻意美化或恶意中伤新闻人物等不利后果。

3. 风险事件作为“记忆”持续建构风险议题

上述讨论分析了舆论爆发期时风险议题呈现随媒体信息变化的模式。另一变化模式反映在过渡期（2020 年 8 月 1 日—2021 年 5 月 11 日）。在此期间，尽管几乎没有媒体信息的变动，仍有不少对该事件的讨论和婚姻风险议题的表达。结合文本分析发现，该风险事件作为“记忆”持续建构婚姻相关的风险议题，并通过帖子文本的表达进行恶性事件的“再现”和风险议题的强化。

一旦发生社会公共事件，社会民众都会“在社会的现实条件下，回想、承认和本地化他们的记忆。”重大突发事件媒体报道所产生的风险议题、舆论场景和对风险认知的再建构等，使得社会个体都被纳入社会风险领域中，形成集体记忆的媒介化建构[②]。考察过渡期所讨论的风险类型，发现作为“记忆”的杭州杀妻案，以多种形式被小组讨论所调用：

其一是类比，当其他同类恶性事件发生时，网民会倾向于采取同一种解读框架，“人身侵害”风险由此被唤起和建构，如“今年有多少被谋杀的女性？拉姆、来女士、被男友当街打死的女孩……她们就是我们每一个人(2020/10/2)”。

其二是隐喻，作为重大的恶性事件，杭州杀妻案在引发了公众的风险认知后，还作为“记忆”持续影响着公众对同类风险事件的理解，并与“恐婚”等词汇建立起牢固的联系，作为符号资源扎根于人们的认知之中，建构起“对女性不友好”的社会文化语境，如：“(给大家提供)怼劝婚语录——结了婚以后说不定哪天就被冲进下水道了，还有就是起床以后一定要郑重地向老公感谢他不杀之恩……”(2021/1/16)

五、结论与讨论

本文基于杭州杀妻案的网络讨论数据，分析了在婚姻暴力事件的网络舆情中公众建构与呈现的婚姻风险图景。研究发现，公众对婚姻中“社会行为风险”的讨论最为激烈，体现出

① RUSSELL L D, BABROW A S. Risk in the making: narrative, problematic integration, and the social construction of risk[J]. Communication theory, 2011, 21(3): 239-260.

② 邹月华. 从媒体记忆到个人记忆：重大突发事件对一般公共事件影响研究[D].南昌：江西师范大学，2017.

在婚姻问题上存在对暴力的恐惧与想象。而婚姻带来的文化风险、经济风险、制度风险等方面的讨论，也体现出公众对婚姻暴力本身的关注已经延伸至对传统性别角色的压迫、女性经济困境、制度不公等诸多议题的讨论。此外，在网络舆情中，婚姻风险议题与外部信息的变化呈现同步的态势，但这种“共振”往往是基于片面素材的“故事加工”，其后暴力事件还将作为“记忆”不断形塑公众对婚姻的风险理解。

总体而言，对婚姻风险的呈现，是客观风险事件的信息、女性的真实困境和公众的风险“想象”三者聚合的结果，是现实与想象交互、风险讨论与风险建构相同步的过程。在对现实的关照、风险的想象和群体的非理性归责之下，杭州杀妻案与“恐婚”文化心理产生联系，并作为一种“记忆”强化着这种认知，持续为“对女性不友好”的语境提供着符号资源。由此，“恐婚”心理持续在小组讨论中发酵，进而对部分青年网民的婚育观产生消极影响。

针对研究发现，我们认为要重视公众的“恐婚”情绪，在全社会关注家庭暴力恶性事件的同时，应该从以下三方面加以注意：

第一，完善性别暴力立法，建立弱势群体保护机制。由研究结论可知，对性别暴力的恐惧，是公众对婚姻风险表达的核心。而制度不公同样是婚姻风险的重要部分。因此，为保障婚姻中女性的人身安全，首先应完善反家暴法律法规，减少其在举证、责任认定、判决公正、刑罚力度、赔偿制度方面的困难和不足，以制度层面的公正来消弭女性公众的焦虑；其次，公安机关和社会机构应通过提供人身保护的方式切实保障受家暴妇女的人身安全；最后，要在全社会层面大力推行“反暴力”意识的普及，加大宣传在性别暴力方面对女性的人身伤害保护机制。

第二，在公私领域积极落实性别平等政策。由研究结论可知，对婚姻暴力的讨论最终会指向结构性的性别困境，对“性别不平等”的讨论是婚姻风险议题的重要部分。公正和平等是弱化风险认知、建立社会信任的关键。在公共领域，完善故意伤害事件中男女量刑的平等机制；在家庭领域，鼓励男女共同承担家务劳动和育儿责任，通过补贴、减税等方式提供家务劳动补偿机制。

第三，打破性别二元对立思维，加强舆论监管和引导。面对性别暴力事件中的“舆论骂战”，平台要快速响应，处罚调侃言论和不当言论；新闻媒体有责任引导大众理性思考，防止通过“贴标签”等形式造成污名化现象，从而为创造有利于两性平等的文化提供好的舆论环境。

Marriage Risk Issues' Presentation in Public Opinion on Gender-Based Violence: Based on "7·5 Hangzhou Wife Murdering Case"

Ji Li　Liu Jiaying

(Wuhan University, Wuhan, 430072)

Abstract: The high exposure of gender-based violence such as domestic violence and wife killing can easily trigger a wave of public opinion about "fear of marriage". Especially in the social media age, it is important to understand the sentiment of "fear of marriage" among the public. This paper takes the social media discussion triggered by the "7·5 Hangzhou Wife Murdering Case" as the research sample, through data collection and content analysis, to research the presentation of public opinion in gender-based violence incidents, and its change patterns reflected in the process of media report. The study found that the public opinion expressed that marriage is risky at the levels of social behavior, culture, economy, and system. They constitute a picture of marriage risk in which imagination and reality interact, and rationality and irrationality coexist. This paper also found that there was a trend of resonance between the public's expression of marriage risk and the media reports. Moreover, the incident continued to affect the construction and presentation of public opinion related to marriage risk as "memory". Finally, through the analysis of this change pattern, this paper also put forward some suggestions for problems like "fear of marriage".

Keywords: marriage risk; social media; public opinion; fear of marriage

女性国际移民的风险与适应能力考察
——一个基于英语文献的综述与考察

[美]李钟玄(撰)　邱晓丹(译)*

内容摘要:本文旨在探讨女性在国际迁徙经历中的风险性及保护性因素。国际迁徙会增加女性移民在多种形式的性别暴力与歧视方面的风险性。寻求庇护的难民和女性,由于暴露在战争、迫害、流离失所等大量创伤性事件中,特别容易受到身心伤害。而与此同时,国际迁徙也是一种能提升妇女改善生活环境能力的经历。她们不仅能从中找到职业发展的机会,也增强了她们作为挣钱者的独立意识和权威感。此外,由于通过移民获得了挣钱机会,国际移民女性通常变成其家庭、社区和整个社会的经济贡献者。建立和施行能够改善女性国际移民工作条件的政策至关重要,这能巩固她们在劳动力市场中的参与度。在通过法律保障使她们免受人口贩卖和性别暴力的基础上,扩大国际移民女性在社会支持系统,如与其文化、语言习惯相适配的医疗和社会福利,以及强有力的社区网络中的机会,可以提高她们在对抗其国际迁徙所带来的相关风险的能力。

关键词:女性国际移民;适应能力;风险性及保护性因素

引言

女性移民究竟面临哪些挑战,她们又是如何克服移民经历中的逆境呢?术语"国际迁徙"是指人们为了找工作或者居住的目的,而在国家与国家之间所进行的或主动或被迫或永久或临时性的迁徙活动。国际移民是指那些离开他们的常住地,跨越国界去另一国家工作和居住的人①。国际迁徙发生在多种环境中。人们进行国际迁徙是为了寻求更好的生活。有时候,人们是为了逃离其原居国家的恐怖威胁、战争、暴力、政治压迫、宗教迫害或者自然灾害。在一些案例中,人们是在没有任何官方文件的情况下跨越国界。

根据《2022年世界移民报告》,2020年在全世界78亿人口中,大约占世界总人口3.6%的2.81亿人为国际移民者,其中女性占近一半,共1.35亿占全部国际移民的48%。意识

---

* 作者李钟玄(Jonghyun Lee),美国布里奇沃特州立学院(Bridgewater State University)社会工作学院教授,博士(Ph.D),执证临床社会工作者(LCSW);译者邱晓丹,女,浙江工业大学人文学院。本文还得到华东师范大学刘晓丽教授及其博士生邓漱玉的支持。

① MCAULIFFE M, LEE T, ABEL G. Migration and migrants: a global overview [R] // MCAULIFFE M, TRIANDAFYLLIDOU A. Geneva: United Nations International Organizations for Migration, 2021, 21-57.

到女性国际移民面临着基于移民身份与性别身份所带来的大量歧视是重要的[①②③]。与男性国际移民一样，这些女性遭受着作为移民所受到的仇外、社会排斥、种族主义和其他形式的歧视。同时，作为女性，她们还遭受着性别相关的暴力和歧视。

国际移民中相当大的一个部分是难民和庇护寻求者。不同于其他主动型移民，难民和庇护寻求者必须逃离母国，因为他们遭受着由其种族、民族、宗教、政见或者某种特殊社会团体成员身份而带来的严重迫害[④]。截至 2021 年上半年，大约占全部国际移民 11%的 0.31 亿人为了寻求人身安全而变成难民或庇护寻求者。这一数字不包括 0.48 亿在其母国内的流离失所者[⑤]。据估计，2020 年近一半或 47%的难民或庇护寻求者为女性。由于她们暴露在战争、迫害、流离失所等大量创伤性事件中，心理与身体的双重恶境令她们特别脆弱[⑥⑦⑧]。

尽管存在这些潜在挑战，国际迁徙对许多女性来说仍不失为一个改善生存环境的机会[⑨⑩⑪⑫]。女性国际移民不仅找到职业发展的机会，而且作为挣钱者还增强了其独立感。

---

① COŞKUN E. Criminalization and prostitution of migrant women in Turkey: a case study of Ugandan women [J]. Women's studies international forum, 2018, 68: 85-93.

② DANAJ E. Women, migration and gendered experiences: the case of post-1991 Albanian migration [M/OL]. IMISCOE research series Liège, Belgium: Springer, 2022: 46-73. https://link.springer.com/book/10.1007/978-3-030-92092-0.

③ KAMM E, LEVIONNOIS C, DUMONT J-C, et al. Migration policy debates No. 25 [R]. Paris: Organization for Economic Co-operation and Development, 2020: 4-7.

④ United Nations Department of Economic and Social Affairs Population Division . International migration 2019 report [R]. New York: Author, 2019: 17-18.

⑤ United Nations High Commissioner for Refugees. Refugee data finder. end year stock population totals [DB]. Copenhagen: Statistics and Demographics Section, UNHCR Global Data Service, 2021.

⑥ AGUIRRE M, ÁLVAREZA K, DIMARZIO K. Gender-based violence experienced by women seeking asylum in the United State: a lifetime of multiple traumas inflicted by multiple perpetrators [J/OL]. Journal of forensic and legal medicine, 2020, 72(101959). DOI: 10.1016/j.jflm.2020.101959.

⑦ BARANOWSKI K A, W E, D'ANDREA M R, et al. Experiences of gender-based violence in women asylum seekers from Honduras, El Salvador, and Guatemala [J]. Torture, 2019, 29(3): 46-58.

⑧ LIEBLING H, BARRETT H, ARTZ L. South Sudanese refugee survivors of sexual and gender-based violence and torture: health and justice service responses in Northern Uganda [J/OL]. International journal of environmental research and public health, 2020, 17(5). https://doi.org/10.3390/ijerph17051685.

⑨ AL-DALAHMEH M, SARIHASAN I, DAJNOKI K. The Influence of gender and educational attainment differences on international migrants' occupational status in OECD Countries [J/OL]. Economies, 2021, 9(126). https://doi.org/10.3390/economies9030126.

⑩ BOLZANI D, CRIVELLARO F, GRIMALDI G. Highly skilled, yet invisible. The potential of migrant women with a STEMM background in Italy between intersectional barriers and resources [J]. Gender work organization, 2021, 28: 2132-2157.

⑪ DANAJ E. Women, Migration and Gendered Experiences: The Case of Post-1991 Albanian migration[M/OL]. IMISCOE Research Series. Liège, Belgium: Springer, 2022: 96-125. https://link.springer.com/book/10.1007/978-3-030-92092-0.

⑫ O'NEIL T, FLEURY A, FORESTI M. Women on the move Migration, gender equality and the 2030 agenda for sustainable development [R]. London: Overseas Development Institute, 2016: 1-9.

因为国际迁徙带来的经济机会，女性国际移民通常变成其家庭、社区和社会的财政贡献者。通过这些女性国际移民的财政贡献，她们的家庭成员能够得以享受教育和医保服务而无需依赖高利贷或者变卖家庭资产。同时，这些女性国际移民提供的财政支持能够促进当地企业发展，减少其原籍国的贫困率。除此之外，通过国际迁徙，女性在其家庭和社会系统中可以进行从护理者到挣钱者的角色转换[①②③]。

对于女性来说，国际迁徙是一种带来威胁的同时，又可以带来机会的矛盾存在。因此，这篇文章旨在探索女性在国际迁徙经历中相关的风险性与保护性因素。通过对于风险性因素的探索，我们可以了解那些妨碍女性国际移民获得改善其生存环境机会的各种挑战。同时，保护性因素亦能促使我们思考一些方法去增强女性国际移民的适应能力，以克服其国际迁徙经历中面临的相关风险。

一、国际迁徙概述

从 1960 年的 0.76 亿到 2020 年的 2.81 亿，国际迁徙的规模增长了 2.7 倍。截至 2020 年，欧洲成为国际移民最热门的目的地，大约 0.867 亿占全部国际移民的 30.9%。其次是亚洲，0.856 亿，占 30.5%。北美有 0.587 亿，占 20.9%；非洲为 0.254 亿占 9%。在过去三十多年，拉美和加勒比海国际移民的人数增幅超过一倍，从 1990 年的 0.071 亿增长至 2020 年的 0.148 亿，成为国际移民增长率更高的区域[④⑤⑥]。

2020 年，大洋洲的国际移民仅略超过了 0.094 亿，成为最冷门的目的地。然而，值得指出的是，尽管其当年国际移民的实际人数少于其他地区，其总人口中国际移民的占比仍是最高的，22%的人口出生在外国。这意味着大洋洲每五个居民中就有一个是国际移民。北美是第二大国际移民人口高占比国，其总人口的 15.9%出生在另一个国家。然后是欧洲，占其总人口的 11.6%。相比之下，拉丁美洲和加勒比地区（2.3%）、非洲（1.9%）和亚洲

---

① BALDERAS J U, BLACKBURNE E. The new female migrants: do they send more money home? a case study for Mexican immigrants in the Houston area [J]. The journal of developing areas, 2013, 47 (2): 417-428.

② HUMPHRIES N, BRUGHA R, MCGEE H. Sending money home: a mixed-methods study of remittances by migrant nurses in Ireland [J/OL]. Human resources for health, 7(66). DOI:10.1186/1478-4491-7-66.

③ ZHOU Y R, SINDING C, WATT L, et al. Gender and trajectories of marital breakdown: Accounts of Chinese immigrant women in Canada [J/OL]. Affilia: feminist inquiry in social work, 2022. https://doi.org/10.1177/0886109921107091.

④ MCAULIFFE M, LEE T, ABEL G. Migration and migrants: A global overview[R] // MCAULIFFE M, TRIANDAFYLLIDOU A. World migration report 2022. Geneva: United Nations International Organizations for Migration, 2021: 21-57.

⑤ MORA L. Gender, reproductive rights and international migration [R]. Santiago: The United Nations Economic Commission for Latin America and the Caribbean Population Division, 2006: 3-7.

⑥ UN DESA PD. International migration stock 2020: destination [DB]. New York: Author, 2020.

(1.8%)的国际移民占总人口的比例要小得多①②③。

就国家而言,2020 年,美国成为国际移民最热门的目的地,它接纳了 0.51 亿人。德国是第二大移民目的地,有近 0.16 亿国际移民。沙特阿拉伯(0.13 亿)、俄罗斯联邦(0.12 亿)和英国(0.09 亿)也有大量国际移民。国际移民输出数量最多则为亚洲国家,2020 年,在全球 2.81 亿国际移民中,他们几乎占 41%。其中,印度输出近 0.18 亿国际移民,是输出国际移民最多的国家。其次是墨西哥(0.11 亿)、俄罗斯联邦(0.108 亿)、中国(0.1 亿)和阿拉伯叙利亚共和国(0.08 亿)④。

根据联合国难民署的数据,截至 2021 年年中,土耳其连续六年接受的难民和庇护寻求者数居世界第一,超过 0.04 亿,其次是美国(0.016 亿)、乌干达(0.015 亿)和德国(0.015 亿)⑤。哥伦比亚是难民和庇护寻求者的另一个目的地。包括流离失所的委内瑞拉人在内,它收容了近 0.018 亿难民和庇护寻求者。2020 年,超过 25 万难民返回原籍国。其中约有 12.2 万人(48.8%)返回南苏丹。这些苏丹回返者中约有 7.4 万人(占 60.7%)从乌干达返回祖国。

二、女性的国际迁徙趋势

在过去 60 年中,女性在国际移民中所占的比例没有显著变化。尽管波动很小,但除亚洲外,世界上几乎所有地区的国际迁徙妇女比例都在稳步上升,从 1960 年的近 46.7%到 2020 年的约 48.1%。欧洲国际移民妇女的比例从 1960 年的 680 万人(48.5%)上升到 2020 年的 4500 万人(51.6%)。同样,在 1960 年至 2020 年间,居住在北美、大洋洲、拉丁美洲和加勒比以及非洲的所有国际移民中,妇女的占比增幅为从 2%上升到 6.1%不等。就亚洲而言,女性移民的比例从 1960 年的 46.4%下降到 2020 年的 41.8%,下降了近 4.6 个百分点。这可能是因为西亚几个产油国对男性移民有强烈需求⑥⑦。表 1 总结了 1960 年至 2020 年期间各地区女性国际移民比例的变化。

---

① MCAULIFFE M, LEE T, ABEL G. Migration and migrants: a global overview [R] // MCAULIFFE M, TRIANDAFYLLIDOU A. World migration report 2022. Geneva: United Nations International Organizations for Migration, 2021: 21-57.

② MORA L. Gender, reproductive rights and international migration [R]. Santiago: The United Nations Economic Commission for Latin America and the Caribbean Population Division, 2006: 3-7.

③ UN DESA PD. International migration stock 2020: destination [DB]. New York: Author, 2020.

④ UN DESA PD. International migration stock 2020: destination and origin [DB]. New York: Author, 2020.

⑤ UNHCR. Global trends forced displacement in 2020 [R]. Copenhagen: Statistics and Demographics Section, UN HCR Global Data Service, 2021.

⑥ MCAULIFFE M, LEE T, ABEL G. Migration and migrants: A global overview [R] // MCAULIFFE M, TRIANDAFYLLIDOU A. World Migration Report 2022. Geneva: United Nations International Organizations for Migration, 2021, 21-57.

⑦ MORA L. Gender, reproductive rights and international migration [R]. Santiago: The United Nations Economic Commission for Latin America and the Caribbean Population Division, 2006:3-7.

表1 1960年至2020年女性国际移民比例

地区	女性国际移民百分比 /%						
	1960年	1970年	1980年	1990年	2000年	2010年	2020年
全球总计	46.7	47.2	47.3	49.3	49.4	48.4	48.1
非洲	42.3	42.7	44.2	47.2	46.9	46.4	47.1
亚洲	46.4	46.6	44.4	46.8	46.4	43	41.8
欧洲	48.5	48.0	48.5	51.4	51.6	51.7	51.6
拉丁美洲和加勒比地区	44.7	46.8	48.2	49.8	50.1	50.3	49.5
北美	49.8	51.1	52.6	51.1	50.5	51.1	51.8
大洋洲	44.4	46.5	47.9	49	50.1	50.3	50.5
前苏维埃社会主义共和国联盟（USSR）	48.5	48	48.5	—	—	—	—

数据来源：

1. Mora L. Gender, reproductive rights and international migration. Santiago: The United Nations Economic Commission for Latin America and the Caribbean Population Division, 2006.

2. United Nations Department of Economic and Social Affairs Population Division. International migration stock 2020: destination. New York: Author, 2020.

同样值得注意的是，在过去20年中，女性国际移民的比例略有下降。如表1所示，1960年至2000年间，女性国际移民的比例从约46.7%增至49.4%。但是，从那时起到2020年，它下降了一个百分点多一点。从2020年起，新冠肺炎大流行造成的旅行限制可能在一定程度上影响了女性国际移民的流动。比如，在规模为0.115亿的国际家政佣工中，女性占近四分之三①。另外，边境关闭、与新冠肺炎有关的健康担忧所导致的工作合同的突然消失，都迫使着移民女性返回其原籍国。多数的欧洲国家、加拿大和南非提供给家政佣工的工作缩减了5%至20%②。

然而，尽管男性和女性的比例相似，但移民往往被描述为一种男性现象。这可能是因为，至少在一定程度上，女性通常是作为其丈夫或家庭中其他男性人物的家属移民的。然而，从20世纪80年代开始，这种国际迁徙趋势发生了变化。越来越多的妇女为了寻找工作机会和过上更好的生活而作为户主独立跨国移民③。

受过高等教育的女性的国际迁徙是一个特别值得注意的趋势。例如，2010年至2011年间，

① International Labour Organization and Walk Free Foundation. Global estimates of modern slavery [R]. Geneva: ILO, 2017: 83-98.

② United Nations News. Domestic workers among hardest hit by COVID crisis, says UN labour agency [N/OL]. New York: United Nations, (2021-06-15). https://news.un.org/en/story/2021/06/1094022#:~:text=esday.

③ HENNEBRY J, HARI K C, WILLIAMS K. Gender and migration data: a guide for evidence-based, gender-responsive migration governance [R]. Geneva: ILO, 2021: 16-18.

移居于G20集团国家的所有受过高等教育的移民中，52%是女性。这意味着G20国家多达1660万的女性国际移民受过高等教育，相比之下同地区受过高等教育的男性国际移民则是1540万。特别是来自菲律宾、俄罗斯、日本和巴西的女性，她们占所有高学历移民的61%以上①。

经济合作与发展组织（OECD）最近的报告显示，女性国际移民的高等教育程度也有类似的特点②。截至2019年，约32%移居欧盟（EU）的女性国际移民接受了高等教育，与欧盟本土出生的女性教育程度类似。居住在经合组织国家的女性国际移民的教育程度甚至高于欧盟的整体水平。大约38%的女性移民接受了大学及以上的教育，这比本土出生的女性高出约4%。即使与移居欧盟或经合组织国家的男性国际移民相比，同一地区的女性国际移民平均更有可能完成大学或更高的教育。与G20国家一样，在2008年至2017年间，受过高等教育的女性国际移民不断涌入经合组织和欧盟的大多数国家。

三、女性移民的适应能力

（一）文化适应与适应能力

当移民到另一个国家时，他们要适应新的文化和社会制度。“文化适应”（acculturation）一词是指的是移民个体对自己原有的生活方式或行为做出的多重的、剧烈的和永久性的改变③。文化适应也可由非文化因素导致，比如冲击性文化引起的生态或人口上的改变。此外，文化适应需要“接受外来特征或模式并进行内部调整；否则可能导致对传统生活模式的消极适应”④。

值得注意的是，文化适应的发生有多种方式，这取决于移民对迁入国文化的参与度，以及对其原有文化的维护程度。个体不一定会因为适应失去其原生文化。他们可以在获得新文化的同时，仍然保持自己的文化根基。此外，迁入国社会的政治和经济条件，及其对移民的社会氛围也会影响移民个体的文化适应⑤。

在适应新环境的同时，移民个体还面临着多重挑战⑥。他们必须学习新的语言、社会规

---

① Organization for Economic Co-operation and Development. G20 global displacement and migration trends report 2017 [R]. Paris: Author, 2017: 11-12.

② KAMM E, LEVIONNOIS C, DUMONT J-C, et al. Migration policy debates No. 25 [R]. Paris: OECD, 2020: 3-5.

③ REDFIELD R, LINTON R, HERSKOVITS M. Memorandum for the study of acculturation [J]. American anthropologist, 1936, 38(1): 149-152.

④ Social Science Research Council. Acculturation: an exploratory formulation [J]. American anthropologists, 1954, 56(6): 974.

⑤ SAM D L. Acculturation: conceptual backgrounds and core components [M] // SAM D L, BARRY J W. Cambridge handbook of acculturation psychology. New York: Cambridge University Press, 2006: 11-26.

⑥ LEE J. Hwabyung and depressive symptoms among Korean immigrants [J]. Social work in mental health, 2015, 13(2), 159-185.

范和文化。他们面临的另一个挑战则来源于与家人和朋友等告别所产生的失落感。迁徙还要求他们重新规划个人的社会和家庭角色。此外,移民可能面临或隐晦或明显的歧视和偏见。当改变的需求超过移民适应新环境的能力时,他们患精神疾病的可能性就会增加[①]。

然而,移民个体在克服与其迁徙有关的困难的能力上,也不应忽视。适应能力(resilience)是指从生活中的逆境中反弹或成功适应的能力[②③]。此外,适应能力的概念并不仅仅意味着在逆境中生存。更确切地说,它意味着获得积极的结果,甚至是通过对抗非同寻常的困难而兴旺发达[④]。根据 Norman 的研究,适应能力包含着风险性因素和保护性因素的相互作用。风险性因素包括可能增加个人脆弱性的压力性生活事件或不利的环境条件。相对地,保护性因素指那些可以保护个体的个人、家庭和社区的资源支持的存在[⑤]。

(二)女性国际移民面临的风险因素

将国际迁徙视为一种性别现象至关重要[⑥]。与男性移民一样,这些女性移民必须在新的社会、文化、政治和经济体系中穿行,学习一门新的语言去挣取食物、住所和其他生存必需品。然而,与男性移民不同,女性不太可能在国际迁移中促进其自身利益。她们通常被期望履行其作为家庭护理者的传统角色,在适应新环境的同时,全面负责家务和育儿[⑦]。

特别是,教育和专业技能有限的妇女在移民到另一个国家后,就业选择更少。与通常由男性主导的管理岗位或高技能工作相比,女性的就业机会集中在以服务为导向的工作,如家政工作。因此,2013 年,1150 万名从事家政工作的国际移民中约有 850 万名女性,占 73.9%,便不足为奇了[⑧]。来自东南亚和太平洋地区的家政佣工所占比例最大,占从事家政工作的全部女性国际移民的 24%,其次是北欧、南欧和西欧,占 22.1%,阿拉伯国家占 19.0%。

对女性国际移民从事家政工作的需求不断增长,这解释了服务型导向的工作女性化的原因。例如,2013 年从事服务业的女性国际移民比例为 73.4%,2019 年从事服务业的女性

---

① TRAPPOLINI E, GIUDICI C. Gendering health differences between nonmigrants and migrants by duration of stay in Italy [J]. Demographic research, 2021, 45(7): 221-258.

② FRASER M W, RICHMAN J M, GALINSKY M J. Risk, protection, and resilience: toward a conceptual framework for social work practice [J]. Social work research, 1999, 23(3): 131-143.

③ NORMAN E. Introduction: the strengths perspective and resilience enhancement-a natural partnership [M] // Norman E. Resilience enhancement. New York: Columbia University Press, 2000: 1-16.

④ GILGUN J F. Mapping resilience as process among adults maltreated in childhood [M] // MCCUBBIN H I, THOMPSON E A, THOMPSON A L, et al. The Dynamics of resilient families, Thousand Oaks: SAGE, 1999: 41-70.

⑤ NORMAN E. Introduction: the strengths perspective and resilience enhancement: a natural partnership [M] // NORMAN E. Resilience enhancement. New York: Columbia University Press, 2000: 1-16.

⑥ O'NEIL T, FLEURY A, FORESTI M. Women on the move migration, gender equality and the 2030 agenda for sustainable development [R]. London: Overseas Development Institute, 2016: 5-6.

⑦ LEE J, MARTIN-JEARLD A, ROBINSON K, et al. Hwabyung experiences among Korean immigrant women in the United States [J]. Fudan journal of the humanities and social sciences, 2016, 9(2): 325-349.

⑧ ILO. ILO global estimates on migrant workers: results and methodology: special focus on migrant domestic workers [R]. Geneva: Author, 2015: 9-16.

国际移民比例上升至79.9%[①]。与2013年相比，这几乎增加了6.2%。相反，从事农业工作的女性国际移民所占比例从2013年的11.1%急剧下降到2020年的5.9%。从事工业工作的女性国际移民比例虽然没有下降那么多，但也从2013年的15.3%下降到2020年的14.2%。这些统计报告表明，女性国际移民更有可能在服务部门找到就业机会。由于许多社会对服务业工作的重视程度较低，工资也通常较低，对良好工作条件的保障亦有限，这反过来又将她们置于更大的剥削、暴力和虐待的风险中[②③]。

受过高等教育和具有专业技能似乎并不一定会给女性国际移民带来更好的机会。即使对于那些拥有与科学、技术、工程和数学（STEM）相关专业知识和技能的女性来说，她们的性别和移民身份往往会致使她们在劳动力市场处于不利地位[④]。Man对加拿大受过高等教育和专业技能的中国移民女性进行了研究，发现她们经常被引导到不体面的、兼职性的、不安全的岗位，或者失业；学术或专业协会的认证和许可机构通常不承认其在中国获得的证书；由于资源的有限，找到时间和资金去重建她们的职业资格证书可能非常困难[⑤]。此外，重新认证过程通常是复杂、昂贵和耗时的。由于劳动力市场上的仇外心理和性别歧视，女性国际移民为了生存可能不得不从事与其教育或职业资格不相称的工作[⑥⑦]。

其母国的普遍贫困迫使女性跨越国界。不幸的是，这些妇女中的许多人不具有在她们移居地的劳动力市场上竞争的技能或教育。应付社会系统和政府官僚机构是另一个挑战。迁徙对这些妇女来说可能是不人道的经历，尤其是当迁入国对移民怀有敌意并对她们实行性别歧视时。

经济压力迫使许多女性从事非自愿的性工作[⑧]。由于她们的工作具有非法性与污名

① ILO. ILO Global estimates on international migrant workers: results and methodology[R]. 3rd ed. Geneva: Author, 2021:13.

② DELARA M. Social determinants of immigrant women's mental health [J/OL]. Advances in public health, 2016, 9730162. http://dx.doi.org/10.1155/2016/9730162.

③ TAYAH M-J. Decent work for migrant domestic workers: moving the agenda forward [R]. Geneva: ILO, 2016: 22-100.

④ RICCI A, CRIVELLARO F, BOLZANI D. Perceived employability of highly skilled migrant women in STEM: insights from labour market intermediaries' professionals [J/OL]. Administrative science, 2021, 11(7). https://doi.org/10.3390/admsci11010007.

⑤ MAN G. Gender, work and migration: deskilling Chinese immigrant women in Canada [J]. Women's Studies International forum, 2004, 27 (2), 135-148.

⑥ BOLZANI D, CRIVELLARO F, GRIMALDI G. Highly skilled, yet invisible. the potential of migrant women with a STEMM background in Italy between intersectional barriers and resources [J]. Gender Work Organization, 2021, 28: 2132-2157.

⑦ GRIMALDI R, CRIVELLARO F, BOLZANI D. Highly skilled migrant women: achievements and contributions in knowledge-based economie [J/OL]. Administrative science, 12(7). https://doi.org/10.3390/admsci12010007.

⑧ COşKUN E. Criminalization and prostitution of migrant women in Turkey: A case study of Ugandan women [J/OL]. Women's studies international forum, 2018, 68: 85-9. https://doi.org/10.1016/j.wsif.2018.03.002.

性，很难估计全世界国际女性性工作者的人数[①]。现有来自世界各地的研究虽然零散，但结果表明，在性工作者中，女性国际移民占很大比例。例如，总部位于英国的环球网性工作项目估计，多哥20%至40%的性工作者是来自加纳和尼日利亚等邻国的移民[②]。在英国，大约37%(18720至19952名)的性工作者是移民[③]。2022年，Pearson及其同事对加拿大温哥华的性工作者健康状况的研究中发现，其研究的943名性工作者中有29.3%是移民[④]。根据联合国经济及社会理事会2004年的报告，在欧洲513800名性工作者中，约50%是移民[⑤]。

再者，由于工作的非法性，这些移民妇女感染艾滋病毒(HIV)的风险增加。除了医疗保障有限，其他因素还有日常贫困、语言障碍和与性工作相关的污名耻辱等，这些因素都可能使这些移民妇女面临感染艾滋病毒的风险，并在其疾病治疗方面面临较差的结果[⑥⑦]。

事实上，基于性别的暴力影响着妇女迁徙经历中的所有阶段[⑧⑨⑩]。虽然一些妇女不得不逃离她们遭受暴力和迫害的祖国，但即使在到达目的地后，她们的安全也同样面临着风险，甚至是更大的风险。难民营的条件，由于设施简陋、卫生条件差和保护不到位，往往无法保障她们的日常生存需求。而且难民营中的女性移民往往是性别暴力的目标。但由于这些

---

① ROCHA L E C, HOLME P, LINHARES C D G. The global migration network of sex-workers [J]. Journal of computational social science, 2022, 5(1): 969-985.

② Global Network of Sex Work Projects. Briefing paper: migrant sex workers [R]. Edinburgh: Scotland, UK, 2018: 5.

③ UK Network of Sex Work Projects. Working with migrant sex workers [R]. Edinburgh. Scotland, UK, 2008: 3.

④ PEARSON J, SHANNON K, MCBRIDE B, et al. Sex work community participation in criminalized environments: a community based cohort study of occupational health impacts in Vancouver, Canada: 2010—2019 [J/OL]. International journal for equity in health, 2022, 21(17: 18). https://doi.org/10.1186/s12939-022-01621-8.

⑤ United Nations Economic and Social Council. Economic causes of trafficking in women in the UNECE region [R]. Geneva: Author, 2004: 8-14.

⑥ ROSS J, CUNNINGHAM C O, HANNA D B. HIV outcomes among migrants from low-income and middle-income countries living in high-income countries: a review of recent evidence [J]. Current opinion in infectious diseases, 2018, 1(1): 25-32.

⑦ ZIMMERMAN C, HOSSAIN M, YUN K. et al. The health of trafficked women: a survey of women entering post-trafficking services in Europe [J]. American journal of public health, 2008, 98(1): 56-59.

⑧ AGUIRRE M, ÁLVAREZA K, DIMARZIO K. Gender-based violence experienced by women seeking asylum in the United State: a lifetime of multiple traumas inflicted by multiple perpetrators [J/OL]. Journal of forensic and legal medicine, 2020, 72(01959). DOI: 10.1016/j.jflm.2020.101959.

⑨ LIEBLING H, BARRETT H, ARTZ L. South Sudanese refugee survivors of sexual and gender-based violence and torture: health and justice service responses in Northern Uganda [J/OL]. International journal of environmental research and public health, 2020, 17(5). https://doi.org/10.3390/ijerph17051685.

⑩ O'NEIL T, FLEURY A, FORESTI M. Women on the move Migration, gender equality and the 2030 agenda for sustainable development [R]. London: Overseas Development Institute, 2016: 2-11.

经历伴随着羞耻感，她们很少揭露自己的悲惨遭遇[①]。当口译员是男性或社区成员时尤其如此。此外，这些难民妇女可能害怕求助社会和卫生服务机构，因为她们经常认为获得这些福利可能会对她们的移居申请产生负面影响[②]。

(三)与国际迁徙有关的心理影响

当人们无法承受与迁徙经历相关的挑战时，他们会表现出精神疾病易于发作的状态。Berry 引入了"文化适应压力"一词来描述迁移中潜在的负面心理后果[③]。值得注意的是，由于移民在其迁入国面临各种与文化适应有关的困难，可能会导致他们在迁徙之前和之中的创伤生活经历中已有压力的加剧[④]。

尽管与文化适应相关的心理健康风险增加，但心理健康研究表明，与土生土长的居民相比，移民往往表现出更好的精神状况[⑤]。移民的心理健康优势可以用两个选择假设来解释。一方面，移民政策往往对潜在移民的健康状况进行了筛选，只接受那些被确认为健康的人入境。另一方面，心理、身体和物质条件较好的人更有可能迁移并利用这些资本在迁入国过上更好的生活。

然而，越来越多的实证研究发现，移民的心理健康随着他们在迁入国停留时间的延长而恶化，因为他们在面对消极的文化适应体验时，采用了迁入国文化中不太健康的生活方式[⑥⑦]。同时，最近的流行病学研究表明，移民的心理健康因其各异的背景因素与个人特征而有着很大差异[⑧]。

在考察与迁徙相关的众多心理影响中，性别是一个突出的因素。关于移民心理健康的研究普遍认为，女性的心理健康状况往往比男性差。Jarallah 和 Baxter 在比较澳大利亚

---

① FREEDMAN J. Sexual and gender-based violence against refugee women: a hidden aspect of the refugee "crisis" [J]. Reproductive health matters, 2016, 24(47): 18-26.

② DELARA M. Social determinants of immigrant women's mental health [J/OL]. Advances in public health, 2016, 9730162. http://dx.doi.org/10.1155/2016/9730162.

③ BERRY J W. Stress perspectives on acculturation [M] // SAM D L, BARRY J W. The Cambridge handbook of acculturation psychology. New York: Cambridge University Press, 2006: 43-57.

④ JAYAWEERA H. Health of migrants in the UK: what do we know? [R]. Oxford: Migration Observatory Briefing, COMPAS, University of Oxford, 2014:2-6.

⑤ RIOSMENA F, KUHN R, JOCHEM W C. Explaining the immigrant health advantage: self-selection and protection in health-related factors among five major national-origin immigrant groups in the United States [J]. Demography, 2017, 54(1): 175-200.

⑥ SULEMAN S, GARBER K D, RUTKOW L. Xenophobia as a determinant of health: an integrative review [J]. Journal of public health policy, 2018, 39(4), 407-423.

⑦ TRAPPOLINI E, GIUDICI C. Gendering health differences between nonmigrants and migrants by duration of stay in Italy [J]. Demographic research, 2021, 45(7): 221-258.

⑧ ALEGRíA N, ALVAREZ K, DIMARIZO K. Immigration and mental health [J]. Current epidemiology reports, 2017, 4 (2): 145-155.

2399名国际移民的心理健康状况时发现，跟男性相比，女性的心理痛苦程度更高①。一个类似的实证观察是Esmeyer及其同事对西班牙的国际移民抑郁状况所做的研究。他们的研究结果表明，女性移民的抑郁症状水平几乎是男性移民的四倍②。此外，女性移民在精神上的病理性脆弱度也适用于国度内部迁徙的情况。Hou及其同事评估了居住在深圳的3200名国内流动人口的抑郁和焦虑症状的患病率。他们发现，女性的抑郁率(30.57%)和忧虑率(22.67%)更高，相比之下，男性的抑郁率为26.43%和焦虑率为17.47%③。女性心理健康风险的增加不能简单归因于生理、生物和基因因素的性别差异。相反，它源于父权制社会结构中男女所具有的不同角色、任务、责任和资源等社会决定因素的相互作用。

Pearlin解释说，心理压力的来源在于个体在社会结构中的位置④。个人的不利生活经历是资源和机会不平等分配的社会文化分层的产物。类似地，Aneshensel阐述了与压迫性社会结构相关的压力性生活经历，这种社会结构将某些群体全面排除在社会参与之外。对Aneshensel来说，心理逆境是不平等和歧视性社会分配制度的可预见后果。个体的社会分层经历会影响其心理健康状况。这可能就是为什么女性国际移民因与其性别和迁徙有关的恶劣生活经历而特别容易受到精神疾病的困扰⑤。在处理基于性别的歧视和暴力的同时，这些妇女还面临着移民所遭遇的仇外心理。

从事家政工作的女性国际移民的心理健康脆弱性尤其值得注意。这些女性大多来自社会经济资源较少的发展中国家，她们从事报酬微薄的工作去确保其家庭的经济稳定。然而，尽管这些从事家政工作的女性国际移民为雇主家庭的福祉做出了宝贵贡献，但她们常常由于其性别、宗教、语言、肤色和移民身份的原因而受到性、种族以及其他形式的社会歧视⑥。

Cheung和同事使用抑郁焦虑压力量表21(DASS-21-D)评估了香港家庭中的国际移民女佣的抑郁症状⑦。他们的调查结果显示，2015年，与香港普通人口抑郁发作的2.9%的占例相比，25.2%的国际移民家政女佣患有轻度至极重度抑郁。她们遭受的身体虐待和言语

---

① JARALLAH Y, BAXTER J. Gender disparities and psychological distress among humanitarian migrants in Australia: a moderating role of migration pathway? [J/OL]. Conflict and health, 2019, 4(13): 4;13:13. 10.1186/s13031-019-0196-y.

② ESMEYER E M, MAGALLON-BOTAYA R, LAGRO-JANSSEN A L M. Gender differences in the incidence of depression among immigrants and natives in Aragon, Spa [J]. Journal of immigrant minority health, 2017, 19(1): 1-5.

③ HOU F, LIU H, PENG X. et al. Gender disparities in depressive and anxiety symptoms among internal migrant workers in Shenzhen: a cross-sectional study [J/OL]. BMJ open, 2020:10:e041446. 10.1136/bmjopen-2020-041446.

④ PEARLIN L I. The sociological study of stress [J]. Journal of health and social behavior, 1989, 30(3): 241-256.

⑤ ANESHENSEL C S. Social stress: theory and research [J]. Annual review of sociology, 1992, 18(1): 15-38.

⑥ CHANDRA P. Mental health issues related to migration in women [M] // BHUGRA D, GUPTA S. Migration and mental health. New York: Cambridge University Press, 2011: 209-219.

⑦ CHEUNG J T K, TSOI V W Y, WONG K H K, et al. Abuse and depression among Filipino foreign domestic helpers: a cross-sectional survey in Hong Kong [J/OL]. Public health, 2019, 166-121-127. https://doi.org/10.1016/j.puhe.2018.09.020.

虐待是致使其出现抑郁症状的重要因素。与移民家政女佣一样，难民和寻求庇护的妇女的精神疾病症状也尤其严重。在其迁徙和定居过程中遭遇的包括战争、隔离、贫困和暴力在内的创伤，可能会加重她们如抑郁和焦虑等精神疾病的症状[①②③]。

（四）国际移民女性拥有的保护性因素

尽管在国际移民经历中面临各种风险性因素，许多女性也通过移民获得了改善生活的机会[④]。她们可能试图通过调用各种资源，来克服国际迁徙经历中的各种挑战[⑤]。自尊感是一种心理调节资源[⑥]，而家庭、朋友或邻居提供的有形的或情感上的援助则是社交性调节资源[⑦]。许多实证研究结果表明，心理和社会资源对提高女性移民处理不幸生活经历的能力具有积极作用[⑧⑨]。

自尊感作为一种重要的心理资源，在确保女性国际移民的心理健康方面发挥着重要作用。通过移民，这些妇女获得了更好的医疗、教育和专业发展机会。与此同时，这些女性国际移民凭借自己的收入，成为其本国经济的积极贡献者。这些积极经历可以提升她们的自尊感，并且将其导向更好的心理健康状态。此外，随着自尊感的增强，女性国际移民还增强了其应对性别歧视、种族主义、仇外心理和其他形式歧视的能力[⑩]。

许多实证研究结果表明，社会支持系统在协助女性移民保持健康和安全方面起了重要作

---

① BARANOWSKI K A, WANG E, D'ANDREA M R, et al, Experiences of gender-based violence in women asylum seekers from Honduras, El Salvador, and Guatemala [J]. Torture, 2019, 29(3): 46-58.

② JARALLAH Y, BAXTER J. Gender disparities and psychological distress among humanitarian migrants in Australia: a moderating role of migration pathway? [J/OL]. Conflict and health, 2019, 4(13). DOI: 10.1186/s13031-019-0196-y.

③ JAYAWEERA H. Health of migrants in the UK: what do we know? [R]. Oxford: Migration Observatory Briefing, COMPAS, University of Oxford, 2014: 3.

④ O'NEIL T, FLEURY A, FORESTI M. Women on the move Migration, gender equality and the 2030 agenda for sustainable development [R]. London: Overseas Development Institute, 2016: 2-10.

⑤ LAZARUS R S, FOLKMAN S. Stress, appraisal, and coping [M]. New York: Springer, 1984.

⑥ ROSENBERG M. Conceiving the self [M]. New York: Basic Books, 1979.

⑦ THOITS P A. Social support as coping assistance [J]. Journal of consulting and clinical psychology, 1986, 54(4): 416-423.

⑧ PANCHANADESWARAN S, DAWSON B A. How discrimination and stress affects self-esteem among Dominican immigrant women: an exploratory study [J]. Social work in public health, 2011, 26(1): 60-77.

⑨ STEWART M, ANDERSON J, BEISER M, et al. Multicultural meanings of social support among immigrants and refugees [J]. International migration, 2008, 46 (3): 123-159.

⑩ DELARA M. Social determinants of immigrant women's mental health [J/OL]. Advances in public health, 2016: 9730162. http://dx.doi.org/10.1155/2016/9730162.

用①。社会支持在抵制种族主义和其他形式的歧视的负面影响方面被证明有效②③。女性国际移民可以从自己的族裔聚居社区的如基督教教堂、佛教寺庙或伊斯兰教清真寺中，找到社会支持。这些位于自己族裔聚居社区的精神信仰/宗教机构可以发挥“服务中心”的功能，为她们的安置提供包括就业、商业和医疗保健方面的信息和咨询服务④。女性移民还可以通过这些机构运行的一些项目学习新的语言、文化习俗和职业技能。

民族团结和亲和力可以形成一种社会支持，以提高女性移民个体的主观幸福感，并且提升其克服文化适应相关挑战的能力。她们族裔聚居社区内的宗教或精神信仰机构能指引她们把握迁徙的意义，以及避免新环境下的生存异化问题⑤。基于对移民经历及挑战的共鸣，这些机构的成员就像一个大家庭，提供安稳感和自我价值感。

女性移民对社会支持系统的利用程度与她们的经济条件及教育水平相关⑥。教育资质和专业技能可以促进女性移民的社会融合。相反地，若无教育资质和专业技能，她们很可能被局限在其族裔聚居社区内社交。通过增强的社会支持系统网络，她们能找到所需的资源。这些积极的经验可以加强女性国际移民的适应能力，以及在新环境中找到更好的生活机会的能力⑦。

与男性不同，女性国际移民所从事的就业领域对金融危机的反应往往不那么敏感⑧。通常来说，男性国际移民集中在建筑、生产和制造业，这些行业通常受经济下行的影响很大。相比之下，女性移民从事的是需求导向的工作，包括护理和家政行业。这些工作不太容易受到金融危机和经济下行的影响。这可能就是女性移民的汇款总额高于男性移民的原因。她们工作的稳定性可以提高女性移民支持其家庭需求的能力。

---

① MA W, KANG D, SONG Y, et al. Social support and HIV/STDs infections among a probability-based sample of rural married migrant women in Shandong Province, China [J/OL]. BMC public health, 2015, 15 (1170). DOI: 10.1186/s12889-015-2508-5.

② CARIELLO A N, PERRIN P B, WILLIAMS C D, et al. Moderating influence of social support on the relations between discrimination and health via depression in Latinx immigrants[J]. Journal of latinx psychology, 2022, 10(2): 98-99.

③ KOKAB F, GREENFIELD G, LINDENMEYER A, et al. The experience and influence of social support and social dynamics on cardiovascular disease prevention in migrant Pakistani communities: a qualitative synthesis [J]. Patient education & counseling, 2017, 101(4): 619-630.

④ KIM Y, GRANT D. Immigration patterns, social support, and adaptation among Korean immigrant women and Korean American women[J]. Cultural diversity and mental health, 1997, 3(4): 235-245.

⑤ YONG A, GERMAIN S. Ethnic minority and migrant women's struggles in accessing healthcare during COVID-19: an intersectional analysis [J]. Journal for cultural research, 26(1): 65-82.

⑥ MA W, KANG D, SONG Y, et al. Social support and HIV/STDs infections among a probability-based sample of rural married migrant women in Shandong Province, China [J/OL]. BMC public health, 2015, 15 (1170): doi:10. 1186/s12889-015-2508-5.

⑦ LEE J, MARTIN-JEARLD A, ROBINSON K, et al. Hwabyung experiences among Korean immigrant women in the United States [J]. Fudan journal of the humanities and social sciences, 2016, 9(2): 325-349.

⑧ HENNEBRY J, HOLLIDAY J, MONIRUZZAMAN M. At what cost? women migrant workers, remittances and development [R]. New York: UN Women, 2017: 41-42.

在东道主国接受的专业培训和其语言熟练程度似乎是女性国际移民赚钱能力的两个重要决定因素。在东道主国获得的专业证书可以促进女性国际移民的社会融合，同时扩大她们的社会支持系统圈子，否则其圈子可能局限于她们的家庭和族裔聚居社区。此外，熟练掌握东道主国语言可以提高女性移民成功融入其迁入国劳动力市场的能力。这些积极的经验不仅可以提高女性国际移民的经济稳定性，还可以提高她们应对其移民经历中各种挑战的能力。

事实上，许多实证研究表明，在东道主国获得学业或专业证书对女性移民的经济稳定有积极影响。例如，Lee 及其同事发现，与其在原籍国获得的学历证书相比，在东道主国获得的研究生文凭在确保韩国移民女性在美国的经济稳定，以及其更好地融入美国社会的能力方面发挥着重要作用。[①] 他们的研究表明，在东道国获得的学业或专业培训可以增强女性移民改善其生活环境的能力[②]。

精通东道主国语言是另一个对移民女性生活产生了积极影响的重要因素。Zhen 对英语水平与在美国赚钱能力之间的关系研究发现，英语流利的移民女性的收入比英语水平有限的移民女性高 18.6%[③]。Boyd 和 Cao 研究语言水平对加拿大成年移民收入的影响，得出了类似结果。对比英语和(或)法语熟练程度较高的女性国际移民与熟练程度较低的女性国际移民的收入，语言程度较高的比语言程度最低的在收入上平均高出 1.6 倍[④]。

此外，女性移民熟练掌握东道主国的语言，对她们的经济稳定有着深远的影响。它不仅提高了女性移民与其医疗保健提供者的沟通技能，而且增强了她们寻求医疗服务的能力、她们获得的医疗质量，以及她们所获服务的医疗效果[⑤]。类似地，Montemitro 及其同事的研究表明，在美国的女性移民的语言熟练程度与其抑郁症状的严重程度成反比。这些研究表明，对东道主国语言的熟练程度在确保女性国际移民的身体与心理健康方面都发挥了积极作用[⑥]。

---

① LEE J , MARTIN-JEARLD A , ROBINSON K , et al . Hwabyung experiences among Korean immigrant women in the United States [J]. Fudan journal of the humanities and social sciences ,2016,9(2): 325-349.

② PECORARO M, WANNER P. Does the recognition of foreign credentials decrease the risk for immigrants of being mismatched in education or skills? [M/OL] // STEINER I, WANNER P. Migrants and expats: The Swiss migration and mobility nexus. Switzerland: Springer Open, 2019. https://link.springer.com/chapter/10.1007/978-3-030-05671-1_7.

③ ZHEN Y. The Effects of English proficiency on earnings of U.S. foreign-born immigrants: Does gender matter? [J] Journal of finance & economics, 2013, 1(1): 27-41.

④ BOYD M, CAO X. Immigrant language proficiency, earnings, and language policies [J]. Canadian studies in population, 2009, 36(1-2), 63-86.

⑤ PANDEY M, MAINA G, AMOYAW J, et al. Impacts of English language proficiency on healthcare access, use, and outcomes among immigrants: a qualitative study [J/OL]. BMC Health services research, 2021, 21(741). https://doi.org/10.1186/s12913-021-06750-4.

⑥ MONTEMITRO C, D'ANDREA G, C F, et al. Language proficiency and mental disorders among migrants: A systematic review [J/OL]. European psychiatry, 2021, 64(1), e49, 1-18. 10.1192/j.eurpsy.2021.2224.

(五)女性国际移民的经济贡献

汇款(remittance)是指移民寄给其家庭或原籍国社区的资金或其他形式的资源[①]。2020年,由于新冠肺炎的流行,移民向母国汇款总额为7020亿美元,比2019年的7190亿美元下降了约2.4%。其中,5400亿美元由来自中低收入国家的移民汇出。

世界上大约有8亿人是汇款的收款人。这意味着每九个人中就有一个人收到移民到其他国家工作的家庭成员寄来的钱[②]。应该指出的是,目前的数据没有记录通过非正式渠道的汇款流动,我们可以假设这种情况是存在的。因此,全球汇款的实际规模可能远高于目前的估计[③]。事实上,由于一些国家没有向国际货币基金组织(IMF)报告汇款数据,该官方数据可能存在少报50%的现象[④]。特别是那些位于撒哈拉以南非洲的人,不会向国际货币基金组织报告汇款额。此外,汇款数据不包括大量以未知形式进行非正式转账,比如移民使用邮局或移动应用程序向其家人发送的小额汇款。再加上,一些家有移民的家庭可能会低报他们收到的汇款,以便少报其真实收入[⑤⑥]。

女性国际移民人数的增加意味着她们汇款的能力也有所提高。现有文献表明,在全球范围内,女性汇款约占所有汇款的一半,甚至更多。由于基于性别存在的工资差距和她们可以获得的工作类型限制,女性移民的收入通常低于男性移民。尽管女性在劳动力市场上处于劣势,但与男性相比,她们倾向于将收入的更高比例长期频繁而固定地寄给家人[⑦⑧]。大多数男性移民汇款给他们的妻子,而女性的汇款则给了她们的孩子和其他家庭成员。

移民劳动者的汇款使他们的家庭成员能够获得教育和医疗保障。现有的研究表明,汇

① MCAULIFFE M, LEE T, ABEL G. Migration and migrants: A global overview [R]//MCAULIFFE M, TRIANDAFYLLIDOU A. World migration report 2022. Geneva: United Nations International Organizations for Migration, 2021: 21-57.

② United Nations News. Remittances matter: 8 facts you don't know about the money migrants send back home [N/OL]. New York: UN, 2019-06-17. https://www.un.org/development/desa/en/news/population/remittances-matter.html

③ LOPEZ-EKRA S, AGHAZARM C, KÖTTER H, et al. The impact of remittances on gender roles and opportunities for children in recipient families: research from the International Organization for Migration [J]. Gender & development, 2011, 19(1): 68-80.

④ GUPTA S, PATTILLO C, WAGH S. Making remittances work for Africa [J], Finance and development, 2007, 44(2): 44-43.

⑤ SHONKWILERA J S, GRIGORIANB D A, MELKONYAN T A. Controlling for the underreporting of remittances [J]. Applied economics, 2011, 43: 4817-4826.

⑥ MIGRATION DATA PORTAL. Migration and development: Remittances [R/OL]. Berlin: Author.[2022-06-07]. https://www.migrationdataportal.org/themes/remittances.

⑦ LOPEZ-EKRA S, AGHAZARM C, KÖTTER H, et al. The impact of remittances on gender roles and opportunities for children in recipient families: research from the International Organization for Migration [J]. Gender & development, 2011, 19(1), 68-80.

⑧ UN Women. Policy brief: migrant women & remittances: exploring the data from selected countries [R]. New York: Author, 2020: 1-4.

款与婴儿死亡率的降低有关,并对儿童体重有积极影响①。汇款可以供家人在突发疾病时使用,而不必去借高利贷或变卖家产。特别是,女性移民更有可能与原籍国的家庭成员保持联系,并在其家庭成员需要提升应对生活中的逆境及积累经济和人力资本的能力时,做出重大贡献②。因为通过移民获得赚钱机会,女性能积极地改变她们在其社会和家庭中的参与状态。

四、结语

女性国际移民,特别是那些来自发展中国家的女性移民,承受着移民经历及身为女性的双重不利因素。与男性移民一样,她们往往只有临时的、兼职性质的低薪工作。然而,作为女性,她们还面临诸多额外挑战,如危险的工作条件。除了酒店和餐馆等服务行业,她们还从事护理和家政行业。由于她们的工作性质,这些女性的法律地位往往是最不稳定的。此外,她们还面临着更高的性虐待、暴力和剥削的风险。

女性难民应该受到特别关注。移民动机可以在移民个体为其心理健康进行文化和社会调整的能力中发挥关键作用。与那些为寻找更好的生活机会而自愿移民的人不同,女性难民往往是被迫逃离自己的祖国求生的。因为处于恐惧、自然灾害或暴力的影响之下,她们特别容易受到心理伤害。此外,在移民经历的各个阶段中,她们经常成为性别暴力的目标。尽管面临这些挑战,但出于对自身经历相关的羞耻感,她们并不愿意寻求帮助。她们甚至担心接受帮助将对她们的移民申请和在新国家的定居产生负面影响。

贫困致使许多女性陷入被人口拐卖的境地。她们本期望在零售或家政行业中找到工作,却发现自己在国外成了性工作者,几乎无法受到法律的保护。她们忍受这种创伤性的环境,不仅是因为暴力的威胁和家庭的报复,还因为她们必须抚养孩子和资助其他家庭成员。她们的痛苦遭遇会带来某些可以预见的可怕后果,如她们忍耐之下承受的身心创伤。

尽管有许多风险性因素会威胁到女性移民的福祉和安全,但也不应该低估她们解决困难的能力。对许多女性来说,如果她们能获得职业发展机会,移民当然可以成为一种能力提升的经历。通过移民,女性增加了她们作为赚钱者的独立意识和权威感。她们成为家庭、社区和整个社会的财政贡献者③。建立和实施能够改善女性国际移民的工作条件和法律地位的政策至关重要。这种援助可以巩固这些女性的经济地位和提高她们在劳动力市场的参与度。

消除种族主义、仇外心理、性别歧视和其他形式的歧视也可以保障女性移民权益。对于

① HILDEBRANDT N, MCKENZIE D J, ESQUIVEL G, et al. The effects of migration on child health in Mexico [J]. EconomiA, 2005, 6(1): 257-289.

② GOFF M L. Feminization of migration and trends in remittances [R/OL]. IZA World of Labour, 2016: 220.10.15185/izawol.220.

③ HENNEBRY J, HOLLIDAY J, MONIRUZZAMAN M. At what cost? women migrant workers, remittances and development [R]. New York: UN Women, 2017: 47-49.

被人鄙视、被污名化无能为力的来自欠发达国家的有色人种移民女性来说，尤其如此[①]。关键的是，要教育迁入国的国民，提高他们对移民的社会贡献的认识，与此同时寻求方法消除给这些女性日常生活带来困扰的各种形式的歧视和偏见[②]。这些努力能促使女性国际移民建立积极的自我意识，并且提高她们改善自己、家庭成员以及社区的生活的能力。

制定和实施打击人口贩卖的法律是至关重要的[③]。胁迫和贩卖人口应被视为严重犯罪。人贩子的资产应该被没收，并用于受害者的法律、医疗和社会服务援助。此外，提供重新融入社会的服务，如职业培训和生活补贴，会有助于受害女性的康复。

必须加强保障女性难民的安全及其基本需求得到满足的权利。增大其获得服务和资源的机会，可以提升她们的健康、教育、社会融合和社会心理支持。除了语言和职业培训项目，临时和长期的就业机会能使女性难民获得经济上的稳定。此外，提高难民营的条件，包括设施、卫生和安全，对于确保她们的福祉至关重要。为了确保她们的健康，还应在宣传、认知提升和政策举措上不懈努力[④]。

社会支持在应对文化适应相关的挑战方面发挥着关键作用，因为它增强了女性移民克服由负面生活事件所产生的社会压力的能力[⑤⑥]。因此，必须提供政治支持，使女性移民能够获得或扩大其在原籍国和目的地获得社会支持系统的机会，包括法律保护、福利服务和社区网络。此外，提供与其语言和文化相适配的服务有助于她们获得医疗和社会服务。

对于许多女性国际移民来说，挤出时间与金钱来提高她们的专业技能和英语水平是一项挑战。其中，婚姻状况、孩子年龄与托儿服务情况等与家庭相关的因素，可能会对移民女性提升其在东道主国的学历和专业证书，以及语言水平能力有着重大影响[⑦]。因此，倡导和制作易获得的、负担得起的、灵活的发展方案去顺应移民女性的需求，对确保她们经济稳定和更好地融入社会至关重要[⑧]。

---

① ANDERSON J M. Migration and health: perspectives on immigrant women [J]. Sociology of health & illness, 1987, 9(4): 410-438.

② O'NEIL T, FLEURY A, FORESTI M. Women on the move migration, gender equality and the 2030 agenda for sustainable development [R]. London: Overseas Development Institute, 2016: 46-47.

③ UNODC. Global report on trafficking in persons 2020 [R]. Vienna, Austria: UNODC, 2021: 20-21.

④ MCAULIFFE M, LEE T, ABEL G. Migration and migrants: a global overview [R] // MCAULIFFE M, TRIANDAFYLLIDOU A. Geneva: United Nations IOM, 2021: 333-380.

⑤ CROWE L, BUTTERWORTH P, LEACH L. Financial hardship, mastery and social support: explaining poor mental health amongst the inadequately employed using data from the HILDA survey [J/OL]. SSM-population health, 2016, 2: 407-415. DOI: 10.1016/j.ssmph.2016.05.002.

⑥ KIM J, KIM M, HAN A, et al. The importance of culturally meaningful activity for health benefits among older Korean immigrant living in the United States [J]. International journal of qualitative studies on health and well-being, 2015, 10: 1-9.

⑦ European Institute for Gender Equality. Gender-sensitive education and training for the integration of third-country nationals [R]. Vilnius: Authos: 2019: 28-29.

⑧ BERNHARD S, BERNHARD S. Gender differences in second language proficiency—evidence from recent humanitarian migrants in germany [J]. Journal of refugee studies, 2021, 33(1): 282-309.

Thinking about the Risk and Resilience of International Migrant Women

—Review and Examination Based on English Literature

Jonghyun Lee　Qiu Xiaodan

(1. Bridgewater State University, Bridgewater, MA　02325;

2. Zhejiang University of Technology, Hangzhou, 310014)

Abstract: The goal of this article is to explore the risk and protective factors associated with the international migration experiences of women. International migration can increase the vulnerability of women to various forms of gender－based violence and discrimination. Refugees and women seeking asylum are particularly vulnerable to psychological adversities due to their exposure to multiple traumatic events in the context of war, persecution, and displacement. At the same time, international migration can empower women to better their life circumstances. Not only can these migrant women find opportunities for professional development, but they also strengthen their sense of independence as wage earners. Moreover, because of the economic opportunities brought by migration, international migrant women often become financial contributors to their family, community, and society as a whole. Establishing and implementing policies that can improve the working conditions of international migrant women are critical in enhancing their participation in the labour market. In addition to ensuring their safety from human trafficking and gender based violence through legal protection, expanding the access of international migrant women to social support systems such as culturally and linguistically appropriate health and welfare services and strong community networks, are essential resources in promoting their resilience in overcoming risks associated with their international migration experience.

Keywords: international migrant women; resilience; risk and protective factors

“双碳”目标实施中的女性视角研究

周　琛　张昆莹*

内容摘要：“双碳”目标的实现离不开女性力量。在环境与气候问题前，女性既是相对弱势敏感的受害群体，也是潜在创新解决的贡献力量。基于大地母性主义、人类命运共同体和地球生命共同体理论、可持续发展目标，要保护并发挥“双碳”目标中的“她”及“她”力量，需坚持协调原则，在研究、制定和执行政策法律时引入性别平衡、性别敏感的包容视角；坚持公众参与原则，拓展女性的社会功能、发挥女性的政治功能、重塑女性的家庭功能；坚持救助与救济原则，预防并应对气候变化带来的性别风险、健全医疗保障系统与服务、关注气候危机中次生的性别暴力和歧视、完善女性的经济赋能和可持续能力补偿，促进社会低碳转型与性别平等的协同增益。为实现女性友好和环境气候友好的良性互动，中央与地方在政策法律的顶层设计方面积极尝试；在此指导下，厦门市从发展战略、平台构建和实际行动中积极探索出路。

关键词：双碳目标；女性力量；可持续发展；性别平等

女性是社会可持续发展的见证者和受益者，亦是这一进程的创造者和推动者。近年来，女性力量在参与可持续发展事业中愈发得到重视。1995 年第四次世界妇女大会通过的《行动纲领》特别提到，妇女必须积极参与有关环境问题的各级决策，并将性别问题纳入可持续发展的政策和方案。[①] 2015 年《2030 年可持续发展议程》正式确认 17 项可持续发展目标，其中目标五性别平等明确提出“实现性别平等并增强所有妇女和女童赋能”的具体要求。[②]

---

* 周琛，厦门大学法学院环境与能源法律研究中心副主任，厦门市妇女联合会副主席（挂职）；张昆莹，厦门大学法学院硕士研究生。

① Claudia Ituarte-Lima. Women's rights in environmental law, from 1972 to today[EB/OL].(2021-12-28) [2022-04-24]. https://chinadialogue.net/en/climate/womens-rights-in-environmental-law-from-1972-to-today/.

② 结束对世界各地所有妇女和女孩的一切形式歧视；消除公共和私人领域对所有妇女和女孩的一切形式的暴力，包括贩运、性剥削和其他类型的剥削；消除所有有害习俗，如童婚、早婚和强迫婚姻以及切割女性生殖器官，通过提供公共服务、基础设施和社会保护政策，并根据国情促进家务和家庭内的责任分担，承认和重视无酬照护和家务工作；确保妇女充分有效地参与政治、经济和公共生活的各级决策，并享有担任领导职务的平等机会；根据《国际人口与发展会议行动纲领》和《北京行动纲要》及其审查会议的成果文件，确保普遍获得商定的性健康和生殖健康及生殖权利；根据国家法律，进行改革，给予妇女获得经济资源的平等权利，以及获得土地和其他形式财产、金融服务、遗产和自然资源的所有权和控制权；加强使用赋能技术，特别是信息和通信技术，以促进增强妇女权能；通过并加强健全的政策和可执行的立法，以促进性别平等并在各级增强所有妇女和女孩的权能。

此后，环境与发展相关的诸多全球议题陆续引入性别视角，开辟女性需求和力量作为分支议题。其中，最具典型性的为生物多样性保护和气候变化应对领域的国际行动。

2018 年，《联合国气候变化框架公约》第 23 届缔约方会议提出《性别行动计划》，列明五个优先领域：A. 能力建设、知识共享和交流；B. 性别平衡、参与和女性领导力；C. 协同配合；D. 促进性别平等的实施和实施手段；E.监测和报告。2019 年，《生物多样性公约》缔约方大会执行委员会提出，2020 年后的全球生物多样性框架应当立足于有效的性别回应和性别平衡。2022 年，国际劳动妇女节确定主题为“性别平等共创可持续未来”，呼吁充分发挥妇女和女童在气候行动中的关键作用；①紧接着，联合国妇女地位委员会第 66 届会议召开，共同商议“在气候变化、环境与减灾政策和项目方面实现性别平等及妇女和女童赋权”的行动计划和具体举措。② 基于此，本文拟从性别视角切入，深入探讨女性在可持续发展事业中的定位、理论基础与政策要求，具体以气候变化应对作为例证，力求透视出女性在实现碳达峰、碳中和目标中的角色特征、潜在的独特需求和可期发挥的推动作用，进而观照我国当前的相关具体实践。

一、女性的双重身份：受害者与解决者

女性在环境与气候问题中，既是相对弱势敏感的直接受害群体，也是拥有解决之道的潜在贡献力量。了解女性双重身份，方能在实现“双碳”目标进程中改善女性境遇，发挥女性力量。

（一）环境与气候灾害的受害者：更脆弱、更敏感

科学和事实均证明：女性在面对环境与气候灾害时的反应往往更加脆弱、更易敏感，具体表现在应对能力、生理健康、生存环境和适应代价四个方面。

女性应对环境问题和气候变化的能力较弱。现实中，鉴于专业知识技能的普及程度和力度等因素，女性对于应急措施的了解程度和实操经验皆低于男性，而较难有效地应对环境问题和自然灾害。这在气候危机和威胁方面亦不例外。现有研究显示，在陕西和江苏案例区，因“没有时间、需要照顾家人”而未能获得培训机会的女性比例显著超过男性比例，72%的女性从来没参加过培训，而男性这一比例为 46%；认为自身没有能力应对气候变化和灾害的女性比例高于男性。值得一提的是，在灾害来临时第一时间选择自救的女性比例却低于男性，这意味着女性应对气候变化和极端环境事件的意识和必备技能（例如面对极端天气时的游泳和爬树等）对于家庭安全、后代保全至关重要。

气候变化不利影响更易有损女性的身体健康。尽管应对能力低弱，而女性又往往更易

① UN Women. International Women’s Day 2022: “Gender equality today for a sustainable tomorrow”[EB/OL]. (2021-12-03).[2022-04-24]. https://www.unwomen.org/en/news-stories/announcement/2021/12/international-womens-day-2022-gender-equality-today-for-a-sustainable-tomorrow.

② 新华社.全球连线|联合国妇女地位委员会第 66 届会议聚焦性别平等和妇女赋权[EB/OL].(2022-03-15). [2022-04-24]. http://www.news.cn/2022-03/15/c_1128472153.htm.

受到环境和气候问题的负面影响。根据1997年《京都议定书》，温室气体与空气污染物在一定程度上同质同源。一直以来，空气污染对女性的生理健康造成不利影响的现象更加普遍和显著。科学证据表明，空气污染影响女性的生理健康与生育能力。有研究发现，当室内空气中甲醛浓度每立方米在0.24～0.5毫克时，有40%的适龄女性月经不规则；①居住在距主干道500米以内的女性患乳腺癌的风险与氮氧化物浓度呈正相关，而氮氧化物即是议定书明确列出的六类温室气体之一，也是典型的空气污染物质；②餐厨油烟可能引发肺癌，在传统“女主内”家庭分工中的女性因暴露在餐厨油烟中，肺癌风险较高③④。不仅如此，气象危机和气温异常加剧空气污染，严重空气污染还对卵巢储备造成负面影响；⑤污染物暴露显著降低试管助孕女性的活产率。⑥ 此外，受到近日持续罕见高温天气的影响，中暑和热射病案例激增，在报道的案件中女性（尤其是孕产妇）因抵抗力、耐受力等缘故成了三类易患人群之一（其他两类分别是婴幼儿和老人，长期户外工作人群）。⑦⑧

气候变化恶化了女性在家庭中和社会上的待遇。除了对自身身体状况的潜在威胁，气候问题对于女性的家庭和社会关系也将产生一系列的负面连带影响。以家庭来论，世界自然保护联盟（IUCN）在报告中指出，气候危机和全球环境破坏加剧了针对妇女和女童的暴力行为，而这种性别剥削又反过来弱化了她们应对环境危机的能力。⑨ 联合国妇女署统计，2011年瓦努阿图共和国遭遇两次热带飓风后，向当地妇女中心报告的家庭暴力案件增加了300%；⑩在波多黎各，2017年的玛丽亚飓风发生后，暴力幸存者有关的服务请求增加了62%，⑪农村地区的妇女和女童经常承担着取水和寻找柴火之类的工作，当资源日渐稀少、竞争越来越严重时，

---

① 石碧清，刘湘，闫振华.室内甲醛污染现状及其防治对策[J].环境科学与技术，2007(6)：49-542.

② CHENG I, TSENG C, WU J. Association between ambient air pollution and breast cancer risk: the multiethnic cohort study[J]. Int J Cancer.2020，146(3)：699-711.

③ 奉水东，凌宏艳，陈锋.烹调油烟与女性肺癌关系的Meta分析[J].环境与健康杂志，2003(6)：353-354.

④ 王春燕，刘立芳，刘晓丽，等.餐厨油烟引起肺癌的毒性机制[J].Chinese medical sciences journal，2017，32(3)：193-197.

⑤ European Society of Human Reproduction and Embryology. Air pollution found to affect marker of female fertility in real-life study[EB/OL].(2019-06-25)[2022-04-24].https://www.sciencedaily.com/releases/2019/06/190625181939.htm.

⑥ ZHANG C Y, YAO N, LU Y, et al. Ambient air pollution on fecundity and live birth in women undergoing assisted reproductive technology in the Yangtze River Delta of China[J].Environ Int. 2022，162：107-181.

⑦ 新华报业网.警惕！高温易发热射病 这三类人特别要当心[EB/OL].(2022-08-16)[2022-08-24].http://www.njdaily.cn/news/2022/0816/4692513317348169223.html.

⑧ 全军热射病防治专家组，热射病急诊诊断与治疗专家共识组.热射病急诊诊断与治疗专家共识(2021版)[J].中华急诊医学杂志，2021，30(11)：1290-1299.

⑨ CAMEY C I, SABATER L, OWREN C, et al. Gender-based violence and environment linkages[R]. Beijing: IUCN global programme on governance and rights, 2020.

⑩ UN Women Fiji.Climate change disasters and gender based violence in the Pacific[R].Fiji: UN Women Fiji, 2014:2.

⑪ GONZÁLEZ-RAMÍREZ A. After Hurricane Maria，A Hidden Crisis Of Violence Against Women In Puerto Rico[EB/OL].(2018-09-20) [2022-04-24]. https://www. refinery29. com/en-us/2018/09/210051/domestic-violence-puerto-rico-hurricane-maria-effects-anniversaryhttps://www. zhihu. com/question/310037328.

她们便面临更大的暴力威胁。此外,在一些社区中,当家庭因气候问题出现困难时,年轻女孩被迫尽早结婚。全世界有大约1200万年轻女孩在天灾发生后被迫结婚。[①] 延伸至家庭外,公共健康危机和环境事件对妇女的社会关系和地位的影响往往是深远的。2020年暴发的新冠肺炎疫情加剧了女性的困境。联合国妇女署副总干事安妮塔·巴蒂亚(Anita Bhatia)称,疫情之前女性负担了约75%的无偿劳动,而疫情后这一数据进一步升高。新冠肺炎疫情导致女性失去有偿工作,或更多地从事低薪劳动或无偿家务劳动。[②] 这种现象不仅存在于中低收入国家,工业化国家也出现类似情况。[③] 女性在劳动层面因新冠肺炎疫情加剧的困境,反之又削弱了女性的经济独立,形成了加深性别刻板印象的恶性循环。

女性需要付出更多代价适应气候变化恶果。根据联合国《中国性别社会视角的气候变化脆弱性研究》(以下简称《研究》),因角色分工、资源享有和信息获取等因素,女性暴露于环境气候灾害的脆弱性是高于男性的,并且这一现象在农村更加明显。[④] 一般而言,因劳动的性别分工,女性承担家务劳动数量和生产劳动数量远高于男性,但其收入明显低于男性。清扫、做饭、照顾家人、洗衣与整理衣物事项上,妻子投入为主的家庭数高出以丈夫为主的家庭数的十余倍。在农村,女性同时承担不少的农业生产劳动,《研究》显示,农业生产投入以妻子为主和以夫妻基本一样的中国家庭占40%以上。联合国粮农组织也曾指出,在亚洲和非洲的农村地区,女性每周劳作时间比男性多出13个小时。[⑤] 就气候变化而言,洪水、干旱、热带风暴和极端天气等危机和不利影响造成的营养、水源和能源供应短缺和损失需要更多的劳动和护理来弥补,例如印度种姓地位低的女性需要通过不断地劳作来弥补气候变化导致的农作物损失。现实中,大多数发展中国家都如同印度一样需要由女性来承担家庭生产工作,严重限制了女性受教育的机会,减少了她们的社会流动性。不仅如此,虽然女性付出了较多劳动,但其获得的收入却低于男性。女性超量劳作与不匹配的低收入,意味着为应对环境与气候灾害导致农业生产力下降,女性将面临被榨取更多劳动力、经济困境并未到缓解反而有进一步加重的可能。

(二)环境与气候问题的解决者:更愿意、更有力

在环境与气候问题面前,女性是天然弱势的受害者,但同时也是潜在有力的解决者,具

---

① CAMEY C I, SABATER L, OWREN C, et al. Gender-based violence and environment linkages [R]. Beijing:IUCN Global Programme on Governance and Rights,2020.

② Sofia Sprechmann.COVID-19 is the biggest setback to gender equality in a decade[EB/OL].(2020-07-01)[2022-04-24].https://www.weforum.org/agenda/2020/07/gender-equality-women-employment-covid19/.

③ Simeon Djankov, Eva Zhang. The expanding gender gap in the US due to Covid-19[EB/OL].(2020-11-26)[2022-04-24]. https://voxeu.org/article/expanding-gender-gap-us-due-covid-19。截至2020年10月,美国妇女劳动参与率下降2个百分点,性别差距扩大;疫情初期过后,美国男性的就业反弹很快,而女性却没有显著反弹。仅在2020年9月,美国退出劳动市场的女性数量是男性的四倍以上,迫使大部分女性退出的原因是护理负担。

④ 殷培红,陶卫春,梁璇静.中国社会性别视角的气候变化脆弱性研究[R].联合国妇女署,中国环境保护部环境与经济政策研究中心,2016:17.

⑤ 阿斯特吕克.食物主权与生态女性主义[M].王存苗,译.北京:中国文联出版社,2020:133.

体表现在女性对于环境与气候问题敏锐的观察力、先进的变革力以及独特的性别视角。

生态女性主义认为,世界各地的女性比男性更加关爱环境,更容易察觉环境与气候问题的实际危害和潜在威胁。德国社会学家玛利亚·米斯称,切尔诺贝利核事故发生后,最先关心核泄漏造成食物污染的是女性。[①] 进一步探究发现,女性之所以更容易察觉环境与气候问题,主要受母职身份、传统性别分工、性别平等意识影响。通常认为,女性之所以具有更高水平的环境关注度,很大程度上是因其"护雏"本能。母亲更关注环境对孩子的影响,正如塞莱内·克劳斯所指出的:总体来看,将毒物与孩子健康恶化联系在一起的,正是在传统角色中作为母亲的女性。[②] 一般来说在传统性别分工下,主要负责家务劳动的女性更容易受到清洁剂、厨房油烟伤害。她们与污染有更为亲密的接触,拥有更多直接认知。另外,女性有较高的性别平等意识,更容易以平等视角审视自我与环境的关系。[③] 有研究证明,对于环境问题的承认会受到社会等级取向的显著影响,具体表现为等级观念越强烈的个体越不容易支持气候变化问题真实存在,[④]而性别平等意识以平等为核心价值,以性别平等意识普遍较男性更高的中国女性为例,其在私人领域更加积极地表现出环境友好行为。[⑤] 在应对环境与气候问题的公共领域,女性也在展现出革命性的远见力、强大的行动力与广泛动员的领导力。回溯历史,蕾切尔·卡森(Rachel Carson)于 1962 年创作的《寂静的春天》揭开了人类环境保护事业的序幕。在该书影响下,截至 1962 年底,有 40 多个提案在美国各州通过立法以限制杀虫剂的使用。1987 年,挪威首相布伦特兰夫人(Gro Harlem Brundtland)在联合国世界环境与发展委员会的报告中,提出了"可持续发展"概念——"既满足当代人的需要,又不对后代人满足其需要的能力构成危害的发展",在 1992 年联合国环境与发展大会上得到普遍接受,有力地推动了世界的环境治理进程。[⑥] 生态女性主义之母埃伦·斯沃洛·理查兹(Ellen Swallow Richards)创立名曰"Oekology"的新领域,促进环境与家庭间取得一种更为科学且更具共生性的关系。[⑦] 除了上述前瞻性的远见,女性并不乏将环保理念付诸实践的行动力与领导力。1973 年印度抱树运动(Chipko)中,妇女为保护其赖以生计的原始森林,以双臂抱住大树的"非暴力手段"阻拦砍伐行为,最终取得胜利。[⑧] 当地妇女用生命保护森林的壮举展现了女性守护生态环境的巨大勇气。美国进步主义时期,妇女组织在自然资

---

① 阿斯特吕克.食物主权与生态女性主义[M].王存苗,译.北京:中国文联出版社,2020:153.

② STEIN. New perspectives on environmental justice: gender, sexuality, and activism[M]//苏珊·A.曼. 美国生态女性主义与环境正义运动的先驱[J].卢婧洁,韦清琦,译. 鄱阳湖学刊,2020(1): 105-128.

③ 杜平,张林虓.性别化的亲环境行为:性别平等意识与环境问题感知的中介效应分析[J].社会学评论, 2020(2): 47-60.

④ SIANLEY S K, WILSON M S, SIBLEY C G, et al. Milfont, Dimensions of social dominance and their associations with environmentalism[J]//杜平,张林虓.性别化的亲环境行为:性别平等意识与环境问题感知的中介效应分析[J].社会学评论, 2020,8(2): 47-60.

⑤ 杜平,张林虓.性别化的亲环境行为:性别平等意识与环境问题感知的中介效应分析[J].社会学评论, 2020,8(2): 47-60.

⑥ 世界环境与发展委员会.我们共同的未来[M].王之佳,柯金良,译.长春:吉林人民出版社,1997:52.

⑦ 苏珊·A.曼.美国生态女性主义与环境正义运动的先驱[J].卢婧洁,韦清琦,译. 鄱阳湖学刊,2020(1):105-128.

⑧ 阿斯特吕克.食物主权与生态女性主义[M].王存苗,译.北京:中国文联出版社,2020:44.

源和环境保护上发挥重要作用，引领了19世纪的反烟雾运动。[①] 2002年印度普拉奇马达村斗争中，为抗议饮料工厂造成的水污染与地下水枯竭，当地农村女性发起并坚持了为期两年的静坐活动，使得工厂最终关闭。[②]

女性天然的性格属性为解决环境与气候问题提供一个有意义的新视角，而有必要引入性别平衡或者性别回应的策略。除前文提到的“母亲品格”和更高的性别平等意识外，女性被认为在内心保有“悲悯”与“共享”两种与生俱来的、亲自然的价值观，这被认为是男性天生所缺乏的。[③] 在男性主导的工业化、资本化社会下，政策与观念都存在着潜藏的“暴力”。一方面，破坏性的活动被包装成具有创造性的行为，此时女性天然的亲自然价值观遭到压抑。“缺少女性意见，则意味着环境政策可能存在环保不彻底性与性别失衡风险。”另一方面，男性中心主义的世界观引导并塑造二元等级关系。[④] 二元关系意味着对立、排斥和非包容，更意味着单一视角与不平等。[⑤] 这不仅不利于性别平等发展，也不利于贯彻和谐共生的环境理念。提倡女性参与、提升女性在生态环保领域的话语权，有助于在相关决策和制度设计中凸显女性视角所特有的终极关怀；有助于打破狭隘的二元关系，接受交叠共染的观念，[⑥]从而建立多元包容、人与自然和谐相处的世界。

在我国环境保护事业中，女性一度展现出非凡的“她力量”。现任中国法学会环境资源研究会会长吕忠梅女士发心于保护母亲河，在经年累月的耕耘中积极呼吁并亲手推动，使得我国第一部面向大江大河立法的《长江保护法》得以在2020年成功面世。当前，由其牵头研究和组织编纂的首部“生态环境法典”，即将成为继《民法典》绿化之后的一部领域法典，而在我国的环境法制事业上留下浓墨重彩的一笔。此外。福建籍环境法学领军人物陈泉生教授是我国早期涉足环境法且颇有建树的女性专家学者。除了主编“生态与法律专题研究丛书”“环境法学系列专著”等一系列丰硕的学术成果，她积极投身环境法学学科的创建、培养环境法学人才梯队，显示出不凡的巾帼引领力量。类似上述的典范，存在于环境保护相关的各行各业，不胜枚举。

二、理论与政策基础

（一）大地母性主义

“大地母亲”（Mother Earth），或曰“地母”，在荣格的人类心理学理论中被视为存在于全人类集体潜意识中的“原型”之一。地球作为养育者的象征和描述在人类社会中存在已

---

① 祖国霞.美国进步主义时期环境运动中的女性[J].学术研究，2013(4)：91-98.

② 阿斯特吕克.食物主权与生态女性主义[M].王存苗，译.北京：中国文联出版社，2020：52.

③ 阿斯特吕克.食物主权与生态女性主义[M].王存苗，译.北京：中国文联出版社，2020：149.

④ 回春萍，刘英.多声部叙事：西方女性主义理论[N].中国社会科学报，2013-12-04(B06).

⑤ 李银河.女性主义[M].上海：上海文化出版社，2018：140-141.

⑥ 韦清琦，李家銮.生态女性主义：作为交叠性研究思想的范例[J].外语与外语教学，2020(2)：111-120.

久。[①] 无论是东方还是西方，从古至今，皆将大地与母性相联系。[②] 许多远古神话与宗教中都存在"母神崇拜"，如中国神话中女娲造人、欧洲地区出土的史前原母神雕像。"母神崇拜"早于"男神崇拜"，女性具有神圣性，反映了远古时期人们将大自然与伟大母性相结合的朴素自然观，以及对自然和女性的敬畏与赞颂。[③] 文明开化乃至农耕时代，"大地母亲"的观念进一步反映在思想文化领域。以中国传统文化为例，《易经》将"地""坤""阴"与女性的包容、繁育相联系，《易经·象卦》曰："地势坤，君子以厚德载物。"《道德经》曰："玄牝之门，是谓天地根。""玄牝之门"即"玄妙的母性"，是包括自然在内的万物的总根源；"天下有始，以为天下母，既得其母，以知其子"亦是如此。"大地母亲"观念下，女性与大自然因具有生育的共性而天然联系，崇拜母性，即为崇拜自然，反之亦然。

"大地母亲"观念在父权制社会走向没落。有学者解读母神与自然的衰落过程：不可亵渎的神圣母神沦为男神的点缀，如同亚当的肋骨；后又降格为附属于父权的普通母亲。母神消亡与自然之死相伴发生。[④] 人们对自然的敬畏崇拜逐渐解构，农耕时代屡次出现的水土流失、水污染等环境问题，在工具理性和科技进步加持下的工业革命后迅速加重，自然遭到疯狂掠夺与破坏。表面上看，自然仍被人们视为伟大的母亲，女性被比作孕育万物的自然，但内涵与以往截然不同：自然与女性的"孕育"美德，在父权制下遭到"资源化""物质化"的巨大冲击。[⑤] "孕育"之所以能被赞美，不是因为神圣的敬畏，而是因为能够取之、用之、榨之。工业革命开启的工业化进程不仅引发了"有用主义"的滥觞，也正是当今全球环境问题和气候危机的根源。

20 世纪下半叶以来，在环境保护运动与妇女运动浪潮中，"大地母亲"思想复苏。彼时，环境问题逐渐成为人类高度重视的社会问题，人类开始重视环境保护与可持续发展。50 年前的今天，1972 年 6 月瑞典斯德哥尔摩召开"第一届联合国人类环境会议"，通过了著名的《人类环境宣言》，环境保护事业终于开始被世界各国政府所正视。同一时间，性别平等事业也蓬勃发展。1952 年联合国妇女地位委员会制定的《妇女政治权利公约》得到联合国大会通过，紧随其后的第二次女权主义运动与第三次女权主义运动进一步拓展女性诉求，国际妇女解放运动如雨后春笋般活跃，将生态环境保护与女性主义相结合的生态女性主义应运而生。相应地，披着返祖外衣、拥有现代内核的"大地母亲"观念也在新的浪潮中重生。英国生态学家詹姆斯·洛夫洛克（James E. Lovelock）将地球是"超级生命有机体（Superorganism）"的假设冠以古希腊神话中大地女神"盖娅（Gaia）"之名。[⑥] 英国学者阿诺德·汤恩比（Arnold Joseph Toynbee）在《人类与大地母亲》一书中回顾大地母亲与人类的相互遭遇，借以反思人类与生物圈的关系。[⑦] 2009 年联合国大会通过决议，将 4 月 22 日定

---

① KONARE O. Humanity's Attachment to Mother Earth[EB/OL].(2011-04-15)[2022-04-24]. https://ourworld.unu.edu/en/humanitys-attachment-to-mother-earth.

② 张媛，李娟."母亲"原型意象的生命伦理解析[J].江苏大学学报(社会科学版)，2019，21(4)：17-22.

③ 李红英. 母神崇拜的生态女性主义解读[D].苏州大学，2010：5.

④ 李红英. 母神崇拜的生态女性主义解读[D].苏州大学，2010：47.

⑤ 李红英. 母神崇拜的生态女性主义解读[D].苏州大学，2010：47.

⑥ LOVELOCK J E. Gaia, a new look at life on earth[J]//陈海滨，唐海萍.盖娅假说：在争议中发展.生态学报，2014，34(19)：5380-5388.

⑦ 汤因比.人类与大地母亲[M].徐波，徐钧尧，龚晓庄，等译.上海：上海人民出版社，2001：5-47.

为"国际地球母亲日",借此呼吁尽一切努力保护"地球母亲"。[①] 现代地母观念的复兴,实质为重构对自然母性的敬畏,与父权制下的"资源化""物质化"的地母赞美有本质区别,并对后者予以必要的平衡和适度的矫正。母性回归下的环境保护,指引人类在应对环境与气候问题时需要特别考虑"她"需求和"她"力量。

(二)人类命运共同体理论和地球生命共同体理论

2012 年,党的十八大提出"人类命运共同体(a community of shared future for mankind)"理念。[②] 2017 年,习近平总书记在十九大报告中进一步阐释了其丰富内涵和宏远目标:"建设持久和平、普遍安全、共同繁荣、开放包容、清洁美丽的世界。"[③]随后,习近平在首次"中国共产党与世界政党高层对话会"上提出了从安全、经济、文化、环境四方面构建"人类命运共同体"。[④] 由此观之,全人类相互交织的命运包含着性别平等的内在意涵:男性与女性一道共有共享当下、共建共迎未来,是一个不可分割的命运共同体。从这个意义上,贯彻此理念,离不开对女性对象的包容考虑、女性力量的协同参与。从实然层面看,女性是构建人类命运共同体的当然参与者与潜在贡献者。以联合国的实践为例,妇女在维和事业、经济发展、社会文化以及环境保护领域中扮演重要角色。[⑤] 对于环保而言,女性本身是环境问题、气候灾害中的弱势群体,在环境问题全球化和地球成为全球公物的今天,女性在争取自身合法权益的同时也推动全球环境治理的进程。从应然层面看,人类命运共同体追求是引领更高层次的社会进步的理论,[⑥]而"没有妇女的酵素就不可能有伟大的社会变革",[⑦]提升女性话语权、推动妇女解放、社会进步,是人类命运共同体的应有之义。2015 年,我国国务院新闻办公室发表的《中国性别平等与妇女发展》指出,妇女在社会文化培育、生态环境保护和家庭建设中的独特作用日益凸显。妇女是生态文明的创造者和推动者,在环境与生态保护领域做出了不可磨灭的功绩,是推动社会发展和进步的重要力量。"没有妇女,就没有人类,就没有社会。"[⑧]

2021 年,习近平总书记在《生物多样性公约》第 15 届缔约方会议第一次会议上提出"地球生命共同体"理论。这一从我国近年生态文明体制改革实践总结而出的生动经验和理论

---

① 联合国.国际地球母亲日:联合国呼吁尽一切努力保护"地球母亲"[EB/OL].(2022-04-22)[2022-04-24]. https://news.un.org/zh/story/2022/04/1102202.

② 新华网.中共首提"人类命运共同体"倡导和平发展共同发展[EB/OL].(2012-11-11)[2022-04-24]. http://cpc.people.com.cn/18/n/2012/1111/c350825-19539441.html.

③ 习近平.决胜全面建成小康社会 夺取新时代中国特色社会主义伟大胜利:在中国共产党第十九次全国代表大会上的报告(2017 年 10 月 18 日)[N].人民日报,2017-10-28(1).

④ 央广网.【专家谈】构建人类命运共同体 中国共产党的担当与贡献[EB/OL].(2017-12-03)[2022-04-24]. http://news.cnr.cn/comment/sp/20171203/t20171203_524047714. shtml.

⑤ 李英桃. 构建性别平等的人类命运共同体:关于原则与路径的思考[J]. 妇女研究论丛, 2018(02)11-14.

⑥ 徐步."人类命运共同体"是引领人类进步的伟大理论创新[EB/OL].(2022-03-15)[2022-04-24]. http://www.71. cn/2022/0317/1162338. shtml.

⑦ 中华人民共和国全国妇女联合会.马克思、恩格斯、列宁、斯大林论妇女[M].北京:人民出版社,1978:59.

⑧ 新华社.习近平在全球妇女峰会上的讲话[EB/OL].(2015-09-28)[2022-04-24].http://www.gov.cn/xinwen/2015-09/28/content_2939644.htm.

升华,复归“大地母性主义”之自然精神和价值圭臬:对“地球母亲”生命共同体的维护是当今所有人的共同使命。在面临全球系统性危机的气候变化时,各国分别提出了碳中和愿景目标和实施路线图。我国亦不例外,“双碳”目标是我国推动构建人类命运共同体的责任担当,①无疑,实施目标带来的能源、产业、交通和建筑等等生产生活领域的系统性转型需要克服传统经济社会发展的惯性。这一过程不仅要求动员多元主体之一的女性力量,还应充分考虑到女性在这一转型中的特别条件、特殊需求而予以必要的赋能,充分调动其积极性和创造性,将人类命运共同体理念落实到国家、区域乃至全球气候治理中。

(三)可持续发展目标

在实现“双碳”目标中重视性别视角,也是可持续发展目标的必然要求。2015 年 9 月 25 日,联合国可持续发展峰会正式通过 17 项目标,旨在实现所有人更美好和更可持续的未来。其中,目标五为性别平等,要求消除对女性的歧视、暴力、伤害行为,合理分配护理与家务,确保妇女有效参与社会生活决策,享有平等的社会资源等。目标十三为气候行动,要求加强应对气候变化能力,重点关注最不发达与发展中国家的妇女、青年、地方社区和边缘化社区。可见,性别平衡是维持可持续发展之代内公平的重要保障。不仅如此,可持续发展目标五与目标十三的内在联系还体现在其对代际公平的追求,关注儿童的环境权利而为后代管护气候容量资源和全球气候系统,这与女性“护雏”本能本质上如出一辙。

“双碳”目标是我国实现可持续发展的重大战略部署。增强女性赋能,让女性享有更多解决环境与气候问题的话语权,是加快实现“双碳”目标的必要举措。例如,女性与碳中和抵消机制需要的林业、农业、湿地和海洋等碳汇资源的密接度高、对基于自然的解决方案的熟识度强,使得她们更容易介入可持续的森林管理、低碳农业、湿地和海洋保护。对此,我国女性占世界女性人口数五分之一左右,接临丰富的潜在碳汇资源,我国在气候性别平等事业上可期作出的努力,对推动全球的可持续发展事业具有重要意义。

三、“双碳”目标实施中贯彻性别平等的原则

在实现碳达峰、碳中和目标进程中充分考虑女性需求、发挥女性力量,需要坚持协调原则、公众参与原则、救助与救济原则。

(一)协调原则

协调原则具有丰富的内涵和广阔的外延。在环境保护领域,协调原则要求将环境考量纳入其他政策的制定过程中。同理,性别因素存在着必要性和可行性,被纳入环境与气候相关政策的制定中,以实现绿色低碳发展与女性发展的协同效益。具言之,性别视角应作为环境气候风险预防与灾害应对的规划、计划和政策的一体化考量因素,而在相关问题的解决过程中既考虑到女性更敏感、更脆弱的地位和境况,也将其视为更具意愿、更有执行力的团体和力量。

---

① 陈迎,巢清尘.碳达峰、碳中和一百问[M].北京:人民日报出版社,2021:177.

现实中，不论是全球还是中国，环境气候决策中女性参与和女性视角关注皆有待提升。在联合国调查的120个国家中，只有24%国家将性别平等机构确定为气候治理的一部分。[①] 根据研究，我国气候变化相关政府机构的干部中，女性中高层干部比例低于女职工比例，综合协调部门、业务管理部门的女性干部比例偏低；在干部培训机会上，女性干部参与相关培训的机会往往显著低于男性干部。[②] 自《国家人权行动计划（2016—2020）》出台，提出要继续促进妇女平等参与管理国家和社会事务，逐步提高女性在各级人大、政府、政协领导成员中的比例。近年来，我国女性参与决策的比重逐渐上升，参与程度和力度在整体上得到显著提升[③]，但在中央政府部门及其相关决策中的女性参与比例还有上升的空间。最近两年，两会涉及生态环境保护事项的提案者中虽不乏女性身影例如黄细花、杨临萍、方兰、刘晓静、宁建华等，但仍少于男性提案者，同时缺乏从性别视角出发或者涵盖性别回应视角的提案。可见，在政策制定程度和内容设计层面，需要进一步贯彻协调原则。

近年来在我国环境气候相关政策与法规中，性别视角尚未受到应有的充分和普遍关注。2018年《关于全面加强生态环境保护坚决打好污染防治攻坚战的意见》、2021年《中国应对气候变化的政策与行动》白皮书等政策文件中，皆将“以人民为中心”作为指导理念；《环境保护法》《大气防治污染》等法律中皆强调保障公众健康，但缺少性别视角的叙述。在“双碳”目标中发挥女性力量，需要坚持协调原则，加强相关政策法规的支撑和背书。

值得一提的是，在政策研究领域，性别视角正逐渐得到重视。我国政府批准的非营利、国际性高层政策咨询机构——中国环境与发展国际合作委员会，于2018年将性别平等确定为跨领域主题和研究重点。此后其发布的一系列专题政策报告综合考虑了性别视角，如《2020年后全球生物多样性保护框架》有效整合了一定时期的与生物多样性保护相关的重要性别平等概念和背景；《全球气候治理与中国贡献》将性别因素纳入可持续发展的考量；《全球海洋治理与生态文明》强调了“海洋活动与管理中性别视角”的重要性，并提出了女性可为实现蓝色经济的绿色发展所做出的贡献。[④] 作为迈出的关键第一步，政策研究的整合、比较和探索功能将为实施协同原则、将性别视角纳入有关决策铺基垫石。

（二）公众参与原则

环境问题具有“牵一发动全身”的特性，应当听取其中不同利益群体的合理合法诉求，并

① 联合国. 性别平等共创可持续未来：为什么女性在跑赢气候变化上至关重要[EB/OL].(2020-03-08)[2022-04-24]. https://china.un.org/zh/174134-xingbiepingdenggongchuangkechixuweilai.

② 殷培红，陶卫春，梁璇静. 中国社会性别视角的气候变化脆弱性研究[R]. 联合国妇女署，中国环境保护部环境与经济政策研究中心，2016:19.

③ 李文. 提升妇女参与决策和管理水平：解读《中国妇女发展纲要（2021—2030年）》[EB/OL].(2020-03-08)[2022-04-24]. https://www.thepaper.cn/newsDetail_forward_14986848. 第十三届全国人民代表大会女代表比例达到24.9%，比第十一届提高了3.6个百分点；政协第十三届全国委员会女委员比例达到20.4%，比第十一届提高了2.7个百分点；2019年，中国共产党女党员比例为27.9%，比2010年提高5.4个百分点。

④ WPS集团，Kristine St-Pierre，JenniferSavidge. 2020—2021年专题政策研究性别主流化报告[R]. 中国环境与发展国际合作委员会秘书处，2021:5-12.

为其信息传达创造渠道。[①] 在实现"双碳"目标进程中发挥女性力量，增强女性参与度，不仅需要协调原则指导上层制度建设，还需要公众参与原则打通基层传声筒。具体而言，基层女性的参与需要同时开拓其新兴的社会功能和政治功能、重塑传统的家庭功能。

1. 拓展女性的社会功能

鼓励女性参与社会，既关注到社会发展需要妇女参与的一面，也考虑了妇女解放与发展需要社会参与的一面；既要求妇女自身发挥主观能动性，积极参与社会，为社会发展做出贡献，也要求国家为促进妇女全面参与社会创造条件。在实现"双碳"目标的进程中，一方面借助女性在环境保护事宜上的观察力、行动力与变革力，积极开拓其社会动员功能，作为主力推动基层的低碳社区营造、农业碳汇增补等；另一方面，为女性参与"双碳"目标实施搭建能动环境，拓展女性话语版图，进一步增强我国公众参与的广度与深度。

2. 发展女性的政治功能

习近平总书记强调，要增强妇女参与政治经济活动能力，提高妇女参与决策管理水平，要发挥妇女"半边天"作用，支持妇女建功立业、实现人生理想和梦想。女性的政治功能不但要体现在制定重要政策文件上，还更多表现在基层环保事业中。落实中央政策，实现"双碳"目标实施离不开基层组织，因此需要赋予基层女性公众更多的参与渠道、表达路径甚至治理机会，为广大女性充分发挥潜能、为更多女性人才脱颖而出打造舞台。例如，在乡村振兴的时代背景和历史契机下，推动女性在乡村治理和村委会议事机构中的话语权，有利于环境友好型的政策比如农村生活污水处理、人居环境美化提升的制定和执行，优化具体的项目方案。不仅如此，气候友好型农业农村需要大量动员女性在农林系统的减排固碳增汇方面具体实践、建言献策甚至组织推动。

3. 重塑女性的家庭功能

一般来说，私人与家庭是与公共社会相对的存在。传统的性别规范塑造了"男性世界——公共领域"与"女性世界——私人领域"的二元对立观，深化了社会性别不平等以及女性在家庭中的从属地位。女性要想获得真正的平等与解放，必须打破"女性世界——私人领域"的观念，积极主动地参与社会活动。[②] 一方面，有利于女性在公共领域发挥社会功能与政治功能，为实现"双碳"目标添砖加瓦；促使女性参与各类培训和进修，增强抵抗环境与气候问题的应对能力。另一方面，有利于改变女性在家庭领域的附属地位，推动家庭领域的性别平等；改变传统家庭教育中单一化的男性中心意识，[③]凭借环境气候议题，女性的社会功能得以与家庭功能相得益彰。对后者而言，女性春风化雨的家庭教化功能有利于塑造慈悲情怀、共享精神与亲近自然的家风，为下一代可持续发展观的启蒙作铺垫。这亦是《家庭教育促进法》关于促进未成年人全面健康成长、立德树人的宗旨的明确要求。例如，现实中在

---

① 吕忠梅.环境法学概要[M].北京：法律出版社，2016：86. 公众参与原则，亦称为"环境民主"原则，是指在环境保护领域，公众有权通过一定程序或者途径参与一切与环境利益有关的决策活动，使决策符合广大公众的切身利益。

② 敬少丽.家庭功能的变迁与教育机会的发展：以社会性别理论为视角[J].教育理论与实践，2012，32(16)：14-17.

③ 敬少丽.家庭功能的变迁与教育机会的发展：以社会性别理论为视角[J].教育理论与实践，2012，32(16)：14-17.

社区推广零废弃理念时，信息传播的对象通常为男性，但是落实在各家各户才发现，女性才是实际使用这些物资的人，而男性对于零废弃的承诺，往往由于家中缺乏替代物资而无法顺利推进。①

诚然，在家庭环境中厚植低碳零碳生活理念、倡导绿色消费生活方式，有赖于女性传统“主妇”“母亲”角色潜移默化的引导和以身作则的实践，以完成代内教化和实现代际传承。

（三）救助与救济原则

基于社会家庭分工、身心素质与资源信息等因素，女性在环境气候问题中往往是更敏感、更脆弱的受害者。在“双碳”目标实施背景和社会公平理念指引下，有必要对面临和遭受环境气候风险与危机的女性进行及时、充分、全面的救助与救济，具体则从预防和治理气候风险、完善医疗保障系统与服务、关注气候危机中的性别暴力和歧视、强化女性赋能四个子原则着手部署和推进。

1. 预防和治理气候变化风险

该子原则为环境法基本原则之一的预防为主原则的延伸。预防原则，也称预防为主原则，是指采取积极措施有效防止环境问题的产生和恶化，属于事前救济。然而，相较于一般环境问题的潜伏性和缓发性，气候问题还具有损害结果的不可逆性和治理成本的不经济性。② 气候变化引发的人类生存困境，妇女和女童很容易成为首先遭受直击的脆弱群体。“双碳”目标本身即是不以科学不确定性为延迟或拒绝的理由，而对尚未发生的气候风险积极采取事前预防措施，实施执行《环境保护法》第 39 条环境风险评估与管理的要求。③ 不论理论上还是实践中，不同群体受到环境气候风险的影响大小不同且应对能力优劣有别，妇女和女童亦为公认的此种群体之一。因此，科学的气候风险评估与决策理应考虑这些额外的不利影响和特殊需求，并在最终的风险决策采取相应的对策，确保性别包容的气候解决方案。这也是进行社会系统救助和救济的第一步。

2. 完善医疗保障系统与服务

该子原则可视为综合治理原则在环境气候与性别回应上的救济性要求之一。综合治理原则指针对已经造成的环境污染和破坏，综合采取多种措施防止损害扩大，运用综合手段将损害的影响降到最低限度，属于事后救济。④ 综合治理原则的关键在于用综合整治思路取代单纯治理的思路，投射到环境气候与性别回应的视角上，则至少要通过社会化的医疗服务保障系统，为遭受环境气候危机引发的健康问题的女性开辟更多及时有效的救济渠道。当然，这离不开宏观层面的顶层设计支持。例如环境健康标准中对于特殊群体的类型化精细处理，社会医疗保障体系的专项覆盖、环境气候新型险种的引入等，共同构筑起具有全社会范围内有效的、必要的定向“输血型”救济体系。

---

① 贾喻然. 普通人的自然|社区保护者：在高原建立女性环保人团队[EB/OL].(2022-02-28)[2022-04-24]. https://www.thepaper.cn/newsDetail_forward_16884563.

② 吕忠梅.环境法学概要[M].北京：法律出版社，2016：79.

③ 吕忠梅.环境法学概要[M].北京：法律出版社，2016：81.

④ 吕忠梅.环境法学概要[M].北京：法律出版社，2016：83.

3. 关注气候危机中的性别暴力和歧视

该子原则亦为综合治理原则的要求。保护环境与关爱女性往往能达到互促共进的良效，而有必要兼而处理因环境问题引发的性别暴力和性别歧视。气候危机和全球环境破坏加剧了针对女性的暴力，而这种性别剥削反之又弱化了女性应对环境气候危机的能力。因此，保护女性免受气候变化间接带来的性别暴力与歧视，是低碳公正转型和建立气候韧性社会难以回避的工作之一。[①] 对此，有必要引入贯彻协调原则，促成气候治理与性别暴力与歧视防治之间的双向良性互动：在气候政策与计划中增加性别视角，强化对各阶段（包括女童）、各领域（涵盖家庭）女性的保护；在减少性别暴力与歧视的政策中加入气候危机与环境问题的诱因考量。

4. 促进社会低碳转型与性别平等同步的女性赋能

“双碳”目标实施进程中的性别视角既是对低碳社会转型的聚力，也是为女性赋能，二者相互促进。女性赋能是公共参与原则、综合治理原则的要求，也是具有长远战略性的“造血型”的救济，可从经济赋能与可持续发展赋能两方面入手。

（1）加强经济赋能。女性经济赋能旨在实现性别上的经济平等，打破阻碍女性前进的经济障碍，为充分发挥其潜能提供经济基础。联合国《2030 年可持续发展议程》提倡增强妇女经济权能、男女同工同酬，保护女性工作权利，保护平等获取经济资源、金融服务、遗产和自然资源的权利，认可和尊重女性无酬劳动、无偿护理和家务，在家庭内部提倡责任共担。基于此，《中国落实 2030 年可持续发展议程国别方案》指出“中国将制定和完善妇女平等参与经济发展的法规政策，确保实现妇女经济赋能”。[②] 在环境气候问题上，女性的经济赋能可从以下维度展开：首先，保障女性灾后就业权利，支持女性创业，特别是绿色创新创业，为女性充分参与环境公共议题提供经济基础；其次，重点关注处于经济弱势地位的女性，尤其是农村地区女性，将减少其应对环境气候灾害的牺牲作为经济赋能的目标和选项；再次，筑牢涉及女性财产权利的法律保护，确保女性享有与男性平等的自然资源权利，例如土地承包经营权、集体碳汇收益分配权；最后，加强环境气候议题领域的性别平等教育，促进女性独立自主发展，积极参与灾前预防和灾后重建。

（2）提供可持续能力补偿。一方面，在环境与气候问题上，女性不仅遭受诸如健康受损等直接的损害，还面临着例如经济、政治、社会上的发展机会被剥夺、遭受家庭暴力等间接的损害。一直以来，这些间接损害往往被忽略，因其难以被量化从而施以必要的补偿。另一方面，当前主要依靠外部援助的帮扶行动面临短期有限、缺少经济支持等困境，缺少内生性的持续赋能动力。因此，有必要研究和提供可持续能力的补偿，加快跟进鼓励女性转业和创业的政策，[③]例如提供有利于女性发展的产业扶持、就业咨询与技能培训。这既增强了女性自我可持续发展的能力，又搭建起社会层面的中长期赋能体系。

在女性的经济地位提升和赋能议题上，必须指出碳中和需要经济结构的系统转型将从

---

① FIONA HARVEY. Climate crisis is increasing violence against women[EB/OL].(2020-01-30)[2022-04-24]. https://www.huanbao-world.com/a/vocs/165883.html.

② 王彩霞，盛燕，李春双，等. 农村女性经济赋能扫描研究报告[R].明德公益研究中心，2021：11-13.

③ 李慧波、高歌.平等、发展、合作：全球女性可持续发展路径探索[EB/OL].(2019-12-11)[2022-04-24]. http://www.cwu.edu.cn/zhxw/738bf6fb9b494643bf791aee5c77c12a.htm.

根本上改变就业市场，例如碳密集、排放密集的传统行业和产业将逐步为高智能、高科技的绿色低碳经济所替代。根据国际劳工组织 ILO 提供的数据，能源部门采取的气候减缓行动将释放和创造 2400 万个就业机会，在很大程度上抵消传统领域的就业损失。[①] 在此种柔性的、智识依托型的新兴绿色产业趋势面前，男性和女性都有机会平等地接触到新的就业机会，甚至高薪的岗位。换言之，“双碳”目标的推进为女性对社会和经济的贡献提供了新的起步点和重新评估其价值的机会。

四、性别平等共创低碳未来的中国作为

为促成女性友好和环境友好之间的良性互动，我国采取了积极行动。1992 年，我国在主办的联合国“关于妇女在环境和可持续发展中的作用”国际研讨会报告中提出，“为了地球的绿色、和平与繁荣，中国妇女愿意与世界妇女一道，不论她们来自何种社会制度、民族血统、宗教信仰，为人类的共同利益和未来而努力”。1995 年 9 月 15 日，联合国第四次世界妇女大会通过《北京宣言》提出明确要求：增强女性赋权，充分发挥所有年龄的女性最充分的潜能，确保她们充分、平等地参加为人人建立一个更美好的世界，并加强她们在发展进程中的作用。此后近 30 年间，中国同世界各国一道，为实现《北京宣言》做出不懈努力。

2020 年“双碳”目标提出之后，中央紧锣密鼓搭建碳中和“1＋N”政策体系，其中加快形成绿色生产生活方式要求“把绿色低碳发展纳入国民教育体系。开展绿色低碳社会行动示范创建。凝聚全社会共识，加快形成全民参与的良好格局。”继而，更为具体的《2030 年前碳达峰行动方案》出台，设立了“绿色低碳全民行动”专项内容，正式开启多元社会主体参与“双碳”目标实施之“自下而上”与碳中和“1＋N”政策体系“自上而下”形成合力的新阶段。与此同时也必须认识到，性别平等共建绿色低碳未来绝非易事，尤其是对于地区差异巨大、传统和现代文化交织的我国而言难以一蹴而就。由此，顶层设计的有序推进和地方层面的积极探索就显得格外重要。

（一）顶层设计：政策与法律

在我国，国务院妇女儿童工作委员会《中国妇女发展纲要》（简称《纲要》）是指导全国妇女工作的重要纲领性文件，目前共发布了四份，分别指导 1995—2000 年、2001—2010 年、2011—2020 年以及 2021—2030 年各段不同时期的妇女工作。1995—2000 年《纲要》仅在卫生保健专题提到通过改善生态环境控制高氟地区对妇女健康带来的伤害；2001—2010 年《纲要》首次将“妇女与环境”作为一个专题，但“环境”属于广义概念，主要目标着眼于改善妇女全面发展的社会环境，欠缺促进妇女参与环保与决策的内容。此后两份《纲要》不断重视且深化妇女在环境保护方面的作用，最新的 2021—2030 年《纲要》的“妇女与环境”专题中，明确将“推动妇女成为生态文明的推动者和践行者”作为主要目标。

地方性的妇女发展纲要也提出了进一步探索妇女与环境的关系，以《厦门市妇女发展纲

---

① 联合国，国际劳工组织.制定适当的绿色经济政策将新增 2400 万个就业机会[EB/OL].(2018-05-24)[2022-12-27].https://news.un.org/zh/story/2018/05/1008622.

要(2021—2030年)》为例，其结合了地方特色，进一步细化了《纲要》的目标和策略措施，如“支持妇女参与生态环境治理，普及低碳发展理念和低碳生活方式，积极参加碳中和、碳减排行动”，鼓励妇女“争做生态文明的引领者、建设者，保持厦门生态美和高颜值”；深入实施“蓝天工程”“碧水工程”“蓝海工程”“净土工程”以持续改善妇女生活的环境质量；探索海峡融合发展新路，充分发挥厦门对台窗口的优势和作用，强化厦台妇女在两岸交流合作中的重要作用。

目前我国暂无同时涉及环境气候问题和妇女权利法律规定。《环境保护法》与《环境影响评价法》中预防原则、公众参与原则与综合治理原则等，为鼓励女性参与提供原则性的规则基础；《民法典》《妇女权益保障法》《反家庭暴力法》《劳动法》涉及妇女权益救济与女性赋能的规定，一定程度上为女性的环保事业参与提供保障。在未来的立法中，应当在实践经验与社会需求支撑下，将结合了女性与环境的跨领域视角纳入考量。

(二)地方实践：以厦门市为例

“双碳”目标是一项社会系统工程，需要地方各级因地制宜予以贯彻落实。环境友好和女性友好的厦门市充分利用其区位优势和良好基础，在高素质高颜值城市的目标定位中勇闯勇创，将碳中和愿景融入当地发展战略、积极搭建平台和制度、开展相关具体行动，并取得了初步成效。

1. 融贯“双碳”目标于城市重大发展战略

在乡村生态保护与经济振兴同步方面，厦门市妇联积极带动农村劳动力主体、农户女主人发挥“她”力量，助力我国的我国乡村振兴、可持续发展和“双碳””目标战略。2022年4月起，市妇联和市农业农村局组成调研小组深入实地开展“乡村振兴巾帼行动”研究走访，了解农村妇女特色产业发展与“美丽庭院”工作建设情况，吸收农村妇女赋权与农村环境整治提升工作的经验。[①] 不仅如此，当地的妇女组织还积极探索变“生态红线”为“生态红利”的模式开展收入相对薄弱村的帮扶工作，例如开发潜在的农林资源，发展“森林之外的关键少数林木”碳汇增补的混林农业。在上述行动中，将农业农村减排固碳与女性发展、乡村景观美化、乡风文化传承相融合。

2. 构建女性参与“双碳”目标的平台与激励制度

厦门市通过妇联组织的互联聚力，鼓励女性积极参与碳汇试点活动与科技实践。2021年11月，厦门市妇联、市科技局牵头组建成立厦门市“碳汇＋女科技特派员联盟”，旨在为全市女科技工作者搭建服务乡村振兴的良好平台，发出倡议号召大家做养护碳汇的践行者、推动者、倡导者，引导市“碳汇＋女科技特派员联盟”成员结对共建巾帼示范基地并定期开展绿色发展科普宣传活动。[②] 在厦门市先行先试的蓝碳交易中，女性学者陈鹭真与团队将交易的额外性和红树林的特征参数融入红树林碳汇计量的交易方法学，为我国探索开展蓝碳交

---

① 厦门妇联.福建厦门乡村振兴正当时，鹭岛巾帼在行动[EB/OL].(2022-04-21)[2022-04-28]. http://www.womenofchina.com/flsy/2022/0421/6442.html.

② 翁华鸿，张谢池.我市成立碳汇＋女科技特派员联盟 探索建立女科技特派员服务长效机制[N].厦门日报，2021-11-05(2).

易、推动海洋碳汇交易平台发展与海洋碳中和试点工程做出贡献。在价值塑造和引领方面，厦门市妇联组织通过有效的激励制度，表彰为环境、气候、减灾事业做出贡献的女性。例如厦门市女环卫工蔡月英，每日负责海沧 60 多条道路的清扫保洁工作，工作量大，任务重，一年四季都在努力提升城市“颜值”，最终荣获 2021 年度全国三八红旗手的表彰；福建省蓝天救援防灾减灾中心总队长陈素珍，积极开展防灾减灾教育培训等活动，被评为第八届全国道德模范。通过表彰的示范和激励作用，在全社会形成爱护自然、守卫环境人人有责的良好氛围和道德风尚。

3. 各个层面开展“双碳”相关的具体行动

激发女性在碳中和事业中的行动力和引领力，从行动做起，从细节做起。在机关建设方面，2022 年厦门市“半边天”的国际劳动妇女节举办的“巾帼建功·一起向未来”论坛采取低碳环保的会议形式，这是自 2021 年 12 月《福建省大型活动和公务会议碳中和实施方案（试行）》颁布以来，厦门市级层面的首个碳中和公务会议，为“双碳”行动机关创建积极开局。此外，在日常的节水型机关创建、垃圾分类落实等方面，厦门市妇联组织以实际行动见成效。在企业引导方面，通过与女性相关的大型活动或行动中，贯彻低碳环保理念，不仅能促进节能减排，还能从实践中、从细节处塑造女性的环保形象，增强女性的影响力、领导力与感召力。其中，巾帼文明岗的可期发挥纽带和桥梁作用，相关探索正在通过与当地高校和智库的紧密结合积极展开。在家儿工作方面，市妇联组织开展“双碳”科普夏令营和低碳研学，将碳中和等积极应对气候变化的理念从机关建设、企业参与扩展到家庭单元等每一层级的社会细胞，以实现代内践行和代际传承。

不论可持续发展事业还是“双碳”目标实施既是一项全社会多元主体参与的系统工程，也需要政治、经济、社会和文化共同支撑以逐步实现的中长期愿景。为此，各级政府应进一步贯彻和落实妇女发展纲要（2021—2030 年）的要求，全面助力我国“碳达峰”“碳中和”目标的切实落地，从而及早建成女性韧性、经济韧性和气候韧性三位一体的现代化国家。

Gender Perspective in the Implementation of Carbon Peak and Carbon Neutrality Goals

Zhou Chen　Zhang Kunying

(Xiam University, Xiamen, 361005)

Abstract: Women's power is essential for achieving carbon peak and neutrality goals. Confronting environmental and climatic problems, women are not only relatively vulnerable and sensitive victims in comparison with man, but also potential contributors to innovative solutions. Based on the doctrine of "Mother Earth", the ideals of a community with a shared future for mankind and all life on earth, and sustainable development goals as well, the integration principle is necessary to be introduced for a gender balance and sensitive analysis in the research, formulation and implementation of policies and laws. Moreover, decision makers should also adhere to the principle of public participation, in ordr to expend women's social function, increase the political function and reshape their family role; adhere to the principle of rescue and relief, by virtue of preventing and responding to the gender risks brought by climate change, improving the health care system and services, alleviating gender violence and discrimination in the climate crisis, enabling women's economic position and sustainable capacity compensation. This progress is highly likely to accomplish the simultaneous benefit of low-carbon society transformation and gender equality promotion. Targeting for positive interactions between a women friendly society and an environment friendly world, the central and local governments are fomulating policies and laws at the top level. With this guidance, Xiamen actively explores the way-out lcoal solutions in aspects of strategies development, platform construction and practical actions.

Keywords: carbon peak and neutrality goals; women power; sustainable development goals; gender equality

公领域性别价值观的浙江实践与反思

黄　彤*

内容摘要：随着男女平等基本国策的推行实施，性别差异的相关问题成为研究的热点。通过对浙江省金华、温州、湖州、衢州、宁波5个市共2211名对象的问卷调查，从两性求职过程中的不平等、对女性价值的认识、女性贫困问题、对女性的尊重及思想观念、农村女性权益保障等5个方面的调研，研究发现女性的求职权益保障与职业自由度有了极大改善，综合能力得到较高的认可。对女性个体性与独立性的认识度提高，女性的价值与社会贡献已开始被认可。农村女性的土地权益较之前有了程度性改善。但仍需要缩减隐性性别教育差异，进一步保障女性教育优势的转化；需要科学设置集体经济组织成员的资格认定标准，消解农村土地性别矛盾，保障农村妇女的农地权益；同时还需要进一步完善性别平等价值观引领下的立法保障体系。

关键词：性别价值观；性别差异；教育；妇女；权益

随着男女平等基本国策的推行实施，性别平等观念相较之前有了明显的变化，但性别价值与现实并不具有当然的统一性。人们对性别平等与否的认知建构具有多元化特点。浙江作为全国经济发达省份之一，女性群体的教育水平、收入待遇等方面有了显著的提升，但反映到价值层面，职业阶层、行业阶层等的差异依旧存在。公领域中的性别价值观所反映的男女两性平等状况的实践，说明男女不平等的现实独立于性别价值观。公领域中的女性社会地位仍需要借助法律、政策等手段加以推行和提升。

一、文献回顾与研究设计

有关性别的研究，研究成果颇丰。在性别之下对某一具体问题的研究是性别研究成果中最为常见的研究方式，具体是在性别的视角下，以特大城市、某省份的案例、近代女性话语权、夫妻财产法、集体智慧、人工智能、公司治理等为具体分析事项，加以研究分析得出相应的研究结论，如传统的性别分工理念在特大城市有回潮的苗头，但实践层面对性别平等的推

* 黄彤，女，浙江师范大学金华市地方立法研究院、浙江师范大学行知学院，副教授，主要研究方向为民商法学。

进已初具规模;基于夫妻关系的特质,应修正民法一般财产法规则在夫妻财产法领域的适用,在离婚经济补偿制度中保护女性在婚姻中的信赖利益与期待利益,赋予婚约中的无过错方利益赔偿请求权,认可家事劳务的经济价值,以保护传统婚姻中的互惠、利他和忠诚的精神,构建和谐婚姻家庭秩序;女性和社会性别角色女性化成员表现出较多的关系定向行为、开放与接纳行为,利于群体气氛建设;解决人工智能性别歧视的方法也有三点:真的技术、善的治理、美的理性,只有实现技术与感性、美与理性的统一,才能最终消除人工智能性别歧视,甚至释放人工智能技术的女性解放的潜能等等。此外,有对"社会性别"进行概念的确立与解构;建议在引进性别顺应这一概念基础上,启动对于性别跨越者的研究,开创对于性别顺应者研究的新视角;通过对性别互动论的研究,重新理解传统的性别阶序及其运作机制,并促成不平等的性别关系发生根本性改变。

有关价值观的研究,与对性别的研究相比不相上下,研究成果亦是海量。可将该研究成果粗略地分为两大板块,一是对价值观的内涵、基本构成、意义与功能、形成、特点与构建的研究,二是对以马克思主义价值观、社会主义核心价值观、法治价值观等为代表的某一具体价值观的深入研究。不论哪一板块,学者们的认识都不尽一致,各抒己见,正所谓仁者见仁智者见智。

有关性别价值观的研究不多,与性别、价值观的研究成果相比,成果寥寥,现有的研究成果以潘宁、徐晓璐的《性别价值观的哲学溯源与现实反思》和张仕平、王美蓉的《性别价值观与农村出生婴儿性别比失衡》为代表。性别价值观关乎性别价值的态度、性别地位的评定等,其在性别价值观之下,却在男女平等价值观之上。研究现状表明在性别价值观下研究男女平等问题存有较大的空间,有鉴于此,本文以经济发达省份——浙江为考察区域,重点考察了性别价值观下公领域的男女平等现状,择定公领域中的职业状况、价值认识、贫困问题、基本权利这四个层面。

在浙江,较之之前,女性在求职或创业过程中待遇开始逐渐与男性持平,女性的职业优势得以彰显。人们开始将女性作为独立个体予以评价,对女性贡献的肯定从家庭私领域开始转换到社会公领域。但是女性的行业差异、职业差异仍然存在,求职过程中传统的行业角色分配导致女性较难进入男性支配的行业领域。在职位晋升、进修等方面较难得到与男性同等的机会。对女性价值认定中虽然肯定了女性的社会价值,但是要求女性承担家务未发生实质性的变化。在乡村治理中,因性别而存在的偏向性分配仍然存在,特别是婚嫁女在土地承包经营权、集体土地征收补偿分配权益方面保障机制不足。

根据前述的研究状况,本文采用调查问卷的方式,辅之以文献资料搜集、参与观察。2021年4月至5月,通过随机抽样的方法,在限定的温州、湖州、衢州、宁波、金华5个市内邀请被访人员在线完成问卷填答,共收回2256份问卷,其中有效问卷2211份,有效率98%[①]。回收问卷的样本基本信息见表1。经过清理与核实确保数据真实且有效,适合作进一步分析。

① 文中的调研数据汇总说明由沈刘袁同学完成。沈刘袁,浙江师范大学法政学院2020级法律专业研究生。

表 1　调查样本的基本状况(%)

浙江男女平等调查问卷样本基本情况					
变量	取值	百分比	变量	取值	百分比
年龄	10～19 岁	1.31	职业	公职人员	7.64
	20～29 岁	37.86		专业技术人员	7.69
	30～39 岁	27.45		学生	3.75
	40～49 岁	21.71		自由职业者	11.31
	50～59 岁	5.79		工人	27.91
	60～69 岁	4.98		公司职员	22.43
	70 岁＋	0.90		无业	2.22
	—	—		私营企业	12.66
	—	—		农民	3.08
	—	—		不便透露	1.31
户籍地	农村	44.60	现居地	农村	47.58
	城镇	55.40		城镇	52.42

二、女性职业领域现状:职场性别平等有了显著提升

(一)女性就业行业增多,从业人数增多

职业状态分布能够很好地反映当前社会两性社会生活的客观状态。调查问卷显示(详见图 1),在有一定学历要求和能力要求的职业中,如公职人员和专业技术人员的男性占比要比女性占比分别高出 0.67 个百分点、0.19 个百分点。相应的男性学生占比比女性学生占比偏高 0.30 个百分点。在学历和综合能力要求不高,带有一定性别优势的职业中,如工人和农民,男性占比比女性占比分别高出 1.53 个百分点、1.84 个百分点。通过数据的比较分析可知,女性在综合技能要求高的职业领域分布已开始与男性逐渐持平,女性的工作能力和价值得到了较大程度的认可,但在传统职业领域,女性由于受性别、传统社会分工、传统思想观等影响,从业数量不及男性。而在自由职业领域和公司职员分布中男性与女性占比呈现均态。女性从业占比数量优势明显主要集中在私营企业,女性企业主的占比比男性企业主的占比高出近 5 个百分点,说明女性对自主创业意愿强烈,在获取企业融资方面难度大为下降,自主创业的成功率、自我认同感等大幅上升。

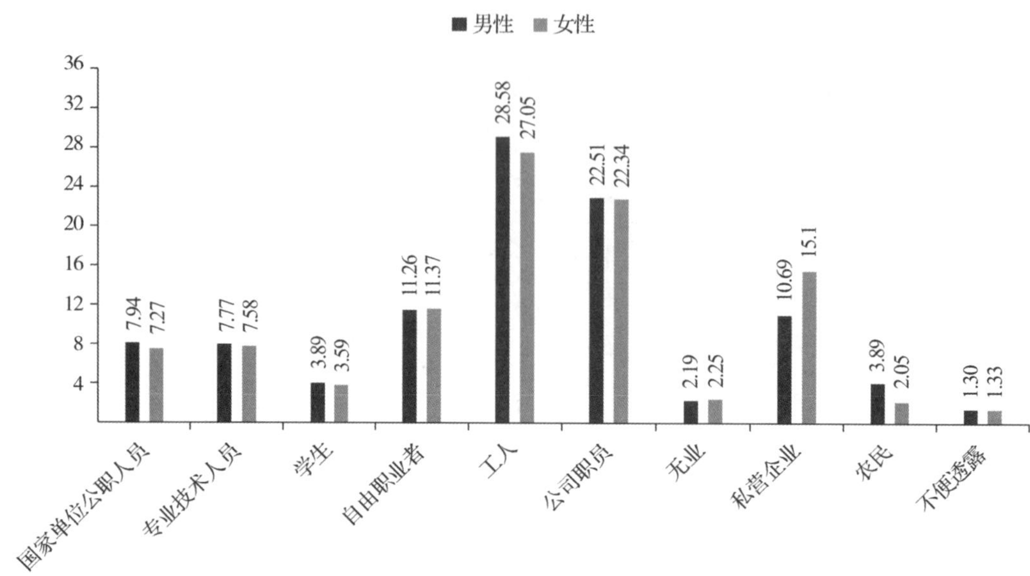

图 1　两性群体职业分布对比图(比例:%)

(二)女性求职状况得以改善

随着时代的发展,思想价值观的多元化,传统女性歧视观念的日益衰落,求职过程中的职业选择与被选择开始呈现性别平等趋向。从调查问卷的统计结果(见图 2)来看,求职或者创业经历在一到五次的男性占比相比女性占比低 1.59 个百分点,而男性在求职或创业经历在 5 次以上的占比则比女性占比高出 2.83 个百分点。数据上可知女性一旦被录用或自主创业后,对职业的坚持度与包容度要强于男性,更倾向于安稳长久的事业发展。女性的感性与理性会使女性在求职或者创业时作更充分的打算从而获得比男性更高的成功率。同时职业领域社会大环境也开始理性地认识到女性在工作方面特有的优势以及比男性更高的职业忠诚度。这也解释了男性在求职或创业中受到发展规划、职业满足、社会评价等因素的影响,更容易对职业现状产生不满,对求职过程中遇到的困难与挫折更敏感,因此男性求职次数和创业次数相较女性偏高。就数据总量而言,浙江地区男女两方在求职与创业的过程中没有太大的数量化差异,相较以往,阻碍女性就业或创业的性别差异在客观上得以大大减小,女性因性别在就业过程的劣势地位得到了很大提升。"女性就业还是较男性困难"这一状况开始向"男女就业平等"靠拢。

但浙江地区女性在求职过程中遇到的性别歧视或性别差异化对待现象仍然存在。诚如学者所言,纵观职场,女性就业还是较男性困难,性别歧视现象仍然比较严重①。有超过半数的男性或女性调查对象明确或潜意识地认为求职过程中仍然存有性别差异对待。对女性的未婚、生育、感性大于理性等认知引发的传统就业歧视继续影响女性求职。这一传统女性就业歧视会因国家三孩计生政策出台存有强化的可能。尽管《中共中央、国务院关于优化生育政策促进人口长期均衡发展的决定》中就配套实施积极生育支持措施作出了八个方面的

① 张晓艳.我国女性就业政策问题探究[J].边疆经济与文化,2017(7):60-62.

决定，但是不能将相关决定转化为立法规定，通过国家强制力予以保障实施，决定就不易全面落地和全面落实。除了对现有的《中华人民共和国人口与计划生育法》进行相应修改外，还需要对现行的《中华人民共和国劳动法》《中华人民共和国劳动合同法》《中华人民共和国妇女权益保障法》等法律法规进行相应修改，通过立法确保女性劳动权益。两性求职经历次数对比数据、求职是否遭遇性别差异对待情况，详见图2、图3。

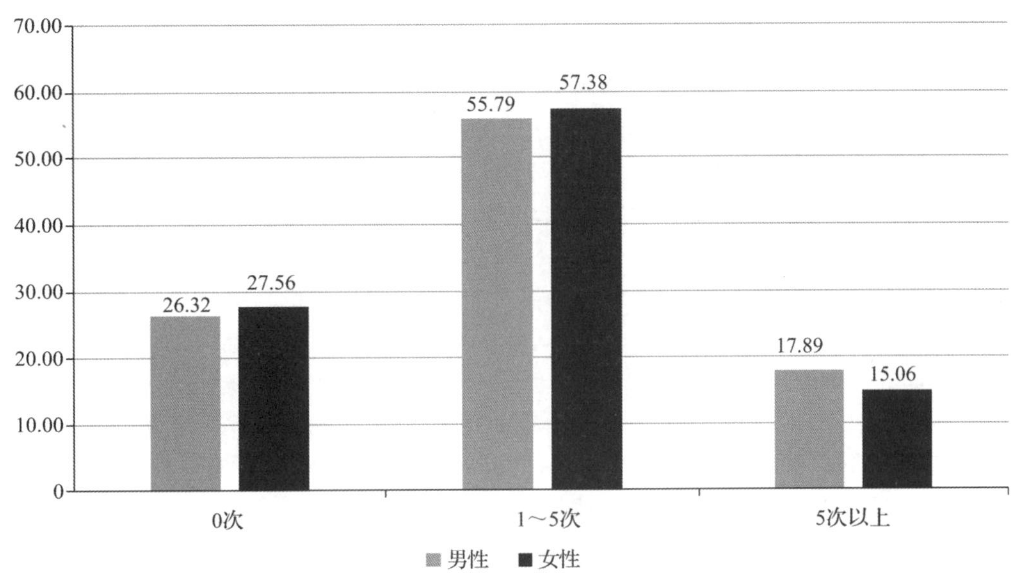

图2　两性求职经历次数对比图(%)

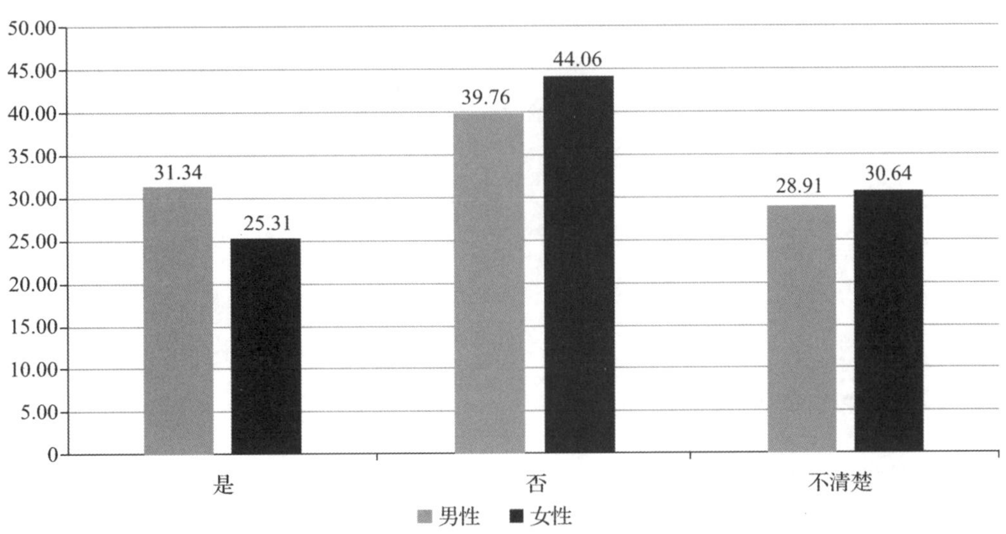

图3　求职是否遭遇性别差异对待对比图(%)

三、女性价值社会认可度:个体性得到承认和尊重

(一)女性社会价值得以肯定

对女性工作能力和劳动能力认可是检验一个社会对女性肯定程度的重要指标。本次新冠肺炎疫情就是对女性价值及其相关社会评价的实时检验。在抗击新冠肺炎疫情的过程中,女性医务人员的比例达到三分之二以上,有的地区甚至高达九成之多。在调查访问过程中,有超过50%的调查对象认可女性固有价值贡献和女性对社会责任的承担能力,认为女性劳动价值不低于男性劳动价值甚至相比男性劳动价值更高。对女性劳动价值的肯定不再被男强女弱、男尊女卑的思想所桎梏,能用客观理性的眼光看待两性问题,意识到女性在当今社会中无可替代的价值。

根据图4的问卷数据,约21.53%的调查对象认为女性劳动对家庭生活和社会发展没有价值,不承认女性劳动的价值性;有约30.57%的调查对象认为女性劳动对家庭生活和社会发展有一定价值,与男性劳动价值相当;也有约22.93%的调查对象认为基于女性在人类文明发展中的特殊意义,其劳动或将比男性劳动更具价值;约13.16%的调查对象认为对女性劳动价值的判断要视具体情况而定,约11.80%认为劳动价值的高低与性别无关,价值评价的影响因素应该是个体差异而不是性别差异。调查数据显示,随着女性择业更为积极主动,择业范围的扩大,女性的劳动价值已经被社会肯定,性别因子对女性劳动价值的评判逐渐衰微。在推行男女平等的国策背景下,时下女性劳动价值与男性劳动价值相比较,已呈现出真正意义上的"妇女能顶半边天"。

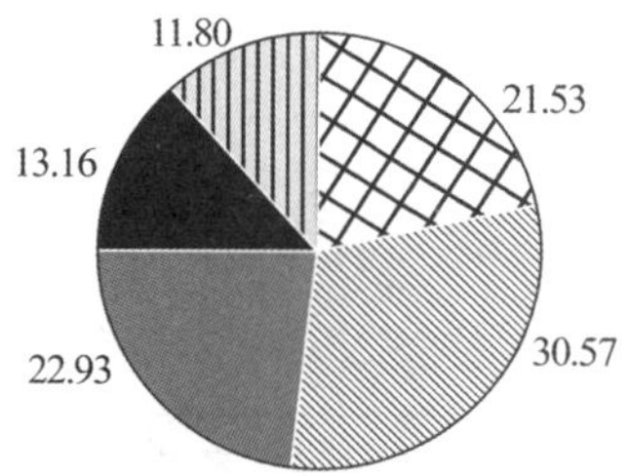

▨没有价值 ▧有一定价值 ■相比男性更具价值 ■视具体环境而定 ▥价值高低与性别无关

图4 对女性劳动价值的看法和评价(比例:%)

(二)对女性个体性认知的提升

在对女性能力认同一问中,职业发展状况、人际交往和思想观念这三项能力居于前三名,对女性能力的认同更为注重女性本身的事业状况、所拥有的社会资源及女性自身的精神文化。这三项能力对于单身女性而言,不仅使其实现包括经济在内的社会性独立自主,而且对于包括赡养父母在内的家庭义务履行提供了夯实的物质基础。已婚女性重在对家庭整体贡献的增加,这一贡献增加可具象化为家庭经济的增长,子女教育、就业等问题的妥善解决,以及通过妥当解决家庭事务增进和睦家风等。旧式的持家能力、生育能力逐渐被摒弃。越来越多的人意识到女性个体的独立,理解女性独特的社会价值,历史的偏见开始消解,人们

不再偏执于女性单一的繁衍价值和人身依附性。甚至有小部分调查对象选择了两性互相协作的能力和女性实现自我理想的能力,站在性别平等的立场判断当代女性能力,将女性作为两性平等的因素等,在承认女性独立个体性的基础上,倾向于男女两性的平等与独立。对女性能力认同数据见图 5。

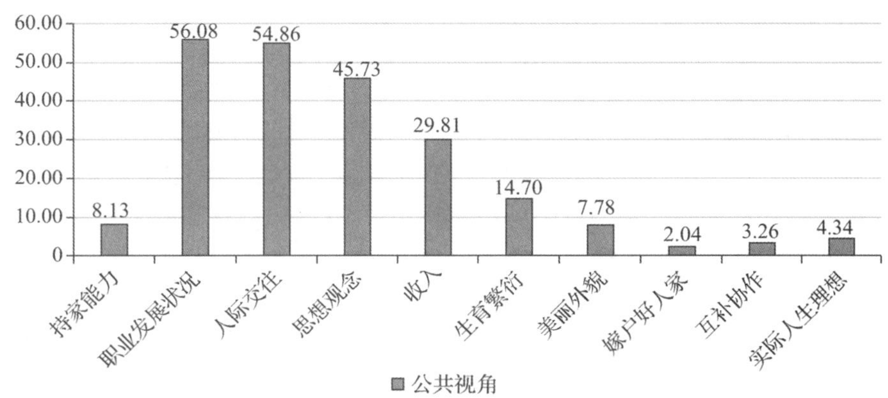

图 5 对女性能力认同状况分布图(比例:%)

(三)对女性价值观念的改善

本次调研的主要受访人群处于 20 周岁~50 周岁年龄段,属于 20 世纪七八十年代出生至 21 世纪出生的人口。受访人群中既有我国实施改革开放政策的第一批受益者,又有社会发展成果的第一批惠及者。随着社会发展,社会的主要矛盾从人民日益增长的物质文化需要与落后的社会生产之间的矛盾转变为人民日益增长的美好生活需要与不平衡不充分的发展之间的矛盾。主要受访人群教育权实现程度高,国内国际教育资源互通,思想多元化,社会保障机制日趋成熟。在此影响下,性别价值观被深刻融入了"平等"要素,相较以往,主要受访人群能对女性的全面发展与男女平等做出较为理性的思考以及真实的评价。加之男女平等基本国策的引领,物质财富的日益丰富,女性在社会中原有的劣势地位有了很大改善。教育的普及和学历的提升在促进女性全面发展和男女平等方面取得了明显的功效。调查结果显示,人们对女性价值的认识已不再是局限和狭隘的,其认识的广度和深度有了显著的提升。承认女性的价值具有社会普遍性,对女性价值的内涵也有了更加深刻的理解,开始把重点转移到女性的职业发展、人际交往和思想观念上,传统的生育、嫁娶和外貌方面的认同率呈现小众化。由此说明,社会逐渐以平等客观的态度与眼光来看待女性个体及她们的价值。

四、当代妇女的物质基础:经济收入的提升

调研结果显示,在收入方面男性两极分化现象相较女性更加显著。在人均收入方面,调查结果是中间大两头小,女性群体的收入比男性群体的收入更趋向于中间级。男性月薪在 1500 元以下和在 10000 元以上的比例会更大,两极分化相对更加显著。数据说明,恩格尔系数以 30%为分水岭,30%以下女性居多,30%以上男性居多。当代女性贫困问题相较于男性轻缓,女性有了充裕的时间、精力和财力花费在学习、培训、娱乐和事业上,有财务自由

和财务保障。相较2020年浙江省人均可支配收入52397元，男女两性的收入状态分布和总计的收入状态分布均在月薪5000元上下，呈现出均衡的态势，意味着当前社会在消除贫困与全面小康的基础上基本实现了男女平等。女性在职业分布与经济地位上没有非常明显的弱势，一直以来的女性贫困问题开始得以逐渐消解。经济地位的提升为女性全面发展，争取个体独立与自主奠定了厚实的物质基础。

进一步分析调查结果，结合女性群体的职业分布状态，可以得出：当代女性收入水平提升与个人能力加强是两个相互促进的因素。如今社会女性经济地位的显著攀升主要得益于社会制度的健全与受教育水平的提高。根据调查结果显示，女性公司职员从业比重人数占比较大，虽未超越工人职业，但已是不断趋近，有望赶超。女性担任企业家、个体工商户等较多，还在两性对比上以显著幅度超越了男性，当代女性更倾向于依靠脑力劳动来获得经济收入。这说明，工业作为国家经济命脉仍需要相当数量的劳动力投入，但是随着社会的发展，人们正在从纯体力劳动中渐渐脱离出来，女性脱离进度更快一些。教育水平和人均学历的提升帮助女性可以依靠自身力量选择自己理想的工作，使得脑力劳动成为女性除工业劳动以外的主要经济来源，在提高收入的同时提高岗位满足感和自我成就感。与此同时，经济收入提高，恩格尔系数降低，带给女性的优势不仅存在于表象，更是对其未来的长期发展产生了深远的影响。物质水平的提升和经济地位的改善，使得女性有更多投资自己的空间。女性可以用富余的时间和精力，不断增长的经济储蓄，对自己的学历、专长、素质等各方面的社会生存技能再“精加工”，不断提升在生活中与岗位上的优势。职业结构优化带来逐渐加强的经济优势，经济优势又带给了女性谋生技能再回炉的空间，从而更好地优化职业结构，这是以受教育水平和人均素质提升为起点的，以妇女全面发展为核心的良性循环。两性收入分布对比和一日三餐支出占工资的比重对比数据见图6、图7。

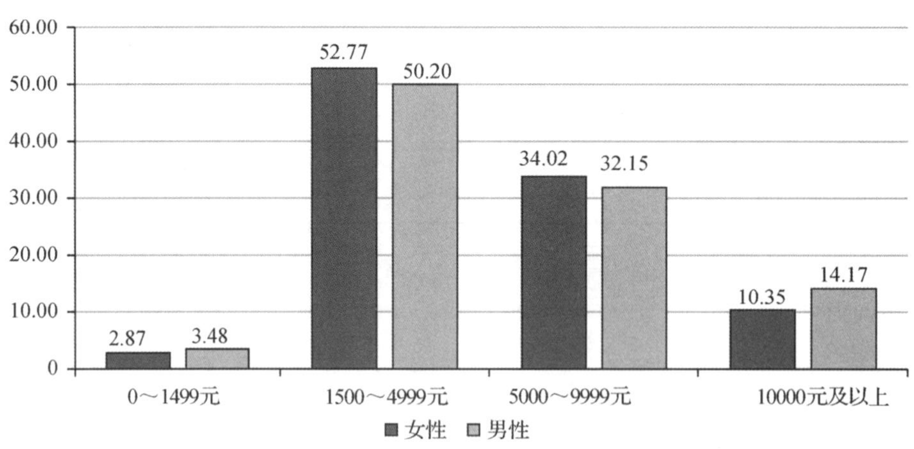

图6　两性收入分布对比一览图(比例:%)

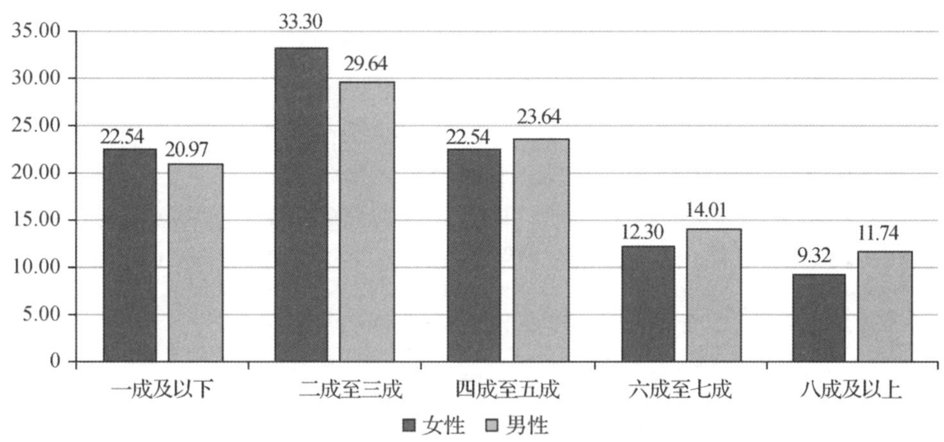

图 7　两性一日三餐支出占工资的比重对比图(比例:%)

五、基础性权利自由度:农地权益的不足

(一)家庭继承方面基本实现男女平等

图 8 的调查数据显示,发生家庭财产继承时偏向男性的约 25.60%,偏向女性继承人的约 31.43%,可见家庭继承中存在性别偏向的在男女分布上已处于较平均的状态,甚或偏向女性会更多一些。女性成员在代际领域中的家庭地位不再是居于家庭男性成员之后。女性继承权与男性继承权的平等开始从"纸上之法"变成为"行为之法"。《中华人民共和国民法典》规定的"继承权男女平等"在不断打破"传子不传女"的传统陋习。遗产继承上,单纯的性别导向越来越弱化,男女性别不再一如既往地成为家庭财产继承中的偏好选择。传统的只有男性才能作为家族继承人的思想有了很大改观,女性对遗产的获得开始得到承认和尊重。

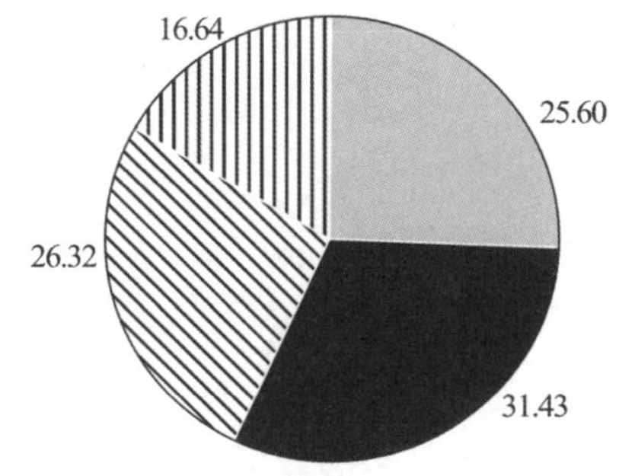

图 8　家庭财产继承状况分布图(比例:%)

社会发展与进步使女性在受教育水平上和人均收入上双双提高,也在不同程度上推进着女性继承权权益的回复与保障。女性入学率的增加,女性受教育权实现程度的提升,女性就业状况的不断改善等,随之带来的是女性更多的知识储备和更为丰富的社会阅历。女性

的人生观、价值观日趋多元化，而法治环境的不断完善，不仅强化了女性维权意识，而且为女性维权提供了信心与能力。收入水平的提高、经济实力的增强使女性在家庭经济功能发挥上的作用日益明显，为女性在家庭话语权的获得奠定了基础。调查对象集中在20岁～50岁年龄段，相当一部分人受到独生子女计划生育国策的影响，单个子女也是导致在家庭财产继承上逐渐忽视继承人性别的一个原因。独生子女计生政策，会在一定程度上客观地缓解性别歧视者或者思想老派者的性别障碍。我国三孩生育政策的出台实施，是否会影响到女性继承权的实现，又有可能出现“男尊女卑”“传子不传女”的回归，目前不可知。

(二)女村妇女的土地权益存有性别导向的偏向性分配

进城务工、定居城市等选择，一度出现农村人口明显流入城镇，但随着城镇化、合村并居等政策的实施，农村土地价值不断上涨，农村社会保障和社会福利制度不断健全，加之故土情结等，农村人流入城市的幅度明显减少，甚至出现了一定程度的人口返流。调查中，男性样本共1235份，农村与城镇户籍数量分别为557和678，现居地数量分别为591和644，人口回流率约2.75%；女性样本共976份，农村与城镇户籍数量分别为429和547，现居地数量分别为461和515，人口回流率约3.28%，相比男性高了约0.53个百分点。女性比男性的人口流动呈现出更为明显的农村导向。

乡村治理一直是基层社会治理的关键所在，但土地性别矛盾一直存在。《中华人民共和国民法典》《中华人民共和国土地承包经营法》《中华人民共和国妇女权益保障法》等法律虽明确规定了农村妇女的农地权益，但是性别歧视的传统习惯、区域综合实力的差异化均对农村妇女特别是外嫁女的农地权益造成了差别化性别歧视对待。调查结果显示，有约46%的调查对象表示在其居住地区会对外嫁女和新嫁入的媳妇区别对待，土地承包经营中的资格权没有明确的认定指标。农村女性在婚嫁后，有11.67%的调查对象表示在她们的了解中女性会丧失土地承包经营权，不是法律意义上的权利消灭，而是乡村自治中对其权利的剥夺。不论是在原住地还是新居地，这部分女性将会一直处于一种“无权”状态，从而在一定程度上反向刺激该部分女性家庭地位和社会地位的再降低，形成恶性循环。与此同时，调查数据表明农村女性能够在不同形式上获得集体土地被征收的补偿款分配，只有13.16%的调查对象明确表示女性婚嫁后得不到补偿款。农村女性土地权利之本村土地承包和土地征收补偿款分配现状见图9、图10。

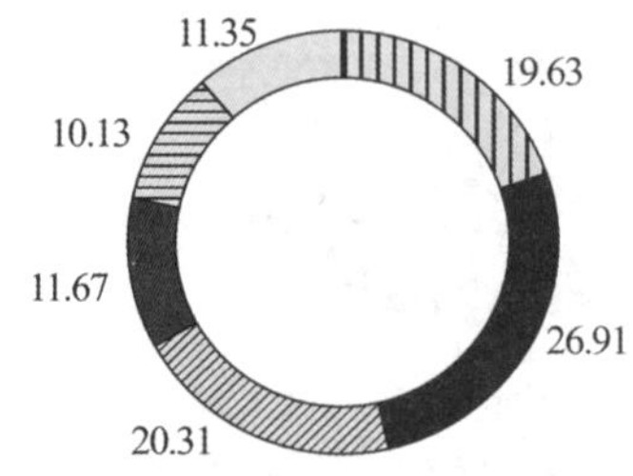

外嫁女不可承包而新嫁入的媳妇可以承包　外嫁女可以承包但是新嫁入的媳妇不可承包
都可以承包　都不能承包
都可承包，与身份无关　不清楚

图9　农村女性土地权利之本村土地承包现状(比例:%)

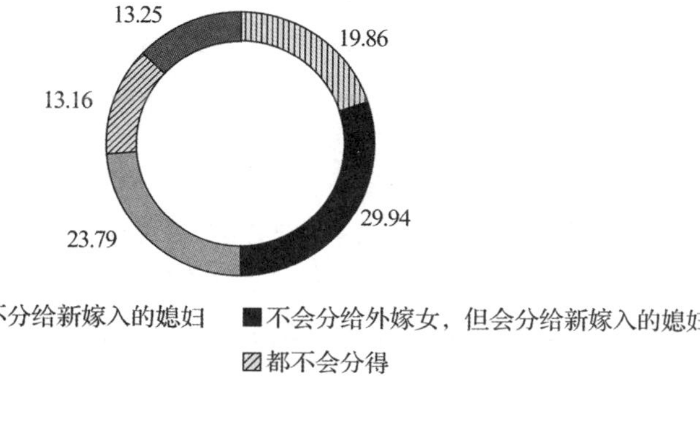

图 10　农村女性土地权利之土地征收补偿款分配现状(比例:%)

农村妇女特别是外嫁女的农地权益，还存在着传统习惯绑架法律权利的现象，但需要肯定的是，农村女性的土地权益正在向着物权实权的方向发展，接下来需要进一步加强党组织对自治、法治、德治相结合的乡村治理的领导，推进乡村法治建设，提升乡村德治水平，继而从根本上去除土地的性别矛盾。

六、结论与思考

"妇女能顶半边天"在中国特色社会主义新时代中的含义是女性同样是实现中华民族伟大复兴梦的中坚力量。两性共同建设社会，创造历史。两性关系不是冲突对抗的关系，而是融合共生，同向共行。浙江性别价值观的实践说明，明确女性在当下社会生活中的普态，消除不合理的性别差异，将有助于进一步落实性别平等国策，确保实现"十四五"规划纲要中妇女的全面发展和男女平等的目标。针对社会生活公领域中不合理性别差异的消除，我们可有如下思考：

(一)缩减隐性性别教育差异，保障女性教育优势的转化

教育是社会生活公领域、家庭生活私领域以及精神生活领域的媒介。随着九年制义务教育的日渐普及，性别教育机会的差异虽然在缩小，但其隐性化的差异程度有拉大的趋势。《中华人民共和国教育法》是规制各级各类教育的基本法律，该法的第 9 条规定："公民不分民族、种族、性别、职业、财产状况、宗教信仰等，依法享有平等的受教育机会。"第 37 条规定："学校和有关行政部门应当按照国家有关规定，保障女子在入学、升学、就业、授予学位、派出留学等方面享有同男子平等的权利。"女性教育在教育平等、教育公平的要求下，应被贯穿在教育事业的始终。

女性对社会主义现代化建设做出的贡献举足轻重，要明确女性是文明社会的主人，在承担社会发展历史重任的同时，其相应的权利和自由同样应该得到保障。坚持教育公平，全方位落实性别平等国策，在体现国家意志的妇女权益保障上，进一步落实家庭教育和学校教育中的女性教育。就女童入学率、升学率问题，仅靠政府的干预，媒体的大力宣传是不够的，应

该多管齐下。从教育本身出发，因地制宜，有针对性设计属于不同区域、不同民族等女童教育内容，除了基础知识的学习，还应包括贴近女童自身生活的知识和技能。从父母家庭固有的思想观念出发，不仅要改变父母家庭对女童教育漠视与不重视的状况，而且还要对因此而受到影响的女童自身的思想观念进行转变①。此外，改善教育的硬件与软件亦属必要，特别是在采取吸引、激励女童就读的措施、手段乃至政策上应具有持续性与长期性。

教育是获取社会资源、提高社会地位的重要手段。浙江省的实践证明，浙江地区女性现今受教育程度有了显著提升，女性在教育中获得的优势可以有效地转化成经济、社会、文化等方面的优势，但是这并不意味着女性在教育方面所取得的优势已经彻底改观了女性在科学研究、就业、婚姻家庭等方面的性别不平等。联合国教科文组织颁布的《教育的性别平等世界图集》(World Atlas of Gender Equality in Education)指出，虽然女性在很多国家高等教育中占居多数，但获得高等教育的女性并没有获得与男性同样多的职业发展机会，包括博士毕业后从事研究工作的机会②。高等教育中女性的数量优势并未转化到劳动力市场，尤其是在领导和决策岗位。

教育水平作为社会发展水平的重要指标，教育发展的成果是社会发展成就的核心要义之一。教育性别平等，不仅是指受教育机会的性别平等，而且还应包括教育成效与教育收益的性别平等。将性别平等价值观借助立法手段具化为各类制度规则的同时，政府应采取切实的措施保障劳动工作领域中的性别平等，特别是要注重劳动工作岗位的性别平衡，当男性或是女性员工比例过低时，要用公权力积极干预企业、公司等的员工招录③。在国家三孩生育政策实施过程中，要落实父母双方的带薪育儿假，特别是父亲的带薪假，使其能有更多的机会参与对孩子的养育、照料和对家庭的照顾。同时也为母亲接受进修教育、技能培训、攻读学位等提供便利的机会和可能。北京、湖北、江苏、河南、浙江等地政府开展的小学生暑期托管服务，为增加女性学习和工作机会提供了范例。此外，学校教育要加强对课程、专业、学科等方面的性别差异引导，进一步消除教育特别是本科以上高等教育中的性别隔离，为更多女性选择和加入科学与技术领域创造条件。

(二)消解农村土地性别矛盾，保障农村妇女的农地权益

农地权益关涉着农村妇女的民生，但是乡村治理中传统的分配性别偏向使农村妇女土地权益平等不够充分。浙江实践充分说明，法律与实践对土地承包经营权以户为单位的权利主体设定，使农村妇女的土地承包经营权被隐形，缺失法律凭据的支撑。妇女虽在法律上享有名义上的土地承包经营权，但实际因婚姻、血缘等原因不能充分或不能根本享有土地承包经营权。在土地确权中随着以户为单位的土地承包经营权的进一步固化，农村妇女的土地承包经营权有名无分的状况加剧。我国民法典、土地管理法等规定，有权申请宅基地的应为本集体经济组织成员，但对于集体经济组织成员如何认定，一直以来缺乏统一而权威的认定标准。传统做法仍是以户为单位，婚姻家庭长久以来的“从夫居”居住模式，使农村妇女仅作为一个影响因子而存在，很难真正意义上取得宅基地使用权。

---

① 王舟.我国女童教育研究的方法论困境[J].兰州大学学报(社会科学版)，2011(9)：155-158.

② 刘江，万江红.中国的女性教育优势被低估了吗？[J].中国青年研究，2020(9)：113-119.

③ 谢增毅.德国妇女劳动权保护的立法与实践[J].中国社会科学研究院研究生学报，2012(7)：61-63.

集体经济组织在农地收益分配中，其决策流程欠缺规范化，在进行决议时更多是以户为单位，以姓氏宗族为联盟，单个个体鲜少成为参与对象。由此农村妇女意愿基本上不会被考虑，农地收益的享有就会被忽视。参与集体土地征收补偿费用的分配等权益关键在于对集体经济组织成员资格的界定，实践中组织成员资格的确定更多是以户籍为主要标准。农村妇女因婚姻、参军、上学、就业、收养等会出现人户分离。村民会议或村民代表会议对处于此种状况的农村妇女是否属于本集体经济组织成员进行表决时，会产生不同的表决结果，继而直接影响到农地征收补偿费等权益。

法律抑或实践层面，农村妇女作为土地权利主体终是被掩盖在“家户”面纱下，“家户”成为农村妇女土地权益公私法保护的症结之一。农村妇女作为土地权利主体的实际缺失，仅是名义上享有农村土地的权益。立法没有对集体经济组织成员资格认定予以明确的界定，而实践中村集体通过乡规民约对集体经济组织成员资格的认定大多数有悖民法典规定的平等原则。司法实务中各地方高级人民法院对集体经济组织成员资格认定有自身的评判标准，但评判标准不统一，集体经济组织成员资格认定缺失立法规范。

为此，根据实际，需要打破家户传统，遵循民法典中对民事主体的法定分类，根据对合伙、独资企业、婚姻家庭等相关立法规定的立法精神及其内涵，对“家户”进行解消，立法上确立农村妇女土地权利主体地位，确保农村妇女土地权益公私法保护的基础。可借助共有制度来架设土地承包经营权与宅基地使用权的具体规则。完善土地承包经营合同，在不动产登记簿上记载权利人、权利内容、地块信息等，明确农村妇女的名字有资格且有权被记载在不动产登记簿上。从源头解决农村妇女土地权益问题。以户籍为连接点，考虑人与土地的密切度，对集体经济组织成员资格设定统一的认定标准，使其规范化。对乡规民约进行规范与控制，落实司法审查，发挥物权立法对乡规民约的约束功能与纠错功能。明确乡规民约或依据乡规民约做出的决议损及农村妇女土地权益时的司法救济途径，以此确保农村妇女作为独立主体参与农地管理、分配等决策，分享农地收益与补偿费等。

(三)性别平等价值观引领下的立法保障体系的进一步完善

目前我国已制定颁布了以《中华人民共和国宪法》为核心系列法律法规，有《中华人民共和国民法典》《中华人民共和国妇女权益保障法》《中华人民共和国劳动法》《中华人民共和国劳动合同法》《中华人民共和国教育法》《女职工劳动保护特别规定》《中国妇女发展纲要和中国儿童发展纲要》等，在立法层面保障性别平等价值观得以确立，确保女性受教育权、生育权、劳动权、财产权、人身权等的取得、享有、行使及保护。立法为女性所规定的这些权益彼此之间相互联动，女性教育程度越高，回报率就越高，女性能从工作中获得更多的资源，同时女性在工作中更加重视自我价值的实现与肯定，更加注重从职业中所获得的成就感，自身个体价值得以被社会认可，女性对非传统的性别角色观念会愈发支持，由此就会根本触动女性在家庭、在社会的分工及地位①。浙江实践可以证明这一点，浙江省政府在积极干预性别差异、性别不平等方面出台了不少的举措，有《浙江省实施〈中华人民共和国妇女权益保障法〉办法》《浙江省人民政府关于进一步做好普通高等学校毕业生就业工作的意见》《浙江省女职

① 李慧，刘琪.性别平等视角下瑞典女性高等教育的发展特征及启示[J]，扬州大学学报(高教研究版)，2019(3)：9-17.

工劳动保护办法》《浙江省集体合同条例》《浙江省人民政府关于做好当前和今后一段时期就业创业工作的实施意见》等，结合浙江省的实际，保障女性权益的进一步落实。但是这一状况并非全国态势。经济基础决定上层建筑，省份之间因为经济发展水平的差异，纸上之法能否成为行动之法，政府必要、适当的干预很是关键。政策与法律法规相结合，能够形成良好的性别平等价值观的导向机制，有利于进一步践行性别平等价值观，实现性别之下的公平与公正。

国家三孩生育政策的实施，将直接影响到女性的教育、就业、工作等各方面的权益，最终会导致个体间社会经济水平的差异。性别平等价值观引领下的立法保障体系应注意两个基础事实，一是男女两性生理差异的客观存在，二是男女两性社会性别差异的现实存在。鉴于男女两性生理差异，适当为女性的特殊生理需求提供保障实为必要。特别是三孩政策下，父母双方的产假或是育婴假应该得到立法的明确规定。与此同时要进一步完善我国的生育保险法规与政策，要求用人单位、雇主等落实为女员工购买生育保险的责任。国家应进一步加强财政补贴扶持生育政策保障，扩大生育保险的适用范围①。在劳动就业方面，还需要尊重女性职工的主体性，对女性的保护应该是适度的，保护不足或是保护过度都会造成女性就业的不利。男女两性社会性别差异，不仅需要清醒直面，而且还需要主动采取各种措施予以纠正。针对行业隔离、职业隔离、职业层次隔离、性别偏向性分配等，政府要正视两性差异受传统性别文化习俗与思想观念的负面影响，并积极干预。截止到2018年底，全国各省（区、市）建立了法规政策性别平等评估机制，各地积极探索符合本地实际的评估方式与方法。对背离宪法规定的男女平等原则的法规政策等及时进行纠偏，确保法规政策体现性别平等的理念。实行层级制纠偏，特别是针对基层治理中的乡村治理，应明确村民自治应在坚持党的领导下，以《中国共产党农村基层组织工作条例》《中华人民共和国村民委员会组织法》《中华人民共和国乡村振兴促进法》等为依据开展，将党建工作与扫除歧视妇女的传统性别文化观念与移风易俗等农村文化建设、政治建设、社会建设等相结合，传承发展中华民族优秀传统文化，打造乡风文明的新气象。在新一轮的农村土地制度改革过程中，确保农村妇女土地权益。

Reflections on the Values on Gender in Public Spheres Based on Survey Research in Zhejiang Province

Huang Tong

(Zhejiang Normal University, Jinhua, 321004)

(Law School of Zhejiang Normal University Xingzhi College, Lanxi, 321100)

Abstract: With the implement of gender equality policy, doing research on gender gap sees probably the best loved important issues. By interviewing with 2211 respondents, a questionnaire is conducted in five cities such as Jinhua、Wenzhou、Huzhou、Quzhou and Ningbo in Zhejiang province, concerning questions ranging from occupational prejudice, assessment of female values , women in straitened circumstances , understanding of respect-

① 姜秀花，马焱.男女平等价值观研究[M].北京：人民出版社，2020：342-352.

ing women to the guaranty of rights and interests of women in rural areas . The research findings shows that both job search and job mobility are improved, which witnesses that women's comprehensive capacity has been accepted popularly by society. In addition, awareness-raising of independence for women and female individualism is a testament to women's values and their contribution to society. Measures should be taken to establish the identification standard of members of collective economic organizations, so as to eliminate discrimination against women in land titling. Women still lag unnoticeably behind men in education, a gender-related disadvantage given that their access to education is nearly equal. What's more, to achieve remarkable achievements in the legal system characterized by gender equality will require much more time and effort.

Keywords: the values on gender; gender gap; education; women; rights and interests

性别与文史

Gender and Literature & History

Women/Gender Studies

20世纪五六十年代中国文学中的空间与女性劳动[*]

宋尚诗[**]

内容摘要：用空间的性别视角来检阅20世纪五六十年代的中国文学时，会发现它向读者勾画了一系列带有性别规范的空间。妇女若要改变空间的性别约束，则需走出私室，摆脱家务对女性的限制和束缚，将自己的劳动挥洒进集体空间。在这一时期的文学内部，被认可的女性劳动一定是发生在集体空间中的集体劳动，私劳动是被否定的。而达成这一观点的叙事载体又总是处于空间转变（里→外）的女性，乡村公共食堂、城市街道食堂、托儿所、里弄生产队等空间形态遂成为故事的发生点。

关键词：十七年文学；空间；女性；劳动；集体

当谈论20世纪五六十年代中国文学中的"空间与性别"的关系时，可能会邂逅一系列问题，因为这一时期的文学伴随着新政权的建立，逐渐有了新的面目，其"构成性规则"[①]也在初步生成，这带来某些新的叙事伦理和法则。比如，在这一时期的文本编码过程中，空间与女性之间的关系是如何被赋予的？妇女都处于什么样的空间内？处于不同空间的妇女形象又有怎样相应的不同？这一时期的文学是如何表现父权对妇女空间的规范和限制的，等等。本文会回应上述疑问，并在此基础上，讨论空间和主体性的交相作用：妇女被允许将她们的自我感觉混进集体空间之中，一个人在哪里与谁做什么因此成为问题的关键。

带着空间的性别视角去阅读，读者会很自然地发觉女性劳动与空间的关系问题，因为女性的劳动总处于两类不同空间，一类是私性的家屋空间，这类劳动属于家务劳动（私劳动）；另一类则是集体空间[②]，这类劳动属于公共劳动，又大多表现为家务劳动的社会化，换言之，是对前一种劳动的社会性升华。这一时期文学表现出了对这两种劳动的鲜明褒贬。一言以蔽之，劳动的合法性依赖于劳动所在空间的集体性。

---

* 本文为扬州市"绿扬金凤"优秀博士计划项目（项目编号：137012352）成果，并得到中国国家留学基金资助。

** 宋尚诗，男，扬州大学文学院讲师，主要研究方向为"十七年（1949—1966）文学"。

① 朱寿桐．中国和世界的1950年代：汉语新文学"构成性规则"的初步发现[M]// 转折时代的汉语文学．上海：上海人民出版社，2021：9-20．

② 集体空间大致可分为两类，一是生产性空间：在居住区内建小规模的加工厂，为家庭妇女提供集体劳动场所，《万紫千红总是春》（1960）、《春暖时节》（1959）、《沙桂英》（1962）的关键情节大都在此类空间中展开；二是生活性空间：公共食堂，托儿所之类，为参加集体劳动的家庭妇女解决家务劳动的负担，《李双双小传》（1960）、《太阳从胡同升起》（1960）、《吃饭不要钱的日子》（1959）等作品均有涉及。

一、“大门以内的每个角落”

> 凭良心，她这个“小脚婆婆”算够把家了，一双小脚差不多每天都要踩遍大门以内的每个角落。媳妇将柴在院子里掉下一根，她都要捡起送到灶火跟前。①

这是《种谷记》中的两句平凡描述，作者对空间范围有精确的强调，而它恰好与性别关联起来：“大门以内的每个角落”是属于“小脚婆婆”的活动范围，大门外的广阔世界则与她毫无干系。空间影响着性别的结构性配置：社会关系（地位）在“大门以外的广阔世界”初步成形，而将该种社会关系进行再生产和巩固的空间则属于“大门以内的每个角落”。

位置感的追求隐含着女性在空间方面的诉求，对空间位置的小心翼翼反衬女性如履薄冰的处境，空间位置决定人的具体境况。唐克新的小说《沙桂英》体现了这一点。丈夫在世时，客厅的性别是男性的：沙大妈本来也对公共事务感到好奇，但最终还是自觉回避男性所占据的“工作空间”：“沙大妈并不是个多疑多虑的人，她觉得男人们有男人们的事。”②看起来，这是空间的性别让渡，但问题不止于此，在丈夫牺牲，女儿成为新时代的新型产业工人后，沙大妈依旧保持这样的习惯，即“一听是谈工作”，便自动让出空间。

由此可见，女性的空间位置的让渡不光是针对男性，当女儿成为公共劳动的一员，牵涉到社会主义建设等宏大叙事时，旧时代的年长女性依旧会“退避三舍”。空间性别的潜在对话者其实是宏阔的公共性空间。女性需普遍闯入这样的空间，空间的性别捆缚才会有所松绑。从沙大妈到沙桂英，母女二者占据的位置截然不同，我们看到时代演进中的辈分与性别的微妙位移。女儿沙桂英在新时代下，已进入了曾经由男人们占据的空间，但众多像沙大妈一样的母辈该如何面对时代的切换呢？这一问题在后面讨论茹志鹃的短篇小说时，会做出回应。

在《山乡巨变》中，当离了婚的刘雨生晚间从乡政府回到自己的空房时，遭遇了这样的情景：“一走进门，就闻见一股饭菜的香气，烟子熏得一屋都是的。他吃惊不小，连忙跑进灶屋里，只见灶里的火烟还没有熄灭，红焰闪闪的，映在灶口对面的竹壁上，汽在锅里的饭甑，正在冒热气。……他看见床上的被窝跟枕头袱子，都洗得干干净净，方桌子上放一叠洗好浆好的衣裳。”③他的茅舍在各方面都发生了变化，作者不仅写到空间的气味、色彩、温度；还留意到了茅舍中的日常生活秩序的重新建立：被窝、枕头与衣裳都各归其位——这些细腻的打点与照料同享一个特点，即它们均是在生活空间内部循环——这么安分守己，秩序井然，它们不指向外部空间。当刘雨生为农业合作社的大事奔波一天，回到家中等待和接纳他的是带有永恒意味的女性气质的空间。

---

① 柳青．种谷记［M］．大连：光华书店，1947：7.

② 唐克新．沙桂英［J］．上海文学，1962(2)：14-32.

③ 周立波．山乡巨变［M］// 中国新文学大系（1949—1976）：第四集．上海：上海文艺出版社，1997：266.

可以借用张爱玲在《自己的文章》中对“妇人性”的定义：它们不强调人生飞扬的一面，而落脚在人生安稳的一面。即使在日新月异、摧枯拉朽的革命年代，1949—1966 年期间的小说依旧难以完全躲避日常生活中不经意间点缀起来的温馨与安逸。《山乡巨变》通过一瞥的空间变换，便流露出空间鲜明的妇人性。所以，刘雨生几乎下意识地下了判断：“准定是妈妈舞的。”但实际却是渴慕他的年轻的盛佳秀。无论是年长的母亲还是年轻的配偶，刘雨生寻求该空间的性别归属的本能答案首先属于女性，其原因就在于文本和实际生活中的结构性的性别配置。因此，妇人性不应当仅被视为女性的状况，而应该从约束女性特征的意识形态角度去理解。

家务活动的定向委派也给空间做出了性别的刻板归类。在五六十年代文学中可以见到那种不假思索、理所当然地把女性困囿于家屋空间，家务事全部委派给女性的情节（这是张清华所言的“男权主义集体无意识”[①]）。比如秦兆阳的短篇《说媒》，媒婆给老栓说亲，反复强调没有老婆的坏处是家里就会一团糟。[②] 在这里，女性的价值与家屋的齐整是互为证明的，二者相互挂钩。而这一时期，国家的主流话语对女性的期望与要求是女性走出家庭，独立起来，因此描写到落后女性时，就会突出该女性偏执地、近乎夸张地固守于家的空间之内，不愿与任何外界事物发生联系，也不愿任何外部因素“闯入”自己的空间。

《艳阳天》里就有这样一个漫画式的妇女角色——马大炮的媳妇“把门虎”。当萧长春试图闯入他们的堂屋时，把门虎那副迅急慌忙的夸张姿态尤引人注目，留意下面引文中的一连串动词：

> 把门虎抱着柴禾，哗啦啦地**紧跑**几步，**进了**堂屋，哗一声**扔**在地上，把进屋的路**挡住**了，她又**一脚蹬门槛一手扶门框**地站住。[③]（部分文字加粗为引者所为）

她的行为表明角色的一个深层特质，即与病态地维护私人空间的封闭性相呼应——她也丝毫不问“门外”之事：“门是属于空间关键意象。就门既可以关闭、也可以打开的特性而言，它就已经将人的社会联系性与区别性统一在了这个空间位置上。”[④]叙事者以讽刺的口吻将其突显出来：“这个女人别看是个把门虎，对于门口外边的事一向不过问，对于会上的事情知道得更少，不说闹不清如今农村里人与人之间的复杂关系，她甚至于连党支部书记跟副主任这两个人到底有什么不同也不懂，她把萧长春、马之悦全都画等号。”[⑤]她分不清敌我阵营，看不出阶级界限，不关心公共事务，实际上是甩开自身的公共性——她拒绝成为政治动物，拒绝与外部世界发生联系，以成为一个完整的人。

其讽刺性在于，把门虎愈是固着于私人生活，其私人生活愈是被剥夺。阿伦特（Hannah Arendt）指出，私人生活的被剥夺表现在两个方面，一是“孤僻地生活于一个被限制的家屋空间之中，从而被剥夺了某些本质性的东西的意识”[⑥]；二是“私有住宅的四壁提供了他/她

---

① 张清华.“传统潜结构”与红色叙事的文学性问题[M]//《文学评论》六十年纪念文选：第四卷. 北京：社会科学文献出版社，2017：1727.

② 秦兆阳. 秦兆阳小说选[M]. 成都：四川人民出版社，1982：74.

③ 浩然. 艳阳天：第一卷[M]. 北京：人民文学出版社，1964：173.

④ 童强. 空间哲学[M]. 北京：北京大学出版社，2011：168.

⑤ 浩然. 艳阳天：第一卷[M]. 北京：人民文学出版社，1964：175.

⑥ ARENDT H. The human condition[M].Chicago：University of Chicago Press，1958：60.

逃离公共世界后唯一可依赖的藏身之所，让他/她不仅可以逃离公共世界所发生的一切，也逃离其具体可感的公开性”[①]。她在公共性方面表现出的收拢、糊涂、犹疑，其强烈和延展的程度正与她回护自我之巢时流露出的决绝、迅急和鲁莽一样，在这一时期中均是不被接受的。事实上，对政治、公共性的冷漠，以及把公共领域排挤出私人场所的做法，看似是对私人空间、私人生活的捍卫，其实，最终的结果却是私人领域的被侵犯和被抹除。[②]

二、从“家庭中人”变成“社会中人”

如果要打破空间的性别窠臼，会是以怎样的情形出现？作为革命女性的林道静提供了一个分析标本。从空间的性别视角来阅读《青春之歌》会发现林道静是一个空间赤贫的人，她从头至尾不曾拥有自己的空间，也就谈不上被局限于某一个特定的空间之内[③]。相反，她一直在流浪，在寄居，在旅行。历数她经历的空间：一开始是破落的古庙（逃婚后，出走北戴河，开启短暂的教书生涯），之后是余永泽的小屋，在这里她度过了人生最稳定、最日常的一段生活，而这段生活试图赋予她的正是女性的“规范性”空间——每天困在房子里烧饭做菜、打扫卫生，等待余永泽放学回家。日常家务劳动压抑着林道静，一旦这个空间的性别因素开始逐渐沉淀、固化，林道静便毅然将此空间放逐。[④] 她离开余永泽后不断地辗转于各色空间，流浪的生活再次开始了。蹊跷的是，林道静从未操心过自己的栖身之地，似乎无论走在哪里都自然会有接纳她的地方，而不会流落街头[⑤]：“自从和余永泽分开了，道静就住到沙滩附近的一个小公寓里。”小说并未交代这个小公寓的背景、房租，以及林道静如何支付相应的

---

① ARENDT H. The human condition[M]. Chicago: University of Chicago Press, 1958:71.

② “It seems to be in the nature of the relationship between the public and private realms that the final stage of the disappearance of the public realm should be accompanied by the threatened liquidation of the private realm as well.” (ARENDT H. The human condition[M]. Chicago: University of Chicago Press, 1958:61.)

③ 作为对比，在《青春之歌》中男性有没有自己的空间呢？客观而言，那些男性革命者也在颠簸流荡之中，他们也没有自己的空间，这看起来是革命对人的要求，不分性别。但是，革命过程中的“空间”样式在男女性别差异方面依旧存有不同。比如，男性革命者如卢嘉川始终有革命的“据点”（北大三院、许宁宿舍、地下室，甚至还借用过余永泽和林道静的住处），就是说，虽然他们办事、活动的空间始终处于流动和不确定的境况，但从一个更广的角度来看，这种空间的不固定亦是一种循环的固定状态：他们始终可以发觉、借用、征用一些他者的空间。要注意到，这些空间的性别无一不是雄性的，它们是由革命男性主导的。而女性呢，譬如林道静在这个过程中是怎样的？相对于卢嘉川、江华等，她在这一空间流转过程中是“跟随”的状态，总体来说，男性是主动出击，女性是被动卷入的。有意思的是，当林道静被动地席卷（被启蒙、被带领、被交托任务等等）进一系列革命空间时，她又展现了对某些空间的主动弃绝，这些空间是日常的空间，是安稳的空间，是性别元素日渐堆积的空间，如她与余永泽的小屋。

④ 当她历经沧桑再次路过这个曾经的家宅时，心里存有的感情依旧是“憎恶、懊恼与悔恨”，因此，她的离开便带有必然性——林道静本能地警惕空间的性别捆缚。

⑤ 王安忆在讨论小说写作时尤其注意角色的生计问题，人物如何吃，怎么住，怎样维持生活：“我就想提出一个概念。小说中的‘生计’问题，就是人何以为衣食？讲到底，我靠什么生活？听起来是个挺没意思的事情，艺术是谈精神价值的，生计算什么？但事实上，生计的问题，就决定了小说的精神的内容。”我们在这一章谈论空间的性别与女性的空间与王安忆所言的“生计”直接相关。见王安忆.小说的当下处境[M]//王安忆.小说课堂. 人民文学出版社，2018:238.

费用。离开这个公寓后,林道静开始投入党交给她的任务中去,来到定县的小学,寄居在当地农民家,再往后空间的切换越来越频繁:她又回到北平,遭遇的空间是短暂的公寓、“劳动人民杂居的小后院”、女子监狱、街头……总之,林道静流转于各种集体的空间,参与各样公共事务,将自己消融于宏大事务之中。

流浪或旅行实则是拒绝日常性的堆积,流离失所的过程也是将某个空间的性别因素不断颠落的过程,不管林道静本人是否有这样的主观目的,它客观上达到一种拒绝社会性别的惯性认同和控制的效果。大卫·哈维有言:“我们都知道‘被安顿在某位置上’是什么意思,都知道身体上地和社会性地挑战那个空间,就是挑战社会秩序中某些基本的东西。”[①]林道静一直在颠沛流离,也是这种颠沛流离,让她的身体不真正属于任何空间和位置,自然也就不被空间的性别特质所挟持,这是成为革命者的必要条件。而革命之于女性,恰恰是在空间上提出了这种要求,或者说,革命与空间的双重要求下的女性只能是林道静类型的女性。

林道静的故事发生在“革命历史”时期,而当故事时间切换到1949年之后,林道静们开始变成响应国家号召、走出家门的徐改霞(《创业史》)、盛佳秀(《山乡巨变》)、范灵芝(《三里湾》)、张桂贞(《万紫千红总是春》)、李双双(《李双双小传》)、曹慧菊(《曹慧菊》)们。“1949年可看作历史的分界线。在此之前,妇女属于家族—家庭;在此之后,妇女属于国家。”[②]中华人民共和国成立之后,之所以特别重视妇女的生产力作用,是意识到妇女也是一项巨大的人力资源,理应被组织起来,随时投入生产建设,尤其在成立之初,由于冷战原因,中国无法融入全球经济体系之中,且多年战争之后百废待兴,妇女的生产力功能更要被利用起来。

《山乡巨变》提供了看待这一问题的另类视角。当菊咬筋的老婆晕倒的消息,传到李支书的耳朵里,小说描写了他体贴妇女的细腻心理,结果支书却被党委书记朱明批评一通:“妇女半边天,人家别的乡都在充分地发动女将,而你呢,非但不叫自己的爱人带头出工还在这里说什么妇女病很多。”[③]李月辉在小说中的外号是“婆婆子”,正好呼应了毛泽东批评邓子恢等“保守派”时拟出的外号“小脚女人”。他是非典型的基层领导人,心细、务实、温和,体贴人的日常性的一面需求,比如他体恤女性特殊的生理期,正视而非利用“男女平等”的口号所一味抹杀的男女之间的性别差异,重视妇女健康,这才是真正地维护女性利益的表现。而更高一级的党委书记朱明则在小说中充当国家意志的传声筒。同样是“解放妇女”,国家是以激进的方式进行的,并不顾及男女之间的固有差别。相形之下,李月辉是“保守”的,在1958年这样的激进年代,这种看待问题和处理问题的方式显然是不够“革命”的。

在《创业史》中,郭振山鼓励改霞更高地估量自己和妇女解放的意义。妇女的解放,也意味着空间的解放,它带来视点的上升和开阔,意味着角色的欲望视野和政治视野的双重扩大,以提供进入更广阔世界的动力和野心:“解放前,你一个大字不识,你不乖乖转你的锅台、井台、碾台、磨台,你想怎样? 这时好! 这时解放得好! 只要人脑筋灵醒,有文化,有能耐,不分男高女低。你思量思量去吧!”郭振山把新社会的优越性落实到具象的空间切换上,女人再也不用围着“锅台、井台、碾台、磨台”转了,空间革新也意味着新时代下妇女新的主体性的

① 大卫·哈维.时空之间:关于地理学想象的反思[M]// 孙逊,杨剑龙.都市空间与文化想象.上海:上海三联书店,2008:4.

② 李小江.性别与中国[M].北京:三联书店,1994:3.

③ 周立波.山乡巨变[M].北京:人民文学出版社,1958:354.

生成,因为主体性并不是一个僵化、教条和稳固的东西,它其实带有"流动性",是一个动态的建构过程的产物,在这一过程中,"我们栖居的空间和地方生产了我们"①。

也有文学作品把女性置入完全不同的空间中,展示了另一种"空间的性别"。这些空间不再限制女性,反而是由女性生产出来,女性成了该空间最重要的特色;它们也不再是灶台、锅台之类,而是工业生产空间。肖珊的散文《幸福的会见》②(1960)是一个典例。在这篇散文中,女性的花衣服与工业空间联系在一起,其革命之处就在于颠倒了刻板的性别印象,女性拥有了原先专属于男性的生产空间。这里我们遇到了一个问题,锅台、灶台、井台之类的空间性别是女性的,肖珊记录的"装配车间"的空间性别同样也是女性的,女性在两类空间都在辛勤劳动,但这一时期的文学所表现出来的对这两种劳动的态度截然不同,这与劳动所在的空间有怎样的联系?这正是接下来要讨论的问题。

现阶段的研究,已有颇具分量的论文③讨论五六十年代中国文学中的"劳动"崇拜。但是,其中的劳动崇拜和劳动乌托邦中的"劳动"却是经过筛选的,此事实没有被充分留意到,即它们所歌颂的不是泛化的劳动,也不是泛化的勤劳,否则这便成为宗教意义上的对人的普遍素质的律法规约④;劳动崇拜仅指公共性劳动,即使个体再勤劳也无济于事,甚至越勤劳,越成为亟待矫正的对象,比如农村题材小说中的一众中间人物:《不能走那条路》中的宋老定,《艳阳天》中的弯弯绕和韩百安,《山乡巨变》中的菊咬筋和谢队长,《创业史》中的梁三老汉,《种谷记》中的王克俭,他们无一不是勤劳之人,但这类劳动却并不享有被称赞的光环,他们濒临私有制的深渊。

下面这句话是《创业史》的题记,它统领整本书的主旨:

> 家业使弟兄们分裂,劳动把一村人团结起来。——中国农村格言⑤

这句话暗含了家产私有制与劳动的对立,梁生宝多次表示财产的私有制是罪恶的,当他目睹两兄弟为了争夺死者名下的十来亩土地而闹得翻脸时,他的感叹是:"私有财产——一切罪恶的源泉!"而农村格言中给出的克服小农意识的法宝是"劳动",这已经切入我们讨论的主题,只是并没有进一步地区分"劳动"的内质。已有评论者指出:"似乎'劳动'天然地与

---

① 凯·安德森,莫娜·多莫什,史蒂夫·派尔,等.文化地理学手册[M].李蕾蕾,张景秋,译.商务印书馆,2009:431.

② 肖珊.幸福的会见[J].上海文学,1960(4):27-30.

③ 如徐刚的《"劳动乌托邦"的建构——试论 20 世纪 50—70 年代工业文学中"劳动"的意义》,《河北师范大学学报(哲学社会科学版)》,2012 年第 1 期。李祖德的《劳动、性别、身体与文化政治——论"十七年"文学的"劳动"叙述及其情感与形式》,《重庆师范大学学报》2010 年第 3 期。蔡翔的《〈地板〉:政治辩论和法令的"情理"化——劳动或者劳动乌托邦的叙述(之一)》,《文艺理论与批评》2009 年第 5 期。基本达成的一个共识是十七年期间的劳动不仅具有社会生产的意义,还参与了社会主义意识形态的建构,成为一种文化的、政治的和审美的话语结构。

④ 马克斯·韦伯的《新教伦理与资本主义精神》认为,16 世纪宗教改革后,经由加尔文的倡导,"劳动""勤劳"成为光荣的"天职",人应该勤勉和努力地工作。这种新教伦理中的"劳动"观念具有深厚的传统,但相对来说,它是一种更普泛意义上的"劳动"。

⑤ 柳青.创业史[M].北京:中国青年出版社,1960:题记。

'公'联系在一起,人只要处在劳动过程中便可以扬弃私有权及其背后的资产阶级法权问题——显然问题没有这么简单。"[①]问题的确没有这么简单,这就涉及劳动的合法性。

一定要在集体空间的集体劳动才是合法的,而达成这一观点的叙事载体经常是处于空间转变(里→外)的女性。比如,从家"门口"到"人民公社",黎先耀的《太阳从胡同升起》就简笔勾勒了跨越这两个不同空间的女性群像[②]。而这种空间的切换伴随而来的往往又是女性不同气质、特质的变换。来自政治的规范正是在某种气质的消泯过程中逐渐生成的。很有意味的是,这种情节的发展(角色空间位置的转换)还会化解叙事机制面对日常生活时的促迫与尴尬。

三、"好女人"的转变,或叙事机制的挽回

王汶石的小说《新结识的伙伴》(1958)的女主角吴淑兰是一个"好女人",所谓"好"指的是贤惠、温婉、本分,对丈夫言听计从,主持中馈。但是,在轰轰烈烈的"跃进"年代里,这些不参与外部世界的行为注定是不受欢迎的。在丈夫屡次劝说妻子参加群众会、旁听党支书报告和妇女学习组后,妻子仍旧执着于日常家务,并且疑惑地说:"这不就很好吗?"[③]——关键在于吴淑兰认识不到问题的症结在哪,她太过安分守己、太过"淑娴"和安静了,当她面对丈夫三番五次的建议,面对辽阔、火热的外部空间的邀约时,她展现出的错愕和脆弱,也恰恰流露出变动时局中"好女人"的真实心态。

吴淑兰身上所蕴含的男女性别特质、夫妻性格之差,及其政治态度、生活立场上参差的因子,在小说中显然被放置于需要被超越的位置。她所活动的空间都填充着家务劳动,如(卧房的)灯下、井边等。虽也是劳动,但不能满足时代对女性的要求。真正的改变是在"大跃进"开始后,她的生活"像旋风一般热烈紧张了",她参加了丈夫曾让她参加的一切活动,"她的眼睛里有了奇异的光彩"[④]——她变了。

这篇写于1958年的小说以吴淑兰的生命转变来表明"大跃进"是更加急管繁弦的革命年代,一个新人诞生了,"大跃进"在吴淑兰的生命上是个节点,是她政治生命的开始,是她介入公共生活的开端,也是旧我的结束、"好女人"的结束。小说后文还说到她经常外出开会,经常住在陌生的人家。同样都在家庭空间内,但是陌生人的家屋对于吴淑兰来说带有工作性质,也只有在这种情况下的家庭空间才被这篇小说肯定。"大跃进"激进的社会实践,冲决了原有的生活秩序,挤压出裂缝,诞生新的空间,为妇女的解放提供了丰富的想象性资源。

茹志鹃的《春暖时节》同样也叙及"好女人"的转变,但它还触及一个深刻问题,即如何表

① 黄锐杰.未竟的事业:探寻《创业史》的"前史"[J].现代中文学刊,2015(6):81-86.

② 黎先耀.太阳从胡同里升起[J].北京文艺,1960(6):73-78.

③ 王汶石.风雪之夜[M].北京:人民文学出版社,1977:262.

④ 王汶石.风雪之夜[M].北京:人民文学出版社,1977:262.

现社会主义制度下生活的庸常性和灰色感①，以及在社会主义现实主义的美学规范内怎样去化解它。庸常和灰色其实是日常生活固有的特质，与社会制度并无关联，它总与家庭生活及其空间联系在一起，但对日常生活的描摹会给社会主义现实主义带来损害。小说开篇的女主人公静兰的心理活动展现了家庭生活的无奈和怠惰，丈夫总是说“随便”“随便”，仿佛一切都可有可无的样子。

面对这种日常性的灰色，作者只采取了个体觉悟程度不够的方式来消解现实中的结构性矛盾(而“个体”的性别又总是女性)，显然缺乏(或故意回避)一种深入讨论的思想准备。

这篇小说的故事空间是里弄生产合作社，静兰的觉悟不高主要表现为对政治生活和公共劳动的冷淡，开会时总是在织毛衣，从不参与发言；而且参加合作社时，总早早“就朝家奔”，她觉得(引注：在生产福利合作社中的生产)跟在家里做那些家务一样，并没有特别卖力，有人也批评她，说她工作不够主动，她也觉得对，不过却有些茫然，不知该怎么个“主动”法。②

静兰的思想状态是一种在场的缺席，具体表现为“茫然”。茫然是个人自主意志的一种游离，它与需要去贴近、领会、学习和热爱的“中心思想”处于若即若离的状态，它介于“无知”和“苦闷”之间。静兰尚不能区分生产福利合作社中的劳动与“家务”劳动的区别——这是一个等待被启蒙的女性，与王汶石的《新结识的伙伴》中的吴淑兰是同一个系列(“好女人”系列)——认真做好家务，温柔贤惠，生活围绕着丈夫转。

如前文所言，这种“好女人”在“大跃进”时期是不合时宜的，显然，新的政治感觉和生活感觉亟需被带入她的日常生活之中，并与之形成丰富能动的交汇，否则，静兰很快就能感受到她与丈夫明发之间的“厚壁障”，夫妻感情会出现危险的裂痕：“如今已经是立春时节了，但是她心里却觉得冰凉的，她现在越来越明显地感到自己和明发中间隔了一道墙。”③直到此刻，静兰还是认识不到外部的世界是更宽、更亮、更崇高的。她和明发之间隔的这堵墙，区隔了两个重要空间：静兰所处的封闭的家屋空间(厨房、餐厅等)与明发所处的外在的集体空间(工厂、办公室等)。这两个空间的劳动也处于不同等级，但这一点却并不被静兰所知晓：“她不比朱大姐起得迟，也不比朱大姐睡得早，朱大姐忙碌辛苦，她也没有闲着，为什么他们是那么和谐，而自己却是这样？为什么？……”她不明白问题的实质在于隔壁邻居朱大姐是公共劳动的热衷者，而自己再苦再累却只是居于家屋空间内部的劳动闭环。

这堵墙的被打破依赖于静兰的某种“自我启蒙”，睁开双眼，突然间便获得了崭新的视线，“认出了”全新的集体空间及其内部的公共劳动。而这堵厚壁障的真正瓦解在于外在的升华机制发挥了作用：女主人公看到自己的名字被展览在“民主台”上，她收到了来自庞大工

---

① 与此类似的是《万紫千红总是春》，其第一幕场景也是“十七年文学”少见的庸常的生活断片：“秋天早晨的上海小菜场。每个滩头、店铺的周围，都聚集着或流动着许多挎篮提袋的妇女。有的在选购菜蔬、虾蟹、家禽、肉类或蛋类；有的在挑选枕花、鞋面布、绸带或绸针；有的在选购糕点、水果或鲜花。”这是话剧所展示的1958年的里弄生活场景，它显得悠闲、平静、缓慢和私性的庸常，这与“大跃进”的时代氛围(热烈、快节奏的增产、公共服务的激情、国家号召的确定性等)不太融合，因此，紧接着的下文是一种政策性的、国家意志的彰显：“在建筑物的墙上，到处挂着红布横幅并贴有许多张大字报、服务公约和清洁卫生公约等等。”上文的社会主义日常生活小叙事被公共性的存在包围了，后者起到了“救场式”的作用。

② 茹志鹃.春暖时节[J].人民文学，1959(10)：64-72.

③ 茹志鹃.春暖时节[J].人民文学，1959(10)：64-72.

厂和集体员工的表扬,这种巨大的荣誉感是作为一个“好女人”的静兰从未感受过的。因此,她的个体生命终于迎来震颤,她从对公共劳动、集体空间的冷淡,转变为对社会主义价值的热衷:“静兰恍然悟到昨晚劈的已不是什么柴爿,而是机器上的一个圆盘,是社会主义建设中的一块小砖小瓦。”①重要的是,对超越性的价值和意义的知觉最终要由她自身体认,这是自我启蒙之一种。随着静兰的焕然一新,家庭危机或者说日常生活的危机也迎刃而解,丈夫温柔地看着她,小说写道:“那一道摸不到、看不见的‘墙’,已消失得干干净净。”②

可以说,“春暖时节”的万物知晓其实暗喻一个女性内在生命的复苏,她迎来了新的生命刻度,而个人生命的刻度重又与宏大叙事联系在一起,于此,个人生命细节不再属于个人生命系列,而是属于叙事规范想要努力抵达的一个理想境界(世界),它成为社会历史生活现象的某种转喻;与此同时进行的是社会主义现实主义规范的完成(或被挽回)——这便解决了前文提到的如何表现和化解社会主义日常生活的危机,但也消解了更深一步探讨的可能性,这种可能性留待20世纪90年代新写实主义小说来勘探。

四、“甚至和国家都有了关系”

与《春暖时节》不同,茹志鹃的《如愿》(1959)的女主人公何大妈是静兰的“进阶版”,她无需被启蒙,自己就不愿待在家而执意要参加里弄生产队,参与轰轰烈烈的社会劳动中去。在家庭的灶台间,做饭刷碗洗衣很难说不是劳动的一种,但在主人公的意识内,劳动只有牵涉到集体空间,渗进社会性因素,才是高尚的;在私人的家屋空间即使忙得不可开交,也不值得被赞扬。孙昌熙在评论《如愿》时分析了这两种劳动及其背后的心态,私性劳动只是间接地③为社会化大生产做贡献,而若女性走出家门,参加里弄生产队和社区公共食堂,便直接参与到社会主义的再生产内,从而获得“新国家新社会的主人翁的地位,成为一个革命机器的一个螺丝钉”④。

小说中,有一个细节值得留意:当何大妈带着小孙女阿英出门的时候,这次明明不是去买菜,而是去上班,阿英却——

> 忽然抽出手,飞快地又跑了进去。一会儿,她气吁吁的把一只菜篮送给奶奶说:“奶奶,我们忘记带菜篮了。”⑤

尚处于总角之年的小孙女还没有能力分清奶奶此次出行有何不同,更拿捏把握不到奶

① 茹志鹃.春暖时节[J].人民文学,1959(10):64-72.

② 茹志鹃.春暖时节[J].人民文学,1959(10):64-72.

③ 老舍的话剧《女店员》中,不大爱劳动的知识分子卫默香就以这种“间接性”为借口,让女性操持家务劳动:“我在部里积极工作,累得什么似的,下班回来,我有权利要求热菜热饭马上拿来,我的爱人有责任这么照顾我。我吃得好,休息得好,就能更好地为人民服务;她也就间接地为人民服了务,不是吗?”见老舍.女店员[J]人民文学,1959(3).

④ 孙昌熙.什么是人生最大的幸福:读茹志鹃的《如愿》[J].文艺月报,1959(8).

⑤ 茹志鹃.如愿[J].人民文学,1959(8):53-58.

奶隐秘曲折的心路。也正是因着童言的无忌，让读者看到何大妈平时家务劳动的程式化和重复性，以至于让小孩子产生了条件反射般的认知印象。[①]

何大妈不肯在家含饴弄孙、颐养天年，执意参加里弄生产队，是因为她"觉得这里有一个十分十分重要的意思"，它就隐藏于"里弄"之内。正由于里弄突破了家庭，何大妈有一种走出家门的解放之感，才能自我赋义："她活了五十年，第一次感觉到自己不是一个可有可无的人，自己做好做坏，和大家，甚至和国家都有了关系。"公共劳动让她与国家产生直接的联系，空间的易变在这里发挥非常重要的作用。

恩格斯说："妇女解放的第一个先决条件就是一切女性重新回到公共的劳动中去。"[②]而公共的劳动最好的发生地点便是公共的空间。何大妈的自我解放之路是与小说中一连串的新空间联系在一起的，她游历于这形形色色的带有集体感的新空间：街道生产组、街道托儿所、街道食堂、五一节日大游行——它们集中在她身上，成为她生活的有机组成部分，询唤出新的公民人格。

何大妈希求走出家屋，来到里弄生产组发挥自身价值的行为，是在反抗她所处的暮年的生命阶段。她通过积极参与公共生活，来消解暮气沉沉的退休生活，不断重铸着新时代下中老年妇女自我实现的重要路径，儿子所持有的"孝顺""养老""敬老"等等级森然的传统家庭观念在这里反是阻碍，应该说空间关系的变化背后隐匿着更激进的家庭伦理革命的诉求。这便回答了上文提到的唐克新的小说《沙桂英》中沙大妈这一辈中老年妇女在新时代何去何从的问题。

何大妈特别羡慕儿子和儿媳即使在星期天也有人敲门，去工厂加班的情形，也正是由于对公共劳动的向往，导致何大妈把饭做焦了——这似乎暗示公共劳动与私性劳动暗含冲突：对公共劳动的畅想，恰是私性劳动(做饭)时的走神；而私性劳动的内容同样也会妨碍公共劳动的实现。因此，何大妈排斥中老年惯常的劳动职能(带孩子)就符合了小说内在的叙事机制："你们怎么不带她去？哦！只有你们的工作才是工作，我的就不是工作，就能随随便便带了小孩子去的。"她最终取一个妥协方案——带着孙女去工厂，但是面对孩童的吵闹，何大妈的内心活动是："后悔起来，带个小孩子来办事，总有些不大像话。"[③]何大妈需要获得认可，哪怕是外在形式上的认可，以免让自己的工作显得"不大像话"。

对劳动外在形式的重视还表现在她对一只"手提袋"的渴求。手提袋代表着职场的正式感，因为无论是围绕自家锅台的劳动，还是在里弄中的劳动，都是肢体的移动和体力的损耗，二者难以区分。因此，在何大妈看来，公共性的劳动需要某种物质形式做出标明，也可满足内心自我实现的欲望。

不过，这里必须指出的是，何大妈所表现出的对公共劳动的强度渴慕已经导致一种虚荣，它太过注重外在的形式感和装饰性：何大妈想要的手提袋可以装饰公共劳动，也可以让

---

① 批评家魏金枝也留意到了这个细节："这里正写出了何大妈过去的厨房生活，连小孙女也摸熟了何大妈的生活，在早上，就得带着菜篮上街。当我谈这个细节时，我竟发生了惊奇的感觉，仿佛这是从空而降一样。然而细细一想，这原来是何大妈的生活历史的写照，也是何大妈今日生活的反衬。"见魏金枝.漫谈细节[J].文艺月报，1959(9).

② 恩格斯.家庭、私有制和国家的起源[M]//中共中央马克思恩格斯列宁斯大林著作编译局.马克思恩格斯选集：第4卷.北京：人民出版社，1972：70.

③ 茹志鹃.如愿[J].人民文学，1959(8)：53-58.

人“识别”出公共劳动的面目，但它是背离“劳动”的本义的，即对公共劳动的物质性标签的重视本质上是舍本逐末的行为，它有滑向“表演性的自我(the performing self)”[①]性格的危险。当然，作者茹志鹃并未意识到这一点。这个不经意的故事情节意外地提示读者——意识形态、政策号召等对集体劳动一味提倡、鼓吹、赞扬所能带来的一个副产品，即劳动主体对集体劳动产生了某种病态的执念、依附和浮华的爱慕，这将导致逆转或蜕化，即对劳动本身的热爱转成了对劳动形式的热爱，集体劳动内在的大量新意义被外在的形式感侵蚀一空。

五、结语

读者也许已经留意到，上文提及的作品的“故事时间”与“叙事时间”大都在“大跃进”时期，这是个症候。考虑到这一时期文学的特质：“这是一种在全新形态上建构起来的全新文学，在组织化的框架下，在作家的创作和发表之前，就已存在某些决定性的环节，规范、指导甚至直接规定文学生产的所有细节，可以说，在这种文学当中，真正的主体不是作家及其创作，而是组织起来的思想和艺术秩序，创作是在其规范下发生的。”[②]在这一时期的文学中，任何个人的叙事都浸染了国家叙事，而任何国家叙事也会还原到个人叙事：个人的一个举手，一瞥偷窥，或者一个充满意味的眼神、一副掠过的表情都是及物的，而不再局限于个人叙事的闭环。个人的日常生活，以及它所涵盖的具体可感的无量细节，是被那一时代的政治尺度衡量的，是由历史的重大事件测定的。解读这部分文本——我们不仅要探讨“文本内部的社会存在”，还要联系“文本周边的社会存在”，这样才能避免忽视韦勒克和沃伦的提醒：有些作品是对社会现实的一种漫画式的描述，甚或是对社会现实的一种浪漫主义的理想化[③]。

因此，有必要在尾声顾及现实中——国家层面对家务劳动的态度之轨迹。宋少鹏的论文《从彰显到消失：集体主义时期的家庭劳动(1949—1966)》对此有完善的分析：在新中国成立初期家庭妇女被视为“寄生虫”，国家积极号召妇女走出家门参加社会劳动，但政府又无法提供充足的工作岗位，也难以负担儿童的公共抚养，因此1952年后有一段时期谨慎地提出防止轻视家庭劳动的情绪。随着激进政策的降临(“大跃进”、人民公社)和60年代初期“阶级斗争”的重提，家庭劳动被视为属于“私领域”再次不具备合法性，公共劳动被视为“大公无私”：“大公无私不仅仅是一种意识形态，也是对一种经济体制、生产方式的表达，家务劳动因具有‘私性’而被抑制，最终表现为在国家话语层面上的彻底消失。”[④]

这也是为何以集簇形式出现的“女性解放”、公共劳动与集体空间，都汇集在这一时间段的原因，该现象本身就是一个带有“文学政治”[⑤]的叙事问题。20世纪五六十年代的文学应和了上述时代风潮，在文学编码的过程中植入相应话语，在这一过程中，它体现了政治运作

---

① BALDWIN E, LONGHURST B, SMITH G, et al. Introducing cultural studies[M].Pearson Education Asia Limited, Peking University Press, 2004:304.

② 李洁非. 典型文坛[M]. 武汉：湖北人民出版社，2008:26.

③ 勒内·韦勒克，奥斯丁·沃伦. 文学理论[M]. 刘象愚，等译. 浙江人民出版社，2017:93.

④ 宋少鹏. 从彰显到消失：集体主义时期的家庭劳动(1949—1966)[J]. 江苏社会科学，2012(1):116-125.

⑤ 李国华. 农民说理的世界：赵树理小说的形式与政治[M]. 上海：上海书店出版社，2016:19.

方式与文学写作实践之间特殊、复杂的关联：文学充分表达了政治的诉求，也成为政治的一种表述方式。本文把文学放置在斑驳的政治—历史语境中，对其进行“症候性阅读”，发掘那些没有直接显明的东西。“症候性（symptomatic）阅读”是路易·阿尔都塞（Louis Althusser）解读马克思《资本论》时提出的一种文本批评方式：“把所读的文章本身中被掩盖的东西揭示出来，并且使之与另一篇文章发生联系，而这篇文章作为必然的不出现存在于前一篇文章中。利用这种阅读方法，第二篇文章从第一篇文章的失误中表现出来。”[①]本文通过“对读”1949—1966年期间农村题材小说，把某些小说中被掩盖的东西（或叙事上的失误）揭示出来，读出原文中的空白、沉默与失语，进而“在另一种材料上找到相应的问题”。

Space and Female Labour in Chinese Literature in the 1950s and 1960s

Song Shangshi

(Yangzhou University, Yangzhou, 225009)

Abstract: Reviewing Seventeen Years Literature in the perspective of gender difference in spaces, readers will find that if females desire to change spatial constraints of their gender, they had to leave their private spaces and got rid of the restriction of domestic labour. In Seventeen-Year Literature, the legitimacy of labour relied on the collectiveness of spaces, which was embodied in the heroines experiencing spatial transformations (from the inside out). Spaces such as public canteens in villages, street canteens in cities, nurseries, production teams in alleys were the places where stories developed.

Keywords: Seventeen Year Literature; space; females; labour; collectiveness

① 路易·阿尔都塞、艾蒂安·巴里巴尔.读《资本论》[M].李其庆，冯文光，译.中央编译出版社，2001：21.

陈政诸女考

刘 涛*

内容摘要：本文围绕初唐将领陈政诸女，搜集正史、地方志、文集、族谱、口述史料等史料，在文献分析的基础上进行文本分析，从中发现陈政有九女，均是陈元光之姐，目前可考四人，分别嫁给陈政和陈元光的部将郭十二使、林孔著、钟招讨（钟法兴）、薛使。陈政诸女在陈政宗族中人数众多、辈分较高，影响深远。陈政诸女散见陈政、陈元光将卒后裔族谱，未见载史志以及陈政后裔新旧族谱。陈政诸女叙事的文本书写超越民族与民系的族群之分、山区农耕社会与海洋社会之别，是众多名门望族的漳州开基祖妈。陈政诸女谱系是明清时期闽南族群互动的产物，见证了闽南区域社会的历史变迁，可据此管窥其后裔宗族女性成员所处历史情境。本文可为女性历史名人研究提供新的路径。

关键词：历史名人；女性群体；文本书写；谱系构造；历史情境

陈政是武周时期岭南首领陈元光之父，南宋时被追封为侯，清初被其后裔尊为“云漳鼻祖”。① 陈政诸女既有明确记载其姐妹序齿的陈政长女郭陈氏、九女林陈氏，又有未记载其姐妹序齿的陈政之女钟陈氏、薛陈氏。

目前，学术界关于陈政诸女现象虽有述及，但未获得学术界应有的关注，未进行全面系统的深入研究，存在文献分析不够，文本分析不足的问题。汤漳平《从族谱资料看唐初中原移民对闽南的开发》一文述及陈政、陈元光部将林孔著、钟法兴、薛使，却未述及其族谱所载陈政女婿身份；不仅将郭淑翁省略“翁”字，还不顾郭淑翁族谱未载郭鱼之名而将郭淑翁视为郭鱼，遗漏郭淑翁族谱所载陈政女婿的说法。② 蔡惠茹《明清开漳圣王信仰的发展与变迁考察》一文考证陈政、陈元光将卒及其女眷，既未述及当中有陈政诸婿与陈政诸女，亦未提及尚有陈政女婿未列陈政、陈元光将卒名单。③ 林星《陈元光家族女性群体的几个问题》一文考述陈元光上到祖母，下到诸女，却未述及陈元光九位姐姐，忽视陈元光家族最庞大的女性群体。④ 笔者《“陈元光将卒”由来及其演变》一文述及陈政女婿林孔著、钟法兴，认为林孔著元配陈氏未见载《宋绍兴二十年封册》应是后世增补的结果，却未还原文本书写过程，未对陈政

---

* 刘涛，男，肇庆学院肇庆经济社会与历史文化研究院历史文化研究员、龙岩学院闽台客家研究院研究员，主要研究方向为历史人类学、闽学。

① 刘涛.云霄陈氏大宗祠及其谱系建构[J].宁德师范学院学报，2021(3)：89-96.

② 汤漳平.从族谱资料看唐初中原移民对闽南的开发[J].闽台文化研究，2013(2)：77-85.

③ 蔡惠茹.明清开漳圣王信仰的发展与变迁考察[J].闽南师范大学学报(哲学社会科学版)，2016(3)：1-7.

④ 林星.陈元光家族女性群体的几个问题[J].闽台文化研究，2016(4)：36-43.

诸女群体进行全面深入研究。①

陈政第九女为陈元光之姐，意味着陈元光有多达九名姐姐，是人数较多的女性群体。陈政女婿为陈政、陈元光将卒，是闽南重要的民间信仰神灵群体，其后裔成为名门望族，至今影响海内外。深入研究陈政诸女现象，具有重要的学术研究价值与现实意义。鉴于此，本文将围绕目前已知陈政的四名女儿，通过考证其史料来源，还原其文本书写过程，考辨其史实真伪，进而分析其文本书写生成原因及其历史作用与影响。

一、地处陈政诸女谱系中心的陈政长女与九女

(一)陈政长女郭陈氏

郭十二使，榴阳郭氏锦湖分支后裔宣称其娶陈政长女为妻。漳州市龙海区角美镇《锦湖郭氏族谱》所载《籍记》述及：

> 始祖十二使公，河南省光州府固水县人，同陈圣侯将军开闽，住流传郭厝埔居住，娶陈圣侯之长女。②

此"固水县"应改作"固始县"。"陈圣侯将军"指陈政，即该谱《榴阳始祖世系》所云："榴阳始祖十二使公""唐朝国号总章二年己巳年，随陈将军政公入闽，住龙溪县土名郭埭"③。"榴阳"因居住地位于"榴山之南"④，为"漳州府龙溪县二十八都刘瑞堡流传社"⑤，即今漳州市龙海区角美镇流传社，"刘瑞堡"即"刘瑞保"。陈政因其子陈元光被追封为侯。《宋会要辑稿》引《宋会要》载："陈元光祠，在漳州漳浦县""(高宗绍兴)十六年七月，进封灵著王。二十三年七月，加封顺应二字。三十年，又加昭烈二字""王父政""绍兴二十年六月，封父曰助昌侯""灵著顺应昭烈王，孝宗乾道四年九月，加封灵著顺应昭烈广济。王考胙昌侯，加封胙昌开祐侯"⑥。此"王父政""王考"指陈元光之父陈政。"王"指灵著王陈元光。"胙昌侯""胙昌开祐侯"应改作"助昌侯""助昌开祐侯"。南宋绍兴二十年(1150)，陈政由于其子陈元光的缘

---

① 刘涛."陈元光将卒"由来及其演变[J]//重庆中国三峡博物馆，重庆博物馆.长江文明：2021年第4辑.成都：四川美术出版社，2021：49-64.

② 锦湖郭氏家谱[Z].郭琼报，修. 漳州：政协漳州市委员会海峡文史馆藏，编号：龙海 9029，1991 年抄本复印件：2. 按，该谱扉页题作《郭氏族谱》，引用此处未标注页码，此据该谱页面顺序计算页码。

③ 锦湖郭氏家谱[Z]. 郭琼报，修. 漳州：政协漳州市委员会海峡文史馆藏，编号：龙海 9029，1991 年抄本复印件：2.

④ 龙海流传郭氏族谱[Z]. 郭邦光，抄. 漳州：政协漳州市委员会海峡文史馆藏，编号：龙海 7008，1913 年抄本复印件：2.

⑤ 龙海流传郭氏族谱[Z]. 郭邦光，抄. 抄本复印件. 漳州：政协漳州市委员会海峡文史馆藏，编号：龙海 7008，1913 年抄本复印件：1.

⑥ 徐松. 宋会要辑稿[M]. 国立北平图书馆《宋会要》编印委员会编印，民国二十五年(1936)：142b-143a.

故,被宋高宗追封为助昌侯。乾道四年(1168),陈元光被加封为灵著顺应昭烈广济王,陈政被宋孝宗加封为助昌开祐侯。此后陈政未被追封。陈政之所以称之为"圣",源于陈元光被称为"圣王",陈元光在明成化二十一年(1485)被称作"圣王"、清乾隆三十七年(1772)被称作"开漳圣王"[①],"陈圣侯"实则根据陈元光被称作"圣王"而阐发。"十二使公"指郭十二使。

《锦湖郭氏家谱》落款"岁在乙未仲冬穀旦,锦湖西十五世孙:琼报谨识"[②],此"乙未"未书年号,锦湖郭氏是榴阳郭氏宗族分支。"世员公移居派分在锦湖东、西二社,湖东属泉州府同安县十九都盛盟乡积善里锦塘保带白云阳保,湖西属漳州府龙溪县廿九都永宁乡海洋里石美保。来履厦门渡船一流水可到,钱十二文"[③],此"盛盟乡"应作"明盛乡"[④],"廿九都"即"二十九都"[⑤],"海洋里"应改作"海洋下里"[⑥]。郭琼报来自"锦湖西",即"锦湖西社""湖西",隶属漳州府龙溪县二十九都石美保(今漳州市龙海区角美镇石美村)。"世员公"指郭世员,其祖父郭天惠为"榴阳四房祖",郭世员在"明朝永乐元年癸未年入赘锦湖东,住茂林埭,是为锦湖祖",即明永乐元年癸未(1403)开基锦湖东,与其"配陈氏""合葬在锦湖东深田坂埭田中,坐癸向丁"[⑦]。所谓郭十二使娶陈政长女为妻的说法虽然出自锦湖西人之手,却是锦湖东、西二社郭氏宗族成员的共识。

郭十二使之妻陈氏生卒时间无载,只能通过郭十二使生卒年进行推论。《锦湖郭氏族谱》收录《榴阳始祖世系》仅载郭十二使卒年:"开元二年癸丑年正月初七日辰时趺坐而化,寿七十三岁。"[⑧]但"开元二年"并非"癸丑年",而是"壬寅年";"癸丑年"则是"先天二年"。另据《流传郭氏族谱(世系图、宗支总图)》载郭十二使"生于唐太宗贞观十五年辛丑十月初六日申时,卒于唐元(玄)宗开元元年癸丑正月初二日辰时,寿七十有三"[⑨],根据《旧唐书》述及"(先天二年)十二月庚寅朔,大赦天下,该元为开元"[⑩],即唐玄宗在先天二年十二月初一日庚寅(713 年 12 月 22 日)改元开元,即开元元年。所谓"开元二年癸丑年正月初二日辰时"应改作"先天二年癸丑年正月初二日辰时",即生于贞观十五年辛丑十月初六日(641 年 11 月 14

---

① 蔡惠茹.明清漳州开漳圣王信仰的发展与变迁考察[J].闽南师范大学学报(哲学社会科学版),2016(3):2.

② 锦湖郭氏家谱[Z]. 郭琼报,修. 漳州:政协漳州市委员会海峡文史馆藏,编号:龙海 9029,1991 年抄本复印件:2.

③ 锦湖郭氏家谱[Z]. 郭琼报,修. 漳州:政协漳州市委员会海峡文史馆藏,编号:龙海 9029,1991 年抄本复印件:2.

④ 康熙大同志卷 1:舆地志[Z]. 朱奇珍,修. 康熙五十二年癸巳(1713)福州南郊吴子樵抄本:7a.

⑤ 嘉靖龙溪县志卷 1:地理[Z]. 刘天授,修. 北京:中国国家图书馆藏,索取号:地 310.87/275,1965 年中华书局上海编辑所影印本:6b.

⑥ 嘉靖龙溪县志卷 1:地理[Z]. 刘天授,修. 北京:中国国家图书馆藏,索取号:地 310.87/275,1965 年中华书局上海编辑所影印本:3a.

⑦ 锦湖郭氏家谱[Z]. 郭琼报,修. 漳州:政协漳州市委员会海峡文史馆藏,编号:龙海 9029,1991 年抄本复印件:2-3.

⑧ 锦湖郭氏家谱[Z]. 郭琼报,修. 漳州:政协漳州市委员会海峡文史馆藏,编号:龙海 9029,1991 年抄本复印件:2.

⑨ 龙海流传郭氏族谱(世系图、宗支总图)[Z]. 郭氏思敬堂裔孙,修. 漳州:政协漳州市委员会海峡文史馆藏,编号:龙海 9028,嘉庆九年(1804)抄本复印件:44.

⑩ 刘昫,等. 旧唐书:第 1 册[M].北京:中华书局,1975:172.

日),卒于先天二年癸丑正月初二日(713 年 2 月 1 日)。

郭氏族谱所载郭十二使之妻陈氏是陈政长女的说法是否可信?这就要从郭十二使是否追随陈政入闽开漳说起。陈政、陈元光将卒郭姓始载康熙《漳州府志》,但直至光绪《漳州府志》,仅"郭鱼"一人,声称其担任"府兵队正"①,就连今人所编《唐开漳府兵将士校尉名录》亦仅载"郭鱼"②一人。"郭鱼"是不是郭十二使?这就要对郭十二使的名、字、号进行考证。郭氏族谱关于郭十二使的名、字、号有两种说法:其一,名淑翁,字里之,号览溪。《锦湖郭氏家谱》载:"榴阳始祖十二使公,讳淑翁,字里之,号览溪。"③其二,名处,字里之,号览溪。《龙海流传郭氏族谱(世系图、宗支总图)》载:"始祖十二使淑翁公,讳处,字里之,号览溪"④,却未说明"淑翁"所指。

既然郭十二使并非郭鱼,那郭十二使是不是陈政的部将?郭汉先在明天顺元年(1457)所撰谱序是目前所见郭十二使后裔最早谱序,述及郭十二使"光州固始人也,随唐入闽卜居于漳榴山之南曰郭岱,筑溪成田,时号为郭使洲,墓在东坂山,前有园一斗,世为蒸尝"⑤,未提具体追随何人入闽,既可根据漳州流传的追随陈政入闽,又可根据闽人祖溯光州固始现象追随王潮、王审知入闽。若追随陈政入闽,何以未见罗青霄《漳州府志》所载陈元光将卒名单?始载陈政、陈元光郭姓将领名单的康熙《漳州府志》,乃至光绪《漳州府志》,仍无"郭十二使""郭淑翁""郭里之""郭览溪""郭处"记载。漳州知府罗青霄于明万历元年(1573)修纂而成的《漳州府志》所载陈元光将卒名单采自陈元光家谱《龙湖谱》,康熙《漳州府志》所载陈政、陈元光将卒名单采自陈元光家谱收录的《宋绍兴二十年封册》,郭十二使未见载《龙湖谱》《宋绍兴二十年封册》⑥。所谓郭十二使追随陈政入闽开漳祖先叙事即使是天顺元年谱序原文,既未获得漳州地方社会认可,亦未获得漳州地方官府承认。郭十二使后裔碍于罗青霄《漳州府志》、万历癸丑《漳州府志》所载陈元光将卒未载郭姓,将"随唐入闽"阐发为追随陈政入闽。郭十二使追随陈政入闽开漳祖先叙事仅见榴阳郭氏族谱记载,是榴阳郭氏宗族的一家之言。

锦湖郭氏族谱称郭世员为郭十二使的八世孙,可据此管窥郭十二使、陈氏夫妇的真实身份。锦湖郭氏谱系为"始祖十二使公,二世毓璜,三世钟彝,四世尔溯,五世峰公,六世天惠,七世子贵,八世世员"⑦,该谱系表面上看记载详细,似乎可信。然而从明确记载的郭氏十二使、郭世员生年,却可发现其破绽。郭十二使生于唐贞观十五年(641),郭世员"生于洪武十

---

① 刘涛."陈元光将卒"由来及其演变[J]//重庆中国三峡博物馆,重庆博物馆.长江文明:2021 年第 4 辑.成都:四川美术出版社,2021:50-52.

② 漳州列屿中山汤氏族谱[Z].汤天聪,编纂.漳州:政协漳州市委员会海峡文史馆藏,编号:云霄 9015,1992 年抄本复印件:237.

③ 锦湖郭氏家谱[Z].郭琼报,修.漳州:政协漳州市委员会海峡文史馆藏,编号:龙海 9029,1991 年抄本复印件:2.

④ 龙海流传郭氏族谱(世系图、宗支总图)[Z].郭氏思敬堂裔孙,修.漳州:政协漳州市委员会海峡文史馆藏,编号:龙海 9028,嘉庆九年(1804)抄本复印件:44.

⑤ 龙海流传郭氏族谱[Z].郭邦光,抄.漳州:政协漳州市委员会海峡文史馆藏,编号:龙海 7008,1913 年抄本复印件:2.

⑥ 刘涛."陈元光将卒"由来及其演变[J]//重庆中国三峡博物馆,重庆博物馆.长江文明:2021 年第 4 辑.成都:四川美术出版社,2021:50-53+58.

⑦ 锦湖郭氏家谱[Z].郭琼报,修.漳州:政协漳州市委员会海峡文史馆藏,编号:龙海 9029,1991 年抄本复印件:4.

九年丙寅年正月廿六日申时”[①]，即生于明洪武十九年丙寅(1386)，二者生年相差745年，岂止仅传八代？郭世员生年应以锦湖郭氏族谱所载为是，即郭世员生于明洪武十九年(1386)，在永乐元年(1403)，年满十六岁“成丁”之际开基锦湖。如此一来，郭世员无法成为郭十二使的八世孙。锦湖郭氏族谱详载郭十二使到郭世员谱系，实则谱系建构的结果，实不可信。天顺元年谱序更有可能是“闽人祖溯光州固始”的滥觞，闽南在北宋就流传祖先追随王潮入闽的说法[②]，漳州在元代流传祖先追随王绪由光州入闽的说法[③]，促使天顺元年谱序沿此说。当然，郭十二使亦非追随王潮入闽，以平均三十岁一代计算，二世郭毓璜在王朝入闽之际出生，即生于唐光启元年(885)，郭世员则生于北宋熙宁八年(1075)，亦不可信。根据郭世员生于洪武十九年(1386)，以每代三十岁计算，由此逆推郭十二使生年为南宋淳熙三年(1176)，如何在唐总章二年(669)追随陈政入闽？

既然郭十二使并非陈政部将，那他是不是陈政的女婿？这就要从郭十二使之妻陈氏是不是陈政的长女说起。所谓陈政行状《开漳始祖行状》实则托名许天正之作[④]，该行状既未记载陈政诸女[⑤]，亦未记载郭十二使及其郭姓。郭十二使之妻陈氏实则既非陈政的长女，又非陈政之女，郭十二使亦非陈政女婿。所谓郭十二使追随陈政入闽开漳祖先叙事实则出现在清代以后。《龙海流传郭氏族谱(世系图、宗支总图)》载“流传始祖十二使淑翁公，崇祀追远堂”[⑥]，未述及郭十二使之妻陈氏，陈氏应与其夫合祀流传郭氏大宗祠追远堂，但流传郭氏未将其漳州开基祖妈陈氏视为陈政长女。郭十二使之妻陈氏是陈政长女的说法仅见《锦湖郭氏家谱》记载，仅是锦湖一房成员的观点，并未获得榴阳郭氏宗族成员认同。

锦湖西郭氏为何宣称郭十二使娶陈政的长女为妻？究其原因有二：其一，与锦湖西位于漳州府龙溪县境内有关。罗青霄《漳州府志》始载陈元光将卒名单，万历癸丑《漳州府志》始载陈元光将卒后裔因流传祖先由河南入闽开漳而被畲民称为“河老”，康熙《漳州府志》、光绪《漳州府志》不断增载陈元光将卒名单，陈元光将卒名单由二十姓演变成五十八姓、六十二姓，最后发展到六十三姓[⑦]。明万历元年(1573)以降到清末，漳州地方社会流传陈元光将卒祖先叙事，龙溪县锦湖西郭氏受此影响，在流传郭氏族谱宣称漳州开基始祖郭十二使是陈政部将的基础上，进一步声称郭十二使娶陈政的长女为妻，以此提升其社会地位，争取地方社会话语权，以获得更多的社会利益。其二，锦湖郭氏始祖郭世员入赘陈家。郭世员在明永乐

---

① 锦湖郭氏家谱[Z]. 郭琼报，修. 抄本影印复印件.漳州：政协漳州市委员会海峡文史馆藏，编号：龙海9029，1991年抄本复印件：2-3.

② 刘涛.苏颂文化符号在闽南同安故里的建构[J].荆楚学刊，2020(5)：20-21.

③ 刘涛.武周时期岭南首领陈元光河东人记载考述[J].大庆师范学院学报，2022(2)：85-86

④ 杨际平，谢重光. 陈元光“光州固始说”证伪：一相关陈氏族谱世系造假为据[J].厦门大学学报(哲学社会科学版)，2015(3)：120-121.

⑤ 云霄县陈氏宗亲联谊会. 颍川开漳陈氏云霄族谱[Z].漳州：政协漳州市委员会海峡文史资料馆藏，编号：云霄7002，2005年：401.

⑥ 龙海流传郭氏族谱(世系图、宗支总图)[Z]. 郭氏思敬堂裔孙，修. 漳州：政协漳州市委员会海峡文史馆藏，编号：龙海9028，嘉庆九年(1804)抄本复印件：8.

⑦ 刘涛.“陈元光将卒”由来及其演变[J]//重庆中国三峡博物馆，重庆博物馆.长江文明：2021年第4辑.成都：四川美术出版社，2021：49-53+60.

元年癸未(1403)入赘锦湖东茂林,从其"配陈氏"[①],实则入赘锦湖东陈家。

郭世员实则明初里甲黄册陈姓户籍的郭姓甲首,其后裔在清初粮户归宗改革时,根据"同姓合为一户"[②]的原则而认祖归宗流传社。锦湖、流传郭氏之间实则无关。天顺元年谱序文述及"至元辛卯,风狂潮涌,岸崩水入,田变成海,祠像屋宇悉被水淹,谱籍亦荡于流间。有裔孙天德、耳瘤辈"[③],郭十二使到郭天德之间的谱系世次实则不明,只能称之为"裔孙",与锦湖郭氏族谱所载郭天惠为郭十二使六世孙的说法不符,显然锦湖郭氏另有谱系。流传郭氏最初追溯祖先仅到元世祖至元二十八年辛卯(1291),以郭天德为始祖,"我族称一世祖,起自天德公兄弟云"[④],且最早由郭天德同辈二人后来变成了郭天德五兄弟,"天德、天聪、天恩、天惠、天懿"[⑤]。郭十二使、陈氏夫妇是龙溪县榴阳郭氏谱系建构的结果,陈氏被塑造成陈政的长女则是锦湖郭氏重构谱系的结果。锦湖与流传两地郭氏联宗造族而成,导致锦湖郭氏所云郭十二使是陈政的长女婿说法未被流传郭氏认同。

(二)陈政九女林陈氏

林孔著,罗青霄《漳州府志》根据陈元光《龙湖谱》始称其是陈元光军谋祭酒,明崇祯七年(1634)林孔著后裔族谱始载其娶陈政第九女为妻,陈元光为其妻弟。此说法却未见载陈元光家谱所载《宋绍兴二十年封册》。

漳州市芗城区浦南镇溪园村溪环自然村《溪环社崇本堂林氏族谱》收录《溪环社林氏世系图》,落款"崇祯七年岁次甲戌孟春元月,次房二十九世孙:檀子亶纂修"[⑥],述及林孔著娶将军陈政第九女为妻:

> 《行实》:公讳孔著,字秉序,谥鼎峙。原籍河南光州固始县人。唐总章元年,从陈将军政为军谋祭酒。政殁,与子元光讨平广寇诸蛮,开拓山林有功,娶将军第九女,生子三:长云卿,讳龙德;次明卿,讳虎德;三深卿,讳凤德。贞元二年,徙州治龙溪,遂卜居于漳二十里许,北溪香江居焉。……至宋绍兴二年,追封为二十八承事。始祖妣封为九太一品夫人。(语从旧谱)[⑦]

---

① 锦湖郭氏家谱[Z]. 郭琼报,修. 漳州:政协漳州市委员会海峡文史馆藏,编号:龙海 9029,1991 年抄本复印件:3.

② 乾隆漳州府志:卷 40 人物志:五[Z]. 李维钰,修. 北京:中国国家图书馆藏,索取号:310.87/134,嘉庆十一年(1806)刻本:22b.

③ 龙海流传郭氏族谱[Z]. 郭邦光,抄. 漳州:政协漳州市委员会海峡文史馆藏,编号:龙海 7008,1913 年抄本复印件:2.

④ 龙海流传郭氏族谱(世系图、宗支总图)[Z]. 郭氏思敬堂裔孙,修. 漳州:政协漳州市委员会海峡文史馆藏,编号:龙海 9028,嘉庆九年(1804)抄本复印件:8.

⑤ 龙海流传郭氏族谱(世系图、宗支总图)[Z]. 郭氏思敬堂裔孙,修. 漳州:政协漳州市委员会海峡文史馆藏,编号:龙海 9028,嘉庆九年(1804)抄本复印件:8.

⑥ 溪环社崇本堂林氏族谱[Z]. 林凤池,修. 漳州:政协漳州市委员会海峡文史馆藏,编号:芗城 7010,咸丰十一年(1862)抄本复印件:35.

⑦ 溪环社崇本堂林氏族谱[Z]. 林凤池,修. 漳州:政协漳州市委员会海峡文史馆藏,编号:芗城 7010,咸丰十一年(1862)抄本复印件:35-36.

该谱所载林孔著生平事迹不可信，理由有二：

其一，所谓“唐总章元年”入闽的说法有误。罗青霄《漳州府志》却称陈元光在“总章己巳”“从父政戍闽”①，林孔著如何在总章二年己巳(669)前一年追随陈政入闽？

其二，若林孔著在总章二年(669)入闽，到贞元二年(786)，已历117年，如何“卜居”漳州城外二十里北溪？

林孔著娶陈政第九女说法不可能出自明崇祯七年(1634)之前“旧谱”。理由有二：

其一，林孔著旧谱最早谱序为林泰在弘治元年(1488)所撰《家乘小引》，落款“时弘治元年岁次戊申，乡进士、任南直隶镇江府同知、前本任通判二十六世孙：泰拜题”②，该谱序仅称其祖先“河南光州固始人，从唐将军开漳，遂为漳郡林姓之祖”③，未提及林孔著娶陈政第九女。罗青霄《漳州府志》称其时陈元光将卒后裔仅陈元光、许天正、卢如金三人有家谱，林孔著其人出自陈元光家谱《龙湖谱》记载④，若林泰谱序其时声称追随陈政入闽，何以未见该志记载？

其二，林檀在崇祯七年(1634)作《序》，落款“时崇祯七年岁次甲戌太簇之月，二十九世孙：檀谨识于谱之弁”⑤，述及“若漳之林，虽有章公、走非公，同我祖由光州固始县从唐将军开漳，而我祖孔著公之派较多也”⑥，直至崇祯七年(1634)仍未提及林孔著娶陈政第九女。

林凤池在清咸丰十一年(1862)所撰《重修小引》，落款“时咸丰十一年岁次辛酉端月，乙卯科乡进士、委署内阁侍读、原任内阁中书、加四级，三十六世孙：凤池谨志”⑦，虽然仅云“我祖孔著公自唐开漳以来”⑧，仍未提及林孔著娶陈政第九女，所云“予于庚申”“爰寻旧谱，无复有存”“山前社，得一遗谱，系子亶公于崇祯时所修，去今已二百余载”⑨，林凤池追忆咸丰十年庚申(1860)开始修谱，搜集崇祯七年(1634)所修旧谱。林孔著娶陈政第九女的说法若非林凤池所添加，只能最早出现在崇祯七年(1634)所修旧谱，虽然崇祯所修旧谱序文未提林孔著娶陈政第九女的说法。林孔著是否的确娶陈政的第九女为妻？这就要从林孔著的子女说起。

---

① 万历元年漳州府志：上册[Z]. 罗青霄，修纂.福建省地方志编纂委员会，整理. 厦门：厦门大学出版社，2010：143.

② 溪环社崇本堂林氏族谱[Z]. 林凤池，修. 漳州：政协漳州市委员会海峡文史馆藏，编号：芗城7010，咸丰十一年(1862)抄本复印件：4.

③ 溪环社崇本堂林氏族谱[Z]. 林凤池，修. 漳州：政协漳州市委员会海峡文史馆藏，编号：芗城7010，咸丰十一年(1862)抄本复印件：3.

④ 刘涛."陈元光将卒"由来及其演变[J].长江文明，2021(4)：49-64.

⑤ 溪环社崇本堂林氏族谱[Z]. 林凤池，修. 漳州：政协漳州市委员会海峡文史馆藏，编号：芗城7010，咸丰十一年(1862)抄本复印件：7.

⑥ 溪环社崇本堂林氏族谱[Z]. 林凤池，修. 漳州：政协漳州市委员会海峡文史馆藏，编号：芗城7010，咸丰十一年(1862)抄本复印件：5.

⑦ 溪环社崇本堂林氏族谱[Z]. 林凤池，修. 漳州：政协漳州市委员会海峡文史馆藏，编号：芗城7010，咸丰十一年(1862)抄本复印件：32.

⑧ 溪环社崇本堂林氏族谱[Z]. 林凤池，修. 漳州：政协漳州市委员会海峡文史馆藏，编号：芗城7010，咸丰十一年(1862)抄本复印件：8.

⑨ 溪环社崇本堂林氏族谱[Z]. 林凤池，修. 漳州：政协漳州市委员会海峡文史馆藏，编号：芗城7010，咸丰十一年(1862)抄本复印件：8.

林孔著旧谱关于林孔著的子女有不同记载。《溪环社林氏世系图》落款“清咸丰十一年岁次辛酉重修”，述及林孔著妻弟为陈元光：

> 第一世：鼎峙公，讳孔著，男承贵、承华、承美、承缨、承业、承基。始祖二十八致政，讳孔著……佐妻弟左郎将陈元光开闽及平置郡，居西安，且建仰盂岩。至宋高宗追封谋国将军，赐谥“竭忠”。妣陈氏、阴氏、凌氏，俱追封赵国夫人，玉音附在元光诰敕内。①

该谱虽然仍称林孔著娶陈政第九女，却增加了林孔著两名配偶阴氏、凌氏，调整林孔著之子数量、子孙世次。崇祯旧谱称林孔著有三子林云卿、林明卿、林深卿，为陈氏所生，陈氏为林孔著后裔唯一开基祖妈；咸丰续谱却称林孔著有六子林承贵、林承华、林承美、林承缨、林承业、林承基，未提其生母。咸丰续谱将崇祯旧谱所云陈氏生有三子“长云卿，讳龙德；次明卿，讳虎德；三深卿，讳凤德”，改作林孔著三子林承美所生：“承美，男三：凤德、龙德、虎德”②。崇祯旧谱称陈氏长子林云卿名龙德，次子林明卿名虎德，三子林深卿名凤德，咸丰续谱却改作林孔著三房长孙林凤德、次孙林龙德、三孙林虎德，咸丰续谱不仅将陈氏所生三子改作六子，又将此三子兄弟序齿进行调整。咸丰续谱对此称：“按，旧谱已第三世为第二世，以云卿为长，明卿为次，深卿为三，皆属传闻之误。今考别社谱录，处处与之异，不得不改正。”③咸丰续谱不以时间远近作为谱牒内容依据，反而以其时修谱所见诸里社家谱所载为是，认为崇祯旧谱所载有误，应据此“改正”。

崇祯旧谱是否确实“有误”？咸丰续谱虽未述及阴氏、凌氏是林孔著配偶的说法由来，但阴氏、凌氏应是所谓林孔著的六子之母。明崇祯七年（1634）之后，林孔著谱系出现重大变动，陈氏所生三子被降一辈，成为林孔著的孙辈，且兄弟序齿被打乱。陈氏虽然仍是林孔著夫人，位居林孔著三名配偶之首，但其地位已遭到挑战，即原本是陈氏儿媳的阴氏、凌氏，变成了林孔著的配偶，陈氏不仅要“分享”其夫林孔著，其所生三子还变成了其孙子。林孔著后裔由三个兄弟房头，演变成六个房头，表面上看兄弟房头增加，宗族实力增强，实则谱系更加混乱，且六个房头始祖不知为何人所生。陈氏由林孔著后裔唯一的漳州开基祖妈，一下子沦落为林孔著后裔的漳州开基祖妈之一。

既然崇祯旧谱所载林孔著谱系为“传闻”，那么，林孔著娶陈政第九女的说法亦应是“传闻”。

为何会出现林孔著后裔分布的各里社家谱与崇祯旧谱不同记载？究其原因有二：其一，与清初粮户归宗改革有关。除了根据“同姓合为一户”原则，出现同姓联宗外；还有“小者或三两姓为一户”④，即三两个小姓合为一户，出现异姓联宗造族。其二，与兄弟房头互动有

---

① 溪环社崇本堂林氏族谱[Z]. 林凤池，修. 漳州：政协漳州市委员会海峡文史馆藏，编号：芗城 7010，咸丰十一年（1862）抄本复印件：41.

② 溪环社崇本堂林氏族谱[Z].林凤池，修.漳州：政协漳州市委员会海峡文史馆藏，编号：芗城 7010，咸丰十一年（1862）抄本复印件：41.

③ 溪环社崇本堂林氏族谱[Z]. 林凤池，修. 漳州：政协漳州市委员会海峡文史馆藏，编号：芗城 7010，咸丰十一年（1862）抄本复印件：42.

④ 乾隆漳州府志：卷 40：人物志：五[Z]. 李维钰，修. 北京：中国国家图书馆藏，索取号：310.87/134，嘉庆十一年（1806）刻本：22b.

关。既有强宗弱房之分,在不同历史时期又几经变迁,从而出现不同的文本记载。

林孔著族谱关于林孔著之妻陈氏的"封号"有三种不同记载:其一,"九太一品夫人"。此说出自《溪环社崇本堂林氏族谱》收录的林孔著"行实"所云"九太一品夫人"[①]。其二,"赵国夫人"。此说出自《溪环社崇本堂林氏族谱》所载林孔著"妣陈氏、阴氏、凌氏,俱追封赵国夫人"[②]。

上述二说孰是孰非?这就要从其"封号"出处及其真实与否说起。该谱声称所云出自"元光诰敕",此"元光诰敕"指康熙《漳州府志》所载陈元光家谱收录的《宋绍兴二十年封册》。《大宋绍兴十三年进封陈圣王、许昭侯等敕》虽作"绍兴十三年"[③],落款却是"绍兴二十年正月十二日"[④],本意应是绍兴二十年,即康熙《漳州府志》所载《宋绍兴二十年封册》。该"封册"述及林孔著、阴氏夫妇"封号":

> 林孔著……等五人任军前祭酒、府兵长史、行军司马、行营赞美、粮储主簿,可荫封为竭忠谋国将军。阴氏……等五人之妻,可荫封为秦、赵、魏、韩、楚五国夫人。[⑤]

林孔著等五人中以林孔著为首,阴氏等五人以阴氏为首,林孔著与阴氏为夫妇。阴氏被追封为"秦国夫人"。所谓"赵国夫人"则是黄世纪之妻吴氏"封号"。而"越国夫人"则未见载此"封册"。林孔著族谱所云林孔著配偶封号并非"赵国夫人",而是"秦国夫人"。

林孔著配偶被追封为"秦国夫人"仅是阴氏,而非陈氏、凌氏。陈氏封号即使陈氏在阴氏之前去世,陈氏作为元配,仍具有重要地位,亦无法礼让此"获封"机会。林孔著配偶被"追封"应是陈氏,而非"继配"阴氏。林孔著元配若是陈氏,何以未见载此"封册"?何况陈氏还是陈政的第九女,陈政族谱既不可能对陈氏选择性失忆,亦不可能遗漏陈氏获封记载。凌氏为林孔著的配偶之末,如何亦被追封与阴氏同一"封号"?似乎陈氏并非林孔著的元配,所谓"九太"正好与陈氏是陈政的第九女契合,但林孔著未官居一品,其妻陈氏何以被追封为"一品夫人"?陈氏既未被追封为"九太一品夫人",亦未被追封为"赵国夫人""秦国夫人"。凌氏亦未被追封。林孔著旧谱相传莆田黄妙应曾迁葬林孔著墓,"蒲阳黄妙应禅师,改迁葬于溪西"[⑥],此"蒲阳"应改作"莆阳",即莆田。旧谱却未述及陈氏墓地。陈氏最初被奉为林孔著元配,似乎应与林孔著合葬。所谓黄妙应迁葬林孔著墓之举实不可信,但迁移林孔著墓是否

---

① 溪环社崇本堂林氏族谱[Z]. 林凤池,修. 漳州:政协漳州市委员会海峡文史馆藏,编号:芗城 7010,咸丰十一年(1862)抄本复印件:36.

② 溪环社崇本堂林氏族谱[Z]. 林凤池,修. 漳州:政协漳州市委员会海峡文史馆藏,编号:芗城 7010,咸丰十一年(1862)抄本复印件:40.

③ 陈氏族谱[Z]. 陈祯祥,修. 漳州:政协漳州市委员会海峡文史馆藏,编号:龙海 7003,民国五年(1916)石印本复印件:86.

④ 陈氏族谱[Z]. 陈祯祥,修. 漳州:政协漳州市委员会海峡文史馆藏,编号:龙海 7003,民国五年(1916)石印本复印件:93.

⑤ 陈氏族谱[Z]. 陈祯祥,修. 漳州:政协漳州市委员会海峡文史馆藏,编号:龙海 7003,民国五年(1916)石印本复印件:91.

⑥ 溪环社崇本堂林氏族谱[Z]. 林凤池,修.漳州:政协漳州市委员会海峡文史馆藏,编号:芗城 7010,咸丰十一年(1862)抄本复印件:35.

与林孔著后裔谱系的重构有关？即最初陈氏似乎应与林孔著合葬，迁葬林孔著时，随之将陈氏与林孔著分开。若阴氏、凌氏亦是林孔著配偶，虽未述及林孔著是否与其配偶合葬，但与林孔著合葬者应是《宋绍兴二十年封册》所载“秦国夫人”的阴氏。

托名许天正所撰《开漳始祖行状》未载陈政有女[①]，亦未记载林孔著其人，陈政后裔新修族谱亦未记载此事。综上，陈政实无九女，林孔著亦非陈政女婿，所谓林孔著娶陈政第九女为妻的说法不可信。林孔著娶陈政第九女的说法见载明崇祯七年(1634)旧谱，出自林檀之手。之所以出现林孔著娶陈政第九女的说法，究其原因有二：其一，源于争取陈政、陈元光将卒后裔中的话语权，以夺取更多的社会利益的需要。林孔著后裔希望借此拉近与陈政谱系关系，即林孔著三子均是陈氏所生，也就是陈政的外孙。其二，源于谱系建构需要。林孔著后裔考虑到罗青霄《漳州府志》已载陈元光女婿卢伯道、戴君胄，万历癸丑《漳州府志》沿此说[②]，导致林孔著后裔只能往上追溯陈元光谱系，声称林孔著迎娶陈元光之父陈政女儿，成为陈政女婿。

二、地处陈政诸女谱系边缘的陈政之女钟陈氏与薛陈氏

(一)嫁入畲民聚落的陈政之女钟陈氏

钟法兴，康熙《漳州府志》始称其任陈政、陈元光“府兵队正”，出自陈元光家谱所载《宋绍兴二十年封册》。乾隆年间所撰《开漳陈圣王宝录》称钟法兴为“钟招讨”，漳州府海澄县冠山钟氏五房钟廷兴户前楼支谱引用《开漳陈圣王宝录》所载“钟招讨”娶陈政之女为妻，海澄县冠山钟氏六房钟宗春户龙溪县松洲钟氏在清嘉庆七年壬戌(1802)修纂《纯暇堂钟氏族谱》采用钟廷兴户前楼支谱记载，流传“钟招讨”钟法兴娶陈政之女为妻的祖先叙事。

漳州市芗城区浦南镇松洲村《纯暇堂钟氏族谱》所载《家谱世系》述及：

> 予读《开漳陈圣王宝录》：王讳政，为玉钤卫翌府左郎将、归德将军，奉命戍闽，有婿钟招讨随之，与于开漳之功，因家于漳，历世久远。后有钟安，字伯宁……传五世道器公讳准，由乡试任漳州府教授，见冠山耸秀而居焉。……惟我前楼一房之谱幸存其稿……海澄前楼房抄来。[③]

此“玉钤卫翌府”应改作“玉钤卫翊府”。“漳”指漳州。“海澄”指海澄县。所谓“钟招讨”指钟姓招讨使。海澄钟姓本是畲民，今日被认定为畲族，似乎陈政嫁女到畲家，促进民族融合。然而，事实并非如此。

---

① 云霄县陈氏宗亲联谊会. 颍川开漳陈氏云霄族谱[Z].漳州：政协漳州市委员会海峡文史资料馆藏，编号：云霄7002，2005：401.

② 刘涛.“陈元光将卒”由来及其演变[J].长江文明，2021(4)：49-64.

③ 纯暇堂钟氏族谱[Z]. 佚名，修. 漳州：政协漳州市委员会海峡文史资料馆藏，编号：芗城9022，嘉庆七年壬戌(1802)抄本复印件：37-38.

所谓"钟招讨"娶陈政之女为妻的说法出自《开漳陈圣王宝录》，见载钟氏族谱始于"前楼房"支谱，源于"前楼房"引用《开漳陈圣王宝录》的结果，继而为"前楼房"的兄弟房头松洲钟氏宗族所引用。

"前楼房"是海澄县冠山钟氏六房之一，《海澄冠山大宗总图》述及海澄冠山钟氏开基始祖钟道器"生六房"，其中"五房隐逸公，立籍前楼，分八坊二甲，钟廷兴户"①，即入籍海澄县前楼，里甲户名钟廷兴。

所谓"开漳陈圣王"为陈政的说法有误。陈政未被追封为王，陈元光在南宋绍兴十六年(1146)被追封为灵著王、明成化二十一年(1485)被民间称作"圣王"。"钟招讨"后裔之所以称陈政为"王"，而未称其为"王父"，这就要从"钟招讨"见载地方志所载陈政、陈元光将卒名单说起。

旧志所载陈政、陈元光钟姓部将仅"钟法兴"一人，"钟法兴"是否就是"钟招讨"？康熙《漳州府志》始载"钟法兴"，为"府兵队正"②。钟姓为畲民，畲民有法名传统，"钟法兴"实则"钟招讨"的法名。由于钟法兴未见始载陈元光将卒名单的罗青霄《漳州府志》，只能根据万历癸丑《漳州府志》增载陈政"及奏得援兵五十八姓"③，促使未见早期旧志所载陈元光将卒名单的钟氏只能声称追随陈政入闽开漳，从而出现钟氏声称陈政为"王"。

"钟招讨"是不是陈政女婿？这就要从陈政谱系说起。"钟招讨"若是陈政女婿，何以未见陈元光家谱？托名许天正所撰《开漳始祖行状》既未载陈政有女，亦未载"钟招讨""钟法兴"其人。"钟招讨"实则并非陈政女婿。

所谓"钟招讨"娶陈政之女的说法从何而来？这就要从《开漳陈圣王宝录》与漳州历史上汉人与畲民族群互动说起。"钟招讨"娶陈政之女的说法出自《开漳陈圣王宝录》，虽然该书已佚，却可从其书名推算其写作时间。《开漳陈圣王宝录》实则出现在乾隆年间，理由有二：其一，托名许天正所撰《开漳始祖行状》未载"钟招讨"、陈氏夫妇，《开漳陈圣王宝录》出现在托名许天正所撰《开漳始祖行状》之后。其二，万历癸丑《漳州府志》始载陈政"及奏得援兵五十八姓"④，《开漳陈圣王宝录》出现在万历癸丑《漳州府志》之后。陈元光在清乾隆二十七年(1762)被民间称为"开漳圣王"，《开漳陈圣王宝录》应出现在此之后。《开漳陈圣王宝录》实则在《宋绍兴二十年封册》所载"钟法兴"是陈元光"府兵队正"的基础上，进一步提出"钟法兴"娶陈政之女的说法。

所谓"钟招讨"虽然不符史实，却是漳州畲民与汉人之间族群互动的产物，反映了明清时期海澄畲民钟氏接受王化的过程。"钟招讨"的"招讨"二字是站在汉人立场，以应对畲民。海澄钟氏虽然本是畲民，却早已接受王化，正德《大明漳州府志》所载畲民姓氏并无钟姓⑤，反映了海澄畲民钟氏其时已接受王化。但直至明万历三十七年至三十八年间(1609—

---

① 纯嘏堂钟氏族谱[Z]. 佚名，修. 漳州：政协漳州市委员会海峡文史资料馆藏，编号：芗城 9022，嘉庆七年壬戌(1802)抄本复印件：39.

② 刘涛."陈元光将卒"由来及其演变[J].长江文明，2021(4)：49-64.

③ 万历癸丑漳州府志：上册[Z]. 闵梦得，修.中国人民政治协商会议福建省漳州市委员会，整理. 厦门：厦门大学出版社，2012：879.

④ 万历癸丑漳州府志：上册[Z]. 闵梦得，修.中国人民政治协商会议福建省漳州市委员会，整理. 厦门：厦门大学出版社，2012：879.

⑤ 刘涛.亦"蜑"亦畲：闽南奎洋庄氏族群新探[J].三峡论坛(三峡文学·理论版)，2020(3)：31.

1610)，漳州汉人仍与畲民之间发生族群互动，漳州汉人获得漳州地方官府支持，限制漳州畲民生存环境①，促使漳州钟姓加快与漳州汉人的祖先叙事合流。其时漳州府县城中百姓流传祖先是陈元光将卒，由河南开基漳州，而被畲民称作“河老”。来自畲民的海澄钟氏，作为“征”“抚”其他畲民的“马前卒”，故有“招讨使”之称。

所谓“钟招讨”追随陈政入闽开漳叙事虽不可信，却披露了海澄畲民钟氏成为“河老”族群成员的途径。海澄畲民钟氏接受王化，促使其与陈政、陈元光将卒后裔流传的河南开基漳州的祖先叙事合流。陈政、陈元光父子在明代被称作“河南”人，《大明一统志》始载陈政为“光州人”②，罗青霄《漳州府志》始载陈元光为“固始人”③，陈政女婿“钟招讨”作为“河南”人的女婿，亦由“河南”入闽开漳，但未宣称来自河南光州固始县。究其原因，应与海澄畲民钟氏实为畲民有关。表面上看，海澄畲民钟氏宣称其郡望为颍川，是因为颍川位于河南境内，但海澄畲民钟氏标榜其郡望颍川实则源于唐末钟传被封为颍川郡王，而钟传与少数民族关系密切。《新唐书》载：钟传被唐僖宗拜为颍川郡王，钟传“爵颍川郡王”④，钟传早年“乃鸠夷獠，依山为壁，众推为长”⑤，这促使接受王化的海澄畲民钟氏结合陈政、陈元光将卒后裔流传的河南开基漳州的祖先叙事改编其祖先叙事。

“钟招讨”和陈政之女并非海澄畲民钟氏的祖先。龙溪松洲钟氏成员所见旧谱序文未提“钟招讨”：

> 嘉庆壬戌春，修谱因至海澄搜求谱牒，诸叔孙以总谱无存，只有官山前楼派二册，持以示予，细阅同安耀吾李先生讳文甫赠序内：初钟氏之先世祖讳安，字伯宁。⑥

此“总谱”指海澄县冠山钟氏大宗祠总谱，即统宗谱。“前楼派”指海澄冠山钟氏前楼支派。龙溪松洲钟氏在清嘉庆七年壬戌(1802)前往海澄钟氏大宗搜集族谱，仅搜集到钟氏前楼房谱二册，根据原同安县李文甫所撰谱序溯及钟安。

钟安生活在南宋时期。李文甫《官山旧谱原序》云：

> 壬辰岁，读钟尊拱公所修谱，家众问余索序。……今观公修家谱，本其高祖尊拱公所修之凡例也。初氏之先世祖讳安，字伯宁，居江西省吉安府永丰县乐仁里，宋孝宗隆兴元年癸未，任化兴同知，主籍于本地西门外，苔牌尚存。……尊拱公重修于宋绍兴间未梓之谱，详略一遵其旧……余读于冠山、月边、美山之侧，与钟府文士有师弟之好……

---

① 刘涛.闽南漳州畲民与香菇渊源考述[J].古今农业，2021(3)：48-49.

② 大明一统志：卷七十八：福建布政司：漳州府[Z]. 李贤，等修. 北京：中国国家图书馆藏，索取号：地87/734，天顺五年(1461)刻本：18b-19a.

③ 漳州府志：上册[Z]. 罗青霄，修纂.福建省地方志编纂委员会，整理. 厦门：厦门大学出版社，2010：143.

④ 新唐书：第17册[M]. 欧阳修，宋祁，撰.北京：中华书局，1977：5487.

⑤ 新唐书：第17册[M].欧阳修，宋祁，撰.北京：中华书局，1977：5486.

⑥ 纯嘏堂钟氏族谱[Z].佚名，修. 漳州：政协漳州市委员会海峡文史资料馆藏，编号：芗城9022，嘉庆七年壬戌(1802)抄本复印件：31.

赐进士、文林郎，同安耀吾李文甫题赠。[①]

此“化兴”应改作“兴化”，隶属福建。“主籍”应改作“立籍”。“月边”为龙溪松洲钟氏户籍所在地，海澄冠山钟氏大宗始祖钟道器“六房化成公，立籍月边，分北坊四甲，钟宗春户”[②]，其宗族户籍名钟宗春。“钟尊拱公”指钟尊拱，另据《官山前楼钟氏重修族谱序》载“细查立谱，始自四世祖尊拱公，成化戊申年”[③]，成化无“戊申年”，应改作“成化戊戌年”，即明成化十四年戊戌(1478)创修族谱。无论是钟尊拱根据“宋绍兴间未梓之谱”所修谱牒之时，抑或与海澄钟姓交往密切的李文甫撰写谱序之际，其时追溯祖先最远仅到南宋隆兴元年(1163)由江西开基福建兴化的钟安。

“钟招讨”娶陈政之女为妻的祖先叙事并非海澄冠山钟氏宗族成员共识，最初仅是海澄钟氏前楼房的认同，继而为龙溪松洲钟氏所沿用。钟氏前楼房成员援引乾隆年间《开漳陈圣王宝录》所载而得，此前海澄冠山钟氏在清康熙二十三年甲子(1684)兴建冠山大宗祠时尚未认“钟招讨”为祖先，“康熙甲子岁，乡贡士紫辰讳枢，招遗老而言曰……今当分而合，鸠建大宗于冠山社中央”[④]。

海澄畲民钟氏最初认钟道器为祖先，因此在海澄冠山社钟氏大宗祠奉钟道器为始祖，“冠山开基始祖：乡进士、授漳州府教授道器钟公”[⑤]；继而与福建兴化府钟氏联宗，认钟安为祖先，从而出现钟尊拱所修谱牒以及李文甫谱序；最后入乡随俗，将畲民流传的钟氏始祖娶盘瓠之女为妻的祖先叙事改编为先祖“钟招讨”娶陈政之女为妻，即认陈政为“外祖公”、陈元光为“母舅”，由此出现《开漳陈圣王宝录》。

所谓“钟招讨”娶陈政之女叙事虽不可信，却是海澄钟氏与陈政、陈元光将卒后裔的关系的隐喻。畲民传说盘瓠生有三子一女，其女招钟姓为夫，钟姓成为盘瓠女婿。海澄钟姓接受王化，促使其接受漳州汉人的祖源叙事，从而将盘瓠改作陈政，海澄钟姓由盘瓠女婿变成陈政女婿。

钟氏前楼房成员为何会接受《开漳陈圣王宝录》所载“钟招讨”娶陈政之女叙事？究其原因有二：其一，明末清初，漳州汉人社会流传陈元光将卒祖先叙事，促使钟氏前楼房成员援引此说。其二，钟氏前楼房成员所在的海澄县，其境内月港的通商口岸地位被厦门港取代，钟氏前楼房成员的经济实力也受到影响，自然要向漳州汉人社会进一步靠拢。

松洲钟氏成员为何援引“钟招讨”娶陈政之女祖先叙事？究其原因有二：其一，松洲钟氏在清嘉庆七年壬戌(1802)修谱时，由于海澄冠山大宗总谱无存，只能根据其时尚存的海澄前

---

① 纯嘏堂钟氏族谱[Z]. 佚名，修. 漳州：政协漳州市委员会海峡文史资料馆藏，编号：芗城 9022，嘉庆七年壬戌(1802)抄本复印件：32-33.

② 纯嘏堂钟氏族谱[Z]. 佚名，修. 漳州：政协漳州市委员会海峡文史资料馆藏，编号：芗城 9022，嘉庆七年壬戌(1802)抄本复印件：39.

③ 纯嘏堂钟氏族谱[Z]. 佚名，修. 漳州：政协漳州市委员会海峡文史资料馆藏，编号：芗城 9022，嘉庆七年壬戌(1802)抄本复印件：36.

④ 纯嘏堂钟氏族谱[Z]. 佚名，修. 漳州：政协漳州市委员会海峡文史资料馆藏，编号：芗城 9022，嘉庆七年壬戌(1802)抄本复印件：38.

⑤ 纯嘏堂钟氏族谱[Z]. 佚名，修. 漳州：政协漳州市委员会海峡文史资料馆藏，编号：芗城 9022，嘉庆七年壬戌(1802)抄本复印件：39.

楼钟氏支谱，从而根据该谱所引《开漳陈圣王宝录》所载先祖"钟招讨"娶陈政之女为妻的祖先叙事。其二，与漳州汉人与畲民在松洲的族群互动有关。松洲有松洲堡，陈元光于此设置巡逻台，且陈元光墓迁葬此地，随后兴建松洲威惠庙，是漳州城北门外威惠庙祭田所在地，陈元光之子陈珦于此创办松洲书院。松洲堡，"陈元光首将"许天正家谱《许氏家谱》声称为许天正所"置堡三十六所"①之一，"唐将军陈元光初奏立行台于四境，四时躬自巡逻，命将分戍其地。一在泉之游仙乡松州保上游直至苦草镇"②，"唐将军陈元光墓，在城北二十里松洲堡苏坑""因立庙于石鼓山下"③，漳州城北门外威惠庙祭田"一庄坐落九龙里，名曰松洲别业"④，陈珦"见武后称制，上疏乞归养，使主漳州文学。龙溪尹席宏聘主乡校。乃辟书院于松洲，与士民论说典故，子弟多有向方"⑤。松洲钟姓始祖钟得玉"耿坊公之次子也"⑥，"耿坊公系是化成公之子，生四子""次得玉，洪武九年，移家住北溪金巷社松洲"⑦，钟得玉是海澄冠山钟氏六房钟化成之孙，在明洪武九年(1376)开基松洲。钟得玉去世后，却以"时往松洲未久，恐难成祖，故归葬于海澄郊南岭"⑧，所谓"恐难成祖"实则与畲民与畲民族群互动有关。罗青霄《漳州府志》始载：漳州属县生活的"傜人"俗称"畲客"，"属邑深山皆有之，俗呼畲客。旧志不载，今载之"⑨。

(二)陈政之女陈贞顺

薛使，名失传，私谥"武惠"，漳州市长泰区马洋溪生态旅游区山重村迁居台湾高雄的薛氏后裔引用漳浦县石榴镇东山村薛氏旧谱记载，发现该村薛氏旧谱曾经宣称薛使是陈政的女婿，结合山重薛氏大宗族谱记载，薛使的元配陈氏是陈政之女，私谥"贞顺"。

台湾高雄《薛氏族谱》引用漳浦县东山社薛氏旧谱述及薛使是陈政的女婿：

> 据东山薛氏祖谱记载：上世开闽始祖薛使公，河南光州固始县人也。薛使公于唐总章元年(公元六六八年)自光州固始县奉命提兵，仝将军陈政讨闽。使公为将军之婿，谊

---

① 漳州府志：上册［Z］. 罗青霄，修纂.福建省地方志编纂委员会，整理. 厦门：厦门大学出版社，2010：145.

② 漳州府志：上册［Z］. 罗青霄，修纂.福建省地方志编纂委员会，整理. 厦门：厦门大学出版社，2010：367.

③ 漳州府志：上册［Z］. 罗青霄，修纂.福建省地方志编纂委员会，整理. 厦门：厦门大学出版社，2010：623.

④ 漳州府志：上册［Z］. 罗青霄，修纂.福建省地方志编纂委员会，整理. 厦门：厦门大学出版社，2010：313.

⑤ 漳州府志：上册［Z］. 罗青霄，修纂.福建省地方志编纂委员会，整理.厦门：厦门大学出版社，2010：537.

⑥ 纯嘏堂钟氏族谱［Z］. 佚名，修. 漳州：政协漳州市委员会海峡文史资料馆藏，编号：芗城9022，嘉庆七年壬戌(1802)抄本复印件：41.

⑦ 纯嘏堂钟氏族谱［Z］. 佚名，修. 漳州：政协漳州市委员会海峡文史资料馆藏，编号：芗城9022，嘉庆七年壬戌(1802)抄本复印件：40.

⑧ 纯嘏堂钟氏族谱［Z］. 佚名，修. 漳州：政协漳州市委员会海峡文史资料馆藏，编号：芗城9022，嘉庆七年壬戌(1802)抄本复印件：41.

⑨ 漳州府志：上册［Z］. 佚名，修. 厦门：厦门大学出版社，2010：377.

属半子，故踊跃前驱焉。而后政卒，子元光继领其众，公同仝建屯云霄，扫清桀诰之未下，开拓置山林邑于漳水之东，遂领邑事。公削平剽掠和人民政绩有声于世，以有功，命世守干(于)武安之山重而家焉，是为漳郡有薛氏之祖。[①]

此“东山”指东山社，隶属漳浦县。“半子”即闽南语半个儿子，即俗称“一个女婿，半个儿”。“武安”是长泰古称。“漳郡”指漳州府。所谓“唐总章元年”入闽开漳说法，与林孔著旧谱所载相同，同陈元光在唐总章二年己巳(669)追随陈政入闽的说法不符。罗青霄《漳州府志》明确记载陈元光在“总章己巳”“从父政戍闽”[②]，薛使如何早在前一年就追随陈政入闽？

薛使之妻陈贞顺，虽是薛使元配，却未与薛使合葬。台湾高雄《薛氏族谱》述及薛使墓：

娶有陈氏(谥贞顺)、王氏(谥贞淑)。薛武惠与王氏同葬本里洪岩山地，因人重俗，呼曰薛使公墓，墓坐乙向辛，象丝线坠金钟，饱虎守肉形，前有牛腿案，又成童子讲书案。[③]

该谱浓墨重笔长泰开基始祖薛使风水，表面上极其重视开基始祖，实则并非如此。既然陈贞顺排在王氏之前，即薛使的元配，为何陈贞顺未与薛使合葬？反而是薛使的继配王贞淑与薛使合葬？显然不符合封建礼法。薛使与王贞淑夫妇合葬墓突出薛使的历史地位，声称其为“薛使公墓”，而未提与薛使合葬的王贞淑，未称之为“考薛使、妣王氏之墓”，该墓重立墓碑仍书“唐始祖考行军统管使武惠薛公”[④]。陈氏谥号“贞顺”，未见史志记载，实则私谥。王贞淑谥号“贞淑”亦实为私谥。王贞淑或为继娶，或由侧室扶正，却与元配陈贞顺的谥号旗鼓相当，均冠以“贞”字，表面上看有平起平坐之感。实际上，王贞淑与其夫合葬，实则将陈贞顺“比下去”。该谱未载陈贞顺墓地，薛使后裔口述史料亦未述及陈贞顺墓地，陈贞顺葬于何处实则无从可考。

所谓薛使娶陈政之女为妻的说法是否可信？这就要从薛使后裔谱系建构说起。长泰山重薛氏旧谱最初并未述及薛使是陈政的女婿。长泰山重薛氏旧谱最早谱序是薛文权在明嘉靖十六年丁酉(1537)所撰《三(山)重薛氏族谱序》。该序落款“时嘉靖丁酉年孟春吉旦，十一世孙：邑庠生文权，字顾斋谨序”[⑤]，仅云“我薛族肇居三重载祀七百，溯本穷源薛使公为始

---

① 台湾薛氏族谱编辑委员会. 薛氏族谱[Z]. 漳州：政协漳州市委员会海峡文史资料馆藏，编号：台湾1156，财团法人高雄县茄萣乡薛氏宗祠文教基金会，1989：45.

② 万历元年漳州府志：上册 [Z]. 罗青霄，修纂.福建省地方志编纂委员会，整理. 厦门：厦门大学出版社，2010：143.

③ 台湾薛氏族谱编辑委员会. 薛氏族谱[Z]. 漳州：政协漳州市委员会海峡文史资料馆藏，编号：台湾1156，财团法人高雄县茄萣乡薛氏宗祠文教基金会，1989：35.

④ 台湾薛氏族谱编辑委员会.薛氏族谱[Z]. 漳州：政协漳州市委员会海峡文史资料馆藏，编号：台湾1156，财团法人高雄县茄萣乡薛氏宗祠文教基金会，1989：35.

⑤ 台湾薛氏族谱编辑委员会. 薛氏族谱[Z]. 漳州：政协漳州市委员会海峡文史资料馆藏，编号：台湾1156，财团法人高雄县茄萣乡薛氏宗祠文教基金会，1989：4.

祖，来自皇唐河南光州固始县人也，同将军陈政讨入。县志首辟其人，本里洪岩有其墓”①，未提薛使娶陈政之女。

此后，薛公慎在明嘉靖四十二年癸亥(1563)所撰谱序亦未述及薛使娶陈政之女。该序落款“嘉靖癸亥年十一世孙：庠生公慎，字台山谨志”，亦仅云：“粤稽我家薛姓传自薛使公。”②

此“县志”指《长泰县志》，明代《长泰县志》有四部，分别为永乐十三年(1416)、嘉靖三十四(1555)、嘉靖三十七年(1558)、万历三十三年乙未(1605)所修，除万历三十三年乙未版本已佚外，嘉靖三十四年、嘉靖三十七年两部《长泰县志》均未记载“薛使”其人，永乐《长泰县志》实则亦未有相关记载③。而且《八闽通志》、正德《大明漳州府志》、罗青霄《漳州府志》、万历癸丑《漳州府志》均未记载薛使。直至康熙《长泰县志》始载薛使，将其列在“荐辟”之下，称“薛使，名失，在坊人，仕至县丞，旧无，补入”④，认为薛使其名失传，其是长泰县城在坊人。长泰迟至五代十国时期设县，设县前隶属南安县，薛使如何担任长泰县丞？此“旧无”实则指康熙《长泰县志》之前的旧志无载其人，直至康熙《长泰县志》增补。该序所谓“县志首辟其人”及其薛使叙事并非谱序原文内容，实则后世增补之作。若嘉靖十六年丁酉谱序已载薛使是陈政部将，何以未见始载陈元光将卒名单的罗青霄《漳州府志》记载？继而又未见万历癸丑《漳州府志》、康熙《漳州府志》、乾隆《漳州府志》、光绪《漳州府志》记载？因此嘉靖十六年丁酉谱序所云“县志”，实则康熙《长泰县志》，所谓薛使是陈政部将的说法实则后世补入。康熙《长泰县志》刊于康熙二十六年(1687)，所谓薛使是陈政部将的说法实则出现在康熙二十六年(1687)之后。

薛使后裔在1989年宣称“薛武惠即是五十八姓中的一位”⑤，此“薛武惠”指薛使，此说是否可信？这就要从陈政“五十八姓”部将的说法由来说起。所谓陈政“五十八姓”的说法始见万历癸丑《漳州府志》记载陈政“及奏得援兵五十八姓”⑥。然而，薛姓(薛使)却未见于康熙《漳州府志》所载陈政、陈元光将卒六十二姓名单，直至光绪《漳州府志》所载陈政、陈元光将卒六十三姓名单亦未记载。所谓薛使是陈政五十八姓将卒之一的说法亦不可信。之所以出现薛使是陈政“五十八姓”部将之一的说法，实则因薛使未见于罗青霄《漳州府志》、万历癸丑《漳州府志》所载陈元光部将名单，只能声称薛使是陈政部将，从而提出薛使是陈政“五十八姓”部将的说法。

所谓薛使是陈政女婿的说法是否可信？陈政家谱从未记载陈政有女儿，亦未提及薛使，所谓薛使是陈政女婿的说法不可信。所谓薛使是陈政女婿的说法从何而来？这就要从此说

---

① 台湾薛氏族谱编辑委员会. 薛氏族谱[Z]. 漳州：政协漳州市委员会海峡文史资料馆藏，编号：台湾1156，财团法人高雄县茄萣乡薛氏宗祠文教基金会，1989：4.

② 台湾薛氏族谱编辑委员会. 薛氏族谱[Z]. 漳州：政协漳州市委员会海峡文史资料馆藏，编号：台湾1156，财团法人高雄县茄萣乡薛氏宗祠文教基金会，1989：6.

③ 刘涛. 冲突文本的背后：旧志中的杨虔诚形象变迁[J]. 上海地方志，2018(3)：35.

④ 康熙长泰县志：卷8：人物志[Z]. 王珏，修. 北京：中国国家图书馆藏，索取号：地310.97/32，康熙二十六年(1687)刻本：36a.

⑤ 台湾薛氏族谱编辑委员会. 薛氏族谱[Z]. 漳州：政协漳州市委员会海峡文史资料馆藏，编号：台湾1156，财团法人高雄县茄萣乡薛氏宗祠文教基金会，1989：35.

⑥ 万历癸丑漳州府志：上册[Z]. 闵梦得，修. 中国人民政治协商会议福建省漳州市委员会，整理. 厦门：厦门大学出版社，2012：879.

出处漳浦东山村薛氏宗族"祖谱"说起。此"祖谱"出现在何时?漳浦东山村《薛氏族谱》所载《东山始祖薛氏谱系》虽云漳浦东山村第二世薛子贤曾修漳浦东山村薛氏家谱,"子贤公,住东山,私置修家谱"①,此"东山"指漳浦东山村,此"家谱"指漳浦东山村薛氏家谱。漳浦东山村薛氏宗族始祖薛一平为南宋时人,其子生活在宋元时期,其所修家谱是否已载薛使?实则不然。薛子贤即使修谱亦是以其父薛一平为开基始祖,并未追溯到薛使,否则如何会出现明嘉靖四十二年癸亥(1563)长泰三重谱序所云薛使以降"其间式微,失次略有十余世,而世系之明,则自天相公始也"②的说法?且"天相公"列为长泰"宋三世祖","天相公"之前谱系世次不详。漳浦县东山村薛氏"祖谱"未载薛使娶陈政之女。所谓薛使娶陈政之女的说法实则清末以后出现,即使此前已经出现,亦未获得漳州地方社会与地方官府的认可,仅是漳浦东山村薛氏宗族的一家之言;即使漳浦东山村薛氏宗族"祖谱"的确"出现"薛使娶陈政之女的说法,亦实则后世增补。所谓薛使是陈政女婿的说法迟至清末之后产生。

漳浦东山村薛氏宗族为何会流传薛使娶陈政之女为妻的说法?究其原因有三:其一,漳浦东山村地处漳浦县,漳浦威惠庙前身陈元光祠为宋徽宗赐额威惠庙。漳浦东山村薛氏宗族成员深受开漳文化影响,促使该村薛氏为拉近与陈政之间的关系,围绕其漳州开基祖薛使的元配与陈政同姓,提出薛使是陈政女婿的说法。其二,与漳浦东山村薛氏宗族的真实身份有关。漳浦东山村薛氏宗族出身是明代卫所军户,其宗族名人薛士彦,考取明万历八年(1580)进士,是其宗族历史上唯一进士。《万历八年进士登科录》载薛士彦"贯福建漳州府漳浦县军籍"③,《明万历八年进士题名碑录(庚辰科)》亦云:薛士彦"福建漳州府漳浦县军籍"④,漳浦东山村薛氏宗族进入清朝统治后,改成"民籍",该村薛氏宗族希望通过宣称薛使是陈政的女婿,达到凝聚族群、提升社会地位、争取地方社会话语权的目的。其三,与漳浦东山村薛氏宗族的兄弟房头互动有关。漳浦东山村薛氏宗族虽然声称由长泰山重迁来,其始迁祖薛一平却是长兄,留居长泰山重薛氏宗族则是薛一平之弟薛一正后裔。长泰山重薛一正后裔推崇薛使继配王贞淑,漳浦东山村薛氏宗族则反其道而行,突出薛使元配陈贞顺的历史地位,声称薛使是陈政的女婿。

薛使后裔是不是陈贞顺后裔?长泰、漳浦薛氏宗族新旧族谱均未记载薛使的元配陈贞顺是否生有子嗣,两地薛氏口述史料亦未提及薛使的元配陈贞顺是否有子嗣,陈贞顺是不是薛使后裔的亲生祖妈实则无从可考。

漳浦东山村薛氏宗族如何认薛使、陈贞顺夫妇为祖先?这就要从漳浦东山村薛氏宗族的谱系建构与重构说起。漳浦东山村薛氏宗族最初认南宋时期的薛一平为始祖,之后与长泰山重薛氏宗族联宗,以兄弟房头相称,最终追溯到薛使,但薛使到薛一平之间的谱系传承情况不详。漳浦东山村《薛氏族谱》所载《东山始祖薛氏谱系之图》以薛一平为"第一世"⑤,

---

① 薛氏族谱[Z]. 薛清财,重编. 漳州:政协漳州市委员会海峡文史资料馆藏,编号:漳浦 9023,财团法人高雄县茄萣乡薛氏宗祠文教基金会,现代旧谱重编复印件:6.

② 台湾薛氏族谱编辑委员会. 薛氏族谱[Z].漳州:政协漳州市委员会海峡文史资料馆藏,编号:台湾1156,财团法人高雄县茄萣乡薛氏宗祠文教基金会,1989:6.

③ 台湾学生书局编辑部.明代登科录汇编:第 19 册[M].台北:台湾学生书局,1969:10263.

④ 明清历科进士题名碑录:第 2 册[M]. 李周望,辑. 台北:华文书局股份有限公司,1969:971.

⑤ 薛氏族谱[Z]. 薛清财,重编. 漳州:政协漳州市委员会海峡文史资料馆藏,编号:漳浦 9023,财团法人高雄县茄萣乡薛氏宗祠文教基金会,现代旧谱重编复印件.:6.

薛一平被列为长泰县恭顺里三重社(今漳州市长泰区马洋溪生态旅游区山重村)薛氏宗族"宋五世祖"[①],并未以薛使为第一世。薛使虽被奉为"唐始祖",但薛使到薛一平之间的谱系世次不详,导致新旧族谱只能称之为薛使以降"失次略十余世"[②]。

三、结语

综上所述,可归纳为以下三点结论。

第一,陈政诸女叙事特点突出,对其研究具有重要的历史意义。陈政诸女未见载陈元光家谱,陈元光后裔对此鲜为人知。陈政诸女虽是其后裔漳州开基祖妈,却未留下名、字、号、生卒年、生平事迹、墓地等记载。陈政诸女的子嗣大多失考,即使有子嗣记载,历史上亦存在争议。陈政诸女大多未获"追封",少数"封号"却未见载陈元光家谱以及《宋绍兴二十年封册》。陈政诸女有明确姐妹序齿的长女、九女均"嫁"到今天的漳州市龙海区角美境内江东一带,而未明确姐妹序齿的两女则分别"嫁"到今天的漳州海澄、长泰。陈政诸女的谱系建构始于明末,盛于清代。陈政诸女的谱系建构出自其后裔某个房头成员之手,既未成为其全体后裔的共识,亦未被陈政后裔所知。陈政诸女谱系建构深受罗青霄《漳州府志》推崇陈元光女婿的影响,根据托名陈元光《候夜行师七唱》其二"五十八氏交为婚"[③]诗句而阐发,陈元光《龙湖集》既为托名伪作[④],所谓"五十八氏"即陈政"五十八姓"将卒,陈政"五十八姓"将卒的说法始见万历癸丑《漳州府志》,导致陈政诸女谱系迟至万历癸丑(1613)之后出现。陈政诸女既未见载陈政行状,亦未见载陈政后裔新旧族谱,不可能被陈政后裔选择性失忆处理。林孔著并非陈元光首位军谋祭酒,钟法兴并非陈政、陈元光首位府兵队正,均非担任主要将领;郭十二使实则上岸的水上人,钟法兴本是畲民,地处王朝边缘人群;其后裔为争取更多的社会资源,在采用漳州地方社会流传的陈元光将卒祖先叙事后,需要进一步拉近与陈政、陈元光之间的关系。由于罗青霄《漳州府志》根据陈元光家谱《龙湖谱》已载陈元光女婿卢伯道、戴君胄,并称陈元光三十名将卒外"及其余,不能悉载"[⑤],导致林孔著、钟法兴、郭十二使、薛使后裔只能另辟蹊径,声称是陈政的部将,继而又宣称是陈政的女婿。陈政诸女叙事虽不可信,却具有重要的历史研究价值,可据此管窥明末以降闽南乡村聚落宗族社会女性成员的地位变迁。一来陈政诸女叙事虽由男性书写,却是不可多得的闽南妇女研究的重要史料。二来陈政诸女地位不仅与其夫生平事迹有关,更是其后裔文本书写的产物。因此陈政诸女叙

---

① 台湾薛氏族谱编辑委员会. 薛氏族谱[Z].漳州:政协漳州市委员会海峡文史资料馆藏,编号:台湾1156,财团法人高雄县茄萣乡薛氏宗祠文教基金会,1989:37.

② 台湾薛氏族谱编辑委员会. 薛氏族谱[Z].漳州:政协漳州市委员会海峡文史资料馆藏,编号:台湾1156,财团法人高雄县茄萣乡薛氏宗祠文教基金会,1989:37.

③ 陈氏族谱[Z].陈祯祥,修. 漳州:政协漳州市委员会海峡文史馆藏,编号:龙海 7003,民国五年(1916)石印本复印件:70.

④ 谢重光.再论《龙湖集》是后人伪托之作[J].福建论坛(文史哲版),1991(4):50-57,69. 杨际平.也谈《龙湖集》真伪:兼评《陈元光〈龙湖集〉校注与研究》[J].福建学刊,1992(1):68-72.

⑤ 漳州府志:上册[Z].罗青霄,修纂. 福建省地方志编纂委员会,整理. 厦门:厦门大学出版社,2010:144.

事不能仅视为历史记忆，实际上更多是历史书写形式的文化策略，需要透过文本书写的背后揭示其历史真相。陈政诸女叙事本质上并非有意识史料，而是无意识史料。三来陈政诸女的地位实际上是其后裔女性家族成员地位的写照。陈政诸女后裔族谱述及陈政诸女，实际是为了突出陈政诸女之夫娶陈政之女为妻，强调陈政诸女的子孙是陈政外孙的后裔，是其后裔为解决现实生活中存在的问题而采取的文化策略，是将女性视为闽南男权社会的附属品。陈政诸女尚且如此，更遑论其后裔女性成员地位。

第二，由于陈政历史地位不如陈元光，导致陈政诸女的历史地位不如陈元光诸女，从而出现由陈政女婿后裔改称为陈元光女婿后裔、自称是陈元光堂姐夫而不称是陈政侄女婿的文化现象。陈元光诸女及其孙女、曾孙女、堂侄媳均获“追封”①，陈政诸女的历史地位不如她们，因而陈政诸女谱系建构迟于陈元光诸女及其孙女、曾孙女、堂侄媳谱系建构。由于陈政因其子陈元光获得追封，还导致陈政诸女的历史地位不如陈元光晚辈的历史地位。陈政直至清初方被海澄公黄梧的外孙陈祖训推崇备至②，陈政诸女在晚明走上历史舞台之后，到了清初以降才如雨后春笋纷纷粉墨登场。陈政诸女均是陈元光之姐，陈政诸婿将陈元光视为小舅子，究其原因应与闽南传统社会姐夫地位高于小舅子有关。民间相传陈元光“分营将”马仁是陈元光女婿的说法。陈元光行状与新旧族谱明确记载陈元光有三名女儿，长女嫁给卢伯道，次女终生未嫁，三女嫁给戴君胄，其中并无马仁，亦无陈元光长女、三女改嫁的记载与民间传说。马仁是陈元光女婿的说法最初应是陈政女婿，即马仁本是陈政九名女婿之一，由于陈元光比陈政更具历史地位，促使原先的陈政女婿说法被改成陈元光女婿说法，以此拉近与陈元光的关系，提高马仁的历史地位。《宋绍兴二十年封册》明确记载马仁之妻“韩氏，辅顺之妻，荫封为策应妙英夫人”③，并无陈氏，但马仁宫庙言之凿凿，必有所本，其出处目前流传于口头，但不排除历史上曾是历史文献，如同林孔著旧谱一样其内容几经变迁。因此，不能因为《宋绍兴二十年封册》未记载马仁之妻为陈氏，就直接否定这一说法。如此一来，无论是陈元光之女抑或陈政之女，均是马仁侧室。陈政、陈元光父子身为岭南首领，其女如何成为其部将的侧室？但从马仁其人始载罗青霄《漳州府志》，所谓马仁之妻韩氏的说法始载《宋绍兴二十年封册》来看，马仁是陈政女婿的说法应出现在清初前后。漳州台商投资区角美镇洪岱村另有陈元光部将蔡彧，其后裔宣称是陈政的侄女，即陈政长兄陈敏之女，即陈元光的堂姐夫，却未声称是陈政的侄女婿。蔡彧族谱未载蔡彧之妻陈氏在娘家的谱系，仅称“妣陈氏，谥恭淑，生卒失纪”④，所谓蔡彧之妻陈氏是陈元光堂姐的说法实则出自蔡彧后裔口述史料。蔡彧其人迟至康熙《漳州府志》始见陈政、陈元光将卒名单记载⑤；蔡彧是陈元

---

① 蔡惠茹.明清开漳圣王信仰的发展与变迁考察[J].闽南师范大学学报（哲学社会科学版），2016(3)：3.按，该文误将陈元光堂侄陈茹素夫妇写作“侄陈茹素夫妇”，此据《大宋绍兴十三年进封陈圣王、许昭侯等敕》原文“陈茹素，王之堂侄”“颜氏，王之堂侄妇”而改。详见：陈氏族谱[Z].陈祯祥，修.漳州：政协漳州市委员会海峡文史馆藏，编号：龙海7003，民国五年(1916)石印本复印件：89.

② 刘涛.清初名将陈祖训《云霄建大宗祠序》考[J].漯河职业技术学院学报，2021(5)：75-79.

③ 陈氏族谱[Z].陈祯祥，修.漳州：政协漳州市委员会海峡文史馆藏，编号：龙海7003，民国五年(1916)石印本复印件：90.

④ 闽漳蔡氏族谱编纂委员会.济阳闽漳蔡氏族谱[Z].漳州：政协漳州市委员会海峡文史馆藏，编号：龙海9060，1998年机器印刷复印件：162.

⑤ 刘涛.“陈元光将卒”由来及其演变[J].长江文明，2021(4)：49-64.

光堂姐夫的说法实则出现在康熙《漳州府志》之后，是对族谱记载的补充。所谓蔡彧是陈元光堂姐夫的说法出现在陈政女婿说法之后，其时陈政已有九名女婿，只能声称是陈政的侄女婿。《宋绍兴二十年封册》记载陈元光府兵校尉涂光彦之妻陈氏，被追封为“陈郡夫人”，然而涂光彦后裔在诏安县桥东镇仙塘村《涂氏家庙碑文》却宣称涂光彦之妻为钟氏，即“祖妈钟氏夫人”，不排除涂光彦后裔由于钟氏本是畲民而改为汉姓，其主将陈元光姓氏成为涂光彦后裔“祖妈”姓氏的首选。

第三，陈政诸女研究对历史名人女性后裔研究的启示以及对接下来陈政诸女研究的展望。当前历史名人女性后裔研究，可采取历史人类学、文化人类学的研究方法进行深入研究。应在文献分析的基础上，重点进行文本分析，重建史实，达到还原历史真相，重新书写历史的目的。应充分认识文献分析是文本分析的基础与前提条件，只有通过对文献内容的史实考证，方能更好地发现问题，分析不同文本的差异，揭示文本背后的历史情境，最终阐发其文化层面的意义。既要回到历史现场，又要置身于更广阔的时空当中。针对文本书写者，应抱之以同情与理解，换位思考，从其视角、思路出发，还原文本的书写过程，并分析其书写目的、成因、发挥的作用与产生的影响，揭示其为何如此书写，书写给谁看。针对文本流传问题，要还原其文本流传过程，分析为何如此叙事，此叙事讲述给谁听，揭示哪些内容遭到选择性记忆或选择性失忆，对其进行选择性记忆或选择性失忆的目的何在。针对形象塑造与重塑问题，应将其视为文化符号的建构与重构过程，并充分认识这一文化符号所发挥的作用。如此方能围绕女性，跳出传统的女性研究范畴，达到深入研究女性的目的。举例来说，不能因为陈政诸女叙事不符合史实，就对此全盘否定，也不能停留在重述文献记载层面；不能就陈政诸女生活的唐代论唐代，而应从文本生成时间与地点出发，深入考察其文本生成的明清时期。陈政诸女后裔建构过程，反映了陈政诸女后裔内部兄弟房头与其他陈政诸女后裔宗族、非陈政诸女后裔宗族、陈元光诸女后裔宗族之间的互动。从陈政诸女发挥的作用来看，无所谓“真伪”，而且只能是“真”的。否则，将无法发挥凝聚族群的作用。接下来，笔者将继续搜集尚未发现的陈政其他五名女儿史料，计划从以下三个方面展开：首先，在考察对象方面，针对陈政、陈元光将卒名录深入考察。根据陈政、陈元光将卒名单不断增加，其后裔却不断增减的特点，既要重点排查已知陈政、陈元光将卒的后裔，又要关注曾经认同陈政、陈元光将卒为祖先的姓氏、宗族。其次，在资料搜集方面，从文献、口述史料、碑铭等三方面入手。既要搜集各地不同版本新旧族谱，又要搜集相关口述史料以及碑铭。具体而言，既要重视当地主要姓氏、宗族核心房头，又不能忽视当地边缘姓氏、宗族边缘房头，还要关注当地已经消失的姓氏、宗族、房头传说。最后，在研究策略方面，可采取借力给力的策略。既要发动陈元光后裔寻找其失散的五名姐姐后裔，又要发动已知的陈政四女后裔寻找其他五名姐妹后裔下落，还要发动陈政、陈元光将卒后裔重新审视其漳州开基祖妈问题。既要获得陈政、陈元光将卒后裔闽南祖地宗亲的支持，又要争取海外陈元光后裔的积极参与。

A Study on Chen Zheng's Daughters

Liu Tao
(Zhaoqing University, Zhaoqing, 526061;
Longyan University, Longyan, 364012)

Abstract: Focusing on the daughters of Chen Zheng, the general of the early Tang Dynasty, this paper collects official history, local chronicles, anthologies, genealogies, oral historical materials and other historical materials, and conducts text analysis on the basis of literature analysis. It is found that Chen Zheng has nine daughters, all of whom are Chen Yuanguang's elder sisters. At present, four of them can be known, and they married to military officer Chen Zheng and Chen Yuanguang's military officers Guo Shiershi, Lin Kongzhu, Zhong Zhaotao (Zhong Faxing), and Xue Shi. Chen Zheng's daughters have a large number in the Chen Zheng clan, and their seniority is high, which has far-reaching influence. Chen Zheng's daughters can be found in the genealogy of Chen Zheng's and Chen Yuanguang's descendants, but no been found in historical records or new or old genealogy of Chen Zheng's descendants. The narrative texts of Chen Zheng's daughters transcend the distinction between ethnic groups, and the distinction between mountain farming society and marine society, and are the ancestors of many famous families in Zhangzhou. The genealogy of Chen Zheng's daughters is the product of the interaction of ethnic groups in southern Fujian during the Ming and Qing Dynasties, which witnessed the historical changes of the regional society in southern Fujian, and from this we can see the historical situation of the female members of their descendants' clans. This paper can provide a new path for the study of female historical celebrities.

Keywords: historical celebrities; female group; text writing; pedigree structure; historical situation

性别与影视

Gender and Film & Television

Women/Gender Studies

偶像人设、男性气质与"饭圈"审美：以朱正廷及其粉丝群为例

杨　玲*

内容摘要：偶像人设承载着粉丝对明星的认知、欲望和幻想，并具有显著的性别意涵。通过《偶像练习生》节目出道的朱正廷从粉丝社群获得了"人间仙子""白痴美人""浪漫恋人""赤子之心"四个核心人设。这些人设与霸权男性气质存在明显抵牾，推崇少年感和浪漫性感的"饭圈"审美也与主流社会的性别规范产生张力。男性偶像吸引女性粉丝的并不是某种最理想的男性气质，而是他们身上所体现的性别和性态的流动性、游戏性和敞开性。这种性别和性态的可塑性突破了男/女、阳刚/阴柔、异性恋/同性恋等二元对立观念的束缚，昭示了更丰盈、更灵动的生命形式。

关键词：偶像人设；男性气质；"饭圈"审美；性别规范

"人设"是动漫产业的专业术语"人物设定"的简称，指"对动画中出现的人物角色的造型、衣装样式等进行设计"，以便让后续的作画者了解角色的身体和面部特征、眼神、表情等。① 2016 年以后，人设成为网络流行语，泛指公众人物的形象包装、普通民众的自我形象塑造以及影视剧中的人物角色设定。② 人设一词的流行得益于社交媒体时代名人的生产与消费方式的变化。越来越多的明星依靠有趣的人设，而非作品走红。③ 对于偶像类艺人（俗称"爱豆"）而言，人设的重要性甚至超越了作品。或者说，人设本身就是他们的作品。④

国内学界已对明星人设的成因、特点和社会影响，明星人设的传播、维护、崩塌和重构，男女明星人设的差异，明星在社交媒体中的自我呈现和话语生产，受众对明星人设的解读及

* 杨玲，女，厦门大学电影学院副教授，博士生导师，主要从事媒介与性别研究。

① 孙华.中日动漫迷比较研究：中国动漫产业发展研究的一个视角[D].上海：华东师范大学，2008：108.

② 沈雨婷.网络流行语"人设"论略[J].巢湖学院学报，2020(1)：136.

③ 马丽丁娜.社交媒体中明星人设的修辞学分析[J].东南传播，2020(7)：102.

④ 李诗乐，富周铁.人生即剧作：明星人设现象的传播心理学分析[J].新闻研究导刊，2020(8)：37.

其与明星人设的关系等问题进行了广泛探讨。① 一些学者还以个案的方式研究了不同类型名人的人设。② 某些特定的人设标签，如“霸气总攻”“X 三岁”也引发了研究者的兴趣。③ 不过，目前还鲜少有文献专门论述偶像人设的生产方式，尽管人设对于偶像类艺人至关重要。部分研究者注意到男性偶像会在外貌和人设上刻意迎合女性粉丝，但却未能深究偶像人设的性别意涵。④

事实上，性别气质一向是明星形象的根基。鲁道夫·瓦伦蒂诺的“拉丁情人”形象⑤，玛丽莲·梦露的“性感女神”形象⑥，李小龙、成龙、李连杰等“功夫大师”的形象⑦，都是围绕他们所操演的性别和性态(sexuality)生成的。当下流行的“霸道总裁”“禁欲系”“老干部”“好老公”等男明星人设也都是以某种性别假设为出发点。本文通过聚焦朱正廷的人设，探讨了如下问题：偶像人设是如何建构的？女性受众到底喜爱什么样的男性偶像人设？为什么会出现这种消费偏好？男性偶像人设包含了怎样的性别想象？这些想象与当代中国社会的霸权男性气质有何关联？

朱正廷是一名从《偶像练习生》(简称“《偶练》”)节目出道的年轻艺人。之所以选择他作为研究对象，首先是因为他的人设大多是女性受众发掘/发明的，探讨这些人设能帮助我们更好地理解“饭圈”⑧的审美趣味，以及追星女孩对于性别气质和性别关系的复杂想象。其

---

① 何雅昕. 传播学视阈下明星“人设”的分析[J]. 传播与版权，2018(1)：10-12. 杨爽. 微博中明星的“人设”话语生产与主体建构：福柯“规训思想”阐释下的自由假象[J].新闻知识，2018(2)：78-81. 王倩楠.情感共同体：明星“人设”现象背后青年重建社群的尝试[J].中国青年研究，2018(8)：94-101. 党婉玉.微博上男明星自我呈现研究[D]，杭州：浙江传媒学院，2019. 刘诣，汤国英.生产、维持和崩塌：明星人设的三重逻辑[J].中国青年研究，2019(12)：94-101. 张雅馨，安晨，阿迪来·艾麦提尼牙孜.中国明星真人秀节目“明星人设”塑造分析[J].新闻研究导刊，2020(2)：10-13. 刘怡.论网感化语境下青少年受众对影视明星人设的期待结构[J].现代传播，2020(7)：103-108. 程娟.作为虚构叙述的“人设”：对明星文化现象的一个观察[J].中外文化与文论，2021(1)：375-386. 苏志豪，申慧霞.立人设：偶像养成类网络综艺的人物镜像及其对青年的影响：以《青春有你 2》为例[J].河北青年管理干部学院学报，2021(3)：11-19. 燕道成，谈阔霖.认同、差异与抵抗：偶像媒介形象的呈现与受众解读[J].新闻与传播评论，2021(5)：82-94.

② 张银梅.消费主义视野下的明星“人设”：以林丹为例[J].视听，2017(10)：143-144. 路云亭.马保国现象：一个传统武术江湖人士的人设特征解读[J].体育学研究，2020(4)：87-94.

③ 陈琰娇.从“女扮男装”的革命叙事到“霸气总攻”的性别期待：跨媒体叙事中的新中性形象[J].北京电影学院学报，2017(2)：54-60. 张婧.是谁将偶像拉下了神坛?：对新媒体时代下偶像“X 三岁”人设的原因探究[J].戏剧之家.2020(25)：137-139.

④ 党婉玉.微博上男明星自我呈现研究[D].杭州：浙江传媒学院，2019. 郑依依.网络自制综艺节目的男性偶像生产研究：基于《偶像练习生》节目的考察[D]，苏州：苏州大学，2019.

⑤ 汉森.快感、矛盾心理、认同：瓦伦蒂诺与女性观众[M]//格莱德希尔.明星制：欲望的产业.杨玲，译.北京：北京大学出版社，2017：320-345.

⑥ DYER R. Heavenly bodies：film stars and society[M].2nd ed. London：Routledge，2014.

⑦ YU S.Q. Jet Li：Chinese masculinity and transnational film stardom[M]. Edinburgh：Edinburgh University Press，2012.

⑧ 本文交替使用“粉丝社群”和“饭圈”这两个术语。“饭圈”通常指 2014 年以后围绕流量明星和微博平台形成的组织性更加严密的粉丝社群。参见胡岑岑.从“追星族”到“饭圈”：我国粉丝组织的“变”与“不变”[J].中国青年研究，2020(2)：112-118，57.

次，朱正廷在《偶练》中的形象具有较强的酷儿性，导致他的粉丝中“CP粉”[①]和“泥塑粉”[②]的比例相当高。这些摈弃正统异性恋关系模式的女性粉丝与那些将偶像视为理想男友的“女友粉”有着颇为不同的情感诉求。以朱正廷及其粉丝群为个案，能让我们注意到粉丝群体内部的差异性和多样性。最后，朱正廷出道后不久即卷入有关“娘炮”的舆论危机，不得不修正自己的公共形象。他的个人经历表明即便东亚偶像的柔和男性气质“从根本上说是男性身体商品化的结果，是消费主义倡导的一种幻想”[③]，但它与霸权男性气质之间的矛盾依然是真实存在的，并且会对艺人的职业生涯造成一定后果。

我是朱正廷的“散粉”[④]，从2018年3月观看《偶练》时就开始断断续续地关注他，并与身边的“珍珠糖”[⑤]（朱正廷的粉丝名）学生有过多次交流。本文采用参与者观察与文本分析相结合的研究方法，一方面对粉丝/受众的网络讨论进行沉浸式观察，另一方面也对朱正廷通过真人秀节目、演艺作品和媒体访谈所呈现的偶像形象展开细读。

一、东亚偶像产业、男性偶像与霸权男性气质

东亚偶像产业发源于日本。在日本，偶像是一个专门的职业。与依靠才艺和作品的明星不同，偶像强调的是个人魅力和亲近感。1970年代是日本偶像文化的第一个鼎盛期，出现了一批“未成熟、惹人疼爱、亲近感、邻家”等独具日本审美特色的偶像。2000年以后，随着以“参与”“陪伴”为主要诉求的新型女子偶像团体AKB48的问世，以及专营男子偶像组合的杰尼斯事务所的路线调整，日本偶像文化逐渐定型，形成了“弱点即卖点”和“养成”两大特色。[⑥] 韩国的偶像产业一度以日本的偶像体系为模板，但在偶像的筛选、培训、表演风格和媒体环境方面形成了自己的特色。与日本的养成偶像不同，韩国生产的都是训练有素的成品偶像，并且多以组合的形式出道，每个成员在组合内拥有固定的角色和人设。[⑦]

国内偶像文化的繁荣始于2014年。2014—2015年，韩国著名偶像组合EXO的四位中

---

① “CP”是英文“coupling”一词的缩写。CP粉指的是那些喜爱将两个角色或明星想象成情侣关系的粉丝。

② “泥塑”是“逆苏”（“逆向玛丽苏”）的谐音，意为将男性艺人女性化。“泥塑”作为一种“饭圈”文化现象，兴起于2014年。2018年，由于《偶练》的爆红，“泥塑粉”在“饭圈”中的能见度获得极大提升。关于“泥塑”亚文化，参见陈伊琳，黄雨竹，徐敬之，等.泥塑文化与性别观念探讨：基于粉丝文化背景[J].视听，2021(3)：151-153. 杨欣.社会性别视角下“泥塑粉”对男明星媒介性别形象的重塑[D].呼和浩特：内蒙古师范大学，2021.

③ MALIANGKAY R, SONG G A. Sound wave of effeminacy: K-pop and the male beauty ideal in China[M]//CHOI J, MALIANGKAY R. K-pop: the international rise of the Korean music industry. New York: Routledge, 2015: 171.

④ “散粉”是“分散的粉丝”一词的缩写，指那些不参加“饭圈”组织，只是默默支持他们喜爱的明星的粉丝。

⑤ “珍珠糖”的汉语拼音缩写“zzt”与朱正廷的汉语拼音缩写一致，粉丝和偶像共用一个名字，有“请以你的名字呼唤我”的意味。

⑥ 赵婧.当代日本偶像文化及其在中国的流变[D].厦门：厦门大学，2017：13-15.

⑦ 刘艾琳.偶像工厂S·M公司：造星策略分析[D].重庆：西南大学，2019：4-18.

国成员相继回国发展，并挟“韩流”之势迅速打开内地娱乐市场。① 同一时期，模仿杰尼斯偶像打造的养成系男团 TFBOYS 开始在网络上走红，并在官方的扶持下发展为本土最成功的偶像团体。② 2018 年，韩国选秀节目“PRODUCE101”的本土翻版《偶练》与《创造 101》分别在爱奇艺和腾讯上线。这两档现象级网综节目开启了国内“偶像工业新革命”，让偶像制造的工业化成为可能。③ 中国偶像产业现已出现三种运营模式：以时代峰峻、丝芭传媒为代表的日系养成模式，以乐华娱乐为代表的韩式培训模式，以哇唧唧哇为代表的全产业链运营模式。④ 由于产业发展欠完善、不确定因素多，国内偶像产业较为依赖粉丝经济和粉丝社群的数据生产。

韩国学者 Sun Jung 是英语学界最早深入探讨东亚偶像男性气质的学者。她援引社会学家 Moon Seung-Sook 的观点提出，韩国男性气质有三个主要的刻板形象：父权制威权主义男性气质、受儒家传统影响的“文”的男性气质，以及因韩国、朝鲜分裂的历史和韩国兵役制度而产生的暴力男性气质。韩国明星的男性气质是对韩国社会霸权男性气质的回应和重构。韩国男星裴勇俊代表的是一种以“文”的男性气质为基础的泛东亚柔和男性气质；Rain 体现了儒家传统男性气质与日美“可爱”小男生形象相混合的全球男性气质。2PM 等偶像组合则展现了“制造的全能的男性气质”(manufactured versatile masculinity)。比如，2PM 组合成员玉泽演被经纪公司包装成一个有着性感和狂野身材的小男孩。他会在舞台上肆无忌惮地扯开上衣，露出发达的胸肌和腹肌，同时也会模仿女孩的表情和声音撒娇、扮可爱，甚至易装参与女团表演。⑤

旅日英国学者格拉斯普尔(Lucy Glasspool)以杰尼斯偶像组合岚为例，分析了日本男性偶像的性别操演。她认为，自 1950 年代以来，日本的霸权男性气质一直以“工薪族”(salaryman)为代表。这个形象体现了日本男子必须是丈夫/父亲和生产者/供养者的观念，其核心是异性恋和成年者的身份。尽管男性偶像在某些方面支持了这种霸权男性气质(如杰尼斯家族的等级制度将成年男性气质理想化)，但也呈现出三个新的特质。首先是情感的敏感性和居家性(domesticity)。这源自 1990 年代的新男人文化中会哭泣、做饭和带孩子的男性形象。其次是青春。为了表演青春年少，男性偶像必须身材纤细、衣着考究，保持人畜无害的可爱。最后是介于同性社交与同性恋之间的男男关系的表演，如组合成员之间亲热的、游戏性的肌肤接触(skinship)。此类表演既可以提供粉丝福利，迎合腐女的想象，也可防范男

---

① 张孟磦.被“看杀”的归国四子，空心的偶像产业[EB/OL].(2019-08-28)[2022-11-19]. https://baijiahao.baidu.com/s? id=1643057067319196231&wfr=spider&for=pc.

② 赵婧.当代日本偶像文化及其在中国的流变[D].厦门：厦门大学，2017：38-39.

③ 腾讯娱乐.2018 年中国娱乐明星产业报告：偶像工业新革命[R/OL].(2019-01-17)[2022-11-19]. https://ent.qq.com/a/20190117/008091. htm.

④ 艺恩.2020 年中国偶像产业发展报告[R/OL].(2021-01)[2022-11-19]. https://www.endata.com.cn/Market/reportDetail.html? bid=5741aa27-4a35-49b0-8d4b-be535dab433f.

时代峰峻成立于 2009 年，是 TFBOYS 的经纪公司。丝芭传媒成立于 2010 年，是著名女团 SNH48 的经纪公司。乐华娱乐成立于 2009 年，推出了 UNIQ、宇宙少女、乐华七子 NEXT 等多个男女偶像组合。哇唧唧哇成立于 2017 年，是 X 玖少年团的经纪公司，火箭少女 101、R1SE、硬糖少女 303 的首席运营团队。

⑤ JUNG S. Korean masculinities and transcultural consumption：Yonsama，Rain，Oldboy，K-pop idols[M]. Hong Kong：Hong Kong University Press，2011：24-31，163-170.

偶像的性绯闻。①

由于国内偶像产业刚刚起步，“偶像”尚未被当作一个专门的职业，学界对偶像型艺人男性气质的研究主要包含在对“小鲜肉”明星和“男色消费”现象的讨论中。研究者普遍认为，年轻俊美的“小鲜肉”明星体现出一种模糊两性界限的中性化或女性化气质，他们的流行源自消费时代女性社会经济地位和主体意识的提升。女性通过消费“小鲜肉”明星来满足自己的性欲望、情感寄托和择偶期待。② 不过，现有文献大多没有探讨“小鲜肉”明星与霸权男性气质的关系。当代中国的霸权男性气质到底为何，学界也尚无定论。

澳大利亚学者雷金庆曾用文—武（文化修养和勇武之气）的二元论来阐释中国社会的男性气质。虽然理想的男性形象是文武双全，但大多数时期，理性智慧型的男性典范主宰了勇武健壮型的男性典范。③ 受消费主义、新自由主义、民族主义和世界主义等多种话语的影响，当代中国的男性气质呈现出高度杂交化和多元化的特点，出现了“花美男”“暖男”“宅男”等诸多新的男性身份。④ 不过，在这些男性形象中，最受社会认可的还是1990年代中期以来频繁出现在各类媒体上的成功人士⑤，对大量财富的占有也越来越成为理想男性气质的核心⑥。除了有钱有势的财富精英，英勇无畏、坚韧刚毅的军人/硬汉形象也一直备受推崇。军人曾是“十七年”电影中“最具男子气概的角色”。⑦ 21世纪以来，军人形象虽然不再充斥屏幕，但这个职业仍然“被认为是理想男性气质的典范”⑧。军旅题材电视剧《亮剑》(2005)、《士兵突击》(2007)和动作军事大片《战狼2》(2017)、《长津湖》(2021)所取得的巨大成功都证明了军人/硬汉形象的持久魅力。

从某种意义上说，传统的文—武二元组合正在市场经济时代演变为财—武组合，尽管“财”和“武”并非完全兼容，珍视荣誉、重义轻财的硬汉往往经济地位不高，甚至可能如电影《老炮儿》中的主人公六爷那样流落底层。除了成功人士和军人/硬汉这两种理想男性形象，财—武组合还衍生出更加平民化的变体。罗牧原、陈婉婷对郑州高学历、低收入的“蚁族”群体的田野调查表明，男性“蚁族”对于男性气质的建构以家庭为本位，他们将家庭的温饱和幸福视为男性气质的首要证据。⑨ 刘亭亭对珠江三角洲男性农民工的民族志调查也显示，对

① GLASSPOOL L. From boys next door to boys' love: gender performance in Japanese male idol media[M]//GALBRAITH P W, KARLIN J G K. Idols and celebrity in Japanese media culture. New York: Palgrave Macmillan, 2012: 113-130.

② 黄静.“男色”消费与“小鲜肉”审美：近年银幕男性审美趋势探因[J].东南传播，2015(4):55-57. 王一璠.娱乐时代的男色消费：“小鲜肉”批判[J].上海艺术评论，2017(3):56-60. 巩杰.全媒体时代“小鲜肉”的男性气质与生产消费[J].当代电影，2017(8):15-18. 潘桦，李亚.“小鲜肉”现象研究：基于性别权力的视角[J].现代传播，2017(9):80-84.

③ 雷金庆.男性特质论：中国的社会与性别[M].刘婷，译.南京：江苏人民出版社，2012.

④ SONG G, HIRD D. Men and masculinities in contemporary China[M]. Leiden: Brill, 2014.

⑤ 张伯存.中国当代文学和大众文化中的男性气质[D].上海：华东师范大学，2006:53.

⑥ 肖索未.婚外包养与男性气质的关系化建构[J].社会学评论，2013(5).

⑦ 丁宁.银幕内外的男性气质建构(1979—1989)[M].北京：知识产权出版社，2017:11.

⑧ 吕鹏.性属、媒介与权力再生产：消费社会背景下电视对男性气质的表征研究[M].北京：北京理工大学出版社，2011:182.

⑨ 罗牧原，陈婉婷.性别与空间：“蚁族”男性气质的建构[J].中国青年研究，2017(9):64-69+77.

于底层打工者来说，理想的男性气质包括两个方面：吃苦耐劳和娶上一个好媳妇。[①] 平民版的财—武组合中的“财”是赡养家口的能力，而“武”则可以理解为对于家庭的责任感。不管是哪种版本，被主流社会认可的男性气质的支点都是对女性的态度。成功人士可以将女性物化为商品，从“情感和身体上控制”她们[②]；硬汉排斥女性和女性化特质[③]；下层男性则将女性当作组建家庭和获取社会认同的宝贵资源。

可以肯定的是，当代中国霸权男性气质的形象是多元的，而非单一的，不同阶层和代际对于理想男性形象的认知也是不同的。我们需要在这样一个复杂的社会背景之下来理解偶像男性气质与霸权男性气质之间的疏离与迎合、冲突与共谋。本文接下来将首先以朱正廷出道前后的四个人设为例，考察女性受众对于偶像男性气质的阐发。这四个人设分别是：无性别的“人间仙子”、酷儿化的“白痴美人”、异性恋的“浪漫恋人”和“赤子之心”。其中，“人间仙子”和“白痴美人”是粉丝社群中广为流传的人设标签，“赤子之心”和“浪漫恋人”是我个人对粉丝话语的提炼和概括。女性受众利用这些（去）性别化的人设来理解朱正廷公共形象中的矛盾和裂隙，并以此为基础施演幻想和认同。

二、人设发明与多元男性气质的想象

（一）“人间仙子”：超越性别的舞蹈身体

“人间仙子”是朱正廷在《偶练》期间获得的第一个人设标签，最早来自 Bilibili 网站（简称“B 站”）的网友评论。2018 年 1 月底，一位粉丝为了宣传朱正廷的舞蹈实力，在 B 站上传了他 2014 年的一个获奖作品《思思雨落》。[④] 在视频中，朱正廷身着中式绸缎长衣，伴随深情动人的音乐，翩翩起舞。尽管观众无法看清他的脸，但他优美的身段、行云流水的动作、丝丝入扣的情感表达依然能够击中人心。该视频的第一个网友评论就是“小仙子”三个字。这条评论迅速获得其他网友的附议。数日之后，又有人在 B 站上传了朱正廷在《偶练》中未收入正片的片段。[⑤] 在这个视频里，身着白黑相间的条纹衬衣和黑色西裤的朱正廷即兴表演了一段现代舞，他不仅舞姿柔美，还对节目导师张艺兴进行了大胆的撩拨。网友对这个视频

① LIU T T. Wounded masculinities: the subaltern between online longings and offline realities[M]// SUN W, YANG L. Chinese love stories: the politics of intimacy in the twenty-first century. London: Routledge, 2019: 113-130.

② ZHENG T. Female subjugation and political resistance: from literati to entrepreneurial masculinity in the globalizing era of postsocialist China[J]. Gender, place & culture, 2012,19(5): 660.

③ LIU P. Women and children first: jingoism, ambivalence, and crisis of masculinity in Wolf Warrior II [EB/OL]. (2018-02-22) [2022-11-19]. http://u.osu.edu/mclc/2018/02/22/wolf-warrior-ii-the-rise-of-china-and-gendersexuality-politics/.

④ 墨非彦.朱正廷惊艳中国风舞蹈《思思雨落》[EB/OL].(2018-01-22)[2022-11-19]. https://www.bilibili.com/video/av18590450/? spm_id_from=333. 788. videocard.4.

⑤ 叭噗叭噗_.朱正廷绝美现代舞：偶像练习生未播[EB/OL].(2018-01-27)[2022-11-19]. https://www.bilibili.com/video/av18807414/? spm_id_from=333. 788. videocard.0.

的反应也是：“好美，好仙，好有气质”，“仙子太美太撩”。此后，粉丝开始使用“人间仙子朱正廷!! 不能出道可不行!!”作为拉票和控评的口号。

根据《现代汉语词典》的解释，“仙子”既指仙女，也泛指仙人。仙子一词模糊的性别意涵，正好对应了朱正廷在舞蹈视频中暧昧的身体操演。他的舞蹈充满了女性的妩媚和细腻，但在一些高难度的跳跃动作中，又展现了男性的爆发力和控制力。“人间仙子”的标签不仅精准地概括了朱正廷舞蹈身体的魅力，也将他和其他练习生有效区分开来。朱正廷签约的乐华娱乐与韩国娱乐公司合作密切，他所在的乐华七子组合从舞台、曲风、妆容等方面都深受 K-pop 男团的影响。“仙子”一词与道家文化传统的联系，却让朱正廷的形象不再是韩国偶像的简单复刻，而是融入了更多的本土韵味。朱正廷飘逸而富有感染力的舞蹈身体也是长期刻苦训练的结晶，是其文化资本的具现。他从 8 岁起开始学习舞蹈，曾在上海戏剧学院附属舞蹈学校学习六年，后以专业第一名的成绩考入上海戏剧学院舞蹈学院。在部分粉丝眼中，朱正廷放弃成为舞蹈家的艺术梦想，进入娱乐圈这个大染缸，不啻于仙子下凡渡劫。

“人间仙子”一度是朱正廷粉丝社群中接受度最高的一个人设。在朱正廷之前，一些流量明星也曾被他们的粉丝比作“仙子”，但这个标签用在朱正廷身上似乎最恰如其分，以至于当朱一龙粉丝用“仙子”来形容朱一龙在网剧《镇魂》中的表现时，遭到珍珠糖的强烈反对。尽管“人间仙子”的人设增加了朱正廷的辨识度，但不食人间烟火的仙人形象未免过于高冷，缺少足够的亲和力。部分粉丝甚至认为这个标签是令人尴尬的溢美之词，会招致非粉丝受众的嘲笑。在粉丝努力用朱正廷的舞蹈视频和“人间仙子”的标签“安利”他时，一些《偶练》的观众也为他发明了新的人设。

（二）“白痴美人”：性别角色的反转

在参加《偶练》的 100 位练习生中，朱正廷的颜值和实力无疑都属于“上位圈”[①]。1996 年出生的他拥有优越的五官、无可挑剔的身材和名校学历。然而，在节目前期，他的人气并不算高。在天涯社区娱乐八卦论坛一个关于《偶练》的长帖里，朱正廷是蔡徐坤之后第二个被点评的练习生。但楼主对他的评价却是：“这是一个你说不出大缺点，但是也没突出优点的男孩，妈妈们理想中的儿子，男同学喜欢的玩伴，女同学暗恋的对象，但是，他绝不是万人瞩目的明星。天分不足，灵气，领悟力都一般，是他最大的缺点。”[②]显然，朱正廷被视为一个仅有“美丽的皮囊”，却无“有趣的灵魂”的练习生。这样的偶像候选人似乎很难吸引到那些“阅人无数”的追星女孩。

几乎就在同一时间，豆瓣鹅组也出现了一个关于朱正廷的热帖。该帖的作者详细分析了朱正廷在节目初期表现尴尬的三个场景，并在文中写道：“如果我是一个超级富豪，正正（朱正廷）的昵称应该是那种靠脸还有身体，还有舞蹈魅力，甚至还包括性格（他有一点闷骚），能把我迷得神魂颠倒，散尽千金也要把他娶回家的那种。但是娶回家后，他开口多说两

---

① “上位圈”是韩国“饭圈”用语，指练习生中地位较高、位置靠前的人。

② Lady 柠檬. 闲来无聊，818《偶像练习生》选手的致命缺点[EB/OL].（2018-02-05）[2022-11-19]. http://bbs.tianya.cn/post-funinfo-7611610-1.shtml.

句话又觉得日子过不下去，开始在外面拈花惹草不常回家了。”①在这段妙趣横生的文字里，朱正廷被想象（“泥塑”）为一个“傻白甜”的美人，帖子的作者“我”则被塑造为游戏花丛的老手，先是拜倒在美人的石榴裙下，但很快又对美人心生厌倦，将其遗弃。作者戏仿“痴情女子负心汉”的性别刻板定型来描绘偶像和受众的关系，并且让男性偶像成了两性关系中容易被欺骗和伤害的一方，女性受众则成为这段关系的绝对主宰者。“娶回家”一词也表明，女性受众将她们与朱正廷的关系界定为一种女主男从的异性恋模式。透过这种性别位置和权力关系的双重逆转，朱正廷的形象开始变得鲜活生动、富有诱惑力。如一位观众在回帖中坦言：“他（朱正廷）现在的人设太单薄了，就是一个又帅又阳光认真负责的暖心队长的设定，非常无趣。……自从大家挖掘出‘白痴美人’这个设定，我反而觉得他有趣了一点。”②

这个新的人设首先为“CP粉”提供了丰富的想象空间。有网友称，自从看了朱正廷被节目组剪掉的现代舞视频，“所有耽美小说里脸美腰细腿长易推倒的小受（相当于同性恋关系中的‘零号’角色）都有了脸”③。朱正廷在节目中与多位练习生自然的身体接触和互动，让他拥有了多个CP配对，以至于有粉丝戏称《偶练》又名“朱正廷和他的99个CP”。“CP粉”创作的明星真人同人文对朱正廷的人生经历和内心世界进行了大胆的想象。如“贾正”（Justin黄明昊和朱正廷组成的CP）同人文《雷峰塔》将朱正廷刻画为一位逐梦演艺圈的顶级舞者，一件绝美而易碎的艺术品，Justin则是他叛逆痴狂的爱恋者。二人悲剧性的情感纠葛令无数读者震撼唏嘘。该文不仅在偶练圈被奉为“镇圈神文”，在整个同人创作圈也享有较高声誉。朱正廷在《偶练》节目后期的表现进一步巩固了“白痴美人”的人设。他在为粉丝抢礼物的游戏中输了之后“梨花带雨”的哭泣，在生日派对上“娇羞可爱”的笑容，在鬼屋中遭到惊吓后的“花容失色”，都自然而然地流露出甜美、温柔的女性气质，并吸引到一批热衷将男明星女性化的“泥塑粉”，让她们得以借助朱正廷的身体形象“挑逗”（挑战、逗弄）主流社会严苛的性别边界。

不过，受异性恋正统观念的影响，大部分“饭圈”女孩还是认为男性偶像必须表现出充足的“男友力”（即适于做男友的魅力）才能长久地吸引女性粉丝，“CP粉”和“泥塑粉”不应成为“饭圈”的主流。尽管“白痴美人”的设定在粉丝社群内部广为人知，但粉丝在对外宣传时往往会避免使用这个女化色彩过于明显的人设标签。

（三）“浪漫恋人”：异性恋形象的确认

现代社会的明星常常扮演“大众情人”的角色，“一个不涉及风险和责任的恋爱对象”。④高寒凝认为，东亚偶像产业的独特之处在于它“主动回应”了受众的恋爱想象，不仅将其合法化，还不断为粉丝提供素材，证明她们“与偶像处于一段亲密关系之中”。“偶像也因此成为

---

① sweetoo.预感朱正廷最后会掉选拔，他现在已经被我贴上白痴美人的标签[EB/OL].(2018-02-03)[2022-11-19].https://www.douban.com/group/topic/112435475/? start=0.

② sweetoo.预感朱正廷最后会掉选拔，他现在已经被我贴上白痴美人的标签[EB/OL].(2018-02-03)[2022-11-19].https://www.douban.com/group/topic/112435475/? start=0.

③ sweetoo.预感朱正廷最后会掉选拔，他现在已经被我贴上白痴美人的标签[EB/OL].(2018-02-03)[2022-11-19].https://www.douban.com/group/topic/112435475/? start=0.

④ KARNIOL R. Adolescent females' idolization of male media stars as a transition into sexuality[J]. Sex roles,2001,44(1/2): 62.

一种职业化的‘大众情人’”，得以区别于演员、歌手等其他艺人类别。① 朱正廷作为偶像男团的成员，也被经纪公司定位为女性粉丝的假想男友。不过，他与粉丝的互动并非完全程式化的，而是像现实生活中美好的恋爱关系一样包含了无法预知的碰撞、难以忘怀的时刻和自发表露的真情。

2018 年 5 月，由《偶练》出道练习生组成的 NINE PERCENT 组合在北京举办巡演。巡演结束的第二天，朱正廷在微博上发了一首小诗：“感谢今晚的所有，谢谢你们的支持，每一刻都很美好，一分一秒都情长，位于此心中宝藏，珍惜这段甜时光，珠星般闪耀如常，糖一样含在心上。”每句开头第一个字连起来是“感谢每一位珍珠糖”。这首浅显但不失浪漫的藏头诗立刻激发了珍珠糖的创作热情。短短数日，不少粉丝都拿出了自己创作的作品。其中一首诗写道：“人约三月草未莘，间关探嗓几回闻。仙槎一叶偏入凡，子衔绛珠伴露生。唯有早春最知惜，朱唇贝齿启语箴。正是白紵鸢肩倚，廷风拂扬觅无痕。”一个多月后，朱正廷在新歌《陪在你身边》中亲自将这首粉丝写的藏头诗唱了出来。② 古往今来，以诗传情一直被视为浪漫之举。一些擅长文字的粉丝会为偶像赋诗，表达爱慕之情。但很少有偶像主动为粉丝写诗，并与粉丝相互唱酬。朱正廷采用这种独特的方式答谢粉丝，无形中为自己打造出浪漫、重情的人设。

2018 年 10 月，网易云音乐与悦诗风吟的合作项目 NINE PERCENT 心声电台上线。这个电台是为了配合悦诗风吟的面膜推广，让粉丝在每晚睡前敷面膜时有偶像的声音陪伴。组合其他八位成员的主题分别是坚持、真实、快乐、和解、天真、坦然、好奇、成长，唯有朱正廷的主题是浪漫。显然，朱正廷的浪漫人设也获得了商业机构和品牌的认可。在电台里，朱正廷将自己描绘为“你”的暗恋者，费尽心思和“你”相遇，“你可能不会爱我，可是我关于浪漫的所有想象都是和你在一起”。③ 偶像对粉丝的款款爱意（哪怕是商业策划的结果），换来了粉丝更热烈的倾诉。在“精彩评论”区，一位粉丝写道：“你是我努力的方向，是我前进的理由，哪怕我只是一个你这辈子都不会认识的人，可我关于浪漫的所有想象，都是和你。我是你千千万万中之一，你是我万万千千中唯一。我想，爱你，是我这辈子做过最浪漫的事。”这位粉丝清醒地认识到她和朱正廷的关系是不对等的。朱正廷是她的唯一，但她只是朱正廷万千粉丝中的一个。即便如此，她依然坚信，爱上朱正廷是她做过的“最浪漫的事”。

追星与浪漫爱的确有颇多相似之处。二者都将恋爱对象理想化，都将精神的沟通置于肉欲的满足之上，都涉及对世俗陈规的僭越，都是女性勇气和力量的体现。英国社会学家吉登斯曾指出，欧洲的浪漫爱理想包含了基督教崇高之爱的元素，即通过献身上帝来认识上帝，并通过这个过程获得自我认知。浪漫爱与自由和自我实现关系密切。④ 类似地，对于粉丝来说，追星也是一个认识和完善自我的过程，对偶像的爱恋为粉丝指明了“努力的方向”，

---

① 高寒凝.虚拟化的亲密关系：网络时代的偶像工业与偶像粉丝文化[J].文化研究，2018(3)：108-122.

② Star.朱正廷唱的歌词是珍珠糖写的藏头诗啊!! 新增解析[EB/OL].(2018-07-07)[2022-11-19]. https://www.douban.com/group/topic/119947511/? from=recommend.

③ 用户 1598124653. Nine Percent 心声电台—朱正廷[EB/OL].(2018-10-30)[2022-11-19]. https://music.163. com/#/djradio? id=791848363.

④ GIDDENS A. The transformation of intimacy: sexuality, love and eroticism in modern societies [M]. Cambridge: Polity Press, 1992.

提供了“前进的理由”。这场看似虚幻的爱情其实有着非常现实的结果：不是与偶像终成眷属，而是成为更好的自己。大量经验性研究都表明，女性通过追星活动能够获得愉悦、认同、归属感和精神疗愈，提升独立性和自主性，拓展社会支持网络。[①] 对于许多宁可单身，也不愿意将就的年轻女性来说，追星已成为恋爱的代餐。偶像为粉丝提供的浪漫感受，恰好是当代中国两性关系中普遍缺失的面向。浪漫被认为是一种女性化的、不切实际的特质，被排除在仅关注物质现实的霸权男性气质之外。

作为偶像的朱正廷也在努力履行“男友”的职责。在《偶练》期间，面对粉丝戏谑的结婚请求，他援引“人间仙子”的标签机智地回复说“仙子是不可以结婚的”。出道以后，他向粉丝保证十年之内专注事业，不考虑恋情。在与女性粉丝保持虚拟的亲密关系的过程中，朱正廷的异性恋身份也获得了终极确认。

（四）“赤子之心”：从性别到本性

美国酷儿理论家巴特勒指出，性别只是对身体的不断风格化，“是在一个高度刻板的管控框架里不断重复的一套行为”，这些行为随着时间的流逝而固化，生产出实质的表象，某种自然存在的表象。[②] 许多女性粉丝似乎天然就是性别建构主义的信奉者，她们对偶像的认知不会停留在性别的“表象”，而是会挖掘表象背后的“真相”——偶像的本性。当然，这并非易事。一方面，明星形象具有“结构化的多义性”[③]，体现了多重意义和情感，粉丝很难确认明星所表现出的哪一面才是他们最真实的自我。另一方面，粉丝很少有机会和明星零距离接触，他们大多只能通过媒体生产的信息来了解明星。哪怕有了微博，粉丝可以直接与明星在网络上互动，他们接收到的信息依然相当有限。

《偶练》节目的“魔鬼”剪辑，导致朱正廷在节目中缺乏完整统一的人物形象，不仅“性格成谜”，还被扣上“情商低”的帽子。为此，一位珍珠糖专门在微博上对情商的概念进行了细致分析。她认为，情商包括三个方面：“一是爱与被爱的能力，二是情绪控制能力，三是共情力。”朱正廷具有极强的爱人与被爱的能力，“对我们这种缺乏安全感且不相信自己值得被喜欢的人来说，有致命的吸引力”。他在《偶练》中表现出的共情能力、意志力与情绪管理能力也都超出预期。[④] 这则微博引发了许多珍珠糖的共鸣，其中一位粉丝写道：“追星这么久，他朱正廷是唯一让我感觉是一个完美的半成品。……他有时候不会说话的笨拙却又什么都想告诉你的赤诚，在我看来是最珍贵最与众不同的东西，不同于别的明星都带着一些训练有素的商品感，他的真诚和赤子之心是独一无二。”[⑤]尽管有些“人设粉”出于对偶像人设虚构性

---

① 杨玲.超女粉丝与当代大众文化消费[D].北京：首都师范大学，2009. 张芷凡.青年“粉丝”身份认同[D].北京：中国青年政治学院，2013. 金圣华.本土心理学视域下的偶像崇拜：以李敏镐的中年女性粉丝为研究对象[D].长春：吉林大学博士，2015. 白玫佳黛.妈妈爱你：中国亲妈粉、偶像产业、性别和亲密乌托邦[J].传播与社会学刊，2021(57)：127-158.

② 巴特勒.性别麻烦：女性主义与身份的颠覆[M].宋素凤，译.上海：上海三联书店，2009：46.

③ DYER R. Stars[M]. London：British Film Institute，1998：3.

④ 若若.说给珍珠糖（一些杂七杂八的想法）[EB/OL].（2018-04-28）[2022-11-19]. https://www.douban.com/group/topic/116291068/? dt_dapp=1.

⑤ 若若.说给珍珠糖（一些杂七杂八的想法）[EB/OL].（2018-04-28）[2022-11-19]. https://www.douban.com/group/topic/116291068/? dt_dapp=1.

的敏感，仅关注偶像的公共形象，不关心其真实性格，但相当一部分粉丝还是渴望看到真实的人，而非人设，不希望自己的偶像只是经纪公司调教出来的“流水线爱豆”。

通过持续的网络讨论，珍珠糖就朱正廷的性格达成了基本共识，即他是一个真诚、热情、坚韧、拥有强大的共情能力且对世界充满善意的人。在确认这个人性内核之后，粉丝在驳斥关于朱正廷的负面评论时，就有了更多的底气。比如，2018 年 5 月的 Ido 香水发布会上，朱正廷头戴兰花的女性化举动遭到部分网民的嘲讽，但粉丝却将他的行为解释为对一切美好事物的坦然喜爱。甚至有人从性别平权的角度宣称：“某种程度上他(朱正廷)的美在帮助我们这一代弥合偏见，打破某些固有的刻板印象。虽然我猜他自己不懂，但他的存在是‘美好特质不归属于特定性别’的最佳代言。”[①]

美国学者迈耶斯(Erin Meyers)指出，名人是“一个媒介化的、高度建构性的位置”，我们很难知道他们的真相，但在追逐真相的过程中，受众能够“组织和理解自身以及周遭的世界”。[②] “始于颜值，陷于才华，忠于人品”的“饭圈”箴言，描述的就是这样一个寻找明星本性的过程。只有发现这个真相，粉丝才能确定自己喜欢的是一个什么样的人，从而更好地理解自我欲求。从更现实的角度说，粉丝作为情感“投资游戏”的玩家[③]，为了规避偶像人设崩塌所带来的情感损失，也有必要深入了解自己的偶像。

三、“娘炮”危机与人设重构

(一)板寸造型：失败的“去娘化”

2018 年 9 月 1 日，央视综合频道的《开学第一课》节目因长达 13 分钟的广告而未能准点开播，引发被强制收看该节目的中小学生家长的强烈不满。部分家长更对节目嘉宾“新 F4”以及其他在微博上配合节目宣传的“小鲜肉”明星表示反感，称他们是误导青少年审美观念的“娘炮”。根据网络流传的图片，被认定为“娘炮”的男明星主要是以鹿晗为首的流量明星和通过《偶练》成名的新晋男“爱豆”。其中以朱正廷遭受的非议最大，因为他助力《开学第一课》时配发的照片看上去很像女孩儿。9 月中旬，有娱乐博主在微博爆料称，广电总局将执行“限娘令”，不允许选秀节目中出现外形略“娘”的选手。[④]

2018 年 10 月，朱正廷宣布加盟优酷的真人秀节目《挑战吧！太空》(简称“《太空》”)。参加节目的明星嘉宾需全程素颜，实测身高和体重，在接受高强度的训练之后体验航天员的太空生活。乐华娱乐选派朱正廷参加《太空》，显然是希望他通过参加这个极富挑战性的节目，塑造不畏艰难、勇于拼搏的“正能量偶像”形象，从而消除“娘炮”的污名。为了配合公司

---

① 若若.说给珍珠糖(一些杂七杂八的想法)[EB/OL].(2018-04-28)[2022-11-19]. https://www.douban.com/group/topic/116291068/? dt_dapp=1.

② MEYERS E. “Can you handle my truth?”: authenticity and the celebrity star image[J]. The journal of popular culture, 2009,42(5): 905.

③ 刘倩.“投资型”游戏：变动中的偶像—粉丝关系[D].南京：南京大学，2016.

④ 最幕光影.史上最严“限娘令”来袭！广电到底限了谁？[EB/OL].(2018-09-21)[2022-11-19]. https://www.sohu.com/a/255163256_100185043.

的计划，朱正廷特意剪了一个他曾经最反感的寸头，因为板寸被认为是最能彰显硬汉气质的一种发型。

不过，朱正廷在节目中并没有展现出令人信服的阳刚之气，如果阳刚仅被理解为“粗犷、强硬、倔强、粗糙”①的特质的话。《太空》第六期，朱正廷来到一个负责维护火箭运输铁路的点号站，体验了一天铁路兵的艰苦生活。在军营里，他光洁白皙的皮肤与战士们被风沙磨砺的黝黑面孔形成鲜明对比，他的体能也赶不上长期从事繁重体力劳动的战士们。晚饭时，朱正廷自曝因为要减肥已经很久没有吃晚饭。男性偶像消瘦的、被严格规训的身体，在战士们自然而强壮的身体映衬下显得颇为“女性化”，因为只有女性才需要极力“矫正自己的身体和行为，以便取悦于男人”②。晚饭后，班长主持了一个名为“男人的责任”的主题班会，要求每个人用六个关键词来表现这个主题。朱正廷写下了“责任”“担当”“尊严”“诺言”“不怕吃苦”“照顾女生”。尽管他的理解符合主流社会的理想男性形象(即前述的平民版财—武组合)，但与践行爱国、奉献的战士相比，依然在精神境界上落了下风。虽然朱正廷在这期节目中反复强调“我是一个男人”，但在军人那样的“真男人”面前，他似乎还是一个历练不够的男孩。当然，这一期节目也展示了朱正廷不怕吃苦、待人真诚的品质，进一步验证、巩固了珍珠糖在《偶练》期间对其人品的认知。

录制完《太空》后，朱正廷继续用板寸造型拍摄了一些宣传物料，但粉丝社群内部对这个造型的意见分歧很大。有的粉丝称赞短发的朱正廷“英俊帅气”“清爽干净”，让人有新鲜感。有的粉丝则认为朱正廷强装“硬汉”的做法，背离了她们的审美期待。或许是觉察到粉丝的不满，朱正廷在头发长长之后，再也没有尝试过寸头。

(二)美少年与性感偶像:偶像人设的强化

2019 年，由于各种因素的叠加，朱正廷粉丝的微博活跃度较其刚出道时显著下降。这种情况直到当年 9 月他发布首张个人迷你专辑 Chapter Z 之后才逐渐好转。10 月，朱正廷利用个人微博账户发布了专辑中的主打歌曲 Flip 的 MV，获得粉丝社群空前一致的好评。截至 2020 年 2 月，MV 的观看量已达到 7324 万人次。

Flip 是一首旋律轻柔的 R&B 情歌，描绘了“我”与爱人分手之后的痛苦心情。虽然曲风和歌词都是标准的 K-pop 作品，但这支在韩国拍摄的 MV 却带有鲜明的个人特色，甚至可以说是朱正廷及其团队为粉丝量身定做的一场视觉盛宴。在 MV 的开头，朱正廷身着白色丝绸衬衣，神情慵懒地站在一个欧式复古风格的卧室里。忽明忽暗的卧室灯光，柔软贴身的衣物，以及朱正廷伸开双臂平躺在浴缸中的全身镜头，都营造出一种亲近私密的氛围，仿佛在邀请观众走进他的私人空间，窥探他的内心世界。而他在印花地板上表演的一段大幅度肢体扭转的现代舞，似乎也在表达内心的挣扎。大约 30 秒之后，镜头切换到身着舞台装、跳着男团舞的朱正廷，此时画面接近自然光，仿佛从黑夜/梦境步入白昼/现实。此后，镜头反复在跳现代舞的朱正廷和跳男团舞的朱正廷这两个形象之间快速切换，并且插入了一个他在窗边抛掷硬币的镜头，契合了英文歌名“flip”(意为快速翻转、轻掷)的含义。非粉丝观众可以通过这种剪辑欣赏到朱正廷对两个不同舞种的娴熟驾驭，而熟悉其个人经历的粉丝

① 方刚.男公关:男性气质研究[M].中坜:中央大学性别研究室,2009:21.

② 布朗米勒.女性特质[M].徐飚,朱萍,译.南京:江苏人民出版社,2006:14.

受众则可以从中解读出更多的寓意，或可认为这种剪辑方式象征了朱正廷在两种职业理想（舞蹈家 vs.偶像型艺人）之间徘徊的苦恼。

MV 中的朱正廷犹如硬币一样拥有 AB 两面，A 面是远离尘嚣、忧郁寂寥的美少年，B 面是高贵迷人、魅力四射的娱乐偶像。这两个面向巧妙地呼应了“人间仙子”和“浪漫恋人”两个形象，并为之注入了新的内涵。在 MV 中，朱正廷首次尝试了英伦长发的造型，他深邃的眉眼和略带卷曲的长发完美地搭配在一起，宛如希腊神话中的美少年阿多尼斯。而他的英文名“Theo”正好源于古希腊语“theos”，意为神。MV 中出现的两幅作为背景的画作，也暗示了朱正廷与希腊神话的关联。一幅是鲁本斯的名画《法厄同的坠落》，描绘了太阳神赫利俄斯之子法厄同被宙斯用闪电击毙的场景。另一幅作品虽然出处不明，但从材料质感和人物形貌上看，刻画的似乎是一位手拨琴弦的古代西方女性，容易令人联想到希腊神话中掌管舞蹈、手持七弦琴的缪斯忒耳普西科瑞（Terpsichore）。

正如仙子是无性别的，神一般的美少年也是雌雄莫辨的。日本学者长池一美指出，杰尼斯偶像必须展现出雌雄同体的少年感。少年既不是男人，也不是女人或少女，而是一种超越男/女二元对立的理想化性别合成。女性粉丝将偶像虚构为少年的渴望，表达了她们潜意识中对父权制的阳刚男性的抗拒。[①] 如日本粉丝一样，国内“饭圈”也对具有少年感的男性偶像情有独钟，不仅是因为少年可以不受性别规范的束缚，不被婚恋焦虑所困扰，还因为少年感代表了一种生机盎然的精神状态，“不落庸俗，不容世故，拥有仰望星空的勇气，奔腾着的、蓬勃的想象力，非凡浪漫的创造力”[②]。除了扮演负责任、有担当、会照顾人的新时代“暖男”，男性偶像也需要成为童话里的王子、天界的神祇和夜空中的星辰，供女性粉丝仰望和膜拜，为她们带来超越性的体验。

为了配合歌曲的爱情主题，MV 中有一段朱正廷和一个女伴舞充满性张力的双人舞。这个片段用生动的肢体语言将他“浪漫恋人”的形象具体化了，并且突出了朱正廷在异性恋亲密关系中的主动性，表明他也有“很 man”的一面。比如，两人缠绵共舞时，镜头聚焦的是朱正廷把女伴舞搂向自己的手，以及他将她旋转、扑倒在床的情景。不过，朱正廷在这段双人舞中并没有占据绝对的主导地位，而是与女伴舞轮换主导权。在一个带有轻微情色意味的镜头中，女伴舞用丝带蒙住了朱正廷的双眼，表明他是关系中的被动方。在 MV 的最后一个镜头，朱正廷再一次被女伴舞遮住双眼，温柔地放倒在地。这种男女之间的相互“推倒”似乎象征着两性关系中更为平等的权力分配。

“性感”是 K-pop 男团舞的标志性特点，顶胯、摸裆、身体波浪等男团舞的标准动作都是在将男性身体情欲化。不过，如美国学者 Chuyun Oh 所言，K-pop 男性舞者的性诱惑力不会让女性观众有压迫感，因为他们在跳舞时并不看镜头，而是仿佛沉溺在身体的快感中。他们还会展现出情感性和脆弱感，从而颠倒男性凝视的权力结构，将女性观众召唤为凝视的主

---

① NAGAIKE K. Johnny's idols as icons: female desires to fantasize and consume male idol images [M]//GALBRAITH P W, KARLIN J G. Idols and celebrity in Japanese media culture. New York: Palgrave Macmillan, 2012: 104.

② 毒舌扒姨太.朱正廷与“寸头”就这么锁了？杠精对爱豆的偏见亡于 8102 年[EB/OL].(2018-10-13)[2022-11-19].https://baijiahao.baidu.com/s? id=1614165036357791724&wfr=spider&for=pc.

体。[①] 性感也是朱正廷追求的个人风格之一。他做顶胯的动作时，会直接把上衣撩起，向观众展露他的八块腹肌。他还经常在舞蹈中加入自己设计的小动作，让表演更加赏心悦目。很多珍珠糖不仅爱慕他精致的五官，也欣赏他优美的肌肉线条。在粉丝眼中，一个有腹肌的男人，不可能是“娘炮”；一个舞蹈艺术家，也不应囿于世俗的审美标准。饶有意味的是，朱正廷的性感常常带有一定的跨性别色彩。例如，2018 年 7 月，他在 NINE PERCENT 的武汉粉丝见面会上大胆“cosplay”[②]了梦露的经典造型，并将其演绎得风情万种，让无数粉丝为之惊艳。

（三）酷帅不羁与美而不“娘”：新平衡的尝试

在 2019 年的真人秀节目《限定的记忆》中，朱正廷首次正面回应了“娘炮”的指责。在他看来，艺人必须展现出多个面向以吸引更多的受众。言外之意，“娘”不过是他形象中的一面而已，偶像这一职业要求他必须表现出阴柔的性别气质以吸引女性受众。2020 年以后，朱正廷的工作重心逐渐从舞台表演转向影视剧拍摄。从偶像到演员的转型，意味着走出“饭圈”，面对“路人”。为了争取更多观众的认可，朱正廷开始寻求“饭圈”审美和大众审美的平衡点。

在 2020 年 6 月发布的一组工业风写真照片中，朱正廷再次尝试了更具男性气概的造型。照片中的他留着凌乱的小辫，身着破旧的白色 T 恤、黑色长靴和绿色风衣，脸和胳膊满是油污，脸上还有新鲜的伤口，右手缠着沾满污迹的白色绷带，仿佛一个刚刚打过架、正在废弃工厂小憩的街头少年。[③] 这个酷帅的不良少年形象虽与“人间仙子”相去甚远，但依然获得了粉丝的认可，因为“酷”所隐含的对权威的挑战，与“饭圈”女孩看重的“少年感”有着内在的共通之处，而“酷”所代表的掌控感、洞察力和文化品位[④]，也可与强调权力和成功的霸权男性气质并行不悖。在尝试了多种造型风格之后，朱正廷似乎终于找到了一个既可以满足粉丝想象，又不至于冒犯主流审美规范的折中领域——扮酷。

除了酷帅不羁，朱正廷也通过屏幕角色展现出一种美而不“娘”、刚柔并济的混合性别气质。2022 年 1 月底，他主演的冬奥会献礼剧《冰球少年》在咪咕视频和芒果 TV 同时播出。在剧中，朱正廷饰演外表高冷、内心敏感的天才球员沈舟舟，其清冷寡言的气质与 Flip 的 MV 里的忧郁美少年颇为类似。尽管这部正能量运动题材的剧集旨在刻画年轻冰球运动员的成长历程和精神风貌，但它同时最大限度地展示了朱正廷的“盛世美颜”和富有感染力的表演，可说是一部出色的“明星车”[⑤]。朱正廷在剧中的卷曲长发造型，尤其引人注目。他的

---

① OH C. Queering spectatorship in K-pop: the androgynous male dancing body and Western female fandom[J]. Journal of fandom studies，2015，3(1)：67-68.

② “cosplay”意为角色扮演，指利用服装、饰品和道具来扮演自己喜欢的动漫游戏及影视剧中的角色。

③ 小郭娱乐社. 朱正廷工业风大片来了！清爽少年化身血性男儿，简直荷尔蒙爆棚！[EB/OL]. (2020-06-01)[2022-11-19].https://www.163.com/dy/article/FFJSUBJG053726HZ.html.

④ 斯特理.名人政治家：政治风格与流行文化[M]//杨玲，陶东风.名人文化研究读本.北京：北京大学出版社，2013：184-185.

⑤ “明星车”英文是“star vehicle”，也译作“明星载体”，指为某一明星量身定做的、专门用来展现该明星才华和魅力的影视作品。

长发，配上浓黑的眉毛和硬朗的下颌线，不仅不“娘”，反而英姿飒爽，又美又帅。① 当然，这种帅美也和其所饰演角色沈舟舟天才球手的人设密切相关。剧中反复渲染沈舟舟超强的运动天赋、在冰球场上的优异表现，以及对机车的热爱。体育运动一向是传播和再生产霸权男性气质的重要机制②，甚至被认为是防止男性青少年女性化的良方③，体现速度和力量的冰球、机车等运动尤其被打上“属男性”的标签，成为阳刚气质的象征。不过，沈舟舟对强势父亲的屈从、对母亲的情感依恋，以及他的居家性（擅长做饭、照顾他人），又稀释了体育运动所赋予的霸权男性气质，让他在阴柔与阳刚之间从容行走、游刃有余，一如他在剧中简洁、宽松、中性的着装风格。

四、结语

1980 年代前中期，在“振兴中华、实现四化”的意识形态风潮的影响下，整个中国社会“都在议论、呼唤、崇尚阳刚的男性气质”。④ 时隔近四十年，随着草根女权主义的崛起和民族主义情感的强化，中国公众似乎又陷入关于男性气质的焦虑之中。“女性化”的男明星及其热情的女粉丝也因此成为中国娱乐产业最具争议性的面向之一。

本文以青年艺人朱正廷为例，探讨了本土偶像男性气质的建构和操演。论文有两个主要贡献。一是将男性偶像的人设与男性气质联系起来，拓展了国内明星人设研究的视域。人设是偶像商品的差异化策略。作为消费资本主义的快感/情感商品，偶像需要一定的人设标签来区别于市场上的同类产品。对于通过选秀节目出道的半成品偶像来说，粉丝/受众可在其人设打造过程中发挥重要作用。人设是一个介于真实和虚构之间的中介物，它承载着粉丝对偶像的认知、欲望和幻想，并具有显著的性别意涵。具有强大辨识力的追星女孩不仅能够从貌似千篇一律的偶像产品中发掘出独特的人性和人设，还能从偶像的公共形象中获得私人的快感和满足。为了演艺事业的发展，偶像本人及其经纪公司也会积极构建和维护人设，他们一方面需要提供丰富的物料，满足粉丝的多样化欲求，另一方面也需要向权威媒体和主流意识形态示好，保持“正能量偶像”的形象。

二是本文尝试厘清当代中国霸权男性气质的基本样貌，提出了一个从“文—武”到“财—武”的典范变化，并认为“财—武”范式有精英版和平民版两个不同版本。对照这套男性气质的理想模板，不难看出朱正廷作为偶像艺人的核心人设与霸权男性气质存在明显的抵牾。“人间仙子”和“赤子之心”将朱正廷的形象去性别化，使其成为一个象征秩序之外的超凡脱俗的存在。“白痴美人”和“美少年”则将朱正廷酷儿化、女性化和双性化，使其远离成熟的异

---

① B 站一位 UP 主剪辑了一个《冰球少年》的视频，一个月内播放量超过百万，弹幕数接近 4000。绝大部分弹幕都是在夸赞沈舟舟的美貌，如“绝美”“帅死了”“美强惨”“又美又帅”。参见莫扯头花.又 TM 是爱豆转演员？等等，这次先不忙抬走【朱正廷】[EB/OL].(2022-02-10)[2022-11-19]. https://www.bilibili.com/video/BV1oq4y1b7yd/? spm_id_from=333.788.recommend_more_video.-1.

② TRUJILLO N. Hegemonic masculinity on the mound: media representations of Nolan Ryan and American sports culture[J]. Critical studies in mass communication, 1991,8(3):290-308.

③ 庄志勇.体育是防止“男性青少年女性化”的良方？[J].武汉体育学院学报，2021(5):28-34.

④ 张伯存.中国当代文学和大众文化中的男性气质[D].上海：华东师范大学，2006:28.

性恋家庭供养者的形象。“浪漫恋人”和“性感偶像”虽然看似接近中国霸权男性气质中“性和欲望的显性化”[①]，但男性偶像的浪漫和性感指向的是两情相悦和权力共享，而不是像霸权男性气质那样将女性当作证明男人性能力的工具。即使朱正廷开始出演影视剧，他的公共形象也依然与霸权男性气质保持了微妙的偏离。正如女性可以母亲、同学、女友、性伴侣、妻子等身份，“在许多男性气质的建构过程中发挥核心作用”[②]，女性作为娱乐产业的主要消费者，也决定性地影响了艺人男性气质的内容和表达。

从朱正廷的个案可以看出，男偶像吸引女粉丝的并不一定是某种最理想的男性气质，而是他们身上所体现的性别和性态的流动性、游戏性和敞开性。用“饭圈”流行的术语来说就是“可盐可甜、可仙可欲”“一个爱豆当四个使，粉一送三模式随机”。这种性别和性态的可塑性(plasticity)突破了男/女、阳刚/阴柔、异性恋/同性恋等二元对立观念的束缚，昭示了更丰盈、更灵动的生命形式。粉丝在为偶像的可塑性辩护时，通常会采取“内外有别”的话语策略，即将偶像的品行当作内在的、本真的东西，而将偶像的性别气质视为外在的、可变的。依靠这种策略，粉丝社群让符合女性视觉快感和心理需求的男性形象获得流通的合法性。

当然，朱正廷的公共形象与霸权男性气质之间也有一定的共谋性。早在《偶练》期间，朱正廷就因家境优渥获得“朱有财”的外号。出道之后，他满世界飞的工作方式和名牌傍身的生活方式，都表明他已跻身大都会成功人士的行列。男性偶像身上体现的“财”要素不仅巩固了他们作为理想婚恋对象的合理性，也肯定了父权制下男性所扮演的“家庭经济支柱”的角色。从性别和阶级的交汇点来看，“饭圈”审美虽然能够松动性别藩篱，让男性气质变得更加多元，但却很难撼动霸权男性气质的阶级根基。

本文是关于单个明星及其粉丝社群的个案研究。个案虽然“不生产普遍化的知识”，但却能为科学知识提供基础性的细节，为更大范围的研究提供有用的洞见。[③] 由于篇幅的限制，本文对“饭圈”审美未能详尽论述。推崇“高瘦白幼秀”的“饭圈”审美是如何形成的？它受到哪些社会、文化和心理因素的影响？为什么将男明星女化（如女粉丝将男明星戏称为“老婆”，而不是“老公”）已发展成新的娱乐风尚？将男明星身体客体化的女性凝视是否只是男性凝视的简单颠转？这些问题都有待后续研究。

---

① 皮兴灿，王曦影.多元视野下的中国男性气质研究[J].青年研究，2017(2)：85-93，96.

② CONNELL R W, MESSERSCHMIDT J W. Hegemonic masculinity: rethinking the concept[J]. Gender & society, 2005, 19(6): 848.

③ MORGAN M S. “If p? Then what?” thinking within, with, and from cases[J]. History of the human sciences, 2020, 33(3-4): 213.

Idol Persona, Masculinity and Fandom Aesthetics: A Case Study of Zhu Zhengting and His Fandom

Yang Ling

(Xiamen University, Xiamen, 361005)

Abstract: Based on a combination of participant observation and textual analysis, this paper explores the relationship between idol personae and hegemonic masculinity through a case study of idol actor Zhu Zhengting and his female-dominated fandom. I argue that the personae of male idols cater to the knowledge, desires, and fantasies of female fans. Zhu's core personae are conspicuously at odds with hegemonic masculinity in contemporary Chinese society and the aesthetic sensibility of his fandom also challenges patriarchal values and gender norms. Female fans are attracted to male idols not necessarily because those idols embody an idealized form of masculinity, but because they demonstrate the fluidity, playfulness, and openness of gender and sexual identities.

Keywords: idol persona; masculinity; fandom aesthetics; gender norms

消费美学、摩登女郎与话语建构:《化身姑娘》“四部曲”的都市现代性(1936—1939)

邵梓洛*

内容摘要:20世纪30年代,左翼电影与“软性电影”的论战引发影人争辩。作为“软性电影”的代表作,“化身姑娘”系列影片上映后票房获益颇丰,片商将其远销香港、南洋地区。本文基于大众消费文化立场对“化身姑娘”系列电影进行整体性考量,思考影片折射的现代都市文化。“化身姑娘”系列中的“易装”“同性恋”噱头深度契合了都市大众猎奇的审美旨趣;“化身”是对时尚潮流的呼应,影片围绕“化身”抨击了重男轻女的旧观念,体现了编剧对五四精神的继承,也凸显了女性话语权的提升;银幕内的“化身姑娘”与银幕外的“摩登女郎”呈现出较强的错位感,但两者皆以身体为基础凸显了都市现代性。

关键词:《化身姑娘》“四部曲”;化身;摩登女郎;现代性

由方沛霖执导,黄嘉谟编剧,艺华影业公司制作的喜剧片《化身姑娘》是“软性电影”的代表作。影片讲述的是:新加坡华侨张菊翁思孙心切,回国养病,其子元伦为尽孝谎报生男。十八年后,祖父召唤远在南洋的“孙子”回国,元伦遂派女儿莉英女扮男装回沪省亲。① 《化身姑娘》“四部曲”②故事背景横跨南洋、上海,着力凸显性别扮演。在类型实践上,影片融合滑稽片、爱情片、侦探片、恐怖片等多重元素;视觉呈现上,电影注重服装搭配、布景设置;声音探索上,全部有声对白丰富了观众的感官审美体验。

该系列电影受到了进步影人的批评③,由于主流电影史写作延续了革命史研究范式,因此对该片的历史评价较低。此前的学界研究,或聚焦于对1930年代中国电影理论观念“软硬之争”的历史回溯,或从明星制、流行时尚、易装等视角对“化身姑娘”进行阐释④,对《化身姑娘》“四部曲”进行历时性维度的考察仍有空缺。相比左翼电影的战斗性和激进性,“软性电影”满足了都市大众的娱乐消费需求,却与严肃的时代语境难以调和。

然而,基于大众文化立场,作为“软性电影”的《化身姑娘》“四部曲”以通俗噱头取悦都市

---

* 邵梓洛,女,厦门大学电影学院戏剧与影视学博士研究生,主要研究方向为中国现代电影史。

① 佚名.化身姑娘本事[J].青青电影日报,1941(77):2.

② 《化身姑娘》“四部曲”包括:《化身姑娘》(1936)、《化身姑娘续集》(1936)、《三集化身姑娘》(1939)、《四集化身姑娘》)(1939)。

③ 凌鹤指出:“例如《化身姑娘》之类的影片,除了说明庸俗的制作者为了获取营业利润而完全漠视观众之利益外,就没有存在的理由,当然也是毫无艺术价值的了。”凌鹤.《化身姑娘》及其他[J].生活日报周刊,1936,1(11):126.

④ 黄望莉,黄渊鸽.“化身姑娘”:袁美云明星研究[J].当代电影,2017(12);孙绍谊.流行时尚与易装扮演“化身姑娘”的沪港行旅[J].上海文化,2013(3).

市民的娱乐需求,影片在表达范式上稍显"媚俗"。[①] 总体而言,这种现代性建构较为温和。由此,本文试图探讨如下问题:为何"化身姑娘"系列电影备受都市大众欢迎?"化身"所展现的审美时尚潮流以及影片通过"化身"映射了怎样的性别观念?银幕上的"化身姑娘"与银幕外的"摩登女郎"二者之间有何种内在关联?

一、"化身"热映:影片卖座的缘由

1936年6月6日,《化身姑娘》在上海金城大戏院开映,甫一出场便卖座极盛。上映不到半年,艺华公司紧锣密鼓连拍续集。1937年元旦起,《化身姑娘续集》在卡尔登戏院连映两星期,之后新光大戏院又将《化身姑娘》两片[②]同时公映。尽管《三集化身姑娘》《四集化身姑娘》剧本早已完成,1937年淞沪会战打破了影业公司的制作计划,"《二集化身姑娘》(《化身姑娘续集》)拍了一半,抗战爆发,到上海沦陷后才完成,三集和四集,是袁美云、王乃东、韩兰根、关宏达联合主演"[③]。直至1939年《四集化身姑娘》问世,这一"化身"系列方才落幕。据《申报》记载,仅《化身姑娘》一片在1936年映后累计观影人数便高达"八十万"[④],尽管这一数字的准确性难以考证,但也坐实了《化身姑娘》作为"年度卖座巨片"的事实。此外,"化身姑娘"系列不仅在上海和埠外热映,片商还将它们发行到香港[⑤]和南洋地区。为了符合南洋华人的观影偏好,影片在新加坡上映时便为全部粤语对白。1936年起,《化身姑娘》《化身姑娘续集》[⑥]在新加坡的华侨、东方及大西洋戏院[⑦]陆续上演。

不过,"化身姑娘"系列电影盈利颇丰之际也招致了进步影评人的批评,批评者指摘这一系列作品趣味低级、不符合进步的话语体系,远离了现实生活,缺乏真实性。左翼影评人凌鹤认为,该片"真正的制作动机,却是利欲熏心的用淫秽,无聊,同性爱,低级趣味之类,作为引诱观众的手段,而以营业的胜利作为作品的估价"。[⑧] 凌鹤言辞不免激烈,却也道出了"化身姑娘"卖座的原因:影片利用易装等噱头吸引观众目光,高度契合了都市大众通俗化的审美旨趣。

纵观电影圈和评论界,社会对"化身姑娘"系列褒贬不一,但是其票房可观的盛况大家有目共睹。其中缘由,笔者作如下方面的思考和总结:首先,上海自1843年开埠以来,便成为

① 马泰·卡林内斯库提到,媚俗艺术是"典型地现代的",与"文化的工业化、商业主义和社会中日渐增加的闲暇紧密相联系的"。马泰·卡林内斯库.现代性的五幅面孔:现代主义、先锋派、颓废、媚俗艺术、后现代主义[M].顾爱彬,李瑞华,译.北京:商务印书馆,2002:282.

② 指《化身姑娘》和《化身姑娘续集》这两部影片。

③ 公孙鲁.中国电影史话:第二集[M].香港:南天书业公司,1962:88.

④ 佚名.化身姑娘续集广告[N].申报,1936-12-30(8).

⑤ 化身姑娘三集现在中央开映[N].大公报(香港),1939-07-15(6).

⑥ 影片在新加坡上映时,宣传广告中将《化身姑娘续集》称为《化身二姑娘》。

⑦ 张英.影评一束[N].南洋商报,1937-10-27(21).

⑧ 凌鹤.最近期间的中国电影新作:新旧上海、浪淘沙、化身姑娘、新婚大血案[J].读书生活,1936,4(5):267.

华洋混杂的角力场，资本主义的蓬勃发展为影业提供了原初动力，现代化的生活方式催生了小市民这一庞大的社会阶层，小市民群体的浮现为影片卖座奠定了坚实的群众基础。1930年代，上海成为极具国际视野的大都会，商业文明滋生了新的娱乐方式。小市民是“构成洋泾浜文化空间的主体”，“他们是大众文化饥渴的消费者，也是带着‘世俗’趣味的电影观众”。[①] 小市民既是“鸳鸯蝴蝶派”通俗小说的拥趸，也是现代电影的狂热消费者。当时有评论者指出：“小市民需要性的刺激，需要追求异性的场所，需要兴奋剂，需要充满着发香肉味的空气”[②]，现代电影院为他们的消遣提供了绝佳的空间，黑暗中唯一光亮的银幕牢牢地吸纳了大众目光。影业公司也因此竭力制造迎合观众审美旨趣的流行电影。《化身姑娘》“四部曲”力求新奇，早在开拍之前，方沛霖便决意做一部“新鲜”之作，他提道，“它的内容，我们首先最需要解决的，也就是它能够合于这一个‘新’的条件”[③]，为此，方沛霖与黄嘉谟多次讨论，最终呈现了一部“眼睛冰淇淋”[④]电影。

其次，《化身姑娘》“四部曲”沿袭了中国民间故事“易装”的经典桥段，电影以“性别扮演”刻意模糊了主角的生理性别、社会性别，性别差异造就的易装银幕奇观迎合了民间的娱乐需求。一方面，回望中国古典戏曲、民间传说，女扮男装的情节屡见不鲜，如《木兰从军》《女驸马》《梁祝》，等等。时人总结了女性易钗而弁的类型：“(一)巾帼男英雄，如花木兰代父从军十二年……(二)孝女，如奇双会的李桂枝，替夫申冤……(三)烈妇，如英杰烈的陈月英，代夫报仇……”[⑤]而“化身姑娘”系列影片除了女扮男装，更有男扮女装，如：《三集化身姑娘》韩兰根乔装女仆，齐刘海低发髻，绰约多姿，配文“眼睛一霎，老雄鸡变鸭！”[⑥]，影片较《化身姑娘》而言，对女性的性别玩笑更近了一步，以男性乔装改扮女性增强电影的笑料。另一方面，《化身姑娘》“四部曲”利用性别扮演激发观众的观影欲望，契合了汤姆·冈宁(Tom Gunning)在研究美国早期电影时提出的“吸引力电影”概念，早期电影“直接诉诸观众的注意力”，“通过令人兴奋的奇观”“激起视觉上的好奇心，提供快感”。[⑦] 比如：《化身姑娘》广告词“同性拥吻造成了异性恋爱”[⑧]，袁美云与周璇亲密接吻的情节成为影业公司的宣传重点，“忽男忽女，扑朔迷离，亦阴亦阳，神秘奥妙难识透！打破重男轻女的恶习惯！描写都市青年的性烦闷。”[⑨]强调了电影的娱乐消闲属性和对传统性别观的批判。《化身姑娘续集》的宣传剧照再次强化了易装，路明饰演的匪妇钟情于袁美云“化身”成为的男子杨如棠。

再次，“化身姑娘”系列作品展现了中国早期电影对好莱坞等西方影片的自觉模仿学习。

---

① 张真.银幕艳史：都市文化与上海电影1896—1937[M].沙丹，赵晓兰，高丹，译.上海：上海书店出版社，2012：23.

② 许美埙.弗洛伊特主义与电影[J].现代电影，1933(3)：14.

③ 方沛霖.关于化身姑娘(附照片)[J].艺华，1936(1)：4.

④ “冰淇淋论”指的是黄嘉谟提出的“电影是给眼睛吃的冰淇淋，是给心灵坐的沙发椅”。参见嘉谟.硬性影片与软性影片[J].现代电影，1933(6)：3.

⑤ 陶园.男扮女装与女扮男装[N].金刚钻，1934-06-21(2).

⑥ 佚名.三集化身姑娘(照片多幅)[J].艺华画报，1939，8(3)：9.

⑦ 汤姆·冈宁.吸引力电影：早期电影及其观众与先锋派[J].范倍，译.电影艺术，2009(2)：62.

⑧ 佚名.步步紧迫，幕幕精彩：“化身姑娘”中之几个镜头(照片多幅)[J].艺华，1936(1)：9.

⑨ 佚名.化身姑娘广告[N].申报，1936-06-05(6).

20 世纪 20—30 年代,百分之八九十的好莱坞出品的影片都会在中国得到发行放映。① 早在 1922 年,明星影片公司拍摄的首部故事短片《滑稽大王游沪记》就是对"卓别林来中国"②后的想象及本土化的改写。"化身姑娘"系列电影未摆脱传统打闹喜剧(slapstick comedy)的影响,影片中韩兰根在厨房里与笼中的鸡鸭打斗,滑稽动作表演增强了电影的趣味性。实际上,黄嘉谟对早期滑稽明星非常熟悉,1928 年黄嘉谟撰文介绍过笑匠罗克(Harold Lloyd)③,1934 年他谈到劳莱(Stan Laurel)和哈台(Oliver Hardy)时声称:"劳莱、哈台的笑片虽然也引起中国人的兴味,但在上海初映不过只做了五六天,而国产的笑片《王先生》却曾支持了一个多月,吸引了大多数的观众。"④《化身姑娘续集》广告词即为"中国空前伟大绝顶滑稽香艳奇情侦探喜剧! 打倒罗克,开登! 胜过劳莱,哈台!"⑤续集延续了首集的喜剧性,新增侦探元素,韩兰根、关宏达组成的滑稽搭档以好莱坞笑匠劳莱、哈台为临摹范本,迎合了早期中国电影观众偏好滑稽片的观影习惯,韩兰根和关宏达堪称"中国的劳莱、哈台"。《三集化身姑娘》《四集化身姑娘》与之前的两集在电影风格上有着较大区别:"'三集'还保留着喜剧的作风,到了'四集'就渗入了不少'恐怖'成份(分)了。"⑥《四集化身姑娘》大肆宣传"恐怖侦探滑稽巨片""太平间,阴森森,死人复活,汗毛凛凛"。⑦ 可见,"化身姑娘"系列作品力图突破滑稽片的局限性,注重电影类型的杂糅。

最后,"化身姑娘"系列电影卖座可观,恰是制片者创作观念迎合都市大众需求的结果,在本土民间文化和好莱坞电影的双重滋养下,都市市民对"化身姑娘"系列片产生了天然的亲近感和热切的消费欲。数年过去,"化身姑娘"魅力不减,这股"化身"余韵不绝。1956 年,南迁香港的艺华公司再次翻拍《化身姑娘》,此时正值歌舞片盛行,摩登女郎张莉英(林翠饰演)在银幕之上大跳曼波舞步。

二、"化身"背后:时尚潮流与性别话语

"化身姑娘"系列影片中袁美云身着裤装"化身"男子,一方面是对传统易装题材的延续,女明星以服饰转换上演自古就有的易装情节,另一方面也是世界女性主义思潮所引发的中性装扮潮流在银幕上的折射。第一次世界大战当中,由于战争的需要,1917 年,英国军需工厂的数十万女工的制服采用了裤子,当然,这首先是为了生产安全,但对于被迫走出闺房参加社会劳动的女性来讲却是一种新的体验,战争在不知不觉当中帮助女性打破了传统的禁忌。⑧ 女性解放运动的风行加剧了时尚观念的转变——女性"中性化"的审美风靡,服饰上

---

① 数据分析来自中英文资料的汇总。参见萧知维,尹鸿.好莱坞电影在中国:1897—1950 年[J].何美,译.当代电影,2005(6):69.

② 程季华.中国电影发展史:第一卷[M].北京:中国电影出版社,1980:58.

③ 黄嘉谟.今日美国的电影及其明星[J].电影月报,1928(6):5.

④ 黄嘉谟.中国电影发达的必然性及其将来[J].时代,1934,6(10):18.

⑤ 佚名.化身姑娘续集广告[N].申报,1937-01-08(7).

⑥ 黄嘉谟.剧作者言:瞎三话四集[J].艺华画报,1939,8(3):13.

⑦ 佚名.四集化身姑娘广告[N].申报,1939-08-11(12).

⑧ 李当岐.男裤女裙:服装的性别符号[J].装饰,2008(1):17.

弱化性别界限的时尚趋向一经电影明星、社交名媛推广就迅速得到传播。清末民初，便有妓女、名伶女扮男装，青楼女子为追新逐异身着男装示人，此时女性的男装打扮多为中式袍褂，头戴圆帽。20 世纪 20 年代，可可·夏奈尔(Coco Chanel)女士将男装风格引入女装设计之中，成为现代女装的经典示范。中国社会西风东渐，女明星、名伶之间流行"女扮男装"。电影女明星张织云、陆剑芬、黎明晖的男装照刊载在各类通俗杂志、画报上，她们或穿着宽松的袍褂，或衣着合体的洋服，系领带，梳短发，戴金丝边眼镜。

20 世纪 30 年代，欧美女星以穿男装为流行时尚，《摩洛哥》(1930)是好莱坞第一部女性易装的电影，玛琳·黛德丽身着燕尾服演绎中性风格，游走在双重性别之间的她令人着迷和追捧。关文清在《好莱坞见闻录(二)》中也曾描述华人女星黄柳霜身穿男装赴宴的情形："次日，罗埠省和好莱坞的报纸，将这个颠倒雌雄的大会，宣传遐迩，好事的人，撰述佳话；轰动一时！由是一般电影迷的女性，争相效尤；咸以穿男装衣服为时髦了。"[①]民国社交名媛、女明星、名门闺秀等都市丽人对这股"男装热"潮流亦步亦趋，阮玲玉、胡蝶、徐来、叶秋心等电影明星都曾在镜头前化身男子，此时"女扮男装"并非全然模仿男性风格，而是保留了一定的女性特质，比如：卷发、口红、高跟鞋。男装打扮为摩登女郎平添了一股硬朗之气，展现了民国现代女性的时髦前卫，郭建英绘制的漫画中，衣着西式裤装的女性与《摩洛哥》中玛琳·黛德丽的男装打扮遥相呼应。银幕"化身姑娘"通过"化身"改变个体性属，满足了普通大众的视觉期待，也蕴藏着女性着装中性化的时尚潮流，袁美云除了在电影中"忽男忽女"，她还将"易装"情节带入现实，1936 年 2 月 15 日，她曾偷偷地在夜晚的南京路上兜了个圈子，因男装打扮未被发现。[②]

随着影片连拍续集，编剧黄嘉谟对"化身"的诠释也有了新的变化。具体而言，《化身姑娘》的"化身"局限于家庭范围内性别身份的扮演，续集系列中的"化身"逐渐转换为社会身份的"化身"。据黄嘉谟自述，"化身姑娘"连拍续集并非他的本意，而是由观众和环境造成的，受制于之前的剧情和人物设置，续集"必需化化身，而又必需化得别开生面，合于情理，不落旧套。(虽然不免有时要再穿那些"旧套"的西装)"[③]。在续集中，编剧围绕"化身"展开了新的故事编写，不仅有袁美云的"化装"，更有剧中主要演员如韩兰根、关宏达的"化装"。《化身姑娘续集》中莉英弟弟遭受绑架，张莉英"忽男忽女"，以美色引诱匪徒获取线索解救弟弟，莉英抱弟回家，祖父得以重享天伦之乐。《三集化身姑娘》《四集化身姑娘》中，张莉英前往青州帮助警察局破案，莉英时而化身小姐，时而化身护工，她的行动某种意义上有力地证明了女性并不逊色于男性，甚至在必要之时义无反顾地担负起解救他人的重责。莉英"化身"救弟的行为满足了观众对现代女性的期望，也为都市生活增添了一抹江湖侠义色彩——难违父命的女性突破重重禁锢，拯救尚且弱小的他者。回眸影史，这类"女侠"模式为中国早期武侠片所钟爱。1929 年，文逸民导演的《红侠》，张惠民执导的《女侠白玫瑰》，1930 年陈铿然、钱雪凡执导的《荒江女侠》(根据顾明道同名小说改编)，电影中的女性纷纷化为"侠客"，不畏艰险充当社会"救世主"，女性被推向了都市文化的前台，拯救他人，匡扶正义。

关乎现代女性的文化想象也凸显了妇女解放运动在中国的深入发展，20 世纪初期中国

① 关文清.好莱坞见闻录：二：(3)女扮男装的大会[J].联华画报，1933，1(26)：3.

② 柏子.化身姑娘工作日记：二月五日至三月卅一日[J].艺华，1936(1)：13.

③ 黄嘉谟.剧作者言：瞎三话四集[J].艺华画报，1939，8(3)：12.

内忧外患,精英知识分子力图为国家寻找一条新出路,他们以日本、苏联、欧美为蓝本,思索现代中国的转型之路。西方新思潮不断涌入中国的同时也激发了中国现代女性的觉醒,新文化运动将传统与现代二元对立,激进而急迫地对旧文化旧思想大加改造,民主、科学的观念深入人心,伴随着“启蒙”浪潮的来袭,女性解放思潮在国内传播开来。胡适在1918年由于翻译了《玩偶之家》,将易卜生主义介绍到中国,他无意中将剧中女主人公娜拉推举到前所未有的家喻户晓的程度,使其成为五四时期妇女解放的象征,难以计数的女青年挣脱家庭的锁链和幼年时代的环境,都以娜拉这个榜样为自己的行动辩护。[①] 不过,莉英从家庭走向社会与娜拉出走有着明显的区别。娜拉出走是作为“人”的个体意识觉醒,她以个人之力对抗家庭的束缚进而走向自我。莉英“化身”并未摆脱旧有性别观念的支配和家族秩序的安排。也正是影片中的“化身”,展露了传统父权制对女性的改造和操纵。

换句话说,影片通过“化身”抨击了男尊女卑的性别观念,提倡男女平等,凸显电影对五四精神的传承,展现了女性社会话语权的提升。导演方沛霖说道:“电影并不是纯粹娱乐品,是教育的,所以这《化身姑娘》里面,除了有充分大量噱头有趣味的事迹外,其际也有不少含着关于教育的意义哩!”[②]这里的教育意义指的是对重男轻女观念的批判,从剧情展开而言,影片也确实体现了一定的进步色彩和讽刺意味,这种进步主要是指编剧意图展现的平等的性别观,讽刺在于影片对封建旧秩序的控诉和批判。不过,《化身姑娘》中莉英化身男子从南洋回到上海,满足祖父张菊翁对孙子的期盼,后祖父发现张莉英实为女孩后患病,结局以莉英母亲产子,菊翁获悉后大喜落幕。而这也削弱了电影主题思想上的进步性和先锋性,使得它落入了平庸的收尾。客观而言,“化身姑娘”系列中的易装噱头和滑稽喜剧特性,在取悦观众的同时,也淡化了影片本身的严肃性和说教性,使得它的教育意义浮于表层。

总而言之,“化身姑娘”张莉英虽外形摩登,但其行为的驱动力源自中国世代沿袭的宗法秩序,她的出场以男性求助为前提,重男轻女的观念主导着故事发展。这种外在扮相的摩登与男尊女卑的陋习相互纠缠,突显了新旧时代、新旧观念的博弈。在男性话语主导的场域中,女性长期被支配和被边缘化,往往缺乏内生性的崛起力量,当莉英摆脱了成为家族继承人的使命之时,又承担了拯救社会的重任,外在“化装”带来的身份转换也指涉着现代语境下两性话语权的动态流动和角逐。

三、银幕内外:“摩登女郎”的现代性

20世纪30年代,在妇女解放运动的感染下,越来越多的“新女性”浮出历史地表。工业革命促使现代性的潮流席卷全球,上海笼罩着一股“摩登”[③]风尚,“这是一个充满罪恶、愉悦

① 李欧梵.文学的趋势:对现代性的追求1895—1927年[M]//费正清.剑桥中华民国史1912—1949年:上卷.北京:中国社会科学出版社,1993:534.

② 方沛霖.关于化身姑娘(附照片)[J].艺华,1936(1):4.

③ 关于“摩登”词义的详细论述,参见张勇.“摩登”考辨:1930年代上海文化关键词之一[J].中国现代文学研究丛刊,2007(6).

和色情的城市，到处充斥着都市消费和商品化的幻影”。[1] 摩登女郎是现代性在中国渗入和发展的明证，她们时髦前卫、理念入时。现代女性从裹脚的陋习中挣脱出来，跻身成为通俗报刊的宠儿，新兴的电影媒介塑造了摩登女郎——女明星的出场引人瞩目。中国第一位银幕女角殷明珠，“她的外号是 FF 女士（Foreign Fashion），生活装束，样样是站在时代的尖端，以上海那十里洋场，许多趋向西化的士女，也莫不以 FF 女士的时髦而马首是瞻”。[2] 银幕摩登女郎为现代女性挺进公共场域提供了范本。

银幕之上，影片塑造了双重性别的摩登女郎，女性通过“化身”成为“男性”，“化身姑娘”张莉英时而西装革履，时而身着旗袍，服饰的变换意味着性别转换。“化身姑娘”的诞生是男性欲望的投射，黄嘉谟见到身穿男装的袁美云时惊叹道：“一个婉好的少女竟然变成一个美少年，使我看见之后几乎兴奋得要狂叫起来，因为这个‘她’，——也许应该说是‘他’，正是我近年来脑海中憧憬着的剧中人物。”[3]莉英假扮男儿回沪省亲，临行前特地定制男士西服，预约理发师上门剪发，电影对镜拍摄了她剪发的过程；她还学习男性走路；编剧由外形、行动至心理层面，逐渐建构起莉英的“男性”身份。莉英与祖父逛永安商场买刮胡刀，为祖父祝寿时“男”扮女装出演花旦……陷入性别扮演困境的女性最终暴露了真实性别。银幕内的摩登女郎张莉英虽衣着时尚，却无法摆脱宗法伦理的支配，她游走在传统秩序和现代文明两重空间，她的“化身”既承担着菊翁的“凝视”，也吸引着小市民对都市摩登女郎的集体窥视与消费。

银幕之外，摩登女郎堪称现代女性的典范，然而关乎摩登女郎的讨论始终颇具争议。有小说曾对摩登女郎的外形进行了细致的描摹：“烫头发，长眉毛，血红的嘴唇，异样的耳坠和脂粉，最新的时装，高跟鞋，钱袋和钱袋里面的小粉盒与唇红，……都是必备的条件。”也有论者指出：“凡具有充分的科学常识，合乎现代革命潮流的思想，改革旧制建设新事业的行动方面的毅力和勇气，健全的身体，勤俭而能耐劳的习惯和气质，慈爱为怀的母性，……条件者，可以算得上一个典型的摩登女郎。”[4]上述讨论指向了两类现代女性：前者集中在外在形象刻画，后者从内在认知方面对女性提出了较高的要求。总体上说，“摩登”意味着由内而外的现代化。值得思考的是，摩登女郎一方面指涉着思想进步的现代女性，另一方面却常与“交际花”“行为浪漫”“妖艳”等词汇同行，公共场域对摩登女郎形成如此两极化评价的原因何在？

其一，纸质媒介为摩登女郎提供了活跃的场域，衣着时髦、作风西化，充满性吸引力的摩登女郎是通俗杂志乐此不疲的讨论对象。比如《良友》《妇人画报》《电影月刊》《青青电影》等杂志时常刊登名媛、中外女星照片，介绍她们的生活方式。1933 年《妇人画报》连载了数期郭建英撰写的《摩登生活学讲座》，内容涵盖恋爱、婚丧礼仪、会话、社交舞诸方面，这一系列讲义堪称现代生活的摩登指南——深入浅出地为摩登女郎的生成树立了规范化的准则。

其二，摩登女郎是中国新感觉派小说当仁不让的主角，她们思想开放、追求享乐，徜徉在都市文明带来的愉悦之中。摩登女郎常出没于舞场、夜总会、咖啡厅等娱乐场所，对待爱情

---

① 史书美.现代的诱惑：书写半殖民地中国的现代主义（1917—1937）[M].何恬，译.南京：江苏人民出版社，2007：263.

② 公孙鲁.中国电影史话：第一集[M].香港：南天书业公司，1962：40.

③ 黄嘉谟.化身姑娘编剧谈：由剧本谈到摄制经过[J].艺华，1936(1)：5.

④ 云裳.论“摩登女郎”之所由产生[J].妇女共鸣，1933，2(6)：27.

态度极为开放,追求速度和刺激。游走在名利场中的摩登女郎通常与各类新式消费捆绑在一起,女性身体成为承载商业文明的容器,同时也被以男性视觉为主导的现代目光所分解,摩登女郎的眼眸、嘴唇、大腿、裸背等局部成为社会窥视的焦点。万籁鸣、郭建英为《良友》《妇人画报》等通俗杂志绘制的新感觉派小说插图中,摩登女郎多身穿旗袍、体态婀娜,袒露着纤细的玉臂、大腿,以身体作为吸引男性的工具。

其三,电影媒介以更生动的视听表达与纸质媒介一同建构了都市大众对于摩登女郎的集体想象。摩登女郎的出场既是社会现代化的产物,也是公共场域对"第二性"的再生产,智识分子以"启蒙者"的身份解放女性并与现代文明合谋"逐渐形成"[①]了摩登女郎。在电影领域,以"化身姑娘"为代表的银幕摩登女郎极大地丰富了大众的娱乐生活,而那种合乎革命进步和底层审美的摩登女郎也出现在左翼电影中。

质言之,当媒介体系力图强调视觉吸引力,展示摩登女郎裸露的身体之时,也夺去了大众目光对女性内在思想的关注,易使大众对摩登女郎的认知局限在她们的表层行为。新感觉派小说生成的摩登女郎形象也影响了受众的判断。总之,有关摩登女郎的争议显露了现代社会对女性形象的多重期待。然而,银幕内的"化身姑娘"与银幕外的摩登女郎呈现出较强的错位感。银幕内的"化身姑娘"张莉英虽外形时尚却始终无法摆脱父辈的支配,作为独立个体的莉英为满足祖父的愿望易装换面并借此走向公共领域,这种突破也是城市文明对女性主体意识的询唤。相比之下,银幕外的摩登女郎行为浪漫也更为自由。不过,两者皆以身体为基础,凸显了都市现代性,摩登女郎的浮现作为历史缩影展现了现代女性的进步。无论是纸质媒介营造的精致女郎,或是电影行业女演员的崛起,都提升了女性的社会地位,处于传统和现代裂隙中的摩登女郎,以身体为资本,文化为武器,突破旧有性别观念的藩篱,迈着自由解放的步伐挺进都市文化的中心地带。

四、结　语

《化身姑娘》"四部曲"有意躲避纷繁复杂的现实社会,偏向通俗文艺的审美趣味,迎合了都市文化的消费需求。影片以"易装"展示社会的现代化,体现了启蒙思想对女性解放的重要意义。张莉英的"化身"一方面是对传统易装题材的延续,另一方面也迎合了女扮男装的时尚审美风潮。另外,电影通过女性"化身"抨击了重男轻女的落后观念,同时也表现了男权中心制对女性的规训。女性先是在纲常伦理的感召下,假扮男子遵从旧有观念,个人恋爱也被压制在宗法秩序下;接着,男性主动向女性求助,莉英由家庭走向社会,彰显了现代女性的进步;最后,女性承担了拯救社会,除暴安良的功能义务。此时张莉英作为一个象征符号,隐喻着女性逐步被社会接纳和认可,以及女性社会地位和话语权的提升。不过,"化身"虽帮助张莉英化解所遇难题,但"化身"后的女性显然不等于现代女性。

---

① 西蒙娜·德·波伏娃.第二性[M].陶铁柱,译.北京:中国书籍出版社,1998:309.

Consumer Aesthetics, Modern Girls and Discourse Constructions: The Urban Modernity of *Tomboy* Tetralogy (1936-1939)

Shao Ziluo
(Xiamen University, Xiamen, 361005)

Abstract: In the 1930s, the debate between left-wing films and "soft films" triggered filmmakers to compete for attention. As a representative work of "soft films", *Tomboy* series of films was released and received great profits at the box office, and the film makers sold the films to Hong Kong and the Southeast Asia area. Based on the standpoint of popular consumer culture, this paper makes a holistic consideration of the *Tomboy* series of films, and considers the modern urban culture reflected in the films. The "cross-dressing" and "homosexual" gimmicks in the *Tomboy* series deeply meet the aesthetic interests of the urban public; the "cross-dressing" is an echo to the fashion trend. With the "cross-dressing" as the thread, this film criticizes the old concept of patriarchal preference, reflecting the screenwriter's inheritance of the spirit of the May Fourth Movement and highlighting the enhancement of women's right to speak. The "Tomboy" inside the screen and the "modern girl" outside the screen present a strong sense of dislocation, while both are based on the body to highlight the urban modernity.

Keywords: *Tomboy* tetralogy; cross-dressing; modern girls; modernity

“他者”视野下女性形象的突破与迷失
——近年来国产都市题材电视剧中女性形象分析

刘书毓*

内容摘要:21 世纪以来,随着文明的进步,女性地位的提高,以及整个社会文化语境的改变,电视剧作为最通俗、覆盖面最广的大众媒介,将叙述视角转向都市生活中的女性群体。在这些以女性为主体的都市题材电视剧中,女性人物大多突破传统的以男权为中心的伦理规范,寻求自我意识的觉醒以及自我价值的实现,具有一定进步意义。但这些剧在角色塑造上还存在人物模式化、人设悬浮等问题,故事逻辑也未完全脱离传统的男性中心主义叙事。本文通过回溯改革开放以来国产都市题材电视剧女性形象的嬗变历程,剖析影响其生成的社会、文化因素,试图在现实语境中探索出一条温和却不失现代女性意识的人物建构路径。

关键词:都市题材;消费文化;女性角色建构;现代意识;他者

随着女性独立意识的觉醒以及社会经济、文化生态的改变,以市场风潮为重要导向的大众传媒,将焦点重心放置在女性身上,出现“她题材”创作热潮。“她题材”由“她经济”发展而来,是指随着女性经济实力和社会地位的提升,女性消费者成为家庭生活和文化消费的主导者。① 其中,电视剧作为重要的传播媒介,首先成为“她题材”的表述阵地。和 20 世纪 90 年代初所塑造的被男权文化书写、定义的女性形象不同,21 世纪以来都市题材电视剧所构建的女性角色呈现出更为多元鲜活的审美。这些电视剧以快速发展的社会文化图景为叙事背景,将都市女性作为叙事主体,着力刻画女性在职场与家庭中存在的性别困境和她们挣扎其中的无奈,以及她们努力寻找自我、突破困境的过程,具有一定进步意义。

然而长期以来以男权观念为主导地位的现实语境和电视媒介所固有的保守性,决定了在如此复杂的场域下进行纯粹的先锋表达是不可能的。电视剧为了避免冒犯观众,在女性角色的塑造以及故事构建中讨巧地回避现实矛盾,强行大团圆结局,难免落俗。总体来说,这些都市题材电视剧仍是在传统权力逻辑之下所进行的浅层突破,实质依旧是将女性放置在被男性拯救、始终无法凭借自己力量实现独立的伪命题。但通过回溯自 20 世纪 90 年代以来都市题材电视剧中女性形象的身份建构历程,仍可清晰地描摹出人物角色与社会发展同步的时代样貌。女性从未停止争取自身权益的斗争,她们渴望摆脱“第二性”的依附地位,在城市中通过奋斗重新获取性别权利、完成身份认同、实现自我价值。本文对以往都市题材电视剧中出现的前卫与局限并置的女性形象进行剖析解读,尝试探寻当下都市题材电视剧中女性角色的建构路径。

* 刘书毓,女,中国艺术研究院影视系硕士,研究方向为电影文学改编。

① 王乙涵.从“她经济”到“她题材”[N].团结报,2020-10-31(6).

一、都市题材电视剧女性形象的嬗变

20 世纪 90 年代，以电视为代表的大众传播媒介依托经济改革的东风，并凭借其天然的大众属性以通俗性、直观性迅速深入中国千家万户；展现人民群众日常生活、反映大众情感需求与困境成为当时电视剧发展的重要路径，出现了不少脍炙人口的佳作。①

在社会发展进程中起重要作用的女性也理所当然地成为被观照对象。时代向前发展，女性自我意识不断觉醒，社会地位也在提高，她们以更为积极的生活态度和昂扬的工作热情投入时代发展的大潮中。女性的价值不再仅仅局限于被男权定义的贤妻良母身份上，而是通过自身参与的社会经济活动予以实现，重塑自我尊严。电视媒体也相应地在荧幕上表现她们的变化，以呼应时代潮流与社会价值观的发展。

（一）20 世纪 90 年代：贤妻良母到女强人的创作转向

拉康的镜像理论认为，自我的建构离不开自身也离不开自我的对应物，即来自镜中自我的影像。② 由于电视剧承载着社会意识的转译和重构“社会神话”的职能，因此观众解码图式符号时，与自我互为镜像予以观照，女性观众与角色符号在相互凝视中得以完成身份认同和赋权心理的产生。当她们进入都市题材电视剧所创制的秩序之中，个体再次同电视中的女性角色建立联系，进入文化环境，融入社会，在双向观看中逐渐客观化，彰显自我存在的价值。

1990 年《渴望》一炮而红，成为中国电视剧发展史上的里程碑，它引领了以普通百姓为主体，关注个体价值书写的世俗生活审美转向，而以往中国电视剧中国家话语与历史价值、历史判断的强势性在场得以被修正。这部剧塑造的女主角刘慧芳，在电视剧造梦机制之下有着对理想女性的询唤，也指涉着时代洪流中的女性观众。在刘慧芳身上，杂糅了中国传统社会中对女性所要求的贤淑、隐忍、善良等诸多美好品质，是父权社会中男性视角里的完美女性。她坦然面对和接受诸多的生活苦难，包容所有的不公，深刻诠释了“贤妻良母”的内蕴，以地母的形象，给予人们温暖与慰藉，是在市场化浪潮和社会阶层变动的焦虑之下的一次人性复归。

她的出现恰好在社会新旧交替的重要转折之时，精英文化与大众文化并驱而行，我国封闭已久的思想闸门再次被西方冲击，经济发展导向之下的利己主义、民族主义、后现代等思想多元共生，如此强势的思想冲击使得尘封已久的民众在纷繁复杂的文化语境中难以自处，陷入了焦虑与迷茫的状态。而刘慧芳宽广温厚的胸怀，恰到好处地抚平了人们的焦灼情绪，为 20 世纪 90 年代初期电视剧中女性形象的表述提供了范式。③ 同时期《情满珠江》的梁淑贞、《爱你没商量》的周华以及《风雨丽人》叶秀清均沿用了类似的话语，遵循传统道德伦理进行叙事，辅之以苦情戏打动观众，这些女性形象虽在观众认同上难以续写刘慧芳的神话，但

---

① 许婧.中国电视艺术史[M].北京：文化艺术出版社，2013：64-65.

② 王磊.自我与镜像的辩证：拉康镜像理论分析[J].石家庄职业技术学院学报.2015(3)：28-31.

③ 李佩菊.中国社会转型与电视剧女性形象嬗变：20 世纪 90 年代以来现实题材电视剧女性文本研究[J].中国电视，2015(3)：85-89.

依旧合力勾勒出90年代初期温柔、贤惠、坚韧的女性图谱。

20世纪90年代中后期，随着经济发展的总体平稳以及社会分工日趋多样化，面对巨大的劳动缺口，越来越多的人从农村涌入城市，从小城走入北上广谋生，女性也勇敢走入工厂车间、企业，通过努力奋斗实现自我价值，甚至超越了男性。彼时西方风起云涌的女性平权运动为我国女性觉醒增添了理论纲领与现实摹本，加之1995年联合国第四届世界妇女大会于京隆重举行，如此浪潮裹挟下的女性向“刘慧芳”发起冲击，此时荧幕形象开始转向事业型女性角色的塑造。《外来妹》《北京人在纽约》《姐姐妹妹闯北京》等影片中所涉及的女性形象更侧重于从事业切入，展现女性成长历程以及面对困难的乐观与坚强。与悲苦凝重的刘慧芳相比，她们敢拼敢争，凭借自身努力争取经济独立、提高社会地位，虽与传统社会推崇的“相夫教子”的伦理指向背离，却贴合如今时代发展旋律。

经济上的独立性使得女性在行动上拥有了更大的自由，她们挣脱传统道德框架的束缚，得以正视自身内在情感需求，婚姻不再作为最终目标。《过把瘾》中的杜梅娇情做作，却不失娇憨可爱，她与方言因爱结合，当意识到婚姻的真相不过是两个贪心的人挖财宝，结果挖出一具骸骨，即便在上面种树栽花也难掩丑态，只好黯然分手。杜梅离婚后并没有哭哭啼啼，也未拿怀孕去卑微换得方言回心转意，而是接着追寻自己真正渴望的幸福。

戴锦华教授在其著作《涉渡之舟》中提出：“在现当代中国思想、文化史上……除了娜拉的形象及其反叛封建家庭而‘出走’的瞬间，女性除了作为旧女人——秦香莲遭到伤害与‘掩埋’，便是作为花木兰式的新女性，以男人的形象与方式投身社会生活。”①迈进新时代，秦香莲似的悲情形象以及在父权社会中被强行男性化的木兰早已退场，21世纪，多元、开放、崇尚自由的价值观取代过去保守的价值选择，在纷繁复杂的社会语境之中，世俗生活的追求取代理想化的道德目标，经济挂帅的年代，金钱至上、追求享乐、注重物欲的观念在较为宽容的场域生成。因此自我牺牲式、刻板固化的女性形象，再难以被新时代所接纳，电视剧所折射的社会图景，理当在现实的土壤中被重新观照。

（二）21世纪：“叛逆型”与“复合型”角色变奏滥觞

消费时代，大众文化蓬勃发展，观众迫切要求在荧幕上看到展现与时代同频共振的故事与人物，电视与观众互动性增强，经济利益导向促使电视创作者积极地寻求突破，试图越过“秦香莲”“花木兰”等树立的传统道德坐标，建立起更切合当下社会特色的女性形象对照谱系。“当代大众审美文化运动的最大成就就是建立了以普通百姓为主体的社会价值立场。”②因此在这一阶段，“贤妻良母”逐渐退出观众视野，展现多元性格与反叛气质的形象得以成为新时代女性的表述范本，形成多元矛盾与多元价值互渗的景观。

2003年《粉红女郎》再一次扩大了都市女性的叙述空间，风情万种又头脑清醒的万人迷；打扮中性、一心追求事业的男人婆；以结婚嫁人为终极目标的结婚狂方小萍；还有思想前卫打扮潮流的哈妹，在笑闹中成长，最终找到自我存在的价值与意义。随后出现的《我的青春谁做主》《丑女无敌》《辣妈正传》等电视剧均刻画出性格迥异、拼搏上进的女性形象。既有青春叛逆但真诚善良的钱小样，又有潮流时尚的单身母亲夏冰，还有林无敌这一消解女性外貌，模糊性别的角色，更多展现了女性在男性主导的文化与消费主义双重钳制中的奋斗与挣扎。

① 戴锦华.涉渡之舟：新时期中国女性写作与女性文化[M].北京：北京大学出版社，2002：5.

② 仲呈祥，陈友军.中国电视剧历史教程[M].北京：中国传媒大学出版社，2010：161.

拍摄于2015年的《欢乐颂》讲述住在欢乐颂小区22楼的五个女孩在上海为梦拼搏，相互治愈的故事，表现出女性之间可贵的互助情谊。此后更有大批量以展现都市女性生活、工作状态，以女性为主体的叙事视角，凸显女性角色共同成长的都市题材电视剧以迅猛态势进入观众视野。

2016年《我的前半生》以全职太太罗子君婚变后的自我奋斗历程为主线，表现她与闺蜜唐晶携手打破困境、共同成长的故事。2020年《二十不惑》《三十而已》《流金岁月》热度颇高，前两部以年龄为切口，分别讲述即将毕业的大学生青春烦恼与成长困惑，以及顾佳、王漫妮、钟晓芹三个不同阶层的都市女性打破年龄桎梏，不断追求自我、寻求独立的故事。根据亦舒同名小说改编的《流金岁月》依旧围绕蒋南孙、朱锁锁两个女性为主体进行叙事，讴歌她们一同经历亲情、爱情、职场、婚姻多重考验，仍携手并肩，相互扶持的可贵情谊。这些都市题材电视剧基本采用相似设定，关注女性内在情感诉求，给予都市漂泊的“她们”温柔回望。

艾略特·阿伦森曾说过：“当女性出现在黄金时段电视剧中、广告中或儿童读物中时，她们很少被描绘成权威人物、知识分子或富于探索的勇士。相反，她们总是被描绘成婀娜多姿却头脑简单的女孩，心里总是惦记着用哪个牌子的洗衣粉，指望男人在重大问题上拿主意。”[①]20世纪90年代以降，表现女性独立与自我成长的故事伴随着风起云涌的妇女解放运动席卷荧幕，1998年热播的美剧《欲望都市》以及2004年IMDB均分7.4，大受观众欢迎的《绝望主妇》便是其典型代表。国产电视剧亦紧跟浪潮，结合本土现实，刻画更加真实、多样的女性形象。

国产电视剧将都市题材垂直细分，大致以青春成长和职场奋斗两条线索，着力表现现代女性勇敢地撕掉性别标签，并在社会中乘风破浪的一面，将她们那些被大众甚至被自己习以为常的困境带入舆论场，使之成为社会关注问题。从这一层面而言，都市题材电视剧为现代女性进入男性主导的世界、呼唤平权打下了舆论基础。

同时，在这一类型电视剧中，创作者不仅关注女性个体成长，也对于女性之间真诚、美好的感情进行了呈现。过去婆婆与儿媳等伦理性标签不再是收视密码，如今的都市剧更擅长从姐妹情谊着手，展现女性之间相互扶持、彼此坦诚的可贵情谊，以此呼应时代诉求。

“姐妹情谊成为女性友谊的流行语，意味着所有的女孩和妇女，甚至那些没有血缘关系或婚姻关系的女性，都应该以爱和忠诚对待彼此。”[②]或许《欢乐颂》强行将不同圈层女性凑在一起有些失真，但对于扭转以往电视剧中粗暴的“婆媳大战”“勇斗小三”等展现女性竞争的风气有着进步意义。

总体而言，21世纪以来都市题材电视剧经过不断同观众的碰撞磨合，逐渐突破传统“都市爱情”模式，呈现更加垂直细分类型题材；如以《安家》《女心理师》《盛装》为代表的都市职场类型；以《冰雪之名》《亲爱的，热爱的》为代表的都市青春类型，以及都市悬疑类型——《燃烧》等。同时注重对女性内心的探寻，尤其将伦理、原生家庭等命题融入现代都市之中，展现都市女性在职场与生活中所面对的困境以及自我和解、超越的过程。

事实上自20世纪90年代中后期到21世纪以来都市电视剧中出现的女性角色，不论是

① 艾略特·阿伦森.社会性动物[M].刑占军，译.上海：华东师范大学出版社，2007：57.

② 玛丽莲·亚隆，特蕾莎·多诺万·布朗.闺蜜：女性情谊的历史[M].张宇，邬明晶，译.北京：社会科学文献出版社，2020：69.

梁淑贞、周华,还是樊胜美、苏明玉、唐晶,虽然传统"刘慧芳"式悲苦凝重的表述已然被更多元鲜活的女性角色所取代,但恒定不变的是世俗投射在这些角色身上关于"完美女性"的想象性表达。她们即便在职场上风生水起,通过努力工作中实现自我价值,但依旧被期待拥有如20世纪90年代"贤妻良母"式的温婉与传统气质。而兼具传统女性气质与现代独立女性意识的角色只能存在于创作者理想之中,作风强硬如唐晶,在面对两性问题时始终无法如传统女性般做出相夫教子的选择,最后她即便身居高位也始终战战兢兢,难掩疲态。社会浪潮裹挟之下,以唐晶等人为代表的女性角色被赋予伦理、欲望双重指涉,在经济结构变迁与价值观念交替的转型期,她们渴望挣脱"性别规范",追求男女平等、女性独立,但最后却陷入顾此失彼的狼狈之中。这些具备现代意识的女性既在职场如履薄冰,又无法彻底因循守旧回归家庭,最后只能陷入迷茫失落的痛苦与无奈。

拉康的镜像理论中提到,成年人的自我镜像需要依托社会文化语境,在不断试错磨砺中确认自我身份认同的符号世界。个体通过认同的镜像表达同他人建立联系,进入社会文化体系之中,才能实现自身的客观独立性。

因而荧幕上这些性格各异的女性人物与现实女性观众互为镜像,展现了处于社会变革浪潮之下的女性为挣脱男权压制,在家庭、事业、情感中所进行的抗争与探索,传播了女性意识和女性力量的觉醒。相应地,女性受众的"自我"身份也同电视剧中的"她者"形象形成平等互动的对话机制,在不断编码与解码的观照中确立自我身份,这些观众与荧幕中熟悉的角色形成互文,从而实现与现实自我对等的叙事与想象。

二、都市题材电视剧中女性形象塑造的偏差

"她题材"电视剧作为目前中国影视剧市场发展的主攻方向之一,从侧面显示出当今女性主义意识崛起并成为重要的时代表征,相关影视剧直观地呈现出女性在当下社会发展中的性别特征、自我定位、事业追求和发展规划,其间也触及现代女性的内在心理、伦理道德、代际差异等问题。但在当下众多的都市女性题材电视剧中,我们也很难看到真正从女性视野出发、以女性意识审视社会、家庭生活的具有先锋表达的作品。

(一)无法走出的男性中心主义藩篱

在科技工业高速发展的当下,随着社会分工的日趋成熟与细化,过去以劳动力为主的生产生活方式不再适合今时今日的社会状况,而女性在社会经济结构中的比重不断上升,拥有经济自主权的她们拒绝第二性的地位,且不再满足于过去"刘慧芳"式的牺牲自我的悲情形象。可以说,时代催生了独立女性,独立女性亦呼唤现代表达。

但纵观20世纪90年代中后期电视剧中大部分都市女性角色,就本质而言,仍难以诠释当代女性真正的独立精神与思想面貌。她们大多被定位为"女强人",实际上这是有意模糊性别指称,将诸多男性事业成功者的特质移植到女性身上,甚至以消灭性别区分为代价,女企业家的形象气质与男性企业家的并无二致;在性格方面,虽赋予她们坚毅、勇敢等诸多良性特质,但是依旧只是将男性话语嫁接至女性文本,除去社会身份指称,再难以将该时期同类型女性角色进行有效分离。在提倡奋斗、拼搏的年代,男女均投入残酷的商业竞争之中,优胜劣汰机制之下女性为了实现个人追求,势必要掩藏自己的柔弱气质,不论是《外来妹》中

的赵小云、《姐姐妹妹闯北京》中的卢丽、米兰，还是《北京人在纽约》中的阿春，均未脱离男性中心主义的凝视视角。“女强人”一词本身就是根植于男性立场的命名，在一路的奋斗之中所得到的不过是弱化女性气质、偏于男性表达的世俗肯定。虽然赵小云与阿春等人在各自领域获得成功，而实质上评判标准依旧沿用着男权社会价值衡量机制，男性话语依旧把持着影视剧文本的组织形态和发言方式。这些女性的生命逻辑、成功逻辑基本上是对传统男性逻辑的复制。

都市作为叙事中心，兼具奋斗拼搏与欲望堕落双重指涉，城市与女性的人生目标的亲和与背离同时显影。一方面，与注重体力劳动、传统守旧观念氛围浓厚的乡村相比，城市为其提供了广阔的工作机会与相对完备的个人提升空间，女性得以通过奋斗实现人生理想，从而与城市达成双向认同。

另一方面，繁华喧嚣的城市不可避免沾染着消费主义色彩，拜金主义盛行、物欲横流之下的都市也吞噬着这些年轻女性的道德与坚守，她们的身体与心灵承受着逼仄生存空间挤压与物质社会冲击的双重考验。经济飞速发展与高度商品化为城市天然赋魅，在这种背景下所塑造的女性，大多离不开城市的奋斗与迷失的母题，但大多数电视剧并未将个体与都市之间亲密与背离的矛盾关系予以清晰呈现。

即便如女性觉醒意识空前强烈的当代，影视剧中的女性角色依旧难以规避“他者”地位，在女性角色的塑造上也出现了偏差，人物过于模式化，剧情冲突设置、性别观念呈现等方面也未能脱离刻板印象的禁锢。而现代化都市，在电视剧中仅仅作为故事发生的背景后置，在叙事中所起的功能性大大减弱，与此前“玛丽苏”式影视剧一般，为观众打造不切实际的幻梦。

1923 年，鲁迅先生曾在北京女子高等师范学校文艺会上提出著名的“娜拉走后怎样”之问。时至今日，当代女性题材电视剧创作依然徘徊在这个问题的外围。纵观此类电视剧对女性的诠释不难发现，讲述“她者”的出走故事，是这些剧作书写现代女性身份最重要的“元叙事”。

而另一个强大的“他者”犹如悬在头顶的达摩克利斯之剑，或者选择俯视，或者选择仰视，她们永远无法与他们进行平等对话。女性无非是从那个软弱的、自私的男权世界逃离至另外一个强悍的、包容的世界，兜兜转转只不过是想试图寻找到那个乌托邦的避风港。

《欢乐颂》以女性奋斗为核心，讲述五个性格各异的女孩在上海追寻梦想、相互扶持，最后成功实现自我价值的励志故事，但创作者将阶层截然不同的女性安置于同一个小区，未免有些失真。另外，在独立女性外表之下，掩藏的仍然是男性话语权。安迪作为海归精英，带着华尔街美女高管的光环回到上海，电视剧有意打造高知女性，然而却甚少对她的专业素养和职场生活进行展现，寥寥工作场景只是一闪而过。并且安迪虽恐惧异性的亲密关系，但不论是奇点、谭宗明或是小包总，都充当了她精神拯救者的角色，在失落时恰到好处出现，帮她排忧解难。

同样，《都挺好》中的苏明玉虽然原生家庭不幸，但她遇到了亦师亦友的老蒙，还有情感支撑石天冬，通过事业爱情的成功弥补了亲情的缺失，这难免让观众误认，即男性依旧是将女性从原生家庭中拯救出的有力伙伴。

（二）消费时代市场与伦理重压下的刻意妥协

根据亦舒同名小说改编的电视剧《我的前半生》，讲述遭逢婚姻变故的阔太太罗子君通过努力，一步步从全职主妇向职场精英转变。由于亦舒格外钟爱鲁迅小说《伤逝》，因此在创作《我的前半生》小说时也沿用了子君与涓生名字作为主角，将二人的爱情悲剧移植到她所熟悉的香港社会生活大背景之中。电视剧对小说相应做了本土化改编，以上海这一现代化大都市为背景，更切合当下观众审美心理。然而不论小说还是电视剧中，在人物塑造与批判程度上均远逊于鲁迅先生《伤逝》。

该剧虽以女性成长为母题，但罗子君的背后，始终有贺涵保驾护航，她的每一次挫折、每一次腾挪辗转，均离不开背后男人的强力支持。而对于渴望在职场上做出成绩的唐晶而言，若想家庭美满便必须舍弃一手打拼的事业。她的伴侣贺涵在此问题上从未有过退让的想法，先验性地认为即便强硬如唐晶，若想成立家庭，那么她必须退居二线。而最终贺涵却能够为了罗子君远赴深圳，无疑在隐隐歌颂罗子君这种坚强而不失温情的、相对而言好掌控的女性，毕竟贺涵能从罗子君身上所获得的成就感与崇拜，远甚于似爱人又似对手的唐晶。而从上一段婚姻中逃走的罗子君看似成长，但她情绪、工作需求不过是移植到比陈俊生更高一层级的贺涵身上，倘若贺涵厌烦，罗子君再次出走，则陷入了无尽轮回的怪圈之中。

该剧远非个例，众多以“大女主”为卖点的电视剧，看似肯定现代女性在职场中的奋斗与个人追求，实则伪饰其励志外表下的玫瑰色梦境。女性遭遇危机，仍旧借助男性力量脱困，这些都市剧中的女性只是更换了角色性别身份，却丝毫没有改变故事的权力逻辑。

鲁迅先生在《伤逝》中所塑造的子君是独立的、果敢的，敢于凭一己之力对抗封建势力，她决然抛下封建家族与涓生成立新式家庭，发出“我是我自己的，他们谁也没有干涉我的权利!”这一极具先锋意识的宣告，无奈的是，她呼声最终仍被湮灭于封建的浪潮之中。没有经济大权空谈思想独立的女性，无外乎两种结局：一是饿死，二是回来。纵然子君具有先锋的独立意识与追求爱情的勇气，但婚后依旧同传统妇女般仰仗丈夫赚钱维持生计，终是免不了被爱人抛弃，再度回归封建家庭的凄惨宿命。

鲁迅通过子君的爱情悲剧，探讨了女性独立并不能仅停留于意识、口号层面，经济不独立的情况下，永远无法实现真正的平等与自由这一社会命题。他在杂文《娜拉走后怎样》中犀利地指出：“自由固不是钱所能买到的，但能够为钱而卖掉。”[①]因此个性解放、婚恋自由是不能脱离整个社会的解放而单独解决的。而如今的创作者只窥其表层，片面强调女性觉醒，实质上未揭露出女性只有经济与思想双重独立，才有可能提高自身地位的真相。同时，还为了迎合女性观众而刻意制造“爽感”，所以从《伤逝》的子君再到电视剧《我的前半生》中的子君，无疑是当今主创对观众及传统伦理一种有意为之的妥协。

格柏纳的涵化理论认为，媒介信息会对受众产生潜移默化的影响，该理论认为受众花费较多时间生活在电视构建的世界中，可能会以电视视听效果、主题价值观以及真实感和现实感带来的文化思想体系来看待现实世界。由于观众在观看时处于无意识的状态，自身价值观极易受到电视内容的影响。而在观看的过程中，观众也同样渴望在媒介空间中寻找到符

① 本篇最初发表于1924年北京女子高等师范学校《文艺会刊》第六期。同年8月1日上海《妇女杂志》第十卷第八号转载时，篇末有该杂志的编者附记：“这篇是鲁迅先生在北京女子高等师范学校的讲演稿，曾经刊载该校出版《文艺会刊》第六期。新近因为我们向先生讨文章，承他把原文重加订正，给本志发表。”

合自身价值认同的镜像表达，从而实现虚拟影像空间与现实社会空间的双向认同。①

因此，电视剧为了迎合观众，在创作时便有意将诸多理想女性拼贴在一个角色身上，编织成玫瑰色的梦境，投射女性心中完美的自我，通过一路开挂的爽剧设置以满足当下观众所喜爱的女性魅力"自恋"式的认同。再加上在都市刻意营造消费主义景观，无意识为其赋魅，将其与粗糙、烟火气的现实区隔，遮蔽了生活的质感。

除此之外，由于根深蒂固的伦理思想及父权文化在现代仍有十分强大的生长空间，电视剧在处理上也会尽量避免冒犯此类观众，所以在人物塑造、矛盾设置上采取温和的手法，用伦理问题代替真正的女性成长。如电视剧版《都挺好》结局，苏明玉辞职陪伴患阿尔茨海默病的苏大强，实质上便是否定了她此前一直信仰的女权主义，再次归回到儒家传统伦理的道德体系之中，不如阿耐原著中"非大团圆"结局先锋。同样，《三十而已》在最后也进入"斗小三"的婚姻保卫战及"好女人与坏女人"这一伦理问题的窠臼中，创作者如此处理，无非是受制于中国内地电视剧制作与发行的现实语境，规避可能带来的舆论争议。

在以观众为导向的消费文化引导之下，必然不会有真正意义上女性意识的作品出现，产出的只能是被市场阉割的、披着女性主义外壳的"伪大女主"剧。当代的"子君"终究只能作为不彻底的女性主义者，在社会规划好的安全区之内出走，迂回展现了女主角成为人生赢家的背后必定有不同类型的理想伴侣为她实现这些理想愿望，女性价值终究来源于其自身魅力，最终归宿仍是寻觅一位优秀伴侣这一俗套表述。

三、都市题材电视剧女性形象的建构路径

中国城市化进程的加速，大众文化的蓬勃发展，都给当代都市题材电视剧的创作提供了源源不断的灵感素材，而现实生活中的观众必会给源于生活的叙事文本阵阵回响。相比于其他类型的电视剧，都市题材能够更为贴近当下观众的生存状态与情感诉求，更容易触及观众敏感脆弱的心弦而实现人伦情感的共鸣。

然而，电视剧终究难以等同真实的生活，大部分都市题材电视剧仅仅是将叙述重点放置在营造充满诱惑的现代化都市，点缀以"女性成长""女性独立"诸多贴近当下观众诉求的时代话题，这些通过营造虚幻镜像画面迎合观众审美趣味所建造的空中楼阁，终究难以承载得起真正的"女性主义"这一厚重命题。

社会学家李银河认为："女性主义理论千头万绪，归根结底就一句话：在全人类实现男女平等。"②电视作为最通俗的大众传媒，是反映当代女性的生存现状与精神追求的重要方式，虽然由于市场与传统伦理诸多限制，电视剧难以出现先锋表达，但还是应该肯定其对传统性别话语体系的冲击这一社会启蒙意义。

在经历了剧烈的社会转型和文化转型之后，现代女性该如何定位、重建自己的社会身份和心理身份，已是当代中国必须面对的一个重大哲学命题和时代使命。虽然这个问题迄今

---

① 乔治·伯格纳，拉理·戈罗斯.与电视共同成长：涵化过程[J].石义彬，彭彪，译.新闻传播评论，2004(0)：88-100.

② 李银河.女性主义[M].上海：上海文化出版社，2018：2.

为止依然难以找到合理解决路径，但作为最重要的流行文化传播媒介，电视剧的创作应该坚持正确的价值导向，以更温情、包容的态度关照女性群体，不仅仅是从家庭、职场等维度，更应深入女性内心，关注其敏感而细微的情感，将时代与“小我”相结合，充分体现艺术创作的温度与韧度。

(一)摒弃对立:展现包容两性关系

21世纪以来，中国都市题材电视剧中的女性形象定位已经逐渐进入“身份认同”阶段，诸多形象开始被设置于社会发展、思想冲突、文化思潮等维度之下，力图摆脱“他是主体(the Subject)，是绝对的(the Absolute)，而她则是他的(the Other)”[①]的男性中心主义叙事，转向从“她视角”看向世界。在争取性别话语权的过程中，女性摆脱了妻子、媳妇、母亲等性别意味较重的标签，开始加入了精英、白领、高管等设定，女性展现魅力的场所从家庭转移至职场为主的社会环境中。但叙事时需要避免的是再次陷落“他者”的逻辑，而当辩证看待女性与男性之间细密幽微的暧昧关系。

关于都市题材电视剧中女性形象的建构，首先需要创作者摆脱二元对立的叙事思路，在展现对女性群体的宽容的同时，也当塑造更多元、现代的男性角色，从新时代建立两性对话的沟通机制为切入点，探讨两性关系的走向。

在中国影视剧中，男性一般以“压迫者”与“拯救者”两种面貌出现，两类人物分别隐喻父权社会对于女性的压制，以及女性争取平权斗争之下对现代男性的想象式摹画，这种性别刻板化处理无意中强化了两性对立。前者如《都挺好》中软弱无能的父亲苏大强，以及代替他行使“男性大家长”权威的母亲赵美兰。剧中赵美兰既是男权中心下的牺牲者，也是施暴者。后者便是与苏家全军覆没的男性角色相对应的石天冬、蒙总等精英男性。石天冬的暖男形象尽管代表了创作者试图“拨乱反正”的中和立场，但因其极为明显的非本土的介入性特质而显得置身于性别斗争之外。[②]

男性与女性并非天然对立，彰显女性价值也不必强调与男性为敌，而应当在荧幕上塑造更为多样的男性形象，展现开放、包容的两性关系。2021年网剧《爱很美味》中，大胆地表现了以黄宇为代表的性少数群体，在职场上，黄宇与方欣联手解决了性别压迫问题，二人从甲方乙方的职场关系之外，更多了亲密战友的联系。晚上在昏暗的酒吧灯光下，暧昧气氛随着副歌部分也到达高潮，舞台上的歌者不难看出是drag queen，黄宇隐晦地向方欣道出自己是协议婚姻，观众据此推测黄宇本人性取向实际是同性。方欣的戒备也随之消失，二人在探讨两性问题以及婚姻的本质之时，借黄宇这个被社会所忽视的少数群体之口，阐述了婚姻的本质，是爱、尊重、信任，以及共同生活这一普世化的大众命题。

此时的黄宇作为生物学意义上的男性，与方欣建立了良性互助情谊，不仅能够成为职场上的伙伴，更达成了精神上的共鸣。在现有的都市题材电视剧中，少有如《爱很美味》般表现少数群体正向面貌的作品出现，这也预示随着在现代化都市这一包容性极高的场所之中，少数人群得以被照亮，并争取着自己的性别权利。因此在都市题材电视剧创作中，将视点扩大至那些被边缘化的，甚至被默认为小众的群体之间也是一条路径。

---

① 西蒙·波伏娃.第二性[M].李强，译.北京:西苑出版社，2004:16-17.

② 董军.当代女性题材电视剧创作中的“她者化”危机:以电视剧《都挺好》为例[J].中国电视，2019(8):41-45.

这也正是都市题材电视剧作为宣扬女性意识阵地的优势所在。都市作为现代性叙事场域，为情节走向、人物类型塑造提供了多种可能，而观众在多元文化以及思想浪潮浸染下，已经有足够开放的心胸去接纳城市中的小众文化。在都市空间内，开始有展现以女性为代表的，那些过往被排斥被放逐的她者形象，扩大了都市题材电视剧的表述空间，丰富着女性视角的审视维度。因此，女性的主体性，并不能简单等同于对男性的主体性的否定，主体性的建构绝非靠对外部世界的排斥、拒绝来完成的，而是不断通过认识活动来把握世界、丰富自身。

诸多电视剧为了强调女性意识而有意将男性角色歪曲，导致人设与行动逻辑不符而饱受诟病，将整个社会对女性的压迫简单归结为男女对立，把女性追求自我价值的斗争局限于同男性在家庭与职场的冲突，这种二元对立的模式无疑会加剧性别矛盾，造成对两性关系的理解偏差。

(二)现实质感:塑造多元女性角色

21 世纪以来的都市题材电视剧着力塑造了都市精英女性群体形象，但为了迎合消费主义浪潮之下观众的审美口位，刻意营造出不符合现实的奢侈化景观与悬浮的职场氛围。如《欢乐颂》中的邱莹莹，即便出场设定为普通女大学生，但最终的归处仍是实现了逆袭成为咖啡店经理;《三十而已》在姐妹中最普通不过的王漫妮，其职业也是出入高档场所，遍阅高奢品牌的柜姐，漫妮与 money 谐音，暗喻她所身处的名利场;这几部剧中如安迪、苏明玉、唐晶为代表的职场精英等人，通过眼花缭乱的帅哥美女、香车宝马、纸醉金迷、职场斗争等手段营造一个相对陌生化的语境，以吸引观众。

但这种有选择性的“真实”无疑是对现实的另一重掩盖，真正占主流的底层女性反而被遮蔽，沦为了都市剧中的背景人物。实际上，被遮蔽的普通女性才能够代表观众的最大公约数，当代影视剧最为缺乏的，是对底层女性生活的观照以及不同职业女性群体的展现。

在日常生活中，占据较好社会资源的女性尚且遇到诸多不平等待遇，遑论经济上本就处于劣势的底层女性，因此，她们更需要成为电视剧主要的表达对象。

2022 年 1 月播出的网剧《江照黎明》塑造了一个颇有烟火气息的女性角色:李晓楠，她白天奔波卖房，业余时间还去夜市摆摊卖炒面补贴家用，是最平凡不过的普通女孩。再加上微胖的身材和随手绑起的长发，真实塑造了一个深陷生活泥沼的底层女性形象。这种明显区别于以往媚俗审美的人物形象，能够将观众也拉入到那个湿漉漉的环境中，切身体会到生活的艰难。只有这种与大众联系最紧密的角色，才能够帮助观众镜鉴己身，最大程度引发共鸣。

生活本身便是复杂而琐碎的，不论职业高低贵贱，女性在社会、生活中所面临的是同等艰难的处境与压力。然而职场女性由于工作、外貌优势获得了在公众面前优先自我表述的权利，实则挤压了底层女性的话语空间。真正的女性视野，应当从全体女性的生存境遇与心理感受出发，表达她们最真实的感受和最迫切的需求，而非以女性议题为噱头，使其成为浮华都市生活的点缀。因此都市题材电视剧中的女性形象，需要更多的“李晓楠”式的群体出现，展现她们在生活的泥沼中摸爬滚打的坚韧，未曾言说的疼痛，毕竟，她们才是沉默的大多数。

当然，李晓楠终究是虚构的角色，她虽然是当代女性追求自我意识的具象表达，也是社会新闻女主角的戏剧加工。现实中受害的女性很难有如她一般亮出爪牙的勇气和魄力，所以她的意义，更是主创对女性的期待与祝福。

因此，当代都市剧中女性形象的建构之路，首要原则便是确立真正的女性意识，摒弃性别对立逻辑，放弃为塑造“大女主”而刻意贬低男性的二元表述；同时扎根现实土壤，关切我们身边普通女性习以为常的粗粝、触手可及的危机，以及无法宣之于口的苦闷。

综上所述，当今女性经济地位的提升相应带来了她们对社会话语权的渴求，都市题材电视剧能够呼应时代诉求，紧追热点，通过在荧幕表现女主角追求自我、勇敢对抗社会种种偏见的勇气和努力，体现出对女性独立精神的赞扬与歌颂，给现实中的女性观众温暖与力量。但由于身处中国传统伦理与当代社会文化博弈的复杂语境，电视剧在人物塑造时难免出现偏差，并且冲突处理上也有回避倾向，继而引发观众的不满足感。当代都市题材电视剧只有打破社会对女性形象的幻想式完美投射，贴近现实表达，兼顾女性的生存困境与心理困局，通过人物的成长与破题积极探索女性形象的建构路径，才能使作品获得更持久的生命力与社会价值。

The Breakthrough and Loss of Female Image from the Perspective of the “Other”

—Analysis of Female Images in Domestic Urban TV Dramas in Recent Years

Liu Shuyu

(Chinese National Academy of Arts, Beijing, 100020)

Abstract: Since the beginning of the 21st century, with the increasing awakening of women's independent consciousness and the change of the whole social context and cultural appearance, TV dramas, as the most popular mass media, have turned their narrative perspective to the female groups in urban life. In these urban dramas with women as the main body, the female characters break through the traditional male-dominated ethical norms and seek the awakening of self-consciousness and the realization of self-worth, which has certain progressive significance. However, it should also be noted that these dramas still have problems such as character modelling and suspending characters in character creation, and the story logic is not completely divorced from the male-centrism narrative. By tracing back to the evolution of female images in domestic TV dramas since the reform and opening up, this paper analyzes the social and cultural factors that affect their formation, and tries to explore a gentle yet modern way of constructing female characters in a realistic context.

Keywords: urban theme; consumer culture; female role construction; modern consciousness; the other

新历史观下的女艺术家影像身份建构之探

栗心怡*

内容摘要：由于电影强效的大众媒介属性，传记文学在向电影转换时被赋予了更多的符号性与神话性，传记片也因此在一定程度上担负了重塑当下公共历史的责任。从悬置的历史想象回归现实的银幕书写，女艺术家们的个体经验往往同时被历史的宏大叙事与电影的传奇化叙事所遮蔽，历史层面的失语不断地被延续到文本之中。从女艺术家相关的传记电影入手，探讨电影这一艺术门类是怎样通过叙事与影像，建构女性曾被消解的历史主体身份，使之既可以在历史层面，重新搭建讨论空间，归还女艺术家们曾被剥夺的话语场所，也可以在当下语境中，给女性向的书写与表达以更多可行之路。本文从新历史主义中"文化诗学"与"历史诗学"的视角切入，首先进入历史的语境，阐述女艺术家是被宏大历史遮蔽的群体；其次剖析了大众媒体与好莱坞主流电影对女艺术家真实生命体验的忽视与曲解；最后在具体的电影文本中，探究女艺术家传记电影如何通过独特的叙事策略与影像话语突破这种困局，并解构宏大叙事。

关键词：女性主义；传记电影；新历史主义；身份建构

以女艺术家的真实人生经历所改编的传记电影，近些年重新回到了人们的视野。这些作品不仅为女演员们提供了充足的施展空间，助力她们拿到最高的表演奖项，也将那些沉默已久但鲜活依旧的女艺术家们推到了世人的面前。女艺术家们的真实面目是被遮蔽的，她们精神世界也是被父权压制的，而好莱坞主流电影的叙事更是充满男性的法则，若想要在讲述女艺术家们故事的同时，触碰她们的人生底色，探究她们真实的精神世界，就需要电影创作者们在叙事策略与影像话语的诸多环节进行反思与突破，找到最适配女性与艺术家这两重边缘身份的表现方式，让她们从历史的宏大叙事与电影的经典叙事这两重遮蔽中浮现出来，并重新赋予其话语权。

一、进入历史：作为"他者"的女艺术家们

在简·奥斯汀的小说《诺桑觉寺》中，女主人公凯瑟琳沉迷于哥特式小说，却对严肃的历史表现出了明显的憎恶，作者借她之口，说出了这样的台词："历史是读过一点，那是当一门功课，但是书上说的都是些我觉得厌烦、毫不感兴趣的事。主教与国王的争吵呀，还有战争、

* 栗心怡，女，中国艺术研究院电影学硕士，主要研究方向为电影文学改编。

瘟疫呀，一页一页都说的是这些。男人都是无用之辈，几乎不提女人，真叫人乏味。”[①]显然奥斯汀意识到了女性在历史层面的失语问题，正如她想要创作出《诺桑觉寺》，通过塑造一个沉醉于浪漫故事中无法自拔的女主人公，来讽刺或自嘲女性是如何被禁锢在了壁炉边。不仅凯瑟琳，奥斯汀笔下的那些女主人公们，无论是被禁锢在法则中的淑女，还是“恋爱脑”的女性，都被远远地隔绝在历史与政治之外，与她们有关的只有宴会、婚嫁与被剥夺的遗产。“奥斯汀在她的小说中撇开了整个历史上男性从事的政治与经济活动，告诉我们，历史或许就是一个充斥着男性偏见的、千篇一律的戏剧，充其量不过是哥特式浪漫故事那样的(或许还是有害的)虚构之作罢了。她还暗示说，这种历史的虚构最终体现出对女性的漠视，因为女性从来没有能参与历史，并几乎完全在历史之中缺席。”[②]历史的宏伟篇章上记录着男性的丰功伟绩：英雄们开疆扩土、诗人们挥洒豪情、政治家们高谈阔论、作家们操翰成章；但女性被完全地隔绝在了这些光芒之后，历史的书写没有给她们留下任何空间，有的也大多只是可供日后被神秘化与妖魔化的只字片语。

无怪乎伍尔夫认为，女性想要创作，就必须先拥有一间自己的空房间。从家庭空间中为自己争取一个独立环境，或许是女性艺术家们开始拥有姓名的第一步。但即使体面的社会地位与优渥的物质条件允许，这些女艺术家们在创作完毕后，仍然需要一个男性化名，在这个男性署名之后，她们的作品才可能被出版，并且拥有被同等对待的可能。“在 19 世纪的英国和法国，当小说正在成为正统文学之际，女性小说家却在 1860 年以后广泛采用男性名字作为笔名。这正是女性地位和叙事权威之间不相称的标志。”[③]在这样的环境中，是作家的社会身份，而非作品本身的质量决定了其能否得到权威认可。就像《米德尔马契》的作者舍弃了玛丽·安·埃文斯的女性真名，而以乔治·艾略特这个笔名与大家见面。在当时，对于她们而言，只有隐去女性的作者身份才可以更纯粹地展示作品本身，不让其蒙上性别偏见所带来的暧昧面纱。

此类历史层面的姓名缺失，在之后随着媒介的不断更迭，被无限延续到了文本之中。如果说之前的女艺术家们尚且可以在自己的空屋子中进行自我表达，那么当电影诞生后，这个新兴的艺术门类开始以其极强的大众媒介属性重塑并改写着过往与当下，她们必然会被推到历史的前页。女艺术家们曾被消解的历史身份，在新艺术形式、新媒介形式的介入下，拥有了被复位与正名的可能。但更快的传播速度、更大的舆论场域以及更诱人的票房收益，使电影在书写她们精彩故事的同时，也在歪曲着她们的真实生命体验。因此，在现今的媒介生态下，当电影越来越多地借助传记文体去表现那些曾被遮蔽的女艺术家们的“真实”生平经历时，从前的旧历史观便不足够了，女艺术家们的故事需要在一种更包容、更广阔的理论视野中去讨论与书写。

20 世纪 70 年代末的新历史主义，是建立在对旧历史主义与形式主义的批判基础上诞生的。如果说旧历史主义过分强调历史的宏大叙事，从而忽视了历史的偶然性，那么新历史

① 简·奥斯汀.诺桑觉寺[M].金绍禹，译.上海：上海译文出版社，2008：149.

② 桑德拉·吉尔伯特，苏珊·古芭.阁楼上的疯女人：女性作家与 19 世纪文学想象：上[M].杨莉馨，译.上海：上海人民出版社，2015：173.

③ 苏珊·S.兰瑟.虚构的权威：女性作家与叙述声音[M].黄必康，译.北京：北京大学出版社，2002：100.

的学者则强调要在历史的断裂处"触摸真实",挖掘历史书写中的诗性因素。如果说形式主义过分强调文本内部的动力研究,而忽视了历史、社会与文化等层面的外部影响,那么新历史主义则在读解文本时,突出了对权力关系、道德伦理等层面的关注。一言以蔽之,新历史主义突破了旧历史主义与形式主义的藩篱,对外部历史与内部形式加以融合变通,探索出一种揭示文化文本间性的"文化诗学"和寻求历史性与文本性之间折中平衡的"历史诗学"。从这样的理论基础出发,新历史主义在随后的研究过程中展现出了极强的包容度,它观照边缘人群,想要去触碰既往历史的宏大逻辑中被遗忘的角落,这个视角具有天然的"感性"色彩。这种"感性"不是与"理性"的二元对立,而是以一种兼收并蓄的开放性视角去消解本质性,瓦解文化权威,弥合极端二元对立视角下产生的鸿沟。那么当技术不断更迭,视听媒介逐渐代替文字媒介成为主导力量,本就在宏观历史层面处于失语状态的女艺术家们的故事,再一次被视听艺术的传奇演绎所遮蔽所歪曲时,人们同样需要以一种更加"感性"的思维去重新书写她们的人生。

因此,在视听媒介被广泛接受的当下,传记电影被赋予了更多历史责任,传主们的故事不再仅仅作为艺术创作本身,还要肩负起对当下公共历史的重塑功能。在新历史观的视阈下,那些被旧历史剥夺了姓名的女艺术家们理应被重新讲述,她们可以是活在男性署名后的女作家,可以是颠沛流离身心俱疲的女画家,也可以是贴上绯色标签而被物化的女演员……当人们越来越需要借助电影媒介去认识历史,女性传记片的讲述方式与讲述内容便显得格外重要。经典好莱坞的叙事模式不再适用于女性传记电影,那么理应率先思考如何通过叙事挖掘女艺术家们的真实情感经验与灵魂厚度,如何利用电影的叙事艺术,重新建构女艺术家们被消解的主体身份。

正如格林布拉特所言,伟大的艺术作品不是由各类文化材料呆板拼贴而成的,而是人们的物质生活、精神信念以及社会实践在文学文本中的再现与重新想象。这些内容中蕴含着无法预料与令人不安的变化,既是艺术魅力的标志,也是文化植根在历史偶然性中的标志。[①] 沿着这样的路径,走进那些曾被宏大叙事所遮蔽的历史断裂之处,回溯女艺术家这个群体长久面临的失语状态与历史缺席,并通过电影这一当下主流文化媒介重构她们的历史身份,是将女艺术家们从"空洞的能指"中解救出来的绝佳途径。

二、叙事策略:一种感性的陈述方式

"到 1930 年左右,好莱坞设立了似乎能够在 90 分钟电影里满足观众欣赏的一个模式:主人公现在必须有两个目标。第一个目标取决于电影所属的类型。第二个目标便是爱情,主人公要有一位女友。"[②]经典好莱坞时期的主人公,一般都是男性角色在整部电影的叙事过程中,完成自己的任务主线,并收获爱情的奖励。在这个时期,剧作的同质化与类型的僵化,导致人物塑造的可发挥空间不多。同样,在这一阶段,女性不论是作为"英雄的奖品"的天使型角色,还是作为"蛇蝎美人"的魔女型角色,都是为了男主人公而存在的。男性角色尚

① GREENBLATT S. The greenblatt reader[M]. Oxford: Blackwell Publishing,2005:16.

② 张晓凌,詹姆斯·季南.好莱坞电影类型:历史、经典与叙事[M].上海:复旦大学出版社,2012:36.

且没有更多挖掘内心的机会，而作为附属品的女性角色更是完全沦为了被观看者。时间进入到70年代，旧制片厂制度的瓦解催生了新好莱坞的出现。在这一时期，受到反战、性解放与嬉皮士运动等多方思潮的影响，角色之间的关系有了更多变形，主人公的精神困境也得以被挖掘与呈现。诸多剧作家、理论家也就新好莱坞之后的电影叙事与角色动机进行了各自的分类与归纳，例如约翰·特鲁比总结了此阶段主人公的六种常见转变，辛西娅·惠特科姆则依照主人公的外部环境与人群对其行为所起的变因做出了分类。“但这些改变均未消减好莱坞传统电影运用的两个目标的主人公模式。主人公性格的转变无论多大，对观众都没有感情意义，除非当观众看到这种转变对主人公周围的紧密合作者（第一个行动目标）和与他发生性关系的爱情对象（第二个目标）所产生的影响。”①

从经典好莱坞、新好莱坞再到当下的主流商业片叙事，人们可以通过大量观影去摸索存在于这些电影中的底层逻辑，主人公的行为动力、情节的发展节奏、外部因素的介入、内部情绪的左右等节点都在相似的逻辑上发生与运行，并随着时代的变迁、社会心理与观影情绪的变化而调整每个节点的高低阈值，但电影的底层逻辑与叙事的基本模式并未发生质的改变。在性别研究的视角下，可以理解为因为男性的目光从始至终把控着这个领域，不仅停留在劳拉·穆尔维针对经典好莱坞视觉快感提出的“凝视理论”上，从某种程度来看，一部被要求“合乎逻辑”“合乎情节发展规律”“合乎人物行为动机”的影片，本身就带有了某种男权色彩。在这样森严的叙事规范要求下，女性所代言的“感性”复杂特质、散文性与碎片化的情感表达便被隔绝在了主流的商业片之外。

正如肖沃尔特在《走向女性主义诗学》中所倡导的那样，即便妇女的经验被习惯性地湮没、忽视并消失在历史的宏大叙事中，但女性还是应该透过文本的缝隙，寻找一切被埋没的信息，从而确定尚未被完全定义的女性特质，并沿着这条路去探索一种新的语言，一种能把女性的智慧和经验、理性与痛苦、怀疑与幻想综合为一体的新的阅读方式。② 在以女艺术家真实人生经历为蓝本的传记电影实践中，似乎能够摸索出这样一条不同的创作之路。此类电影大多不同于经典叙事对男性视角的照顾，也不同于女性先锋电影完全艺术化的实验，而是在讲述故事、挖掘过往的同时传达出了对女性情感的关注，这份关注既指向银幕中的传主，也指向银幕外的观众。

前文曾提过，传记电影在当下已然开始担负重塑公共历史的责任，那么讲好女性的故事，还原女艺术家们在艺术史，甚至历史维度应有的位置，是女艺术家传记片理应占据的创作高地。格林布拉特曾在其文化诗学相关研究中多次强调“故事叙述”的重要性，他认为，人类只有通过这些叙述，才能真正看清历史是如何被建构的。③ 海登·怀特也曾在《历史和意识形态的叙事》一文中论及如何讲述历史，并再次提及了“讲故事”这一备受争议的叙述方式。在他看来，叙事远非一个中立的媒介，以完美的透明性表现虚构与真实的事件；叙事是一种表达方式，这种表达方式提供了一种独特的体验，使人们更好地思考世界及其结构与进程。但“讲故事”这一叙事模式在千百年间与神话、宗教思想以及文学虚构之间密切的关系，

---

① 张晓凌，詹姆斯·季南.好莱坞电影类型：历史、经典与叙事[M].上海：复旦大学出版社，2012:40-41.

② 周宪，罗务恒，戴耘.当代西方艺术文化学[M].北京：北京大学出版社，1988:363-365.

③ 傅洁琳.格林布拉特新历史主义与文化诗学研究[D].济南：山东大学，2008:28.

导致以这一叙事方式来表现历史反思遭到谴责。[①] 但当电影作为大众媒介介入传主的历史身份，当社会开始被消费主义所裹挟，互联网催生出巨大的“媒体场域”的今天，我们理应重新强调叙事的功能性。人们需要“叙事”来将自己从充满符号的物化空间中拯救出来，去享受一个完整且动人的故事。而电影正好赋予我们这种权力——短暂进入他人故事的权力。依据这个思路，传记电影则是我们当下进入历史叙事的最具“性价比”之解，而女艺术家传记电影作为电影媒介、传记文体与女性经验的结合，需要在“讲故事”的维度，通过反经典的叙事方式，拼贴出女性最真实的情感世界。

拍摄于2007年的电影《玫瑰人生》，讲述的是有着“小云雀”之称的法国国宝级女歌手艾迪特·皮雅芙的故事。在这部电影中，我们明显能感觉到导演并不想用一条常规的时间线表现皮雅芙的传奇一生。整部电影充满了凌乱与碎片感，闪回式的片段充斥着整部影片，但此种打破常规的非线性叙事将观影观众拽离了既往的舒适区，摧毁了其在观影前所作的一切预判。因为这部电影在某种程度上可以被理解为进入了一种女性的叙事话语体系，这种反经典叙事的运用必然会带来观影时的难度与不适感。相似的叙事手法在《朱迪》(2019)、《弗里达》(2002)等传记片中也得到了变形使用，作为好莱坞女演员的朱迪与作为墨西哥女画家的弗里达虽然背景不同、领域不同、遭遇也不同，但她们共有着多舛的人生经历与复杂的内心世界。导演们显然意识到了在处理这些女艺术家的故事时，用所谓“安全”的叙事手段是无法直达传主本身的精神世界的。正如主流商业片大多依靠情节驱动完成故事的讲述，主角的一切行为动力都是因为外界力量的介入打破了原有的平衡，但在女艺术家们的故事里，只有通过人物驱动的叙事手法，从人物本身出发，用女性的视角去看待性别、阶级等问题带来的不公，去衡量每一个际遇与选择带来的变化，才能真正触及她们敏感、痛苦但异常坚强的内心。这也是为什么此电影类型中的佳作大多会使观影者觉得纠结折磨，这份观影时的不适感除了来源于叙事的散文化，更大程度上来源于同传主跨时空的对话与共情。如果女艺术家传记电影采用经典叙事的推进策略，将那些陈旧的故事套进女性向电影的壳子里，那么俯仰的视角依然没有改变，这些华彩的人生篇章又将再一次沦为“爱情故事”，继历史的宏大叙事后，电影的传奇化叙事最终形成了对女艺术家们的双重遮蔽。

由此可见，当“讲故事”再次成为重塑历史与传播思想的重要手段，当那些曾被迫隐身于大历史的女艺术家们能够借助电影媒介重构身份时，电影的叙事话语也应当为女性那被消解的历史身份留出表达空间。就像肖瓦尔特所主张的那样，要从女性的个体经验进入，发展她们独有的批评路径与话语模式。女艺术家传记电影只有从女性视角出发，以主人公心理变奏为驱动，大胆探索“诗性”与“感性”的叙述方式，才能让女艺术家们从“重重遮蔽”的困境中浮现出来。

三、影像话语：历史与当下的链接处

对于一部电影来说，权力关系不仅表现在底层的叙事逻辑中，更渗透于影像的话语生产

① 海登·怀特.叙事的虚构性：有关历史、文学和理论的论文(1957—2007)[M].马丽莉，马云，孙晶姝，译.南京：南京大学出版社，2019：342.

与隐喻表达之上。在女艺术家的传记电影中，影像的呈现方式也在很大程度上影响了女性的主体身份建构与个人经验表达，迷狂的光线、浓烈的色彩与反凝视的镜头选择都在努力追求一种平等视角，这种平等视角消解了"凝视"下的必然的权力关系，从而在历史维度帮助女艺术家们撕掉绯色标签，瓦解从属者身份。

再次进入《朱迪》、《玫瑰人生》、《卡蜜儿·克劳岱尔》(1988)等一众出色的女艺术家传记片，我们可以从影像的多重维度看到创作者们为"触摸真实"做出的努力，这些杰出的女性在自己的时代、自己的领域中留下的不仅是有名的作品，还有于历史的无声之处发出的叹息。在这类电影中，我们通常能看到导演将刺眼的灯光直接打在传主的脸上，将传主森白面容上的皱纹、斑点以及挣扎的表情直观展现给观众，并通过这种不加修饰的灯光来表达不朦胧与不美观，以此消解女艺术家身上固有的暧昧属性与欲望嫁接。《朱迪》中扮演朱迪·嘉兰的蕾妮·齐薇格，《玫瑰人生》中扮演"小云雀"皮雅芙的玛丽昂·歌迪亚以及《卡蜜儿·克劳岱尔》中扮演卡蜜儿的伊莎贝尔·阿佳妮，这些在传记电影中表现出色的女演员们，在既往的作品里无不经常扮演美艳、性感的尤物类角色，但在以上这几部电影的光线下，她们外表的美丽被消解了，取而代之的是苦难的痕迹，人们开始透过这些痕迹、透过她们动情的表演去尝试触碰传主们真实的生命底色。

除了光线的使用，此类电影中对色彩的运用也非常大胆。例如《弗里达》与《卡蜜儿·克劳岱尔》中都着重在传主身上使用了红色，这不仅能在视觉层面将主角从暗调的环境中凸显出来，更重要的一点在于，红色代表着血与生命力，是一切正面与负面激情的象征色，而在这种象征意义背后隐藏着真实的体验。红色同样还是自由、工人运动和共产主义的鲜明旗帜，是法律与道德的禁区。[①] 这个颜色所携带的象征意义，它传递出的类似激情、蓬勃与反叛都与这些长时间处于历史无名状态的女艺术家们十分矛盾，正如爱娃·海勒将红色形容为"男人的颜色"，女性仿佛天然应该是忧郁的蓝色、纯洁的白色与高贵的紫色。但在这些电影影像中，用红色点缀出的女性却是鲜活的、叛逆的、有旺盛创作欲，甚至是危险的。红色的使用赋予了这些被迫沉默的女艺术家们说话的权利与表达的空间，将她们从历史的裂缝中拖拽出来并警示标红，提醒大家她们不是空洞的符号与标签，而是有完全生命力与破坏力的女性。在这样的"红色警示"下，弗里达的才华与激情才能得到重视，卡蜜儿·克劳岱尔也才能从"罗丹的情人"，成为"被看到的"杰出女雕塑家，她对爱情的孤注一掷，并非标签化的无脑，并非沦为男性的附庸，而是对自己生命力与创作欲的极致燃烧，这种燃烧如同红色的火焰，具有吞噬一切、反叛一切的力量。

除此之外，女艺术家传记电影也在尽力通过镜头的选择与调度，规避不对等权力关系的产生，这种权力关系一方面来源于电影中父权对女性的压制，另一方面来源于银幕外的我们对银幕内女性身体的观看与女性心理的审判。除了前文提到的《弗里达》《朱迪》等影片，还有讲述法国素朴派女画家萨贺芬·路易斯的《花落花开》(2008)、表现南非女诗人英格丽·琼蔻传奇人生的《黑蝶漫舞》(2011)。这些作品都不约而同地摒弃了以往电影中对女性身体美的展示，而着重凸显了女性苍白嶙峋甚至残缺的身体，从而有效中止了欲望的形成。镜头的选择与光线、色彩等环节的相辅相成，共同传递了女艺术家传记片试图瓦解一切"不对等关系"的影像话语态度。在一些电影中，导演还尝试通过长镜头来还原传主凌乱但深刻的生

① 爱娃·海勒.色彩的文化[M].吴彤，译.北京：中央编译出版社，2004：31-43.

命体验，最为典型的是《玫瑰人生》中，导演用一个四分钟的长镜头，将超现实层面的幻觉与真实世界的遭遇融合在一起，完整地展现了面对恋人意外去世的皮雅芙痛苦崩溃的精神世界。

“文化诗学的文化方面允许我们认识到一个特定时间和空间中的艺术品的具体位置，而文化诗学的诗学成分又开放各种可能性，让我们得以理解这一艺术品在那一位置致使什么发生。”[①]如果说灯光、色彩与镜头的设计，是在方法论层面上，通过对女艺术家形象的再造，来建构她们被消解的历史身份；那么下一步，要实现影像对真实历史空间的营造，完成海登·怀特所谓真实与虚构之间的“话语连续统”的缔造，创作者们还需要考量如道具使用、演员选择以及真实影像插入等元素是否会对某一特定时期的历史想象形成摧毁或延宕。“连续统”的概念最早起源于数学领域，认知语言学家们随后将这个概念引入了语言学研究，用来指代那些无法被清晰分类的个体之间，所存在着的渐次重叠或连绵渐进的关系，在这种关系的促成下，这些个体成了某个“连续统”。海登·怀特便认为在虚构的想象与真实的历史之间也存在这样一个话语连续统，通过各种手段形成的隐喻效果搭建真实与虚构之间的“连续统”关系。[②] 对于电影而言，服化道的重要性不言而喻，通过合理的道具设置，可以更快速更沉浸地将观众拉入特定的历史时期。道具不仅能够帮助演员表演，有时甚至能辅助叙事、烘托感情，并随着影片的成功成为某个角色的代表符号。在传记片中，某些关键性道具与角色之间的联系更加紧密，因为当导演想要呈现的是女艺术家的人生，其复杂的两重身份便要求导演必须最大限度地利用“物”，才能相对完整地展现她们作为女性的情感经验与作为艺术家的创作历程。而对于女艺术家来说，她们的关键道具也往往很清晰，比如画家笔下的绘画作品、作家手中的文学作品、歌唱家口中曲调歌词等等。这些艺术作品本身就经久不衰，且自带勾连历史与当下、银幕与现实的跨时空感与强故事性，对这些道具加以利用，既是在叙事层面为电影增加了第二文本内涵，也给影像维度增加了直观的视觉张力，例如在《弗里达》中，每一幅画作都是传主当下精神世界的映照，而这些诡异画作的出现本身也为观影带来了视觉冲击。

对于一部传记电影而言，如果说剧作、剪辑、视听、道具等环节一起影响了它的上限，那么演员的选择则直接决定了它的下限。之所以如此强调演员对于传记电影的重要性，是因为她的客观形象与主观表演几乎能够一瞬间重建或摧毁历史想象。从客观形象来看，演员与传主若是本身就长得很像、气质很接近，在演绎时是具有先天优势的，特别是留有清晰影像资料的表演艺术家或舞台艺术家们，她们在观众心中的形象本就是具体的，如果演员能够在第一幕亮相时就将观众心底的回忆勾出来，这必然是最优解。但相似的外形是可遇不可求的，每个人都是不一样的，更何况仅依靠外在来塑造人物，不但难以将传主的真实体验演绎出来，更是对女性演员本身造成了一重遮蔽，尤其当我们努力想要重建女艺术家的历史身份时，更不应该顾此失彼，将演员推向新的沉默之处。在关锦鹏 1991 年拍摄的《阮玲玉》中，扮演阮玲玉的是香港知名演员张曼玉，从形象与风格来看，张曼玉与原传主并不相似，但张曼玉凭借细腻的演技，将传主的情感体验与自己的人生领悟相融合，塑造出了一个她眼中的阮玲玉。而导演也通过层层嵌套的叙事手法，将电影本体、幕后演员对谈以及阮玲玉本人的

---

① 朱静.格林布拉特新历史主义研究[M].北京：人民出版社，2015：98.

② 陈新.历史·比喻·想象：海登·怀特历史哲学述评[J].史学理论研究，2005(2)：68-79，160.

真实影像作品穿插起来，极大地扩展了话语空间，带领观众从三个视角切入，去认识历史中的阮玲玉与她的扮演者张曼玉。而作为对照的反面例子是2021年刚刚上映的《梅艳芳》，这部电影中饰演梅艳芳的是新人演员王丹妮，可以看出创作者们想要选择一位没有背景与光环的演员，并极力地追求演员与传主在形象与神态上的相似，但电影更多停留在了对表面事物的追逐，而忽视了对梅艳芳精神世界的挖掘。而且不同于阮玲玉，梅艳芳距离我们太近了，观众对于她的记忆是非常清晰且深刻的，在这样的客观条件下，拍摄以她为主的传记电影很容易吃力不讨好。《梅艳芳》中也同样采取了穿插真实影像的方法，但这样的手法直接导致观众的感动全部来源于梅艳芳本人，而非这部传记电影的叙事方式或影像表达。

这样引出了最后一个维度，即女艺术家传记电影中真实影像的功能性问题。从积极的角度来看，在电影中使用传主的真实影像资料，能够拉近观众与银幕的距离，形成跨时空的对话感。真实影像可以在观众所在的观影空间与传主所在的历史空间中建立一种快速链接的通道，很大程度上弥合了真实与虚构之间的裂缝，绵延了历史想象的边界。但不恰当地使用真实影像，有时却会造成喧宾夺主的反面效果，或许能成为贩卖情怀的加持，但却极大削弱了电影的本体力量，它作为视听艺术的光彩被旧日的影像资料轻易掩盖了。尤其在频繁出现的真实影像中，呈现的是很多人的共有记忆，人们通过这些资料燃起了对传主本身的情怀，反而在下一幕作为“替身”的演员出现时产生极大的落差，这种落差足以使真实与虚构之间的话语连续统断裂，从而摧毁历史想象的空间。

四、结 语

女艺术家们一直以来都处于“他者”的地位，在男性主导并书写的主流历史中被迫沉默。其不断面临着在女性与艺术家这两重位置上，对真实生命体验的遮蔽与主体身份归属的剥夺。在电影艺术出现后，经典叙事与影像话语中所传递出的权力关系，也依然将女性放在工具性的从属地位。在历史的宏大叙事与电影的经典化叙事这两重遮蔽下，从新历史观“权力、支配、排斥、解放”的理论视阈出发，再次进入女艺术家传记电影的创作实践，寻找如何在当下的传记片创作中为女艺术家重构其被消解的历史身份。在叙事方式上，女艺术家传记电影有意识地寻求一种诗性的表达方式，以碎片化的剪辑瓦解常规线性叙事，以看似凌乱的叙事视角来切入女艺术家“感性”的精神世界；这种叙事方式虽然会增加阅读难度，但其透露出的是更贴近女性真实情感世界的“真大女主”逻辑，而非喊口号式的男权变体下所展现的“伪大女主”叙事。在影像话语的维度，女艺术家传记电影更是从方方面面对固有模式进行了反叛，灯光、色彩与镜头使用都力求还原与剖析女艺术家在当下语境中的真实心理。在整体的影像观构建上，也通过道具、演员与真实影像介入等手段力求恢复完整的历史空间，制造观众与银幕间的对话感并不断扩展历史想象的边界。只有从历史的断裂处发现女艺术家，并通过电影的独特表达将其重塑于银幕，才能在当下的历史环境中，复归其应有的主体地位，并在这样的表达过程中探索出一条触碰女性真实精神困境、认可女性坚韧品质与反叛魅力的创作之路。

The Construction of Women Artists' Video Identities in a New Historical Perspective

Li Xinyi

(Chinese National Academy of Arts, Beijing, 100029)

Abstract: Due to the powerful attribute of film as a mass media, biography is endowed with a more semiotic and mythological nature during its transformation to film. Therefore, the biopic partly undertakes the responsibility of remodeling current public history. During the recurrence from suspended historical imagination to realistic screen-writing, the individual experience of female artists is often obscured by the grand narrative of history and the legendary narrative of the film. As a result, the aphasia of historical level continuously extends into the text. Starting with the biopic related to female artists, this paper discusses how film, as a category of art, constructs the historical status as main body of women that once be dispelled through narrative and image. At the historical level, it rebuilds the space for discussion and returns the voice to female artists; in the current context, it provides more feasible ways for female-oriented writing and expression. From the perspective of "cultural Poetics" and "historical poetics" in New Historicism. First, in the context of history, it expounds that female artists are a group covered by great history. Secondly, it analyzes the neglect and misinterpretation of the real life experience of female artists by the mass media and Hollywood mainstream films. Finally, in the specific film text, it explores how the female artist's biographical film breaks through this dilemma through the unique narrative strategy and image discourse, and deconstructs the grand narrative.

Keywords: feminism; biopic; new historicism; identity construction

英国王室题材电影中的女性身体
——以都铎王朝为例

胡可璇*

内容摘要:都铎王朝(1485—1603)被认为是英国君主专制历史上的黄金时期。这一时期王朝兴衰、王权更迭的再现是英国王室题材电影中的重要叙事主题。其中,身体问题作为权力问题的表达对象,常以某种方式蕴含在这些影片中。身体与社会/文化的关系是一种历史的关系,社会/文化对身体尤其是女性身体的铭刻有其普遍性。① 本文选取《九日女王》《伊丽莎白・童贞女王》《另一个波琳家的女孩》这三部聚焦都铎王朝时代王室女性群像的电影,探讨这一时期女性以不同身份主动或被动地参与国家权力运行与争斗,同时其身体又受到权力的规训与构建的社会原因。

关键词:权力;女性身体;英国王室题材电影

身体是权力的对象和目标。福柯认为,权力和社会惩罚"最终涉及的总是肉体,即肉体及其力量、他们的可利用性和可驯服性,对它们的安排和征服"②。身体是社会惩罚的承载者,权力通过社会惩罚这一表现形式对身体进行规训和操纵。"权力关系总是直接控制它、干预它、给它打上标志,训练它、折磨它,强逼它完成某些任务、表现某些仪式和发出某些信号。"③虽然男性与女性的身体都是专横干预的对象,都严格地受到权力的控制,但是,在父权制这一长存体制中,男性的身体可以作为存放其灵魂的载体,女性则常常被等同于她的身体。把女人物化,把性的问题政治化是男权主义中心结构中的一个重要因素,是整个等级制度中不可或缺的一环。女性的美貌、身体以及性在历史上一直是男性欲望的表征,失却了个体意识的女性形象在文化或历史中被等同于她的容貌、品性以及生育,其形象来源于特定时代男性对女性的合法想象。女性形象(不管其拥有什么样的身份)也就是以这样一种支配方式参与着国家与民族叙事的建构。本文选取的《九日女王》《伊丽莎白・童贞女王》《另一个波琳家的女孩》三部影片故事均发生于都铎王朝时期,影片中的女性,有高高在上的一国君主,也有附庸在王权之下的普通女性,虽然其对自己的命运都有所抗争,然而在文化的弥散性制裁下,其身体或多或少都被特定权力所建构。本文试图分析,在英国古典王朝,文化及权力对身体的制裁如何带有明显的暴力性特征,以及如何通过将女性塑造为男性话语的他者地位对女性的认知意志产生潜移默化的影响。

---

* 胡可璇,女,厦门大学戏剧与影视学专业2020级硕士,研究方向为英国电影。

① 马藜. 视觉文化下的女性身体叙事[M]. 成都: 四川大学出版社,2009:9.

② 米歇尔・福柯. 规训与惩罚[M]. 刘北成,杨远婴,译. 北京:生活・读书・新知三联书店,1999:27.

③ 米歇尔・福柯. 规训与惩罚[M]. 刘北成,杨远婴,译. 北京:生活・读书・新知三联书店,1999:27.

一、男权视域与女性身体

16世纪的欧洲诸国，绝大多数女性依然无法接受教育，由此无法获得与男性一样的权利。男权意识形态作为一种长存的、潜在的社会集体无意识，始终是影响女性形象塑造的关键因素。西方传统文化通常将男性视为“精神化”的男性，女性视为“性化”的女性。男性通过设立一系列道德行为规范隐蔽而巧妙地控制女性的认知意识，让其产生对真理的向往和对美的追求，从而来满足男性的感官欲望与视觉快感。女性规训自己的身体、容貌、行为以获得某种女性气质。因为其隐蔽性，男权规训渗透到各个角落，无处不在。在英国王室电影中，男权意识不仅仅表现为父权与夫权，更有教权和族权。

《另一个波琳家的女孩》的故事发生于亨利八世在位时期，讲述了波琳家的两位女孩安妮和玛丽分别被送进宫廷成为国王的情妇并参与了一系列宫廷争斗的故事。影片一开始，童年时期的两位波琳女孩在田间欢乐的追逐、玩耍，另一边，在田间散步的父母却早早开始筹谋女儿们的婚嫁。父亲因为两个女儿不同的心性而判定了她们婚姻的不同价值，认为玛丽适合嫁给商人的儿子而安妮更适合嫁给有权势的男人，这位父亲毫不隐讳地说道：“每个人都可以通过嫁女孩来提高自己家庭的地位。”

当时王宫的情形是凯瑟琳王后又生下一名男性死婴且再也不能生育，安妮和玛丽的舅舅和父亲策划让安妮做国王的情妇来为家族谋利，在安妮失败后又安排玛丽服侍国王，哪怕此时玛丽已经结婚。玛丽在被亨利八世召唤入宫时，曾向自己的父亲与丈夫求救，然而父亲的功利、丈夫的懦弱让她不得不为他们的权力和野心而向国王付出自身的肉体。在父权、夫权和族权的三重压制下，玛丽的身体已完全不属于自己，只是家族夺取社会地位的砝码。

《九日女王》中的简·格雷的命运也是如此。此片讲述了简·格雷在国王爱德华六世去世后被摄政王约翰达利公爵和清教立为简女王，然而九天之后王位就被正统女王玛丽一世率军队夺回，不愿改变宗教信仰的简·格雷遭到处决的故事。简·格雷的父亲认为她不应该只专注于读书，应该学会相夫教子，以此制造相应的女性气质。并且在简·格雷和吉尔福德都无意愿的情况下强行决定了二人的婚事，为的是将简·格雷推上王位，维护现存的教权与政权，并且约翰达利公爵可以掌握实权。简·格雷作为被支配的符号，被教权强行赋予政治意义，又被教权所推翻。简·格雷拒绝婚事遭到了母亲的体罚，其行为的不合规矩在于父权与族权及其话语对“真理”进行了规范，在这一规范之外的均是须加以排斥的“非真理”。

在都铎王朝，女性即便拥有传统意义上高贵的身份——成为王室贵族，也并非拥有良好的生存状况。历史上的亨利八世，先后迎娶了6位王后，凯瑟琳王后因年老色衰和未生育男性继承人而被废，两位因“不贞”被处决，还有一位政治联姻的王后，亨利八世因其不够美貌而迟迟不与其圆房。亨利八世还拥有无数的情妇和私生子。国王的性与爱，从迷恋女性的身体开始，但转瞬之间，又以厌弃女性的身体而结束。

《另一个波琳家的女孩》影片特别呈现了这样一幕场景：富丽堂皇的国王寝宫，舞动的烛光，精美的床具，整个房间浪漫而温馨。甜言蜜语、温柔深情的国王，渐渐俘获了玛丽的心，占据了她的身体。在族权操纵下，与国王发生性关系不再是私事，玛丽需要在次日清晨向家族毫无保留地坦白前一晚的性行为，以此来判断国王对她的兴趣有多少，玛丽还有多少利用价值。在玛丽怀孕不能满足国王的需求时，流亡法国的安妮被召回，用来吸引国王，巩固家族的权势。于是出现了如此戏剧性的一幕：一边是冰冷的产床上，艰难生产、痛苦嘶吼的产妇玛丽，一边是急切地向安妮表白、示爱的亨利八世，为了得到安妮的肉体，亨利八世竟起誓再也不见玛丽和刚刚出生的儿子。历经分娩痛苦、怀抱孩子满心喜悦和希冀的玛丽在此时受到男权的遗弃。

出身高贵、极具才能且获教皇力挺的凯瑟琳王后，依然难逃悲惨不公的命运，而从妹妹手中夺走国王宠爱、野心勃勃的安妮，却成为英国历史上第一位被砍头的王后。亨利八世为了迎娶安妮，把玛丽和他的儿子逼回乡下，废黜了凯瑟琳王后，甚至与教会决裂。但国王对安妮也很快热情不再，另结新欢。在安妮没有为他生下期待已久的男性继承人并曝出与弟弟的不伦"奸情"后，安妮被无情地送上了断头台。

在男权主导女性命运的权力秩序里，女性失去了其身体的掌控权。在特定的历史时期，女性的身体只能接受男权的统治和裁判。

二、社会规训与身体惩戒

在封建与古典社会，"占主导地位阶级的繁衍的关键取决于约束和限制家族中居于从属地位的成员的性欲。使土地保持完整和世代相传取决于男性合法继承人继承土地的继承制度的稳定性"①。而保证这种经济目标实现的关键是欲望话语，这种话语是父权制作用于女性的，是压抑且具有强迫性的。话语的这些特点还包含在教会的道德体系之中。在波琳家族中，女人的身体只是取悦国王的工具，他们的唯一价值就是为国王生一个男性继承人，为家族争取荣光。当时的社会文化向女孩们输出嫁一个公爵或者伯爵就能拥有幸福的生活，成为上层阶级的观念。而为了达到这一目的，一些手段是自然发生的，从而实现对女孩们精神上的奴役。

《另一个波琳家的女孩》中，当安妮的舅舅告诉她成为英格兰国王的情妇绝不是贬低她，离开国王之后，她也至少会嫁一个侯爵或公爵时，安妮从最初的抗拒变为犹豫，之后便欣然接受了。第二天安妮满怀喜悦地告诉玛丽，家里安排她去取悦国王，成功之后她便可以成为一个幸福的公爵夫人了。安妮即将流亡法国之际，母亲叮嘱她多多学习法国王宫的宫廷礼仪和宫中女人的艺术，让男人相信他们才是真正的主宰，从而实现"从男人身上予取予求"。玛丽的母亲年轻时受到同样的教导，以至于其多年以来逆来顺受，总是为了家族的利益而牺牲自己。

《九日女王》中简·格雷的母亲因女儿拒绝接受家族安排的政治婚姻而狠狠地鞭打她，通过对其身体的惩戒进行逼迫。母亲咬牙切齿地警告女儿，离开家族她什么也不是，她没有权力做出别的选择。在此，母亲成了社会权力的代理人和帮凶。

这些权力话语长期地、不间断地对女性身体进行控制、认同、再生产，逐渐驯服其身体中蕴含的其他能量。在此基础上，女性完成了对身体、行为的内在规训，失去其主体意识，成为权力操纵的客体存在。而女性们有限度的反抗，也以身体被惩戒、被消亡为代价。身体既是

---

① 布莱恩·特纳. 身体与社会[M]. 马海良，赵国新，译. 沈阳：春风文艺出版社，2000:70.

她们的武器，又是她们的软肋。

不论是男权意识形态还是国家权力，社会的组织和管理都是一种对身体的拷问。被惩戒的身体不仅是惩罚的对象，也是强行获取真相的地方。杜克海姆认为“身体是与社会权威相对立的文化建构，而且尤其认为女性身体是对财产和权威连续性的主要挑战”[①]。而身体惩戒当中最惨烈的公开处决，福柯认为，正是通过展现这一君权最壮观的情景来重建被冒犯了的君权，“这种权力毫不犹豫地直接施加于肉体”，并且“这种权力正是通过将自己展示为‘至上权力’的仪式而获得新的能量”[②]。在古典时期，“公开处决并不是为了重建正义，而是为了重振权力”[③]。这一君权的摧毁性力量在本文提及的三部电影中深有表现。

《另一个波琳家的女孩》中的安妮是一个敢于反叛的形象。安妮先是与有婚约的公爵私奔，反抗家族对自己的一再利用，但无奈失败了，失败的结果是安妮被流放至法国。从法国回来后，不甘人下的安妮又利用自身魅力勾引国王，对国王欲擒故纵，试图挑战其权威，又逼迫亨利八世与教会决裂，成功地登上了王后的宝座。但是君王的权力是不容侵犯的，安妮在屡次挑衅亨利八世后，将自己送上了断头台，成为第一个被砍头的王后，即便妹妹玛丽向亨利八世求情也没有用。在行刑前，安妮向上帝忏悔，向君主忏悔，在众人的目光中被权力之剑结束了生命。安妮的公开处决是亨利八世对自己绝对权威的维护。身体惩戒不仅是君主震慑的一种体现，更是展示君主权力的政治仪式。

《九日女王》中简·格雷反抗家族的政治婚姻，身体受到鞭笞的惩戒。同时其信奉清教，与玛丽一世信奉的天主教立场相对，侵犯了天主教教权，对简·格雷的公开处决不仅是玛丽一世君主权威的重建，更是天主教对新教的震慑。在表现简·格雷处决的画面中，影片的画外音是教父向简·格雷描绘吉尔福德的行刑场面，镜头展现简·格雷穿过人群，走上断头台的台阶，向民众致意，请求上帝的原谅，然后脱下帽子和外套，取下衣领，表示原谅了刽子手。简·格雷将一先令交给教父，蒙上自己的眼睛，跪在稻草上，却怎么样也摸不到断头台。“它在哪?”简·格雷一遍遍重复着。简和吉尔福德均将死亡看作通往极乐世界的方式，那一先令也代表着他们希望穷人不再受苦受难的理想。然而在权力的制裁下，这些乌托邦的梦想也随着肉体的消亡而消散了。

《伊丽莎白·童贞女王》中伊丽莎白一世与罗伯特曾有过一段“幼稚的激情”，可最终这个为了女王的权力而腐化的男人让伊丽莎白认清了危险的事实；与西欧强国的联姻亦不过是一场各有所图的政治联盟。伊丽莎白剪掉一头秀发，向众人宣告自己嫁给了英格兰。为了向这个男权统治的世界发出挑战，伊丽莎白惩戒了自己的身体，成为一个拥有“女人的身体，男人的心”的童贞女王。

在社会规训的制裁下，王室女性及其身体以附属的方式参与权力的运行。但一个客观的事实是，这些王室女性的命运起伏，不可避免地、直接或间接地影响了英国甚至整个欧洲国家的历史进程。

---

① 布莱恩·特纳. 身体与社会[M]. 马海良，赵国新，译. 沈阳：春风文艺出版社，2000:97.

② 米歇尔·福柯. 规训与惩罚[M]. 刘北成，杨远婴，译. 北京:生活·读书·新知三联书店，1999:62.

③ 米歇尔·福柯. 规训与惩罚[M]. 刘北成，杨远婴，译. 北京:生活·读书·新知三联书店，1999:53.

三、女王权力与身体枷锁

在本文选取的三部影片中，不乏手握国家权力的英国女王。国家权力超越男性与女性相对立的视角，从民间话语转向国家话语。身居高位的女王在男权与女权的对峙关系中看似掌握更多话语，却并未摆脱男权支配的阴影。与男性君主做主角的王室电影不同，展现女性君主的影片更多围绕其婚姻、性、生子等一系列个人生活展开。《伊丽莎白·童贞女王》中直白探讨了女王职责和个人情感之间的矛盾。作为英国国家权力象征的女王，在公共空间中拥有一定的自治能力，从而完全可以认定和塑造自我形象。但影片通过表现英国国家行为与女王个人情欲的互动状态，揭示女王的身体与性不仅仅是其个体的生理构造，也是国家政体的表征，女王的婚姻生来就与政治相关，而与幼稚的激情无关。女王不仅是权力的拥有者，也是权力的驯服对象。

电影中年轻的伊丽莎白同样面临自由女性主义的困境：女性如何应对存在于社会礼仪、性欲望和权力之间的冲突压力？[①]《伊丽莎白·童贞女王》中伊丽莎白从公主到女王的蜕变实际上是其女性身份向君主身份的转变，对女王性别身体的占有也是对英国国家政权的占领，联姻便是很好的体现，女王的婚配对象与英国国家安全息息相关。威廉爵士要求侍女每天早上给他看陛下的床单，声称要了解女王所有的正常现象。“陛下的身体与她这个人都不属于自己了，都属于国家。”因此罗伯特勋爵与伊丽莎白的私生活几乎曝光于公众。在知道罗伯特勋爵已婚后，伊丽莎白说：“我不是任何人的伊丽莎白，你若想征服我，你就错了，这宫里只有一位女主人，没有男主人。”为了不让英国政权分散，伊丽莎白没有接受任何一国的联姻。她不得不在国家权力的询唤中重构自己的女性形象，成为英国君主制下的一个肖像学符号。影片最后一幕重现伊丽莎白有名的画像：白色的妆容、精致的假发、僵硬的表情，类似面具的脸庞，标志着伊丽莎白完成了君主形象的构建，在君权的制约下褪去其性别属性。

《九日女王》中简·格雷在家族和约翰达利公爵的逼迫下同吉尔福德完婚，当时二人都极不情愿，不过在摄政王约翰达利公爵看来两人都是可以掌控的傀儡，这有益于他们夺取国家政权。在这部影片中简·格雷的个人情欲与国家权力冲突并不表现在男女情爱方面，因为在完婚后简·格雷与丈夫建立了亲密的感情，而是表现在她的信仰与现存主流教权之间的冲突，其乌托邦幻想与权力掌握者利益之间的冲突。简·格雷夫妇希望挨饿者不再被施以烙印，不再有红衣主教，不再有虐待自己孩子的父母，然而这一切在议会官员——权力的真正占有者看来是极其幼稚的，会损害其自身利益。最后，简·格雷被玛丽一世处死，其肉体的消亡代表着新教对抗天主教的失败，教权又一次回到了天主教手中。

由于王权的加冕，女王们有了其身体的统治权，然而在其个人生活屈从于意识形态和经济制度的意义上而言，女王的身体绝不属于自身，而是被国家权力约束的存在，王权成了其身体枷锁。

---

① 黄欣．再现昔日帝国：英国遗产电影研究[M].北京：金城出版社，2021：172.

四、结语

总之，在古典王朝中，权力及文化对身体的规训带有明显的暴力性、强制性特征。其对女性身体的制裁更甚，这种被权威操练的肉体是一种身体的非解放状态。其中，由于一直以来男性掌握了更多关于真理与知识的话语权力，所以女性身体在更早期就受到了话语和社会规范的控制。这种控制的目的在于让女性自觉自愿地接受权力的操纵，使之成为女性日常生活中的集体无意识，从而维护现存的男权中心制度。在英国王室电影中，权力以男权意识形态、国家权力、身体惩戒三种形式约束女性，女性的身体不再属于自己，而是一种社会界定。

Female Bodies in British Royal Films

—Take the Tudor Dynasty as an Example

Hu Kexuan

(Film Academy of Xiamen University, Xiamen, 361005)

Abstract: The Tudor Dynasty (1485—1603) is considered to be the golden period in the history of British monarchy. The reappearance of the rise and fall of dynasties and the change of kingship in this period is an important narrative theme in British royal films. Among them, physical problems, as the expression object of power problems, are often contained in these films in some way. The relationship between body and society / culture is a historical relationship. The inscription of society / culture on body, especially female body, is universal. This paper selects three films, *Lady Jane*, *Elizabeth*, *The other Boleyn Girl*, which gather the images of royal women in the Tudor era, to explore the social causes of women's active or passive participation in the operation and struggle of state power in different identities, and their bodies are disciplined and constructed by power.

Keywords: power; female body; British royal film

本刊征文启事

《妇女/性别研究》(Women/Gender Studies)系厦门大学妇女/性别研究与培训基地创办的综合性学术刊物。本刊本着学术至上原则,刊发在文学、哲学、历史学、社会学、法学、教育学、政治学、经济学、公共管理、公共卫生等领域里的妇女/性别研究优秀论文,诚挚邀请海内外学者惠赐大作。现将相关事项知会如下:

1. 本刊暂定为一年刊,每年 10 月出版。投稿截止日期为每年的 5 月前。投稿后一般在一个月内会接到有关稿件处理的通知。

2. 来稿限用中、英文发表,中文 20000 字以内,英文 15000 字以内。

3. 切勿一稿多投,本刊所发论文,以未发表者为宜。来稿务必原创,凡涉抄袭、侵害他人等权利之事,概由作者承担包括法律在内的一切责任。

4. 每篇论文正文前须有 300 字左右的中文论文摘要,3 至 5 个中文关键词。同时提交英文篇名、作者名、摘要与关键词。

5. 来稿请附作者信息,包括姓名、单位、职称、邮编、通信地址、电话、电子信箱,以便联系。

6. 为实行环保,请作者通过电子邮件提供稿件的电子版。

7. 本刊刊登稿件均为作者研究成果,不代表本刊意见。来稿一经采用,即付稿酬,并寄样刊 3 册。

8. 联系方式:

地址:中国福建省厦门市厦门大学,厦门大学妇女/性别研究与培训基地《妇女/性别研究》编辑部

邮政编码:361005

电子邮箱:xdfnjd@xmu.edu.cn

附:本刊注释技术规范

1. 采用页下注(脚注)

2. 注释格式为:主要责任者.题名:其他题名信息[文献类型标识].版本项.出版地:出版者,出版年:引文页码.分类示例如下:

(1)引用古籍:

康熙字典:巳集上:水部[M].同文书局影印本.北京:中华书局,1962:50.

汪昂.增订本草备要:四卷[M].刻本.京都:老二酉堂,1881(清光绪七年).

(2)引用近人著作：

徐复观.中国文学精神[M].上海：上海书店出版社，2005：50-51.

北京大学哲学系美学教研室.西方哲学家论美与美感[M].北京：商务印书馆，1980：54.

陈登原.国史旧闻：第1卷[M].北京：中华书局，2000：29.

冯友兰.冯友兰自选集[M].2版.北京：北京大学出版社，2008：第1版自序.

钱学森.创建系统学[M].太原：山西科学技术出版社，2001：序2-3.

(3)引用析出文献：

宋史卷三：本纪第三[M]//宋史：第1册.北京：中华书局，1977：49.

李约瑟.题词[M]//苏克福，管成学，邓明鲁.苏颂与《本草图经》研究.长春：长春出版社，1991：扉页.

姚中秋.作为一种制度变迁模式的“转型”[M]//罗卫东，姚中秋.中国转型理论分析：奥地利学派的视角.杭州：浙江大学出版社，2009：44.

(4)引用近人论文：

王宁，黄易青.词源意义与词汇意义论析[J].北京师范大学学报(人文社会科学版)，2002(4)90-98.

李炳穆.韩国图书馆法[J].图书情报工作，2008，52(6)：6-21.

(5)引用译作：

杜夫海纳.美学与哲学[M].孙非，译.中国社会科学出版社，1985：52.

(6)引用网络电子文献：

李强.化解医患矛盾需釜底抽薪[EB/OL].(2012-05-03)[2013-03-25].http://wenku.baibu.com/view/47e4f206b52acfc789ebc92f.html.

吴云芳.面向中文信息处理的现代汉语并列结构研究[D/OL].北京：北京大学，2003[2013-10-14].http://thesis.lib.pku.edu.cn/dlib/List.asp? lang = gb&type = Reader&DocGroupID = 4&DocID = 6328.

3. 标识代码：

(1)文献类型和标识代码：

普通图书M，会议录C，汇编G，报纸N，期刊J，学位论文D，报告R，标准S，专利P，数据库DB，计算机程序CP，电子公告EB，档案A，舆图CM，数据集DS，其他Z。

(2)电子资源载体和标识代码：

磁带MT，磁盘DK，光盘CD，联机网络OL。

厦门大学《妇女/性别研究》编辑部

2022年12月